国家一般職・国家総合職・地方上級等

公務員試験

技術系

新スーパー過去問ゼミ

工学に関する基礎(数学・物理)

資格試験研究会 編　丸山大介 執筆

実務教育出版

技術系 新スーパー過去問ゼミ 刊行に当たって

「公務員試験を攻略するには，まず過去問を解くこと」
——受験生の間で常に語られてきた「真理」です。

しかし，技術系の試験については，事務系の試験のように多くの問題集が発行されているわけではありません。「過去問を入手するのが大変」「どんな問題が出題されるのか」と，情報不足に悩む人もかなりいます。また，問題の解き方を見ることが少ないため，「どうやって学習を進めればよいのか」「どうしたら得点アップに結びつく効率的な学習ができるのか」を知るチャンスが少ないという人もいます。

そういった受験生の要望に応えるべく刊行したのが，技術系の専門試験の過去問だけを集めた「技術系スーパー過去問ゼミ」シリーズです。その改訂版である「技術系　新スーパー過去問ゼミ」シリーズは，より新しい問題を収録し，さらにパワーアップしました。

過去問対策の定番として公務員試験受験生から圧倒的な信頼を寄せられている「スーパー過去問ゼミ」シリーズと同じように，次のような特長があります。

- テーマ別に編集したので集中して学習できる。
- 「必修問題」「実戦問題」のすべてにわかりやすい解説。
- 「POINT」で頻出事項の知識・論点を整理。

なお，おろそかにできないのが教養試験対策です。教養試験（基礎能力試験）は事務系と共通の問題なので，小社刊行の「新スーパー過去問ゼミ」シリーズなどを利用して，総合的な実力をつけるようにしてください。

本書を手に取られたあなたが，新時代の公務を担う一員となれるよう，私たちも応援し続けます。

資格試験研究会

本書の構成と過去問について

●本書の構成

❶必修問題：各テーマのトップを飾るにふさわしい問題，合格のためには必ずマスターしたい良問をピックアップしています。原則として問題・解説が見開き2ページに収められています。解説では，そのテーマに取り組む際のコツ，必要な知識の使い方，複数の解法の使い分け，といった事柄に言及しながら，効率的な問題の解き方をじっくり説明していきます。

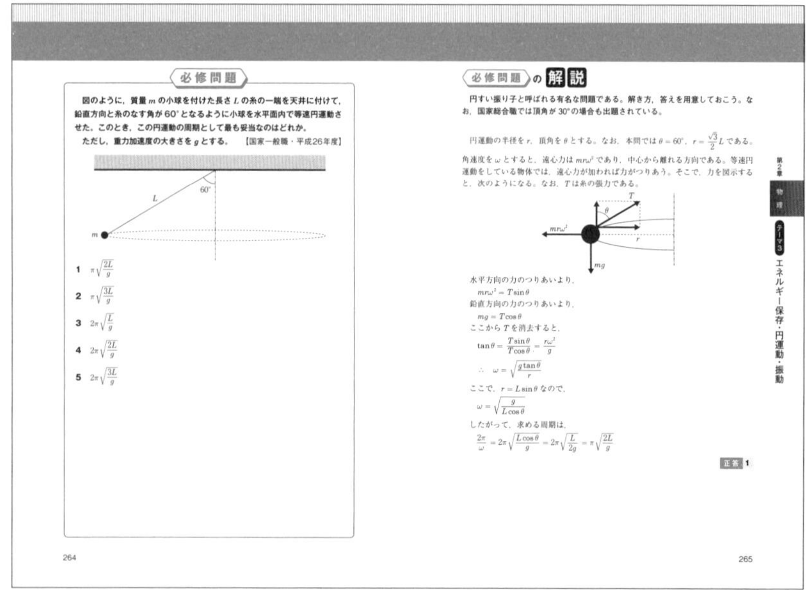

必修問題

図のように，質量 m の小球を付けた長さ L の糸の一端を天井に付けて，鉛直方向と糸のなす角が60°となるように小球を水平面内で等速円運動させた。このとき，この円運動の周期として最も妥当なのはどれか。

ただし，重力加速度の大きさを g とする。　【国家一般職・平成26年度】

1　$\pi\sqrt{\frac{2L}{g}}$

2　$\pi\sqrt{\frac{3L}{g}}$

3　$2\pi\sqrt{\frac{L}{g}}$

4　$2\pi\sqrt{\frac{2L}{g}}$

5　$2\pi\sqrt{\frac{3L}{g}}$

264

必修問題の解説

円すい振り子と呼ばれる有名な問題である。解き方，答えを用意しておこう。なお，国家総合職では頂角が30°の場合も出題されている。

円運動の半径を r，頂角を θ とする。なお，本問では $\theta = 60°$，$r = \frac{\sqrt{3}}{2}L$ である。

角速度を ω とすると，遠心力は $mr\omega^2$ であり，中心から離れる方向である。等速円運動をしている物体では，遠心力が加われば力がつりあう。そこで，力を図示すると，次のようになる。なお，T は糸の張力である。

水平方向の力のつりあいより，

$mr\omega^2 = T\sin\theta$

鉛直方向の力のつりあいより，

$mg = T\cos\theta$

ここから T を消去すると，

$\tan\theta = \frac{T\sin\theta}{T\cos\theta} = \frac{r\omega^2}{g}$

$\therefore\ \omega = \sqrt{\frac{g\tan\theta}{r}}$

ここで，$r = L\sin\theta$ なので，

$\omega = \sqrt{\frac{g}{L\cos\theta}}$

したがって，求める周期は，

$\frac{2\pi}{\omega} = 2\pi\sqrt{\frac{L\cos\theta}{g}} = 2\pi\sqrt{\frac{L}{2g}} = \pi\sqrt{\frac{2L}{g}}$

正答 1

第2章 物理 テーマ3 エネルギー保存・円運動・振動

265

❷POINT：覚えておきたい重要事項を，図表などを駆使してまとめています。知識を問われるタイプのテーマでは，知識を体系的に紹介することで覚えやすくしています。問題を解く前の知識整理に，あるいは試験直前の確認に，活用しましょう。

❸実戦問題：各テーマの内容をスムーズに理解できるよう，バランスよく問題を選び，詳しく解説しています。

❹演習問題：知識を問われるタイプのテーマでは，5肢択一式の過去問に取り組むよりも，一問一答の問題で知識を定着させていくことが有効な場合があるので，取り組んでみてください。

❺索引：巻末には，POINT等に掲載している重要語句を集めた用語索引がついています。用語の意味や定義の確認，理解度のチェックなどに使ってください。

●本書で取り扱う試験の名称表記について

本書に掲載した問題の末尾には，試験名の略称および出題年度を記載しています。

①**国家総合職，国家Ⅰ種**：国家公務員採用総合職試験，
国家公務員採用Ⅰ種試験（平成23年度まで）
②**国家一般職，国家Ⅱ種**：国家公務員採用一般職試験［大卒程度試験］，
国家公務員採用Ⅱ種試験（平成23年度まで）
③**労働基準監督B**：国家公務員採用労働基準監督官試験
④**地方上級**：地方公務員採用上級試験（都道府県・政令指定都市）
⑤**市役所**：市役所職員採用上級試験（政令指定都市以外の市役所）

●本書に収録されている「過去問」について

①国家公務員試験の問題は，人事院により公表された問題を掲載しています。地方上級や市役所の問題は，受験生から得た情報をもとに実務教育出版が独自に編集し，復元したものです。
②問題の論点を保ちつつ問い方を変えた，年度の経過により変化した実状に適合させた，などの理由で，問題を一部改題している場合があります。また，人事院などにより公表された問題も，用字用語の統一を行っています。

工学に関する基礎(数学・物理)の出題内容と学習のポイント

●工学に関する基礎（数学・物理）の出題内容

専門試験の中の「工学に関する基礎」

技術系公務員試験には数多くの種類があり，それぞれに試験方法が異なります。年度によって大きく変更されることもあります。しかし，多くの場合，1次試験（大阪府など一部の自治体では2次試験）では筆記試験が課されます。また，筆記試験の多くはマーク式試験で実施されます。

筆記試験では，教養試験と専門試験の両方またはいずれかが課されるのが一般的です。本書が扱う「工学に関する基礎」は専門試験の中で出題されます。試験案内では，「工学に関する基礎」や「数学・物理」と表記されている部分です。専門試験の中での「工学に関する基礎」の出題数は年度によって変化することがありますが，多くの場合，次のようになります（令和2年度試験の結果）。

試験種	専門解答数	工学に関する基礎出題数	注意点
国家総合職工学区分	40	20	
国家一般職［大卒］	40	20	電気電子情報職，機械職，土木職
	33	20	建築職
	40	9	化学職
労働基準監督B	40	30	
地方上級	40	10	化学職以外*
	40	7	化学職
市役所試験	30 ～ 40	2 ～ 10	

*自治体によっては問題数を変更している場合がある

試験種別の出題内容

具体的に国家総合職，国家一般職［大卒］，地方上級の出題内容を見ていきましょう。例年，出題分野は多少変化があります。まず，工学系の「工学に関する基礎」の数学，物理の出題内訳は次のようになります。

試験名	工学に関する基礎		
		数学	物理
国家総合職	20	9	11
国家一般職［大卒］	20	9	11
地方上級	10	6	4

このように，国家公務員試験では，物理のほうがわずかに出題数が多いのに対し，地方上級では数学のほうが出題数が多くなっています。

●学習のポイント

数学・物理は問題数が多く，専門への入口となる重要科目

工学系公務員試験では，数学・物理（工学に関する基礎）は問題数が多く，真っ先に学習を開始すべき科目に当たります。それのみならず，それぞれの専門試験の基礎となる部分であり，数学・物理の基礎がなければそれぞれの専門科目の問題にも影響します。そのため，専門科目との関連を考えながら学習していくと，それが専門科目の実力向上にもつながっていきます。

数学は計算力と公式知識力

数学では，まずは計算力を鍛えましょう。物理や専門も含め，公式などを覚えても，それを計算できなければ実際に正答することはできません。また，近年は国家一般職［大卒］，地方上級を中心に計算力を直接問う問題が増加しています。計算力は問題を多く解くことで伸ばすことができます。そのため本書でも，計算問題を多めに掲載しています。

ある公式を知っているかどうかを端的に問う問題も多く見られます。本書では，過去に出題され，今後も出題が予想される公式を含む問題をピックアップしています。解説を読んで，「使われている公式を知っていたか」，知らなければ，「それを覚え，どのように使うのか」という観点から学習してもらいたいと思います。

物理は図を使って考える

物理では，図を使って考えることが大切です。物理は数学と比べて，公式などをただ覚えるだけでは解けない問題が多くなります。「その公式を使うために，どのように図を描いていけばよいのか」ということを重視しましょう。本書の解説ではできる限り図を掲載しています。式を見るだけではなく，どのように図を描いて解答しているのかを参考にして学習してください。

物理は，それぞれの専門によって得意分野・苦手分野が分かれやすい科目です。近年の公務員試験は，問題によって難度の差が大きく，学習範囲が偏ると点数を取りにくくなります。そこで，得意分野は難度の高い問題まで，苦手分野は基礎を中心にといったメリハリをつけながら，すべての分野について広く学習しておくことが大切です。

さらに学習したい人へ

数学・物理は時事的な問題がないため，古い問題の中にも良問があります。本書では，実力を伸ばすために必要であれば，古い出題からも問題を選定しました。最近の出題を解きたい場合には，『技術系〈最新〉過去問　工学に関する基礎（数学・物理）』（実務教育出版）も参考にしてください。

CONTENTS

公務員試験　技術系　新スーパー過去問ゼミ

工学に関する基礎（数学・物理）

カバー・本文デザイン／小谷野まさを　　書名ロゴ／早瀬芳文

第1章
数学

テーマ1 指数・対数, 方程式, 数列, 論理, 複素数
テーマ2 ベクトル, 行列, 図形
テーマ3 微分
テーマ4 積分
テーマ5 確率
テーマ6 フローチャート

テーマ 1 第1章 数学

指数・対数，方程式，数列，論理，複素数

必修問題

3次方程式 $x^3-2x^2+3x-1=0$ の相異なる3つの解を α，β，γ とするとき，$\alpha^3+\beta^3+\gamma^3$ の値はいくらか。 【労働基準監督B・令和2年度】

1 $-3\sqrt{5}$

2 -7

3 0

4 7

5 $3\sqrt{5}$

〈必修問題〉の解説

方程式については，ただ解けるだけではなく「解と係数の関係」「次数下げ」の手法を理解しておく。本問のように方程式の問題として出題されるだけでなく，さまざまな形で出てくることに注意。求める式が対称式の場合には特に気をつけること。

与えられた方程式から，

$$x^3 = 2x^2 - 3x + 1$$

これに３つの解を代入して，

$$\alpha^3 = 2\alpha^2 - 3\alpha + 1$$
$$\beta^3 = 2\beta^2 - 3\beta + 1$$
$$\gamma^3 = 2\gamma^2 - 3\gamma + 1$$

３つの式を加えて，

$$\alpha^3 + \beta^3 + \gamma^3 = 2(\alpha^2 + \beta^2 + \gamma^2) - 3(\alpha + \beta + \gamma) + 3 \quad \cdots\cdots ①$$

次に，方程式

$$x^3 - 2x^2 + 3x - 1 = 0$$

について解と係数の関係より，

$$\begin{cases} \alpha + \beta + \gamma = 2 \\ \alpha\beta + \beta\gamma + \gamma\alpha = 3 \\ \alpha\beta\gamma = 1 \end{cases}$$

これより，

$$\alpha^2 + \beta^2 + \gamma^2 = (\alpha + \beta + \gamma)^2 - 2(\alpha\beta + \beta\gamma + \gamma\alpha) = 4 - 6 = -2$$

したがって，①より，

$$\alpha^3 + \beta^3 + \gamma^3 = 2 \times (-2) - 3 \times 2 + 3 = -7$$

正答 2

必修問題

$\alpha = \dfrac{\pi}{12}$ のとき,

$$\frac{(\cos 2\alpha + i \sin 2\alpha)^2 (\cos 3\alpha + i \sin 3\alpha)^3}{\cos \alpha + i \sin \alpha}$$

はいくらか。

ただし,i を虚数単位とする。　【国家総合職・令和２年度】

1　-1

2　1

3　$-i$

4　i

5　$\dfrac{1+\sqrt{3}i}{2}$

必修問題の解説

複素数の問題は最近になって，公務員試験でも出題されるようになった。複素平面に関係する問題の出題もあるが，ここでは，複素数の性質を使った計算を取り上げた。

複素数 $z = \cos\theta + i\sin\theta$ は，大きさ1，偏角 θ の複素数である。複素数の積では，大きさは大きさだけで計算すればよく（$|z_1z_2| = |z_1||z_2|$），偏角は足し算となる（z_1 の偏角が α，z_2 の偏角が β なら，z_1z_2 の偏角は $\alpha+\beta$ となる）。

この問題では，すべての複素数の大きさは1なので，全体でも大きさは1である。

つまり，$|\cos\alpha + i\sin\alpha| = |\cos 2\alpha + i\sin 2\alpha| = |\cos 3\alpha + i\sin 3\alpha| = 1$

なので，

$$\left|\frac{(\cos 2\alpha + i\sin 2\alpha)^2(\cos 3\alpha + i\sin 3\alpha)^3}{\cos\alpha + i\sin\alpha}\right|$$

$$= \frac{|\cos 2\alpha + i\sin 2\alpha|^2|\cos 3\alpha + i\sin 3\alpha|^3}{|\cos\alpha + i\sin\alpha|} = 1$$

偏角については，偏角 2α の複素数を2回，偏角 3α の複素数を3回掛けて偏角 α の複素数で割っているので，

$$2\alpha \times 2 + 3\alpha \times 3 - \alpha = 12\alpha = \pi$$

となる。

したがって，求める複素数は大きさ1，偏角 π なので $\cos\pi + i\sin\pi = -1$ となる。

なお，オイラーの定理 $e^{i\theta} = \cos\theta + i\sin\theta$ を使って，

$$\frac{(\cos 2\alpha + i\sin 2\alpha)^2(\cos 3\alpha + i\sin 3\alpha)^3}{\cos\alpha + i\sin\alpha} = \frac{(e^{2i\alpha})^2(e^{3i\alpha})^3}{e^{i\alpha}}$$

$$= e^{4i\alpha + 9i\alpha - i\alpha} = e^{12i\alpha} = e^{i\pi} = -1$$

と計算してもよい。

正答 1

第1章 数学 テーマ1 指数・対数、方程式、数列、論理、複素数

必修問題

次の論理回路は論理変数A，Bに対して定義され，その出力はBと同じである。このとき，回路の㋐に当てはまるものとして最も妥当なのはどれか。

ただし，論理回路に使われる記号の定義は以下の表のとおりである。

【地方上級・平成22年度】

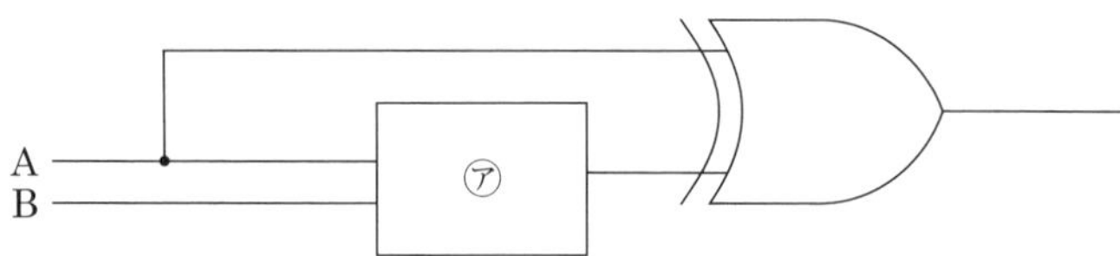

入力		AND	OR	NAND	NOR	XOR
A	B					
0	0	0	0	1	1	0
0	1	0	1	1	0	1
1	0	0	1	1	0	1
1	1	1	1	0	0	0

1 

2 

3 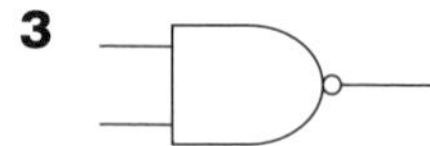

4 

5 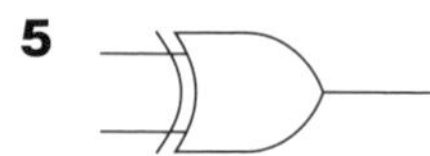

必修問題の解説

論理回路の練習である。近年も地方上級で出題が見られる。また，労働基準監督B では毎年のように出題がある。全部の場合を調べるだけなので，国家総合職で情報，電気系の科目を選択する人を含め，一度練習しておくとよいだろう。

まず，㋐が抜けている部分の回路の真理値表を描いてみる。出力が B とわかっているので，㋐の出力を X として，埋められる部分を埋めてみると，次のようになる。

A	B	X	出力 (B)
0	0	P	0
0	1	Q	1
1	0	R	0
1	1	S	1

たとえば，P の部分は，A＝0 で，XOR を通して出力が 0 となっているが，設問の表を見ると，XOR の出力で A＝0 のときに出力が 0 となるなら，もう一つの入力（設問の表の B）は 0 でなければならないので，X＝0 とわかる。同じように，Q では A＝0 で出力が 1 となっているので X＝1，R では A＝1 で出力が 0 となっているので X＝1，S では A＝1 で出力が 1 となっているので X＝0 となる。つまり，次のような表となる。

A	B	X	出力 (B)
0	0	0	0
0	1	1	1
1	0	1	0
1	1	0	1

出力が上から 0，1，1，0 となっているのは，与えられた表の中では XOR となる。

正答 5

重要ポイント1　方程式の解と係数の関係

2次方程式，

$$ax^2+bx+c=0 \quad (a \neq 0)$$

の解を $x=\alpha, \beta$ とすると，

$$\begin{cases} \alpha+\beta=-\dfrac{b}{a} \\ \alpha\beta=\dfrac{c}{a} \end{cases}$$

が成り立つ。これを解と係数の関係という。

なお，3次方程式

$$ax^3+bx^2+cx+d=0 \quad (a \neq 0)$$

の解を $x=\alpha, \beta, \gamma$ とすると，

$$\begin{cases} \alpha+\beta+\gamma=-\dfrac{b}{a} \\ \alpha\beta+\beta\gamma+\gamma\alpha=\dfrac{c}{a} \\ \alpha\beta\gamma=-\dfrac{d}{a} \end{cases}$$

が成り立つ。

なお，一般に方程式の解の大小関係等について調べたい場合，グラフの交点として調べる方法もある。たとえば

$$ax^2+bx+c=0$$

の解は，$y=ax^2+bx+c$ と x 軸の交点の x 座標である。

重要ポイント2　指数関数，対数関数，三角関数の公式

(1)指数の基本公式

指数は，掛け算を行った回数を表している。

$$a^n=\overbrace{a\times a\times a\times a\times a\times\cdots\times a}^{n\text{個}}$$

ここから，次の**指数法則**が出てくる。

① $a^n\times a^m=a^{n+m}$

② $a^n\div a^m=a^{n-m}$

③ $(a^n)^m=a^{nm}$

さらに，②で $n=m$ とすれば a^0 について，$n=0$ とすれば負の指数について，③で $n\to\dfrac{1}{n}$，$m\to n$ とすると，$(a^{\frac{1}{n}})^n=a$ となり，$a^{\frac{1}{n}}$ が a の n 乗根となることが

わかる。つまり，次のように計算されることがわかる。

$$a^0 = 1,\ a^{-n} = \frac{1}{a^n},\ a^{\frac{1}{n}} = \sqrt[n]{a}$$

(2)対数関数

指数は数の桁を決める重要な計算であるが，そのまま計算しては，数の右上の小さなところで細かく計算しなければいけない。そこで指数部分だけを取り出して計算できるようにしたのが**対数**である。つまり，次のように定義されている。

$a^n = x$　のとき　$n = \log_a x$

特に計算上は，$\log_a a = 1$ となることを覚えておく必要がある。また，このときの a を**底**，x を**真数**という。どちらも正の数でなければならないが，さらに $a \neq 1$ でなければならない。対数も指数法則に相当する公式がある。

① $\log_a x + \log_a y = \log_a xy$

② $\log_a x - \log_a y = \log_a \dfrac{x}{y}$

③ $\log_a x^n = n \log_a x$

また，これらの公式はすべて底がそろっていることが前提である。底の異なる対数を扱う場合には，まず底をそろえることが大切になる。そこで使われるのが次の**底の変換公式**である。

$$\log_a x = \frac{\log_b x}{\log_b a}$$

(3)三角関数の公式

三角関数の公式は多数ある。ここでは特によく使われるものを紹介していく。三角関数の定義は2つある。まずは直角三角形を利用したもの（左図），それに単位円を利用したもの（右図）である。どちらもよく使われる。

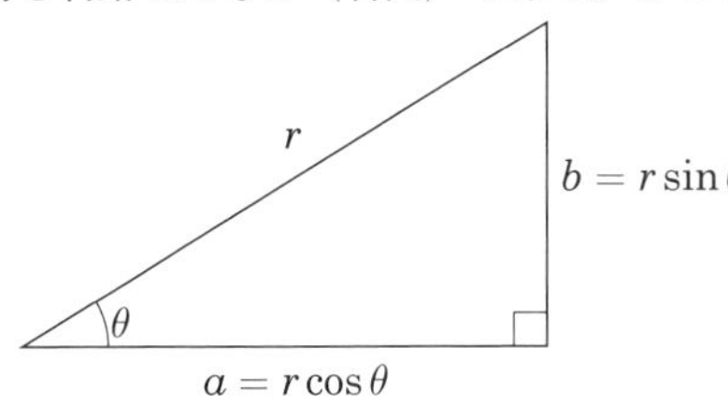

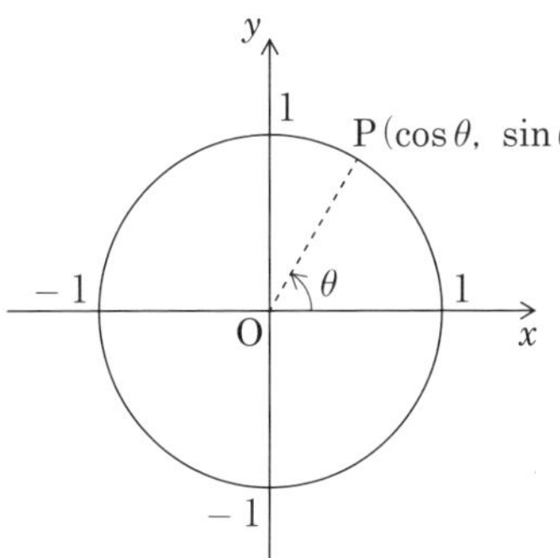

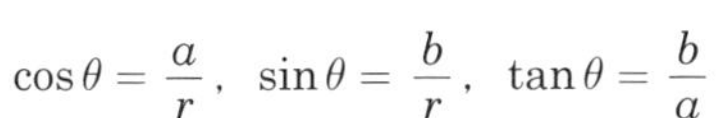

$$\cos\theta = \frac{a}{r},\ \sin\theta = \frac{b}{r},\ \tan\theta = \frac{b}{a}$$

三角関数の間には次の関係式が成り立つ。

① $\cos^2\theta + \sin^2\theta = 1$

② $\tan\theta = \dfrac{\sin\theta}{\cos\theta}$

③ $1 + \tan^2\theta = \dfrac{1}{\cos^2\theta}$

三角関数の公式で最も重要なのは，次の**加法定理**である。

① $\sin(\alpha \pm \beta) = \sin\alpha\cos\beta \pm \cos\alpha\sin\beta$

② $\cos(\alpha \pm \beta) = \cos\alpha\cos\beta \mp \sin\alpha\sin\beta$

③ $\tan(\alpha \pm \beta) = \dfrac{\tan\alpha \pm \tan\beta}{1 \mp \tan\alpha\tan\beta}$

さらにここから派生して，次の公式も成り立つ。

① $\cos 2\theta = \cos^2\theta - \sin^2\theta = 2\cos^2\theta - 1 = 1 - 2\sin^2\theta$

② $\sin 2\theta = 2\sin\theta\cos\theta$

③ $\cos^2\dfrac{\theta}{2} = \dfrac{1+\cos\theta}{2}$，$\sin^2\dfrac{\theta}{2} = \dfrac{1-\cos\theta}{2}$

重要ポイント 3 複素数

(1)複素数の基本公式と複素平面

$i^2 = -1$ となる数を使って表される数を複素数という（地方上級では $i = \sqrt{-1}$ と表現される場合もある）。複素数

$z = a + ib$

としたとき，点（a，b）をプロットした座標平面を複素平面という。

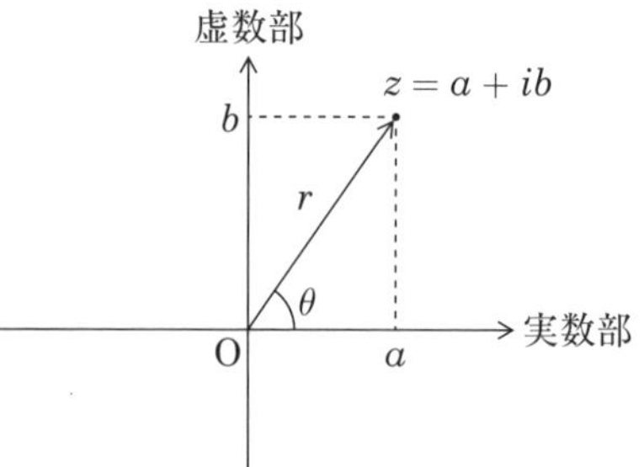

図上で，

$z = a + ib = r(\cos\theta + i\sin\theta)$

と表すことができ，このとき，

$r^2 = a^2 + b^2 = z\bar{z}$

が成り立つ。ただし，$\bar{z}$ は z の共役複素数で，

$\bar{z} = a - ib$

である。このとき r は動径，θ は偏角と呼ばれている。

一般に，複素数の積は，複素平面では，動径は積，偏角は和をとることで表現できる。具体的に，$z_1 = r_1(\cos\theta_1 + i\sin\theta_1)$，$z_2 = r_2(\cos\theta_2 + i\sin\theta_2)$ のとき，

$z_1z_2 = r_1r_2\{\cos(\theta_1 + \theta_2) + i\sin(\theta_1 + \theta_2)\}$

となる。

同様に，$z = r(\cos\theta + i\sin\theta)$ のとき次の式も成り立つ。これを**ド・モアブルの公式**という。

$z^n = r^n\{\cos(n\theta) + i\sin(n\theta)\}$

なお，オイラーの定理

$e^{i\theta} = \cos\theta + i\sin\theta$

を使えば，

$z = re^{i\theta}$

と表現でき，これを使えば，以上の関係は容易に導くことができる。

重要ポイント 4 論理計算，n 進法

(1)論理変数と論理計算

0，1の値しかとらない変数を**論理変数**という。この論理変数の計算が論理計算である。特に代表的なものとして，論理和，論理積，排他的論理和を挙げておく。

A	B	論理積（$A \cdot B$）$A \cap B$	論理和（$A+B$）$A \cup B$	排他的論理和（$A \oplus B$）
0	0	0	0	0
0	1	0	1	1
1	0	0	1	1
1	1	1	1	0

また，$\overline{A}$ で表される「否定」は，0と1を逆にする計算である。

論理計算は，回路の形でも書かれる。これを論理回路という。主な記号は次のとおりである。

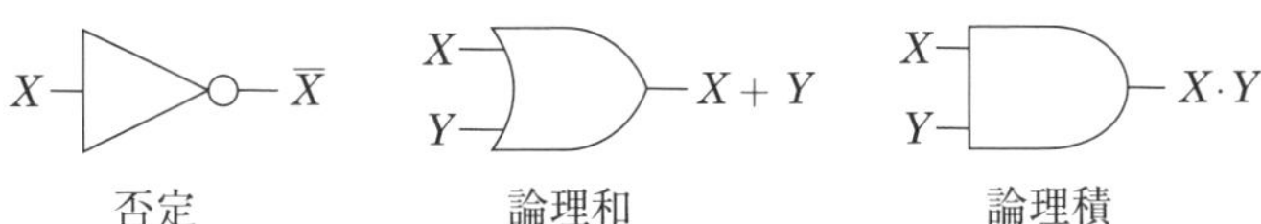

否定　論理和　論理積

論理計算で大切なことは，**取り得る値が限られている**ということである。そのため，取り得る値をすべて表を書いて調べていけば確実に解くことができる。

(2) n 進法

0〜$(n-1)$までの n 個の文字を使って数字を表現する方法を n 進法という。たとえば，2進数では0，1の2つの文字だけを使っていく。n 進法の数を10進法に直すためには，桁の数に注意する。n 進法の数では，下の位から，1の位，n の位，n^2 の位 … と位が n 倍ずつ増えていく。この位の数に数を掛けることで10進法に直すことができる。また，小数点以下の場合には，$\frac{1}{n}$ の位，$\frac{1}{n^2}$ の位 … と位が $\frac{1}{n}$ 倍になっていく。

$$\overbrace{\overset{n^3}{a_3}\overset{n^2}{a_2}\overset{n}{a_1}\overset{1}{a_0}\overset{\frac{1}{n}}{a_{-1}}\overset{\frac{1}{n^2}}{a_{-2}}}^{}\text{（位）}\ (n\text{ 進法}) = a_3 \times n^3 + a_2 \times n^2 + a_1 \times n + a_0 + \frac{a_{-1}}{n} + \frac{a_{-2}}{n^2}$$

なお，16進法では，10以上を表す文字にアルファベットを使うのが普通である。具体的には A = 10，B = 11，C = 12，D = 13，E = 14，F = 15 を使う。

実戦問題

No.1 $0 \leqq \theta < 2\pi$ のとき，方程式 $2\cos^2\theta + \sin\theta - 1 = 0$ を満たす θ の個数はいくらか。 【国家Ⅱ種・平成21年度】

1 0

2 1

3 2

4 3

5 4

No.2 $\sin\theta + \cos\theta = a$（$a$ は定数）のとき，$\sin\theta\cos\theta$ および $\sin\theta - \cos\theta$ の組合せとして正しいのはどれか。

ただし，$0 < \theta < \dfrac{\pi}{4}$ とする。 【国家一般職・平成26年度】

	$\sin\theta\cos\theta$	$\sin\theta - \cos\theta$
1	$\dfrac{a^2-1}{2}$	$-\sqrt{2-a^2}$
2	$\dfrac{a^2-1}{2}$	$-\sqrt{\dfrac{4-a^2}{2}}$
3	a^2-1	$\sqrt{2-a^2}$
4	a^2-1	$-\sqrt{\dfrac{4-a^2}{2}}$
5	a^2-1	$\sqrt{\dfrac{4-a^2}{2}}$

No.3 次の式の値はいくらか。 【労働基準監督Ｂ・平成30年度】

$$\tan 50^\circ \tan 40^\circ + \frac{\cos 40^\circ}{\sin 130^\circ}$$

1 -2

2 -1

3 0

4 1

5 2

No.4 方程式 $3^{x-2}\times 9^{x^2}=\dfrac{1}{3}$ を満たす x の値は２つあるが，この２つの値の和はいくらか。　【国家Ⅱ種・平成22年度】

1 -1

2 $-\dfrac{1}{2}$

3 0

4 $\dfrac{1}{2}$

5 1

No.5 実数 a，b が $30^a=2$，$30^b=3$ を満たすとき，$\log_{180}5$ を a，b で表したものとして正しいのはどれか。　【国家総合職・平成28年度】

1 $\dfrac{a+b}{1+a+b}$

2 $\dfrac{1-a-b}{1+a+b}$

3 $\dfrac{b-a}{1+a+b}$

4 $\dfrac{1+a+b}{1-a-b}$

5 $\dfrac{b-a}{1-a-b}$

No.6 不等式

$$\log_{\frac{1}{2}}(x-4)>\log_{\frac{1}{4}}x+\log_{\frac{1}{4}}2$$

を満たす x の範囲を求めよ。　【市役所・平成25年度】

1 $2<x<4$

2 $2<x<8$

3 $4<x<8$

4 $x>4$

5 $x>8$

第1章　数学　テーマ1　指数・対数、方程式、数列、論理、複素数

No.7 $a = \log_2 3$，$b = \log_3 7$ とするとき，21 を表す式として正しいのはどれか。

【労働基準監督 B・平成30年度】

1 2^{ab}

2 2^{1+ab}

3 $2^{a(b+1)}$

4 3^{ab}

5 3^{1+ab}

No.8 18^{30} のケタ数はいくらか。

ただし，$\log_{10}2=0.301$，$\log_{10}3=0.477$ とする。

【国家一般職・平成30年度】

1 30

2 32

3 34

4 36

5 38

No.9 図のように xy 座標の $x \geqq 0$，$y \geqq 0$ の部分の格子点に 1 から 100 までの自然数を置いていく。このとき，$y = x$ の上にある数字の総和はいくらか。なお，格子点とは，x，y 座標ともに整数の点のことである。

【地方上級・平成20年度】

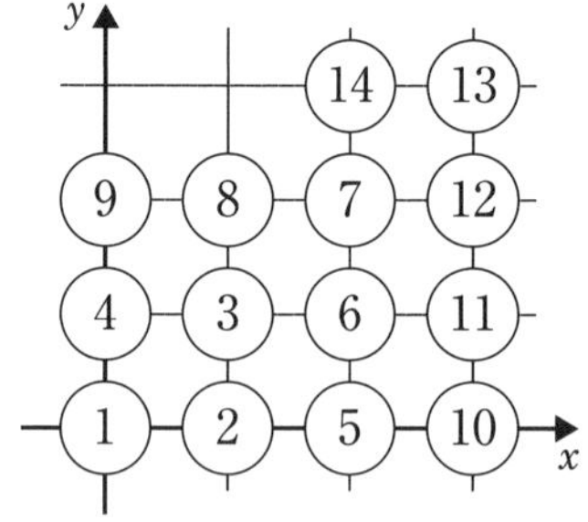

1 249

2 273

3 302

4 340

5 366

No.10 数列 $\{a_n\}$ $(n=1,\ 2,\ 3,\ \cdots)$ において，

$$a_1=1,\quad a_{n+1}-a_n=\frac{1}{n(n+1)}$$

であるとき，a_{10} はいくらか。 【国家一般職・令和元年度】

1 $\frac{17}{9}$

2 $\frac{19}{10}$

3 2

4 $\frac{21}{10}$

5 $\frac{19}{9}$

No.11 2 次方程式 $x^2+x+1=0$ の解を $x=\alpha,\ \beta$ とするとき，$\frac{1}{\alpha^2}$，$\frac{1}{\beta^2}$ を解とする 2 次方程式として正しいのはどれか。 【地方上級・平成28年度】

1 $x^2+x+1=0$

2 $x^2-x-1=0$

3 $2x^2+x+1=0$

4 $2x^2-x+1=0$

5 $2x^2-x+5=0$

No.12 x に関する方程式 $x^3=1$ の虚数解の一つを ω とすると，

$$(1+\omega^2)^2(1+\omega)+(1+\omega^2)(1+\omega)^2$$

の値はいくらか。 【国家一般職・平成30年度】

1 2

2 1

3 0

4 -1

5 -2

No.13 $\sqrt{\dfrac{1+\sqrt{3}i}{2}}=a+ib$ となる実数 a，b として正しいのはどれか。

ただし，$a>0$，$b>0$ とする。【地方上級・令和元年度】

	a	b
1	$\frac{\sqrt{3}}{4}$	$\frac{1}{4}$
2	$\frac{1}{4}$	$\frac{\sqrt{3}}{2}$
3	$\frac{\sqrt{3}}{2}$	$\frac{1}{4}$
4	$\frac{\sqrt{3}}{2}$	$\frac{1}{2}$
5	$\frac{1}{2}$	$\frac{\sqrt{3}}{2}$

No.14 3乗すると $16+16i$ になる複素数を z とするとき，$z\cdot\overline{z}$ の値はいくらか。

ただし，i を虚数単位，$\overline{z}$ を z と共役な複素数とする。

【国家総合職・令和元年度】

1 8
2 9
3 10
4 11
5 12

No.15 次の10進数で表した小数を2進数に直すとき，無限小数となるものを選べ。【市役所・平成25年度】

1 0.1
2 0.25
3 0.5
4 0.625
5 0.75

No.16 次の真理値表の㋐，㋑，㋒に当てはまるものとして正しいのはどれか。

【地方上級・令和２年度】

A	B	$A+B$	$A \cdot B$	$\overline{A} \cdot B$	$\overline{\overline{A}+\overline{B}}$
0	0	0	0	0	㋑
0	1	1	0	1	0
1	0	1	0	㋐	0
1	1	1	1	0	㋒

	㋐	㋑	㋒
1	0	0	0
2	0	0	1
3	0	1	0
4	1	1	0
5	1	1	1

実戦問題の解説

No.1 の解説 三角方程式

→問題は P.20

$\cos\theta$ を $\sin\theta$ に直すと，

$$2\cos^2\theta+\sin\theta-1=2(1-\sin^2\theta)+\sin\theta-1$$
$$=-2\sin^2\theta+\sin\theta+1$$
$$=(2\sin\theta+1)(-\sin\theta+1)=0$$

$$\therefore\quad \sin\theta=-\frac{1}{2},\ 1$$

ここで，$\sin\theta=-\frac{1}{2}$ となる θ は，$\theta=\frac{7}{6}\pi$，$\frac{11}{6}\pi$ の2つ，$\sin\theta=1$ となる θ は $\theta=\frac{\pi}{2}$ の1つであるから，合計で3つである。

以上より，正答は **4** となる。

No.2 の解説 三角関数の計算

→問題は P.20

$\sin\theta+\cos\theta=a$ の両辺を2乗して，

$$(\sin\theta+\cos\theta)^2=\sin^2\theta+2\sin\theta\cos\theta+\cos^2\theta=1+2\sin\theta\cos\theta=a^2$$

$$\therefore\quad \sin\theta\cos\theta=\frac{a^2-1}{2}$$

したがって，

$$(\sin\theta-\cos\theta)^2=\sin^2\theta-2\sin\theta\cos\theta+\cos^2\theta=1-(a^2-1)=2-a^2$$

ここで，$0<\theta<\frac{\pi}{4}$ より，$\sin\theta<\cos\theta$ なので，$\sin\theta-\cos\theta<0$ であり，

$$\sin\theta-\cos\theta=-\sqrt{2-a^2}$$

以上より，正答は **1** となる。

No.3 の解説 三角関数の公式

→問題は P.20

$$\tan(90^\circ-\theta)=\frac{1}{\tan\theta}$$

より，

$$\tan 50^\circ=\frac{1}{\tan 40^\circ}$$

また，

$$\sin(90^\circ+\theta)=\cos\theta$$

より，

$$\sin 130^\circ=\cos 40^\circ$$

したがって，

$$\tan 50^\circ \tan 40^\circ + \frac{\cos 40^\circ}{\sin 130^\circ} = \frac{\tan 40^\circ}{\tan 40^\circ} + \frac{\cos 40^\circ}{\cos 40^\circ} = 2$$

類似の公式をまとめると次のようになる（複合同順）。

$$\begin{cases} \sin(90^\circ \pm \theta) = \cos\theta \\ \cos(90^\circ \pm \theta) = \mp \sin\theta \\ \tan(90^\circ \pm \theta) = \mp \dfrac{1}{\tan\theta} \end{cases} \qquad \begin{cases} \sin(180^\circ \pm \theta) = \mp \sin\theta \\ \cos(180^\circ \pm \theta) = -\cos\theta \\ \tan(180^\circ \pm \theta) = \pm \tan\theta \end{cases}$$

覚えていない場合には，加法定理を使って計算してもよい。

以上より，正答は **5** となる。

No.4 の解説　指数法則

→問題は P.21

指数法則を使って与えられた方程式を変形すると，

$$3^{x-2} \times 9^{x^2} = 3^{x-2} \times (3^2)^{x^2}$$
$$= 3^{2x^2+x-2} = \frac{1}{3} = 3^{-1}$$

したがって，

$$2x^2 + x - 2 = -1 \qquad \therefore \quad 2x^2 + x - 1 = (2x-1)(x+1) = 0$$

これより，求める解は $x = -1, \dfrac{1}{2}$ であり，その和は $-\dfrac{1}{2}$ になる。

以上より，正答は **2** となる。

No.5 の解説　対数の計算

→問題は P.21

$30^a = 2$ について，底が 30 の対数をとって $a = \log_{30}2$，$30^b = 3$ について，底が 30 の対数をとって $b = \log_{30}3$ となる。

ここで，底の変換公式を使って，

$$\log_{180}5 = \frac{\log_{30}5}{\log_{30}180}$$

ここで，

$$\log_{30}5 = \log_{30}\frac{30}{6} = \log_{30}30 - \log_{30}2\cdot3$$
$$= \log_{30}30 - \log_{30}2 - \log_{30}3 = 1 - a - b$$

であり，

$$\log_{30}180 = \log_{30}30\cdot2\cdot3 = \log_{30}30 + \log_{30}2 + \log_{30}3 = 1 + a + b$$

であるので，

$$\log_{180}5 = \frac{1-a-b}{1+a+b}$$

以上より，正答は **2** となる。

No.6 の解説　対数不等式

→問題は P.21

出てきた対数の底を 2 にそろえる。

$$\log_{\frac{1}{2}}(x-4)=\frac{\log_2(x-4)}{\log_2\frac{1}{2}}=-\log_2(x-4)$$

$$\log_{\frac{1}{4}}x+\log_{\frac{1}{4}}2=\log_{\frac{1}{4}}2x=\frac{\log_2 x}{\log_2\frac{1}{4}}=-\frac{\log_2 2x}{2}$$

両辺に -2 を掛けて整理すると，

$$2\log_2(x-4)=\log_2(x-4)^2<\log_2 2x$$

したがって，

$$(x-4)^2<2x$$

$$\therefore\quad x^2-8x+16-2x=x^2-10x+16=(x-2)(x-8)<0$$

これより，

$$2<x<8$$

また，真数は正でなければならないので，

$$x-4>0\qquad\therefore\quad x>4$$

以上を合わせると，

$$4<x<8$$

以上より，正答は **3** となる。

No.7 の解説　対数

→問題は P.22

与えられた式から，

$$2^a=3,\ 3^b=7$$

したがって，

$$21=3\times7=2^a\times3^b=2^a\times(2^a)^b=2^a\times2^{ab}=2^{a(1+b)}$$

以上より，正答は **3** となる。

No.8 の解説　常用対数

→問題は P.22

常用対数をとると，

$$\log_{10}18^{30}=30\log_{10}2\cdot3^2=30(\log_{10}2+2\log_{10}3)=37.65$$

したがって，

$$10^{37}<18^{30}<10^{38}$$

ここで 10^{37} は 1 の後に 0 が 37 個付くので 38 ケタの一番小さい数である。10^{38} は 39 ケタの数の一番小さい数なので，18^{30} は 38 ケタである。

以上より，正答は **5** となる。

No.9 の解説 数列

→問題は P.22

解法❶ 階差数列を考える

対角線に並んだ数字の階差数列をとると，2，4，6，… となる。したがって，階差数列は $2n$ の形となることがわかる。したがって，対角線に並んだ数を 100 を超える前まで具体的に書くと，

$$1+3+7+13+21+31+43+57+73+91=340$$

解法❷ 規則性を考える

y 軸上に平方数 $(y+1)^2$ が並んでいる。対角線はその y 個前なので，対角線は，y 座標を使って，

$$(y+1)^2-y=y^2+y+1$$

となる。以下は解法❶と同じように計算する。

以上より，正答は **4** となる。

No.10 の解説 階差数列

→問題は P.23

与えられた漸化式が階差数列を表していることに注意して，

$$a_{10}=(a_{10}-a_9)+(a_9-a_8)+(a_8-a_7)+\cdots+(a_2-a_1)+a_1$$

$$=\frac{1}{10\cdot 9}+\frac{1}{9\cdot 8}+\frac{1}{8\cdot 7}+\cdots+\frac{1}{2\cdot 1}+1$$

ここで，部分分数展開

$$\frac{1}{n(n+1)}=\frac{1}{n}-\frac{1}{n+1}$$

に注意すると，

$$a_{10}=\left(\frac{1}{9}-\frac{1}{10}\right)+\left(\frac{1}{8}-\frac{1}{9}\right)+\left(\frac{1}{7}-\frac{1}{8}\right)+\cdots+\left(\frac{1}{1}-\frac{1}{2}\right)+1$$

$$=-\frac{1}{10}+1+1=\frac{19}{10}$$

となる。

以上より，正答は **2** となる。

No.11 の解説　解と係数の関係

→問題は P.23

解法❶　α, β が 1 の 3 乗根であることを利用する

与えられた方程式より，$x^2 = -x-1$ なので，

$$x^3 = x^2 \times x = -x^2 - x = -(-x-1) - x = 1$$

となるので，$\alpha^3 = \beta^3 = 1$

したがって，

$$\frac{1}{\alpha^2} = \frac{\alpha}{\alpha^3} = \alpha$$

同様に $\frac{1}{\beta^2} = \beta$ となるので，結局求める方程式は，元の方程式と同じ $x^2 + x + 1 = 0$ である。

解法❷　解と係数の関係を使う

解と係数の関係から，

$$\alpha + \beta = -1,\ \alpha\beta = 1$$

これをもとに，解と係数の関係を考え，解の和と積を計算する。まず，

$$\frac{1}{\alpha^2} + \frac{1}{\beta^2} = \frac{\beta^2 + \alpha^2}{\alpha^2\beta^2}$$

ここで，

$$\alpha^2 + \beta^2 = (\alpha + \beta)^2 - 2\alpha\beta = (-1)^2 - 2 = -1$$

となるので，解の和は，

$$\frac{1}{\alpha^2} + \frac{1}{\beta^2} = \frac{\beta^2 + \alpha^2}{(\alpha\beta)^2} = -1$$

また，解の積は，

$$\frac{1}{\alpha^2} \cdot \frac{1}{\beta^2} = \frac{1}{(\alpha\beta)^2} = 1$$

したがって，解と係数の関係より，$\frac{1}{\alpha^2}$，$\frac{1}{\beta^2}$ を解とする 2 次方程式は，

$$x^2 + x + 1 = 0$$

以上より，正答は **1** となる。

No.12 の解説　1の3乗根

→問題は P.23

$$x^3 - 1 = (x-1)(x^2 + x + 1) = 0$$

であるので，

$$\omega^2 + \omega + 1 = 0$$

が成り立つ。これを変形すると，

$$1 + \omega = -\omega^2,\ 1 + \omega^2 = -\omega$$

となる。これを計算すべき式に代入すると，

$$(-\omega)^2 \times (-\omega^2) + (-\omega) \times (-\omega^2)^2 = -\omega^4 - \omega^5 = -\omega - \omega^2 = 1$$

式変形の途中で $\omega^3 = 1$ $(\omega \neq 1)$ を利用している。

以上より，正答は **2** となる。

No.13 の解説　ド・モアブルの定理

→問題は P.24

解法❶　ド・モアブルの定理を使う

2乗して，

$$\frac{1+\sqrt{3}i}{2} = (a+ib)^2$$

として考える。

$$\frac{1}{2} + \frac{\sqrt{3}}{2}i = \cos 60° + i\sin 60°$$

である。求める複素数を，

$$a + ib = \cos\theta + i\sin\theta \quad (0 < \theta < 90°)$$

と置くと，ド・モアブルの定理より，

$$(a+ib)^2 = \cos 2\theta + i\sin 2\theta$$

なので $2\theta = 60°$ であり，$\theta = 30°$ となる。したがって，

$$a + ib = \cos 30° + i\sin 30° = \frac{\sqrt{3}}{2} + \frac{1}{2}i$$

これより $a = \frac{\sqrt{3}}{2}$，$b = \frac{1}{2}$ である。

解法❷　強引に計算する

与えられた式を2乗して，

$$\frac{1}{2} + \frac{\sqrt{3}}{2}i = (a+ib)^2 = a^2 - b^2 + i\cdot 2ab$$

これより

$$a^2 - b^2 = \frac{1}{2},\ 2ab = \frac{\sqrt{3}}{2}$$

後の式を2乗して，

$4a^2b^2 = \dfrac{3}{4}$　　$\therefore \quad b^2 = \dfrac{3}{16a^2}$

これを先の最初の式に代入して，

$a^2 - \dfrac{3}{16a^2} = \dfrac{1}{2}$

両辺に a^2 を掛けて整理すると，

$16a^4 - 8a^2 - 3 = (4a^2 - 3)(4a^2 + 1) = 0$

$a > 0$ より $a = \dfrac{\sqrt{3}}{2}$ であり，

$b = \dfrac{\sqrt{3}}{4a} = \dfrac{1}{2}$

以上より，正答は **4** となる。

No.14 の解説　複素数の計算

→問題は P.24

$z \cdot \overline{z} = |z|^2$ であるので，z の大きさを求めればよい。

$z^3 = 16 + 16i = 2^4(1 + i)$

なので，

$|z|^3 = |z^3| = 2^4\sqrt{2} = 2^{\frac{9}{2}}$

$\therefore \quad |z| = 2^{\frac{3}{2}}$

したがって，

$|z|^2 = 2^3 = 8$

以上より，正答は **1** となる。

No.15 の解説　n 進法

→問題は P.24

選択肢 **1** 以外は次のように表すことができる。

2. $0.25 = \dfrac{1}{2^2} = 0.01_{(2)}$

3. $0.5 = \dfrac{1}{2} = 0.1_{(2)}$

4. $0.625 = 0.5 + 0.125 = \dfrac{1}{2} + \dfrac{1}{2^3} = 0.101_{(2)}$

5. $0.75 = 0.5 + 0.25 = \dfrac{1}{2} + \dfrac{1}{2^2} = 0.11_{(2)}$

1 は $0.1 = \dfrac{1}{10}$ であり，2 の累乗の単位分数だけで表すことはできない。

以上より，正答は **1** となる。

No.16 の解説　論理式

→問題は P.25

$\overline{A}$（否定）は，A の値を反対にするという意味である。したがって，$\overline{A}\cdot B$ を順に計算すると次のようになる。

A	$\overline{A}$	B	$\overline{A}\cdot B$
0	1	0	0
0	1	1	1
1	0	0	0
1	0	1	0

したがって㋐には 0 が入る。
同様にして，$\overline{\overline{A}+\overline{B}}$ を順に計算すると，

A	$\overline{A}$	B	$\overline{B}$	$\overline{A}+\overline{B}$	$\overline{\overline{A}+\overline{B}}$
0	1	0	1	1	0
0	1	1	0	1	0
1	0	0	1	1	0
1	0	1	0	0	1

これより，㋑には 0，㋒には 1 が入る。
なお，ド・モルガンの法則を知っているなら，次のように変形できる。

$$\overline{\overline{A}+\overline{B}}=\overline{\overline{A}}\cdot\overline{\overline{B}}=A\cdot B$$

以上より，正答は **2** となる。

正答					
No.1＝**4**	No.2＝**1**	No.3＝**5**	No.4＝**2**	No.5＝**2**	No.6＝**3**
No.7＝**3**	No.8＝**5**	No.9＝**4**	No.10＝**2**	No.11＝**1**	No.12＝**2**
No.13＝**4**	No.14＝**1**	No.15＝**1**	No.16＝**2**		

ベクトル，行列，図形

必修問題

$A=\begin{pmatrix}1 & 3\\ 5 & 7\end{pmatrix}$ が $A^2+pA+qE=O$ を満たすとき，実数 p，q の値の組合せとして正しいのはどれか。

ただし，E は単位行列，O は零行列を表す。

【国家一般職・平成25年度】

	p	q
1	−8	−8
2	−8	−5
3	−8	7
4	9	−5
5	9	7

必修問題の解説

行列は高校の範囲から外れたため，苦手意識を持っている人が多いであろう。しかし，近年の公務員試験では以前よりもよく出題されている。まずは行列の積を確実に計算できるようになることを目標にしよう。

$$\begin{pmatrix}1 & 3\\5 & 7\end{pmatrix}\begin{pmatrix}1 & 3\\5 & 7\end{pmatrix}=\begin{pmatrix}1\cdot1+3\cdot5 & 1\cdot3+3\cdot7\\1\cdot5+7\cdot5 & 5\cdot3+7\cdot7\end{pmatrix}=\begin{pmatrix}16 & 24\\40 & 64\end{pmatrix}$$

を与えられた式に代入して，

$$\begin{pmatrix}16 & 24\\40 & 64\end{pmatrix}+p\begin{pmatrix}1 & 3\\5 & 7\end{pmatrix}+q\begin{pmatrix}1 & 0\\0 & 1\end{pmatrix}=\begin{pmatrix}16+p+q & 24+3p\\40+5p & 64+7p+q\end{pmatrix}=\begin{pmatrix}0 & 0\\0 & 0\end{pmatrix}$$

これより，

$$\begin{cases}16+p+q=0\\24+3p=0\end{cases}$$

これを解いて，$p=-8$，$q=-8$ となる。

なお，ケーリー・ハミルトンの定理によると，

$$A=\begin{pmatrix}a & b\\c & d\end{pmatrix}$$

に対して，

$$A^2-(a+d)A+(ad-bc)E=O$$

が成立する。本問でも $p=-(a+d)=-8$，$q=1\cdot7-3\cdot5=-8$ となっている。

正答 1

必修問題

△ABC において，AB = 4，AC = 3，BC = 5 とする。∠BAC の二等分線と辺 BC との交点を D とするとき，線分 AD の長さはいくらか。

【国家一般職・令和元年度】

1 $\frac{12}{5}$

2 $\frac{12}{7}\sqrt{2}$

3 $\frac{12}{7}\sqrt{3}$

4 $\frac{12}{5}\sqrt{2}$

5 $\frac{24}{7}$

必修問題の解説

解法の多い図形問題である。教養試験の範囲を超えた三角比の公式も使えるようにしたい。なお，本問は$\angle BAC = 90°$なので，$\sin B$，$\cos B$などがすぐに求まる。これを使って，△ABDに正弦定理や余弦定理を使うこともできる。

解法❶ 面積を考える

3 − 4 − 5の三角形なので△ABCは直角三角形であり，その面積Sは

$$S = \frac{1}{2} \times 3 \times 4 = 6$$

である。

ここで，同じ面積を△ABD＋△ACDとして計算すると，$AD = x$として，公式

$$S = \frac{1}{2} ab \sin C$$

を使って

$$S = \frac{1}{2} \times 4 \times x \times \frac{1}{\sqrt{2}} + \frac{1}{2} \times 3 \times x \times \frac{1}{\sqrt{2}} = \frac{7}{2\sqrt{2}} x$$

となるので，

$$\frac{7}{2\sqrt{2}} x = 6 \qquad \therefore \quad x = \frac{12\sqrt{2}}{7}$$

解法❷ 角の二等分線の定理を使う

角の二等分線の定理から

$$BD : CD = AB : AC = 4 : 3$$

したがって$BD = 5 \times \dfrac{4}{7} = \dfrac{20}{7}$となる。よって，DからABに下ろした 垂線DHの長さは，図の△BDHが3 − 4 − 5の直角三角形となることから

$$DH = \frac{20}{7} \times \frac{3}{5} = \frac{12}{7}$$

となるので，求めるADの長さは，

$$AD = \frac{12}{7} \times \sqrt{2} = \frac{12\sqrt{2}}{7}$$

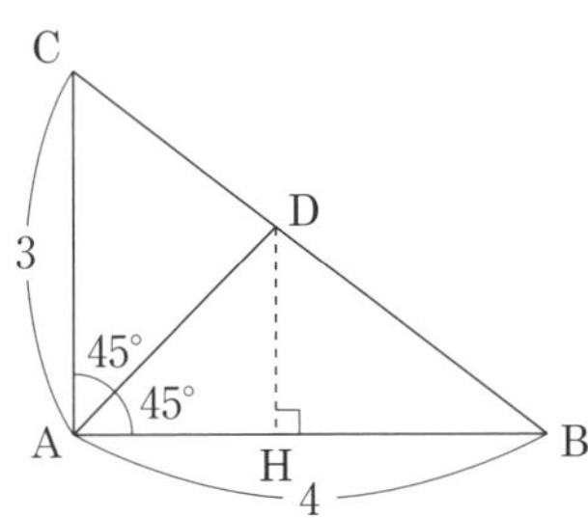

正答 2

必修問題

図のように，xy 平面上において，直線 $y=(2-\sqrt{3})x$ と直線 $y=-x$ があり，ここに点（$2\sqrt{3}$，0）を通る直線 l を加えて，これらの３直線で囲まれる領域を正三角形とした。このとき，直線 l の傾きはいくらか。

【国家総合職・令和２年度】

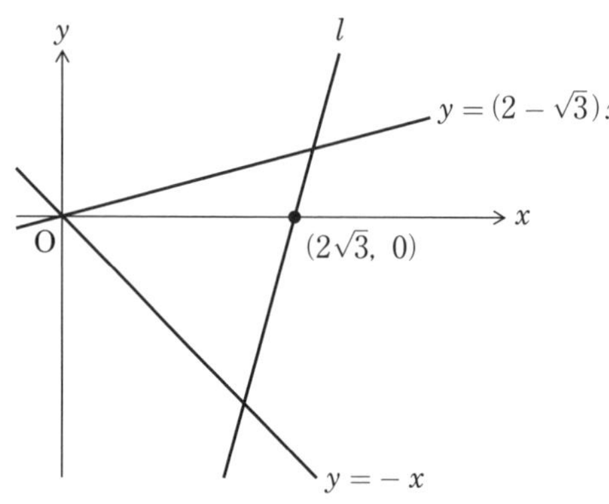

1 $\dfrac{\sqrt{3}+\sqrt{6}}{2}$

2 $\dfrac{2+\sqrt{6}}{2}$

3 $\sqrt{2}+\sqrt{3}$

4 $2+\sqrt{3}$

5 $\sqrt{2}+\sqrt{6}$

必修問題の解説

直線の傾きと角度が tan で結ばれることは，工学の基礎だけでなく，専門試験でもよく出題される。この問題では加法定理も必要となる。どちらも用意をしておくこと。

求める直線 l と x 軸正方向のなす角度を θ とすると，求める傾きを a として，

$$a = \tan\theta$$

が成り立つ。

図中の三角形の角度の関係から，

$$\theta = 180° - 45° - 60° = 75°$$

であり，tan の加法定理から，

$$a = \tan 75° = \tan(45° + 30°) = \frac{\tan 45° + \tan 30°}{1 - \tan 45° \tan 30°}$$

$$= \frac{1 + \frac{1}{\sqrt{3}}}{1 - 1 \times \frac{1}{\sqrt{3}}} = \frac{\sqrt{3} + 1}{\sqrt{3} - 1}$$

分母分子に $\sqrt{3} + 1$ を掛けると

$$a = \frac{(\sqrt{3} + 1)^2}{3 - 1} = \frac{4 + 2\sqrt{3}}{2} = 2 + \sqrt{3}$$

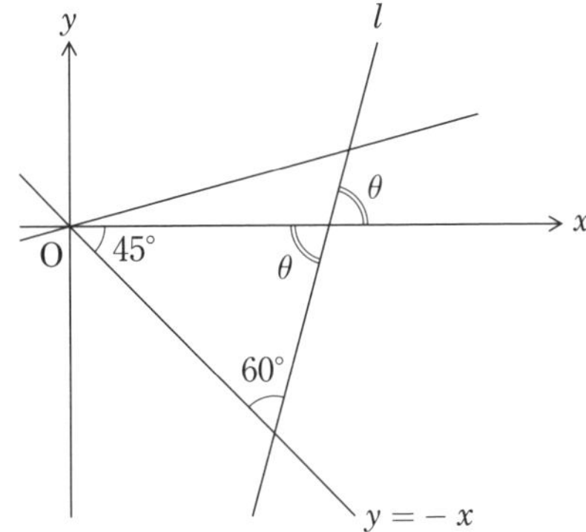

正答 4

POINT

重要ポイント 1 行列の計算

(1)行列の計算

行列は数を縦横に並べたもので，並べた数のことを行列の成分という。また，縦の並びを「列」，横の並びを「行」という。行列の計算のうち，和，差，スカラー倍までは，成分ごとに行えばよいだけである。

$$\begin{pmatrix} a & b \\ c & d \end{pmatrix} \pm k\begin{pmatrix} p & q \\ r & s \end{pmatrix} = \begin{pmatrix} a \pm kp & b \pm kq \\ c \pm kr & d \pm ks \end{pmatrix}$$

これに対して，行列の積は複雑な形で定義されている。特に確実に計算できなければいけないのは，次の2つのパターンである。

$$\begin{pmatrix} a & b \\ c & d \end{pmatrix}\begin{pmatrix} p & q \\ r & s \end{pmatrix} = \begin{pmatrix} ap + br & aq + bs \\ cp + dr & cq + ds \end{pmatrix}$$

$$\begin{pmatrix} a & b \\ c & d \end{pmatrix}\begin{pmatrix} p \\ q \end{pmatrix} = \begin{pmatrix} ap + bq \\ cp + dq \end{pmatrix}$$

上の矢印に沿って掛け算をしている。一般に，行列 A と B に対して，AB と BA が等しくなるとは限らない。ただし，掛け算もまったく法則がないわけではない。たとえば，2次正方（2行2列）行列 A に対して，次の関係が成り立つ。

$$A = \begin{pmatrix} a & b \\ c & d \end{pmatrix} \text{のとき，} A^2 - (a + d)A + (ad - bc)E = O$$

ただし，

E ：**単位行列** → 数字の1に相当。$AE = EA = A$

O ：**零行列** → 数字の0に相当。$AO = OA = O$

である。また，$A \cdot A^{-1} = A^{-1} \cdot A = E$ となる行列 A^{-1} を A の逆行列という。2次正方行列では，次のようになる。

$$A = \begin{pmatrix} a & b \\ c & d \end{pmatrix} \text{のとき，} A^{-1} = \frac{1}{ad - bc}\begin{pmatrix} d & -b \\ -c & a \end{pmatrix}$$

ただし，$ps - qr = 0$ のときには，逆行列は存在しない。この $ad - bc$ を A の**行列式**といい，$|A|$ あるいは $\det A$ と表す。

(2)行列の応用

行列の計算は複雑だが，積極的に行列を利用することによって，計算を簡単にすることもできる。ここでは，どのような場合に行列が利用できるのかを紹介していく。

①連立方程式

$$\begin{cases} ax + by = p \\ cx + dy = q \end{cases}$$

は次のように行列の形に書き直すことができる。

$$\begin{pmatrix} a & b \\ c & d \end{pmatrix}\begin{pmatrix} x \\ y \end{pmatrix} = \begin{pmatrix} p \\ q \end{pmatrix}$$

②連立漸化式

$$\begin{cases} a_{n+1} = pa_n + qb_n \\ b_{n+1} = ra_n + sb_n \end{cases}$$

は次のように行列の形に書き直すことができる。

$$\begin{pmatrix} a_{n+1} \\ b_{n+1} \end{pmatrix} = \begin{pmatrix} p & q \\ r & s \end{pmatrix}\begin{pmatrix} a_n \\ b_n \end{pmatrix}$$

重要ポイント 2 1次変換

行列を使って点 $(p,\ q)$ を別の点 $(p',\ q')$ に移すことを**1次変換**という。たとえば，行列 $\begin{pmatrix} a & b \\ c & d \end{pmatrix}$ を使う場合には，次のように計算される。

$$\begin{pmatrix} a & b \\ c & d \end{pmatrix}\begin{pmatrix} p \\ q \end{pmatrix} = \begin{pmatrix} p' \\ q' \end{pmatrix}$$

1次変換では，基本的に，2点の行き先がわかれば行列を求めることができる。たとえば，点 $(p,\ q)$ を別の点 $(p',\ q')$ に，点 $(r,\ s)$ を別の点 $(r',\ s')$ に移動する場合，この1次変換を表す行列を $\begin{pmatrix} a & b \\ c & d \end{pmatrix}$ と表すと，次の式が成り立つ。

$$\begin{pmatrix} a & b \\ c & d \end{pmatrix}\begin{pmatrix} p & r \\ q & s \end{pmatrix} = \begin{pmatrix} p' & r' \\ q' & s' \end{pmatrix}$$

したがって，

$$\begin{pmatrix} a & b \\ c & d \end{pmatrix} = \begin{pmatrix} p' & r' \\ q' & s' \end{pmatrix}\begin{pmatrix} p & r \\ q & s \end{pmatrix}^{-1} = \frac{1}{ps - qr}\begin{pmatrix} p' & r' \\ q' & s' \end{pmatrix}\begin{pmatrix} s & -r \\ -q & p \end{pmatrix}$$

となる。また，この行列の成分については，実際に計算すれば，

$\begin{pmatrix} a \\ c \end{pmatrix} = \begin{pmatrix} 1 \\ 0 \end{pmatrix}$ の移る先，$\begin{pmatrix} b \\ d \end{pmatrix} = \begin{pmatrix} 0 \\ 1 \end{pmatrix}$ の移る先

という意味がある。このことから，ある規則が1次変換であることがはっきりしている場合には，$(1,\ 0)$ と $(0,\ 1)$ の移る先がわかれば簡単に行列を求めることができる。

たとえば，原点を中心に角度 θ だけ反時計回りに回転移動させる行列は，単位円で考えれば

$(1,\ 0) \to (\cos\theta,\ \sin\theta)$，$(0,\ 1) \to (\cos(90^\circ + \theta),\ \sin(90^\circ + \theta)) = (-\sin\theta,\ \cos\theta)$

に移るので，

$$\begin{pmatrix} \cos\theta & -\sin\theta \\ \sin\theta & \cos\theta \end{pmatrix}$$

と表すことができる。

重要ポイント 3 行列式

行列 A の逆行列の分母を**行列式**といい，$|A|$ または $\det A$ で表す。行列式は正方行列にしか定義されない。2 次正方行列の場合，次のようになる。

$$\begin{vmatrix} a & b \\ c & d \end{vmatrix} = ad - bc$$

3 次正方行列の場合は複雑である。計算の方法を 1 つ挙げておく。

$$\begin{vmatrix} x & y & z \\ a & b & c \\ p & q & r \end{vmatrix}$$

の場合，次の手順になる。

①求める行列式の外の右側 2 列に左側の列を追加する。

②右下に向けて 3 か所掛け算して和をとり（実線青矢印），左下に向けて 3 か所掛け算して，引き算する（破線青矢印）

$$\begin{vmatrix} x & y & z \\ a & b & c \\ p & q & r \end{vmatrix}\begin{matrix} x & y \\ a & b \\ p & q \end{matrix} \Rightarrow \begin{vmatrix} x & y & z \\ a & b & c \\ p & q & r \end{vmatrix}\begin{matrix} x & y \\ a & b \\ p & q \end{matrix} = xbr + ycp + zaq - zbp - xcq - yar$$

行列式は以下の計算で使われる。

①逆行列の存在

行列 A の行列式が 0 のとき，つまり $|A| = 0$ のとき，A には逆行列が存在しない。逆に $|A| \neq 0$ なら，A^{-1} が存在する。

②連立方程式

$$\begin{pmatrix} a & b \\ c & d \end{pmatrix}\begin{pmatrix} x \\ y \end{pmatrix} = \begin{pmatrix} 0 \\ 0 \end{pmatrix}$$

が，$x = y = 0$ 以外の解を持つ場合，連立方程式を表す行列の行列式は 0 になる。

$$\begin{vmatrix} a & b \\ c & d \end{vmatrix} = 0$$

もし行列式が 0 でなければ，逆行列が存在して，

$$\begin{pmatrix} x \\ y \end{pmatrix} = \begin{pmatrix} a & b \\ c & d \end{pmatrix}^{-1}\begin{pmatrix} 0 \\ 0 \end{pmatrix} = \begin{pmatrix} 0 \\ 0 \end{pmatrix}$$

と変形できるからである。

③平行六面体の体積

空間上の点 P $(x,\ y,\ z)$，Q $(a,\ b,\ c)$，R $(p,\ q,\ r)$ に対して，3 つのベクトル $\overrightarrow{\mathrm{OP}}$，$\overrightarrow{\mathrm{OQ}}$，$\overrightarrow{\mathrm{OR}}$ の作る平行六面体の体積 V は次の式で表される。ただし，負になったときは絶対値をとる。なお，O は原点 $(0,\ 0,\ 0)$ である。

$$V = \begin{vmatrix} x & y & z \\ a & b & c \\ p & q & r \end{vmatrix}$$

重要ポイント4 ベクトル

(1)ベクトルの計算

ベクトルとは，長さと向きを持った量のことである。図形においては，平面でも空間でも同じように使うことができ，また，座標でも幾何でも使うことができるため，いろいろな場面に応用することができる。まずはベクトルの計算をまとめておこう。なお，成分はz座標を含めた空間座標で示しておくが，平面座標の場合には，z座標を省略する。

以下，$\vec{a}=\begin{pmatrix} x_1 \\ y_1 \\ z_1 \end{pmatrix}$，$\vec{b}=\begin{pmatrix} x_2 \\ y_2 \\ z_2 \end{pmatrix}$とする。

①ベクトルの和・差

下の図において，いずれも次の関係式が成り立つ。ただし，左下図では$\vec{b}$が平行四辺形の対角線になるようにしている。

$\vec{a}+\vec{c}=\vec{b}$，$\vec{b}-\vec{a}=\vec{c}$

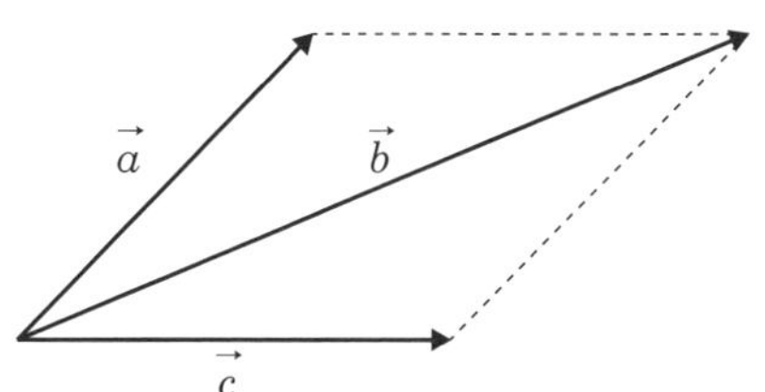

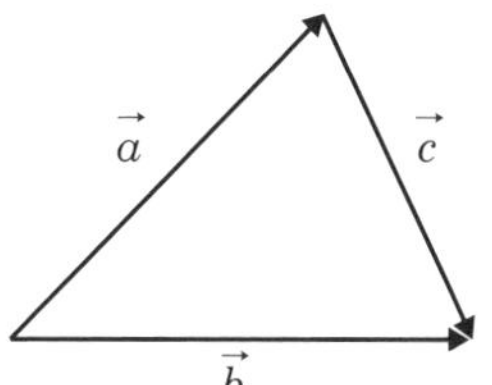

通常，ベクトルの和は左上図の場合に想定されている。つまり，力の合力を求める場合になる。一方，ベクトルの差は，2点を結ぶベクトルを作りたいときに利用される。右上図で$\vec{c}$は，$\vec{a}$と$\vec{b}$の終点を結ぶベクトルになっている。なお，座標では単純に成分ごとに和・差をとる。

$$\vec{a}+\vec{b}=\begin{pmatrix} x_1+x_2 \\ y_1+y_2 \\ z_1+z_2 \end{pmatrix}$$

②ベクトルのスカラー倍

ベクトルをスカラー（定数）倍すると，その分長さが長くなる。また，負の数を掛けると，向きが逆になる。成分では，各成分をスカラー倍する。

$$k\vec{a}=\begin{pmatrix} kx_1 \\ ky_1 \\ kz_1 \end{pmatrix}$$

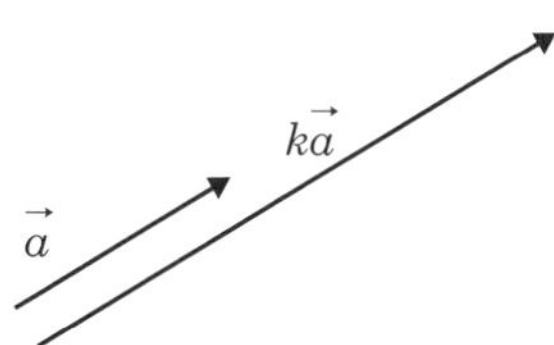

③ベクトルの大きさ

ベクトル $\vec{a}$ の大きさは次のように三平方の定理で計算できる。

$$|\vec{a}| = \sqrt{x_1^2 + y_1^2 + z_1^2}$$

図形的には，ベクトルの長さを表す。

④ベクトルの内積

ベクトル $\vec{a}$，$\vec{b}$ の内積は以下のように定義され，その結果はスカラーとなる。ただし，ベクトルのなす角度を θ としている。

$$\vec{a} \cdot \vec{b} = |\vec{a}||\vec{b}|\cos\theta = x_1x_2 + y_1y_2 + z_1z_2$$

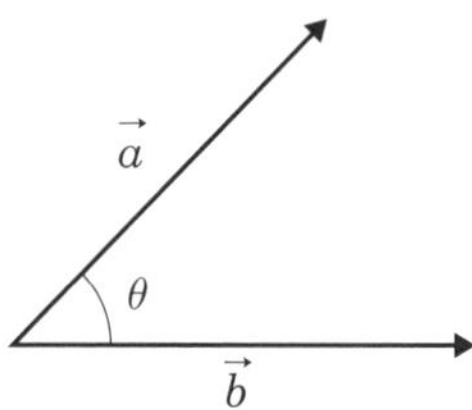

さらに，これを以下のように変形することができる。

$$\cos\theta = \frac{\vec{a} \cdot \vec{b}}{|\vec{a}||\vec{b}|} = \frac{x_1x_2 + y_1y_2 + z_1z_2}{\sqrt{x_1^2 + y_1^2 + z_1^2}\sqrt{x_2^2 + y_2^2 + z_2^2}}$$

空間図形で角度を考える場合に，内積を利用すると便利な場合がある。

⑤ベクトルの外積

ベクトル $\vec{a}$，$\vec{b}$ の外積は以下のように定義されて，その結果はベクトルとなる。

$$\vec{a} \times \vec{b} = \begin{pmatrix} x_1 \\ y_1 \\ z_1 \end{pmatrix} \times \begin{pmatrix} x_2 \\ y_2 \\ z_2 \end{pmatrix} = \begin{pmatrix} y_1z_2 - z_1y_2 \\ z_1x_2 - x_1z_2 \\ x_1y_2 - y_1x_2 \end{pmatrix}$$

これは，2つのベクトルを並べて，さらに文字 x，y，z を付加して作った行列式

$$\begin{vmatrix} x & y & z \\ x_1 & y_1 & z_1 \\ x_2 & y_2 & z_2 \end{vmatrix} = (y_1z_2 - z_1y_2)x + (z_1x_2 - x_1z_2)y + (x_1y_2 - y_1x_2)z$$

の x，y，z の各係数を成分に持つベクトルとして計算できる。

外積には次の性質がある。

(i)外積 $\vec{a} \times \vec{b}$ の大きさは $\vec{a}$，$\vec{b}$ の作る平行四辺形の面積と等しくなる。つまり，

$$|\vec{a} \times \vec{b}| = |\vec{a}||\vec{b}|\sin\theta$$

(ii) $\vec{a} \times \vec{b}$ は，元のベクトル $\vec{a}$，$\vec{b}$ と直交する。つまり，

$$(\vec{a} \times \vec{b}) \cdot \vec{a} = 0,\quad (\vec{a} \times \vec{b}) \cdot \vec{b} = 0$$

(iii) $\vec{a} /\!/ \vec{b}$ のとき，$\vec{a} \times \vec{b} = \vec{0}$

(2)内分点の公式

$\overrightarrow{\mathrm{OA}} = \vec{a}$，$\overrightarrow{\mathrm{OB}} = \vec{b}$ とする。辺ABを $p:q$ に内分する点をCとするとき，

$$\overrightarrow{\mathrm{OC}} = \frac{q\overrightarrow{\mathrm{OA}} + p\overrightarrow{\mathrm{OB}}}{p+q}$$

となる。これを**内分点の公式**という。

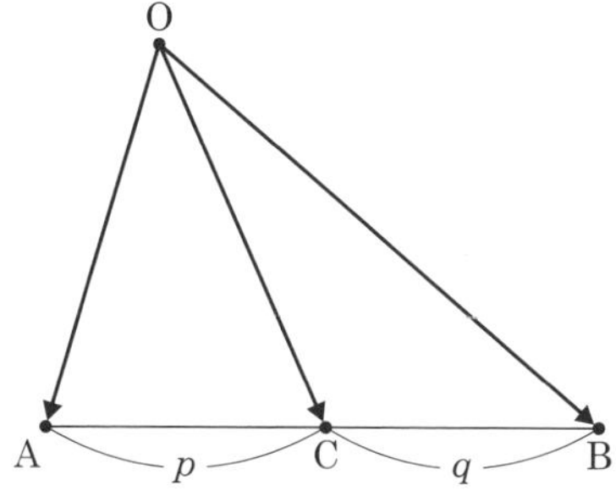

重要ポイント 5 座標平面

(1)平面座標と直線

平面座標の直線 $y = ax + b$ において，直線と x 軸正方向のなす角度を θ とすると，

$a = \tan\theta$

の関係が成り立つ（下図）。また，傾きが a_1 の直線 l_1 と傾きが a_2 の直線 l_2 について，

$a_1 = a_2$ → l_1 と l_2 は平行

$a_1 \times a_2 = -1$ → l_1 と l_2 は垂直

となる。

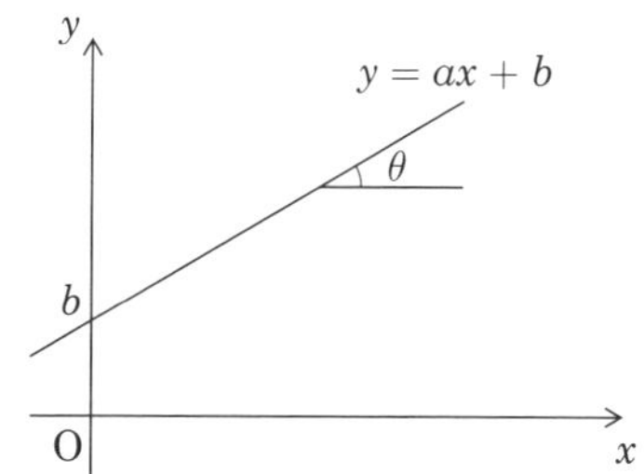

また，点 P (p, q) と直線 $ax + by + c = 0$ の距離 h は，次の式で計算できる。

$$h = \frac{|ap + bq + c|}{\sqrt{a^2 + b^2}}$$

(2)平面座標と面積

点 P (a, b)，点 Q (c, d) とするとき，△OPQ の面積 S は次の式で計算できる。

$$S = \frac{1}{2}|ad - bc|$$

重要ポイント 6 幾何

(1)幾何の代表的な定理

①三平方の定理

直角三角形の斜辺の長さを a，他の2辺の長さを b，c とするとき，

$$a^2 = b^2 + c^2$$

が成り立つ。これが**三平方の定理**である。特に，半径 R の球を平面で切断した場合に，平面にできる円の半径を r，球の中心と平面との距離を h としたときに，右図のように直角三角形ができ，

$$R^2 = h^2 + r^2$$

となることは覚えておくとよいだろう。

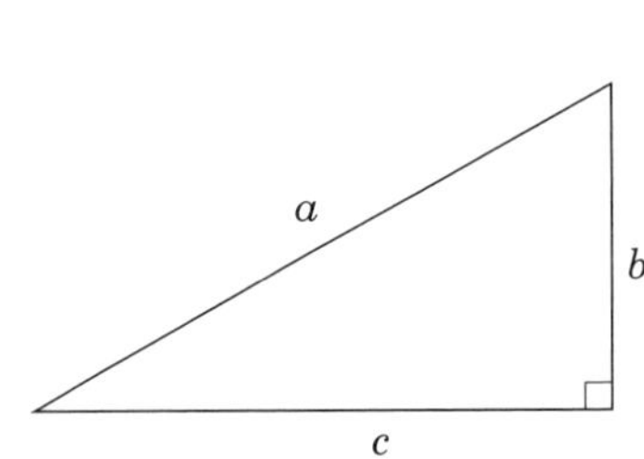

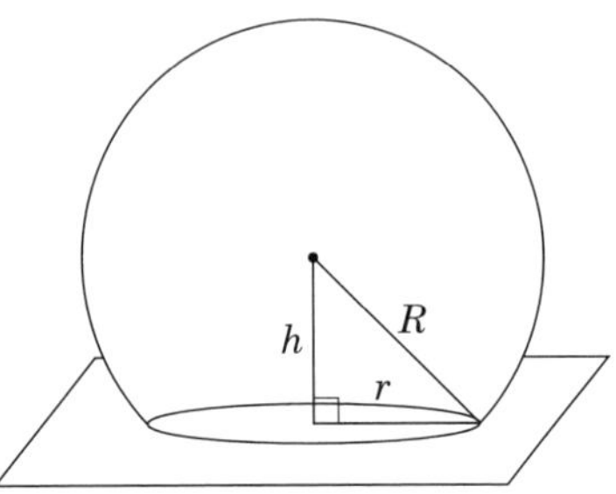

②角の二等分線の定理

△ABC の内角の∠A の二等分線と BC との交点を D とすると，

$$AB : AC = DB : DC$$

が成立する。これを**角の二等分線の定理**という。

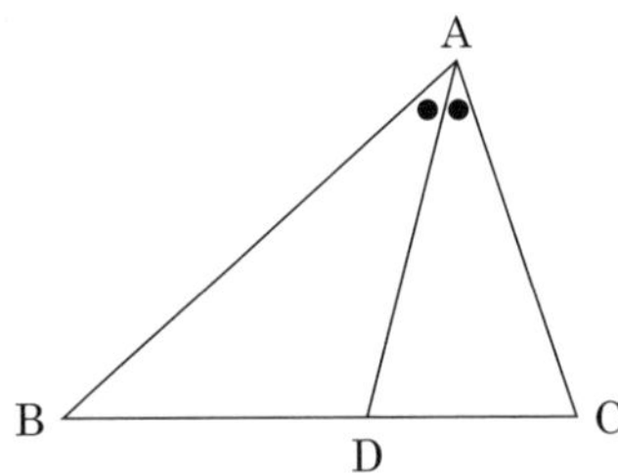

(2)三角比の定理

三角比を使った，三角形に関する定理を紹介しよう。

①三角形の面積

図の三角形 ABC の面積は，次のようになる。

$$S = \frac{1}{2} bc \sin\theta$$

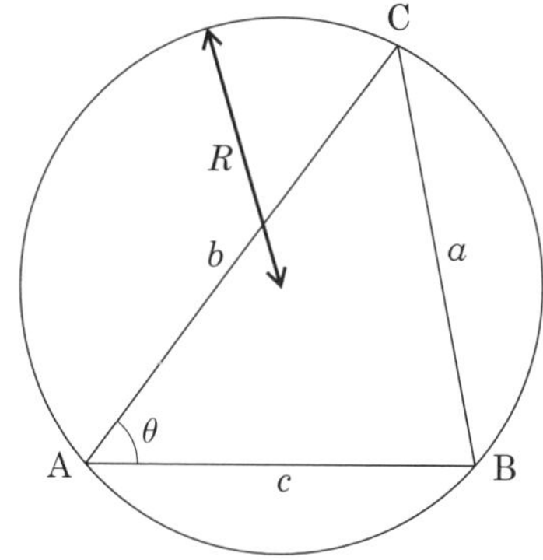

②余弦定理

$$a^2 = b^2 + c^2 - 2bc\cos\theta$$

③正弦定理

$$\frac{a}{\sin \mathrm{A}} = \frac{b}{\sin \mathrm{B}} = \frac{c}{\sin \mathrm{C}} = 2R \quad (R:\text{外接円の半径})$$

なお，三角比とは直接関係はないが，内接円の半径を r，中心を O とし，△ABC の面積を S とするとき，△OAB，△OBC，△OCA に分けて面積を計算すると，

$$S = \frac{1}{2}r(a + b + c)$$

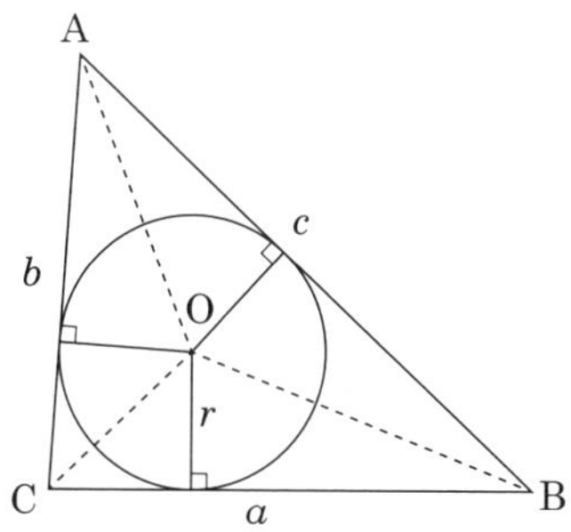

実戦問題

No.1 **行列に関する次の記述の㋐，㋑に当てはまるものの組合せとして正しいのはどれか。** 【国家Ⅱ種・平成23年度】

「$A=\begin{pmatrix}\frac{\sqrt{2}}{2} & -\frac{\sqrt{2}}{2} \\ \frac{\sqrt{2}}{2} & \frac{\sqrt{2}}{2}\end{pmatrix}$のとき，$A^4=$ [㋐] であり，$A^{2011}=$ [㋑] である」

	㋐	㋑
1	$\begin{pmatrix}1 & 0 \\ 0 & 1\end{pmatrix}$	$\begin{pmatrix}\frac{\sqrt{2}}{2} & -\frac{\sqrt{2}}{2} \\ \frac{\sqrt{2}}{2} & \frac{\sqrt{2}}{2}\end{pmatrix}$
2	$\begin{pmatrix}0 & -1 \\ 1 & 0\end{pmatrix}$	$\begin{pmatrix}\frac{\sqrt{2}}{2} & -\frac{\sqrt{2}}{2} \\ \frac{\sqrt{2}}{2} & \frac{\sqrt{2}}{2}\end{pmatrix}$
3	$\begin{pmatrix}0 & -1 \\ 1 & 0\end{pmatrix}$	$\begin{pmatrix}-\frac{\sqrt{2}}{2} & -\frac{\sqrt{2}}{2} \\ \frac{\sqrt{2}}{2} & -\frac{\sqrt{2}}{2}\end{pmatrix}$
4	$\begin{pmatrix}-1 & 0 \\ 0 & -1\end{pmatrix}$	$\begin{pmatrix}\frac{\sqrt{2}}{2} & -\frac{\sqrt{2}}{2} \\ \frac{\sqrt{2}}{2} & \frac{\sqrt{2}}{2}\end{pmatrix}$
5	$\begin{pmatrix}-1 & 0 \\ 0 & -1\end{pmatrix}$	$\begin{pmatrix}-\frac{\sqrt{2}}{2} & -\frac{\sqrt{2}}{2} \\ \frac{\sqrt{2}}{2} & -\frac{\sqrt{2}}{2}\end{pmatrix}$

No.2 行列 $A=\begin{pmatrix}1&2&1\\0&1&1\\0&0&1\end{pmatrix}$ のとき，A^{100} として正しいのはどれか。

【国家総合職・平成25年度】

1 $\begin{pmatrix}1&200&100\\0&1&100\\0&0&1\end{pmatrix}$

2 $\begin{pmatrix}1&200&1000\\0&1&100\\0&0&1\end{pmatrix}$

3 $\begin{pmatrix}1&200&10000\\0&1&100\\0&0&1\end{pmatrix}$

4 $\begin{pmatrix}1&2^{100}&1\\0&1&1\\0&0&1\end{pmatrix}$

5 $\begin{pmatrix}1&2^{100}&1000\\0&1&100\\0&0&1\end{pmatrix}$

No.3 行列 $A=\begin{pmatrix}5&4\\3&2\end{pmatrix}$ の逆行列 A^{-1} として正しいのはどれか。また，

$$Ax=\begin{pmatrix}3\\-1\end{pmatrix}$$

となる x として正しいのはどれか。 【地方上級・平成27年度】

1 $A^{-1}=\dfrac{1}{2}\begin{pmatrix}5&-3\\-4&2\end{pmatrix}$ $x=\begin{pmatrix}9\\-7\end{pmatrix}$

2 $A^{-1}=\dfrac{1}{2}\begin{pmatrix}5&-3\\-4&2\end{pmatrix}$ $x=\begin{pmatrix}7\\-5\end{pmatrix}$

3 $A^{-1}=\dfrac{1}{2}\begin{pmatrix}-2&4\\3&-5\end{pmatrix}$ $x=\begin{pmatrix}-7\\5\end{pmatrix}$

4 $A^{-1}=\dfrac{1}{2}\begin{pmatrix}-2&4\\3&-5\end{pmatrix}$ $x=\begin{pmatrix}-5\\7\end{pmatrix}$

5 $A^{-1}=\dfrac{1}{2}\begin{pmatrix}2&-4\\-3&5\end{pmatrix}$ $x=\begin{pmatrix}5\\-7\end{pmatrix}$

No.4 次の行列 A_1, A_2, A_3 のうち逆行列を持つもののみをすべて挙げているのはどれか。　　　　【国家総合職・令和元年度】

$$A_1=\begin{pmatrix}1 & -\sqrt{3} & 0\\ \sqrt{3} & 1 & 0\\ 0 & 0 & 2\end{pmatrix},\ A_2=\begin{pmatrix}1 & 2 & 3\\ 2 & 3 & 4\\ 3 & 5 & 7\end{pmatrix},\ A_3=\begin{pmatrix}1 & 2 & 4\\ 1 & 3 & 9\\ 1 & 4 & 16\end{pmatrix}$$

1 A_1

2 A_1, A_2, A_3

3 A_1, A_3

4 A_2

5 A_3

No.5 2次正方行列で表される1次変換 f によって，点（1，0)，(0，1）はそれぞれ（1，2)，(2，－1）に移される。f によって点（－1，1）はどこに移されるか。　　　　【地方上級・平成25年度】

1 (3, 1)

2 (1, －3)

3 (－3, －3)

4 (－1, 3)

5 (3, －1)

No.6 一次変換 $\begin{pmatrix}x'\\ y'\end{pmatrix}=\begin{pmatrix}3 & -1\\ 2 & 1\end{pmatrix}\begin{pmatrix}x\\ y\end{pmatrix}$ によって点（1，6）を移すと［ ㋐ ］に移り，直線 $5x-y+1=0$ を移すと直線［ ㋑ ］に移る。㋐，㋑に当てはまるのはどれか。　　　　【地方上級・平成30年度】

	㋐	㋑
1	(3, 8)	$7x+2y+5=0$
2	(3, 8)	$2x+3y-5=0$
3	(3, 8)	$2x+3y+5=0$
4	(－3, 8)	$7x+2y+5=0$
5	(－3, 8)	$2x+3y+5=0$

No.7 xy 平面上に直線 $y=2x$ がある。いま，この xy 平面上の任意の点 $\mathrm{P}(\alpha,\ \beta)$ から直線 $y=2x$ に垂線を引き，その引いた垂線の足を点 $\mathrm{Q}(\alpha',\ \beta')$ とするとき，点Pを点Qに移す変換は一次変換であり，行列を用いた式 $\begin{pmatrix}\alpha'\\ \beta'\end{pmatrix}=\begin{pmatrix}a & b\\ c & d\end{pmatrix}\begin{pmatrix}\alpha\\ \beta\end{pmatrix}$ で表される。行列の成分 c はいくらか。

【国家Ⅰ種・平成22年度】

1 $-\frac{1}{2}$

2 $-\frac{1}{3}$

3 $\frac{1}{4}$

4 $\frac{2}{5}$

5 $\frac{3}{5}$

No.8 xy 平面上の任意の点 $\mathrm{P}(X,\ Y)$ を，直線 $y=3x$ に関して対称な点 $\mathrm{Q}(X',\ Y')$ に移す一次変換が，行列 A を用いて，

$$\begin{pmatrix}X'\\ Y'\end{pmatrix}=A\begin{pmatrix}X\\ Y\end{pmatrix}$$

と表されるとき，A として正しいのはどれか。　【国家一般職・平成29年度】

1 $\begin{pmatrix}-1 & 0\\ 0 & 1\end{pmatrix}$

2 $\frac{1}{5}\begin{pmatrix}-4 & 3\\ 3 & 4\end{pmatrix}$

3 $\frac{1}{5}\begin{pmatrix}-4 & 3\\ 3 & -4\end{pmatrix}$

4 $\frac{1}{5}\begin{pmatrix}4 & -3\\ -3 & 4\end{pmatrix}$

5 $\begin{pmatrix}4 & -1\\ 0 & 1\end{pmatrix}$

No.9 ２つのベクトル $\vec{A}=(0,\ 1,\ 1)$, $\vec{B}=(1,\ 0,\ 1)$ のなす角度を求めよ。

【地方上級・平成24年度】

1 15°
2 30°
3 45°
4 60°
5 75°

No.10 ２つのベクトル $\overrightarrow{OA}=(2,\ -1,\ 0)$ と $\overrightarrow{OB}=(1,\ 0,\ 2)$ がある。このとき，線分 OA，OB を２辺とする平行四辺形の面積はいくらか。

【労働基準監督Ｂ・平成28年度】

1 $2\sqrt{5}$
2 $\sqrt{21}$
3 $2\sqrt{6}$
4 5
5 $2\sqrt{7}$

No.11 $\triangle ABC$ の内部に点 P があり，$12\overrightarrow{PA}+2\overrightarrow{PB}+\overrightarrow{PC}=\vec{0}$ が成り立つとき，各三角形の面積の比 $\triangle PAB : \triangle PBC : \triangle PCA$ として正しいのはどれか。

【労働基準監督Ｂ・平成19年度】

1 12 : 1 : 6
2 9 : 18 : 2
3 2 : 1 : 9
4 1 : 12 : 2
5 1 : 9 : 3

No.12 $\triangle$ABC において，$\angle A = \alpha$，$\angle B = \beta$，$AB = l$ とするとき，頂点 C から辺 AB に下ろした垂線の長さを求めよ。

ただし，以下の加法定理を使ってもよい。【地方上級・平成30年度】

$$\sin(\theta_1 \pm \theta_2) = \sin\theta_1\cos\theta_2 \pm \cos\theta_1\sin\theta_2$$

$$\cos(\theta_1 \pm \theta_2) = \cos\theta_1\cos\theta_2 \mp \sin\theta_1\sin\theta_2$$

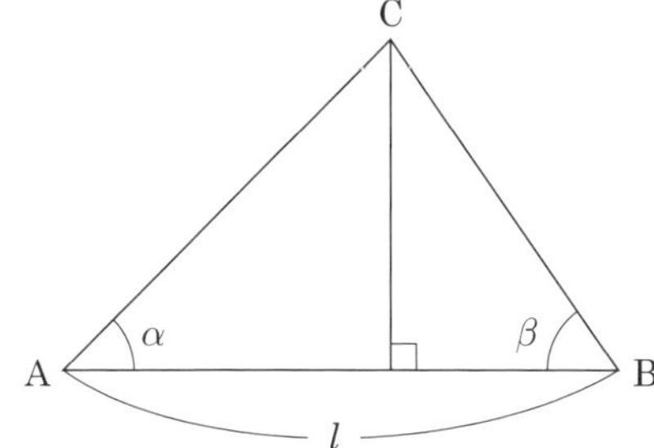

1 $\dfrac{\sin\alpha\sin\beta}{\sin(\alpha+\beta)}l$

2 $\dfrac{\cos\alpha\cos\beta}{\sin(\alpha+\beta)}l$

3 $\dfrac{\sin\alpha\sin\beta}{\cos(\alpha+\beta)}l$

4 $\dfrac{\sin\alpha\sin\beta}{\cos(\alpha-\beta)}l$

5 $\dfrac{\cos\alpha\cos\beta}{\cos(\alpha-\beta)}l$

No.13 $\triangle$ABC の辺 AB，BC，CA 上に，それぞれ点 P，Q，R をとる。

AP : PB = 2 : 3，BQ : QC = 3 : 4，CR : RA = 4 : 5 であるとき，$\triangle$APQ と $\triangle$ARQ の面積の比はいくらか。【国家一般職・平成24年度】

	$\triangle$APQ	:	$\triangle$ARQ
1	1	:	2
2	3	:	5
3	12	:	25
4	21	:	50
5	27	:	50

No.14 図のように，半径１の球４つを球の中心を頂点とする四角形が一辺２の正方形となるように水平面に置き，その上に同じ大きさの球を下の４つの球と接するように置いた。このとき，水平面から上の球の最上部までの高さ h はいくらか。 【国家Ⅱ種・平成19年度】

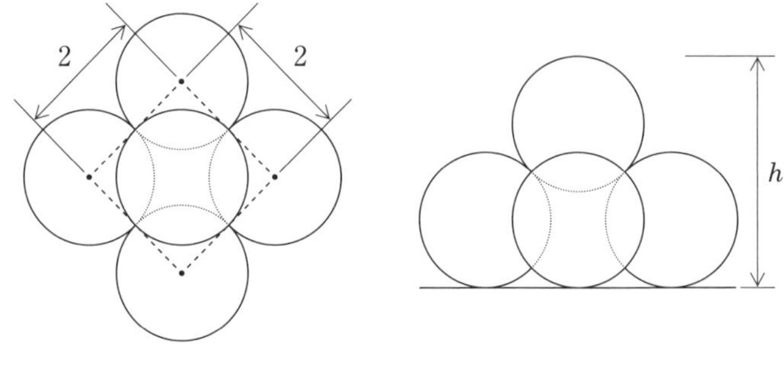

平面図　　立面図

1 $2+\frac{3}{4}\sqrt{3}$

2 $2+\sqrt{2}$

3 $4-\frac{\sqrt{3}}{3}$

4 $4-\frac{\sqrt{2}}{4}$

5 $2+\sqrt{3}$

No.15 図のように，頂角の大きさがいずれも α で等しく，底面が一辺の長さ d の正方形である正四角錐の高さとして正しいのはどれか。

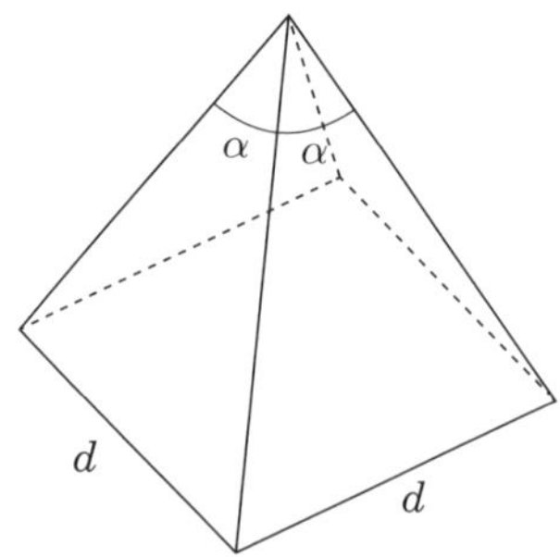

なお，次の図の三角形において，$c^2=a^2+b^2-2ab\cos\theta$ が成り立つことを利用してもよい。 【地方上級・平成27年度】

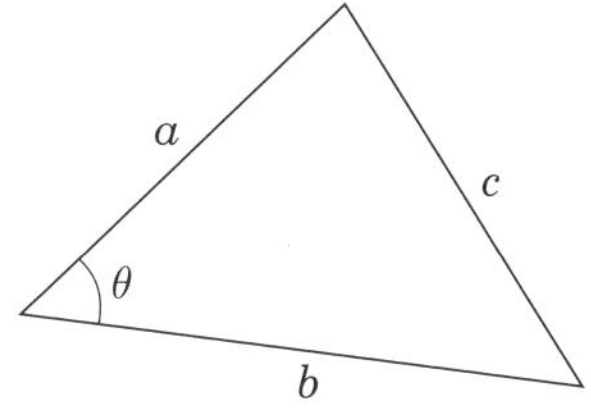

1 $\sqrt{\dfrac{1}{2(1-\cos\alpha)}}\times d$

2 $\sqrt{\dfrac{\cos\alpha}{2(1-\cos\alpha)}}\times d$

3 $\sqrt{\dfrac{\cos\alpha}{2(1-\sin\alpha)}}\times d$

4 $\sqrt{\dfrac{\sin\alpha}{2(1+\tan\alpha)}}\times d$

5 $\sqrt{\dfrac{\tan\alpha}{2(1+\tan\alpha)}}\times d$

No.16 **図のように，楕円 $x^2+\dfrac{y^2}{4}=1$ 上に点 P をとり，点 P における接線と x 軸との交点を点 Q とする。$\angle POQ=\theta$，$\angle PQO=\phi$ とするとき，θ と ϕ の関係として正しいのはどれか。**

ただし，$0<\theta<\dfrac{\pi}{2}$ とする。　【国家Ⅰ種・平成20年度】

1 $\tan\theta\cdot\tan\phi=\sqrt{2}$
2 $\tan\theta\cdot\tan\phi=2$
3 $\tan\theta\cdot\tan\phi=2\sqrt{2}$
4 $\tan\theta\cdot\tan\phi=4$
5 $\tan\theta\cdot\tan\phi=4\sqrt{2}$

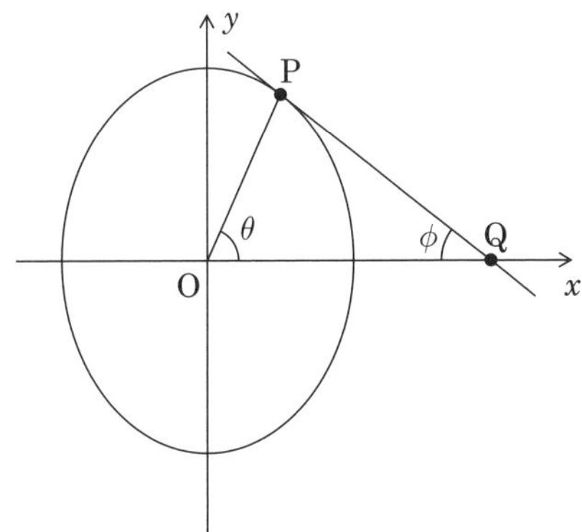

No.17 放物線 $y = x^2$ 上の異なる２点 A，B における接線が点 P (0，－2) で交わっている。点 O を原点，$\angle APO = \theta$ とするとき，$\tan\theta$ はいくらか。

【国家Ⅰ種・平成21年度】

1 $\frac{\sqrt{2}}{4}$

2 $\frac{\sqrt{3}}{5}$

3 $\frac{\sqrt{3}}{6}$

4 $\frac{\sqrt{2}}{5}$

5 $\frac{\sqrt{2}}{6}$

No.18 実数 x，y が次の４つの不等式をすべて満たすとき，$x + 3y$ の最大値はいくらか。

【国家Ⅰ種・平成21年度】

$3x + y \leqq 36$，$x + 5y \leqq 75$，$x \geqq 0$，$y \geqq 0$

1 45

2 46

3 47

4 48

5 49

実戦問題の解説

No.1 の解説　行列の計算

→問題は P.48

$$A^2=\begin{pmatrix}\frac{\sqrt{2}}{2} & -\frac{\sqrt{2}}{2}\\ \frac{\sqrt{2}}{2} & \frac{\sqrt{2}}{2}\end{pmatrix}\begin{pmatrix}\frac{\sqrt{2}}{2} & -\frac{\sqrt{2}}{2}\\ \frac{\sqrt{2}}{2} & \frac{\sqrt{2}}{2}\end{pmatrix}=\begin{pmatrix}0 & -1\\ 1 & 0\end{pmatrix}$$

次に,

$$A^4=A^2\times A^2=\begin{pmatrix}0 & -1\\ 1 & 0\end{pmatrix}\begin{pmatrix}0 & -1\\ 1 & 0\end{pmatrix}=\begin{pmatrix}-1 & 0\\ 0 & -1\end{pmatrix}=-E$$

ここで，$2011\div4=502\cdots3$ より，$2011=4\times502+3$ と表されるので,

$$A^{2011}=A^{4\times502+3}=(A^4)^{502}\times A^3=(-E)^{502}\times A^2\times A=A^2\times A$$

したがって,

$$A^{2011}=\begin{pmatrix}0 & -1\\ 1 & 0\end{pmatrix}\begin{pmatrix}\frac{\sqrt{2}}{2} & -\frac{\sqrt{2}}{2}\\ \frac{\sqrt{2}}{2} & \frac{\sqrt{2}}{2}\end{pmatrix}=\begin{pmatrix}-\frac{\sqrt{2}}{2} & -\frac{\sqrt{2}}{2}\\ \frac{\sqrt{2}}{2} & -\frac{\sqrt{2}}{2}\end{pmatrix}$$

以上より，正答は **5** となる。

No.2 の解説　行列の計算

→問題は P.49

A^2，A^3 と計算して答えを類推していく。

$$A^2=\begin{pmatrix}1 & 2 & 1\\ 0 & 1 & 1\\ 0 & 0 & 1\end{pmatrix}\begin{pmatrix}1 & 2 & 1\\ 0 & 1 & 1\\ 0 & 0 & 1\end{pmatrix}=\begin{pmatrix}1 & 4 & 4\\ 0 & 1 & 2\\ 0 & 0 & 1\end{pmatrix}$$

$$A^3=A^2\times A=\begin{pmatrix}1 & 4 & 4\\ 0 & 1 & 2\\ 0 & 0 & 1\end{pmatrix}\begin{pmatrix}1 & 2 & 1\\ 0 & 1 & 1\\ 0 & 0 & 1\end{pmatrix}=\begin{pmatrix}1 & 6 & 9\\ 0 & 1 & 3\\ 0 & 0 & 1\end{pmatrix}$$

$$A^4=A^3\times A=\begin{pmatrix}1 & 6 & 9\\ 0 & 1 & 3\\ 0 & 0 & 1\end{pmatrix}\begin{pmatrix}1 & 2 & 1\\ 0 & 1 & 1\\ 0 & 0 & 1\end{pmatrix}=\begin{pmatrix}1 & 8 & 16\\ 0 & 1 & 4\\ 0 & 0 & 1\end{pmatrix}$$

これより，$A^n=\begin{pmatrix}1 & 2n & n^2\\ 0 & 1 & n\\ 0 & 0 & 1\end{pmatrix}$ と類推できるので,

$$A^{100}=\begin{pmatrix}1 & 200 & 10000\\ 0 & 1 & 100\\ 0 & 0 & 1\end{pmatrix}$$

以上より，正答は **3** となる。

No.3 の解説　逆行列

→問題は P.49

一般に$\begin{pmatrix} a & b \\ c & d \end{pmatrix}$の逆行列は$\dfrac{1}{ad-bc}\begin{pmatrix} d & -b \\ -c & a \end{pmatrix}$となる。これを今回の行列

$$A=\begin{pmatrix} 5 & 4 \\ 3 & 2 \end{pmatrix}$$

に当てはめて，

$$A^{-1}=\frac{1}{5\cdot 2-4\cdot 3}\begin{pmatrix} 2 & -4 \\ -3 & 5 \end{pmatrix}=\frac{1}{2}\begin{pmatrix} -2 & 4 \\ 3 & -5 \end{pmatrix}$$

となる。

次に，

$$Ax=\begin{pmatrix} 3 \\ -1 \end{pmatrix}$$

の左からA^{-1}を掛けると，

$$x=A^{-1}\begin{pmatrix} 3 \\ -1 \end{pmatrix}=\frac{1}{2}\begin{pmatrix} -2 & 4 \\ 3 & -5 \end{pmatrix}\begin{pmatrix} 3 \\ -1 \end{pmatrix}=\begin{pmatrix} -5 \\ 7 \end{pmatrix}$$

以上より，正答は**4**となる。

No.4 の解説　行列式

→問題は P.50

逆行列を持つための必要十分条件は，行列式が0でないことである。そこで，それぞれの行列式を計算する。

A_1について

第3行について展開すると，

$$|A_1|=2\begin{vmatrix} 1 & -\sqrt{3} \\ \sqrt{3} & 1 \end{vmatrix}=8\neq 0$$

A_2について

第1行について展開すると，

$$|A_2|=1\times\begin{vmatrix} 3 & 4 \\ 5 & 7 \end{vmatrix}-2\times\begin{vmatrix} 2 & 4 \\ 3 & 7 \end{vmatrix}+3\times\begin{vmatrix} 2 & 3 \\ 3 & 5 \end{vmatrix}$$
$$=1\times 1-2\times 2+3\times 1=0$$

A_3について

第1列について展開すると，

$$|A_3|=1\times\begin{vmatrix} 3 & 9 \\ 4 & 16 \end{vmatrix}-1\times\begin{vmatrix} 2 & 4 \\ 4 & 16 \end{vmatrix}+1\times\begin{vmatrix} 2 & 4 \\ 3 & 9 \end{vmatrix}$$
$$=1\times 12-1\times 16+1\times 6=2\neq 0$$

よって，逆行列を持つのはA_1，A_3である。

以上より，正答は**3**となる。

No.5 の解説　1 次変換

→問題は P.50

解法❶-1　行列を求める

f を表す行列を $A=\begin{pmatrix} a & b \\ c & d \end{pmatrix}$ とする。点(1, 0), (0, 1)の移った先が(1, 2), (2, −1) なので,

$$\begin{pmatrix} a & b \\ c & d \end{pmatrix}\begin{pmatrix} 1 \\ 0 \end{pmatrix}=\begin{pmatrix} a \\ c \end{pmatrix}=\begin{pmatrix} 1 \\ 2 \end{pmatrix},\ \begin{pmatrix} a & b \\ c & d \end{pmatrix}\begin{pmatrix} 0 \\ 1 \end{pmatrix}=\begin{pmatrix} b \\ d \end{pmatrix}=\begin{pmatrix} 2 \\ -1 \end{pmatrix}$$

これより, $A=\begin{pmatrix} 1 & 2 \\ 2 & -1 \end{pmatrix}$ とわかるので, (−1, 1) の移った先は,

$$A=\begin{pmatrix} 1 & 2 \\ 2 & -1 \end{pmatrix}\begin{pmatrix} -1 \\ 1 \end{pmatrix}=\begin{pmatrix} 1 \\ -3 \end{pmatrix}$$

解法❶-2　行列を求める

f を表す行列を $A=\begin{pmatrix} a & b \\ c & d \end{pmatrix}$ とする。点(1, 0), (0, 1)の移った先が(1, 2), (2, −1) なので, これを並べて,

$$\begin{pmatrix} a & b \\ c & d \end{pmatrix}\begin{pmatrix} 1 & 0 \\ 0 & 1 \end{pmatrix}=\begin{pmatrix} 1 & 2 \\ 2 & -1 \end{pmatrix}$$

$$\therefore\ \begin{pmatrix} a & b \\ c & d \end{pmatrix}=\begin{pmatrix} 1 & 2 \\ 2 & -1 \end{pmatrix}$$

(以下, 解法❶-1 と同じ)

解法❷　線形性を利用する

$$\begin{pmatrix} -1 \\ 1 \end{pmatrix}=-\begin{pmatrix} 1 \\ 0 \end{pmatrix}+\begin{pmatrix} 0 \\ 1 \end{pmatrix}$$

となるので, f を表す行列を A とすると,

$$A\begin{pmatrix} -1 \\ 1 \end{pmatrix}=-A\begin{pmatrix} 1 \\ 0 \end{pmatrix}+A\begin{pmatrix} 0 \\ 1 \end{pmatrix}=-\begin{pmatrix} 1 \\ 2 \end{pmatrix}+\begin{pmatrix} 2 \\ -1 \end{pmatrix}=\begin{pmatrix} 1 \\ -3 \end{pmatrix}$$

以上より, 正答は **2** となる。

No.6 の解説　一次変換

→問題は P.50

㋐について。与えられた一次変換の式に $\begin{pmatrix} x \\ y \end{pmatrix}=\begin{pmatrix} 1 \\ 6 \end{pmatrix}$ を代入して,

$$\begin{pmatrix} x' \\ y' \end{pmatrix}=\begin{pmatrix} 3 & -1 \\ 2 & 1 \end{pmatrix}\begin{pmatrix} 1 \\ 6 \end{pmatrix}=\begin{pmatrix} 3\cdot1-1\cdot6 \\ 2\cdot1+1\cdot6 \end{pmatrix}=\begin{pmatrix} -3 \\ 8 \end{pmatrix}$$

したがって, (1, 6) は (−3, 8) に移る。

㋑について。一次変換によって直線は直線に移るので, 直線 $5x-y+1=0$ 上の2点の移る先を考える。まず, ㋐で調べた点 (1, 6) は $5x-y+1=0$ 上にあるので, もう1点を適当にとって調べる。ここでは (0, 1)

の移る先を調べると，

$$\begin{pmatrix} x' \\ y' \end{pmatrix} = \begin{pmatrix} 3 & -1 \\ 2 & 1 \end{pmatrix} \begin{pmatrix} 0 \\ 1 \end{pmatrix} = \begin{pmatrix} 3\cdot 0 - 1\cdot 1 \\ 2\cdot 0 + 1\cdot 1 \end{pmatrix} = \begin{pmatrix} -1 \\ 1 \end{pmatrix}$$

なので，(0，1) は (−1，1) に移る。

ここで，2点 (−3，8)，(−1，1) を通る直線の式を求めると，傾きが

$$\frac{8-1}{-3-(-1)} = -\frac{7}{2}$$

なので，

$$y = -\frac{7}{2}(x+1)+1 = -\frac{7}{2}x - \frac{5}{2}$$

となる。これを変形すると $7x+2y+5=0$ となり，これが㋑に入る。

以上より，正答は **4** となる。

No.7 の解説　一次変換

→問題は P.51

$$\begin{pmatrix} a & b \\ c & d \end{pmatrix} \begin{pmatrix} 1 \\ 0 \end{pmatrix} = \begin{pmatrix} a \\ c \end{pmatrix}$$

となるので，点 (1，0) の移った先の y 座標を計算すればよい。点 (1，0) を通り，$y=2x$ に直交する傾き $-\frac{1}{2}$ の直線の式は，

$$y = -\frac{1}{2}(x-1) = -\frac{1}{2}x + \frac{1}{2}$$

これと直線 $y=2x$ の交点が求める垂線の足であり，

$$2x = -\frac{1}{2}x + \frac{1}{2}$$

$$\therefore\quad x = \frac{1}{5},\ y = \frac{2}{5}$$

となる。したがって，$c = \frac{2}{5}$

なお，同じように $\begin{pmatrix} a & b \\ c & d \end{pmatrix} \begin{pmatrix} 0 \\ 1 \end{pmatrix} = \begin{pmatrix} b \\ d \end{pmatrix}$ を使って (0，1) の移った先を計算すれば，行列全体を求めることができる。結果として $\frac{1}{5}\begin{pmatrix} 1 & 2 \\ 2 & 4 \end{pmatrix}$ となる。

以上より，正答は **4** となる。

No.8 の解説　一次変換

→問題は P.51

行列 A を $\begin{pmatrix} a & b \\ c & d \end{pmatrix}$ とする。一次変換の行列の左の列（第1列）の $\begin{pmatrix} a \\ c \end{pmatrix}$ は $\begin{pmatrix} 1 \\ 0 \end{pmatrix}$ の移る先の座標であり，右の列（第2列）の $\begin{pmatrix} b \\ d \end{pmatrix}$ は $\begin{pmatrix} 0 \\ 1 \end{pmatrix}$ の移る先の座標である。そこで，(1, 0) と (0, 1) の移る先を図形的にみてみると，次の図のようになる。

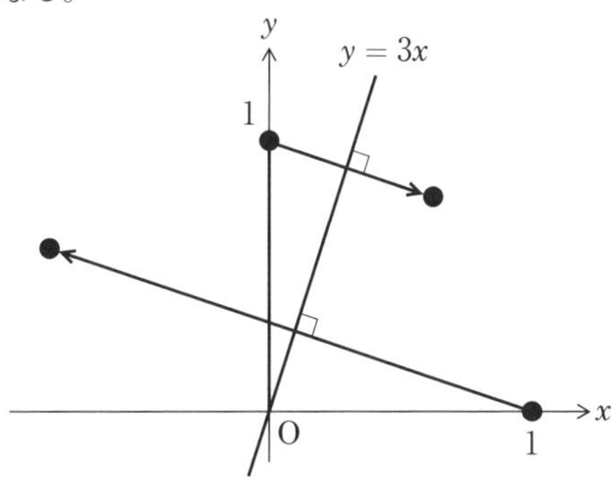

すなわち，(1, 0) の移る点は第2象限に，(0, 1) の移る点は第1象限にあるので，$a<0$ であり，b, c, $d>0$ である。このようになっている行列は選択肢 **2** だけである。

No.9 の解説　ベクトルと内積

→問題は P.52

求める角度を θ として2つのベクトルの内積を考えると，

$$\cos\theta = \frac{\vec{A}\cdot\vec{B}}{|\vec{A}||\vec{B}|}$$

ここで，

$$\vec{A}\cdot\vec{B} = 1,\ |\vec{A}| = |\vec{B}| = \sqrt{1^2+1^2} = \sqrt{2}$$

となるので，

$$\cos\theta = \frac{\vec{A}\cdot\vec{B}}{|\vec{A}||\vec{B}|} = \frac{1}{2}$$

$$\therefore\quad \theta = 60^\circ$$

以上より，正答は **4** となる。

No.10 の解説　ベクトルと外積

→問題は P.52

求める面積を S とすると，

$$S=|\overrightarrow{\mathrm{OA}}\times\overrightarrow{\mathrm{OB}}|$$

となる。これを計算するために，次の行列式を計算する。

$$\begin{vmatrix} x & y & z \\ 2 & -1 & 0 \\ 1 & 0 & 2 \end{vmatrix}$$

ここでは，第 1 行について余因子行列展開すると，

$$\begin{vmatrix} x & y & z \\ 2 & -1 & 0 \\ 1 & 0 & 2 \end{vmatrix}=x\begin{vmatrix} -1 & 0 \\ 0 & 2 \end{vmatrix}-y\begin{vmatrix} 2 & 0 \\ 1 & 2 \end{vmatrix}+z\begin{vmatrix} 2 & -1 \\ 1 & 0 \end{vmatrix}=-2x-4y+z$$

これより，

$$\overrightarrow{\mathrm{OA}}\times\overrightarrow{\mathrm{OB}}=(-2,\ -4,\ 1)$$

となるので，求める面積は，

$$S=\sqrt{(-2)^2+(-4)^2+1^2}=\sqrt{21}$$

以上より，正答は **2** となる。

No.11 の解説　ベクトルと比

→問題は P.52

$$\overrightarrow{\mathrm{PC}}=-12\overrightarrow{\mathrm{PA}}-2\overrightarrow{\mathrm{PB}}=-14\times\frac{6\overrightarrow{\mathrm{PA}}+\overrightarrow{\mathrm{PB}}}{7}$$

と変形する。ここで，このうち $\dfrac{6\overrightarrow{\mathrm{PA}}+\overrightarrow{\mathrm{PB}}}{7}$ の部分は線分 AB を 1 : 6 に内分する点を表している。したがって，直線 PC と AB の交点は，AB を 1 : 6 に内分する点である。同様にして，

$$\overrightarrow{\mathrm{PB}}=-6\overrightarrow{\mathrm{PA}}-\frac{1}{2}\overrightarrow{\mathrm{PC}}=-\frac{13}{2}\cdot\frac{12\overrightarrow{\mathrm{PA}}+\overrightarrow{\mathrm{PC}}}{13}$$

$$\overrightarrow{\mathrm{PA}}=-\frac{1}{6}\overrightarrow{\mathrm{PB}}-\frac{1}{12}\overrightarrow{\mathrm{PC}}=-\frac{1}{4}\cdot\frac{2\overrightarrow{\mathrm{PB}}+\overrightarrow{\mathrm{PC}}}{3}$$

となるので，直線 PB と CA の交点は，CA を 12 : 1 に内分し，直線 PA と BC の交点は，BC を 1 : 2 に内分する。つまり，次の左図のようになる。

まず △PAB : △PCA を考える。これは次右図から △PAB : △PCA = 1 : 2 となる。なぜなら，底辺を AP（共通）とすると，高さは △PAB については h_1，△PCA については h_2 となるが，打点部分の三角形は相似で相似比が 1 : 2 になるので，$h_1 : h_2 = 1 : 2$ となるからである。

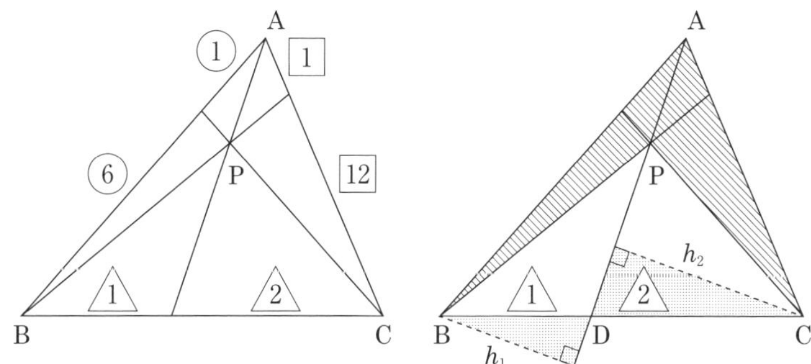

同様に，$\triangle$PAB : $\triangle$PBC $= 1 : 12$，$\triangle$PBC : $\triangle$PCA $= 6 : 1$ となる。これらの比を，$\triangle$PAB $= 1$ にしてそろえると，$\triangle$PAB : $\triangle$PBC : $\triangle$PCA $= 1 : 12 : 2$

なお，ここでは以上の結果を導いたが，同様に考えると一般に

$k\overrightarrow{PA} + l\overrightarrow{PB} + m\overrightarrow{PC} = \vec{0}$ $(k,\ l,\ m > 0)$

が成立する場合，点 P は $\triangle$ABC の内部にあって

$\triangle$PAB : $\triangle$PBC : $\triangle$PCA $= m : k : l$

となる。この結果を覚えていれば，本問はすぐに答えがわかる。

以上より，正答は **4** となる。

No.12 の解説　平面図形

→問題は P.53

解法❶　直角三角形を利用する

C から AB に下ろした垂線の足を H とし，$l_1 = \mathrm{AH}$，$l_2 = \mathrm{BH}$ とする。求める垂線の長さを h とする。$\triangle$ACH について $h = l_1 \tan\alpha$，$\triangle$BCH について $h = l_2 \tan\beta$ である。

ここで，

$$l = l_1 + l_2 = \frac{h}{\tan\alpha} + \frac{h}{\tan\beta}$$

であり，公式 $\tan\theta = \dfrac{\sin\theta}{\cos\theta}$ を使うと，

$$l = h\frac{\cos\alpha\sin\beta + \cos\beta\sin\alpha}{\sin\alpha\sin\beta} = h\frac{\sin(\alpha+\beta)}{\sin\alpha\sin\beta}$$

$$\therefore \quad h = \frac{\sin\alpha\sin\beta}{\sin(\alpha+\beta)}\,l$$

解法❷　正弦定理を使う

$\angle$ACB について，

$\sin\angle\mathrm{ACB} = \sin(\pi - \alpha - \beta) = \sin(\alpha + \beta)$

したがって，正弦定理より，AC $= b$ と置いて，

第1章 数学 テーマ2 ベクトル、行列、図形

$$\frac{l}{\sin\angle\mathrm{ACB}} = \frac{b}{\sin\beta}$$

$$\therefore\quad b = \frac{\sin\beta}{\sin(\alpha+\beta)}\,l$$

これを $h = b\sin\alpha$ に代入すると，

$$h = \frac{\sin\alpha\sin\beta}{\sin(\alpha+\beta)}\,l$$

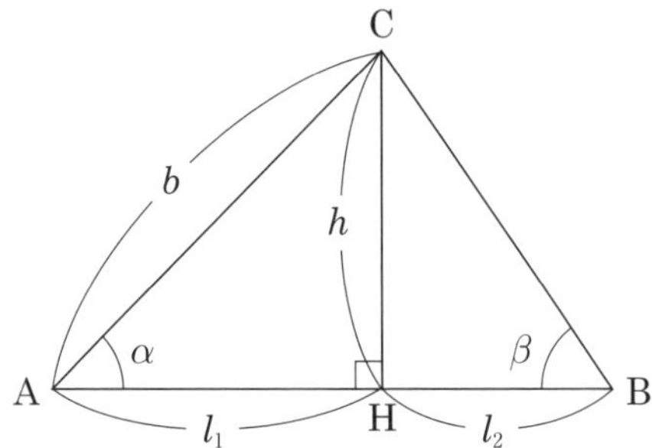

以上より，正答は **1** となる。

No.13 の解説　平面図形

→問題は P.53

△ABC と △APQ の面積を比較する（次左図）。BQ : BC = 3 : 7 なので $\triangle\mathrm{ABQ} = \frac{3}{7}\triangle\mathrm{ABC}$ となる。また，AP : AB = 2 : 5 なので，AB を底辺とみて，

$$\triangle\mathrm{APQ} = \frac{2}{5}\triangle\mathrm{ABQ} = \frac{2}{5}\times\frac{3}{7}\triangle\mathrm{ABC} = \frac{6}{35}\triangle\mathrm{ABC}$$

次に，△ABC と △ARQ の面積を比較する（次右図）。QC : BC = 4 : 7 なので $\triangle\mathrm{ACQ} = \frac{4}{7}\triangle\mathrm{ABC}$ となる。また，AR : AC = 5 : 9 なので，AC を底辺とみて，

$$\triangle\mathrm{ARQ} = \frac{5}{9}\triangle\mathrm{ACQ} = \frac{5}{9}\times\frac{4}{7}\triangle\mathrm{ABC} = \frac{20}{63}\triangle\mathrm{ABC}$$

したがって，

$$\triangle\mathrm{APQ} : \triangle\mathrm{ARQ} = \frac{6}{35} : \frac{20}{63} = 27 : 50$$

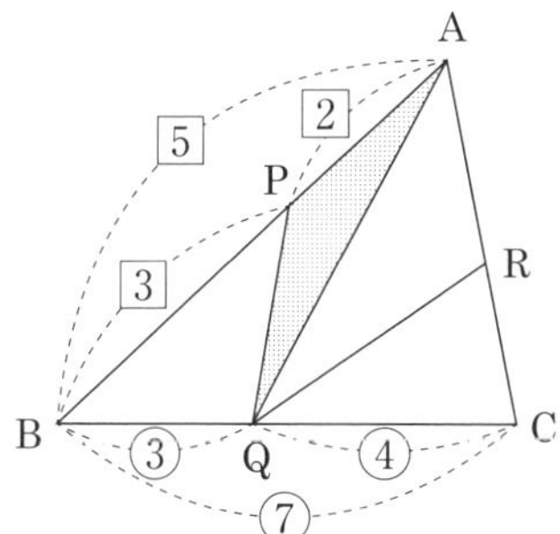

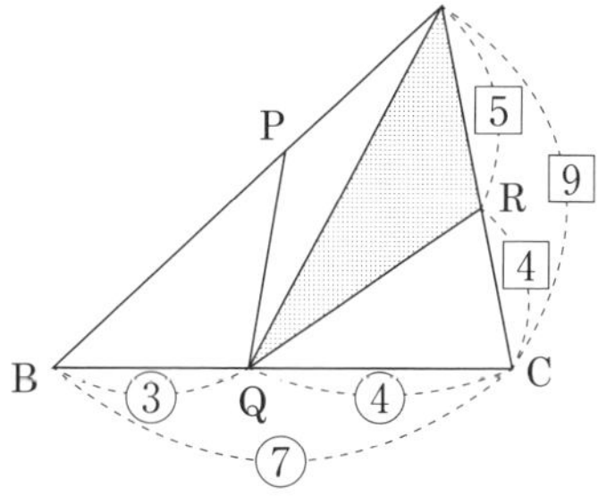

以上より，正答は **5** となる。

No.14 の解説　立体図形

→問題は P.54

設問の 5 つの球の中心を結ぶと，対称性から辺の長さがすべて 2 の正四角錐ができる。そこでまずはこの正四角錐の高さを求める。右図の∠AOB が直角の△AOB について，

$AB = 2,\ OB = \sqrt{2}$

となるので，三平方の定理から，

$AO = \sqrt{2^2 - (\sqrt{2})^2} = \sqrt{2}$

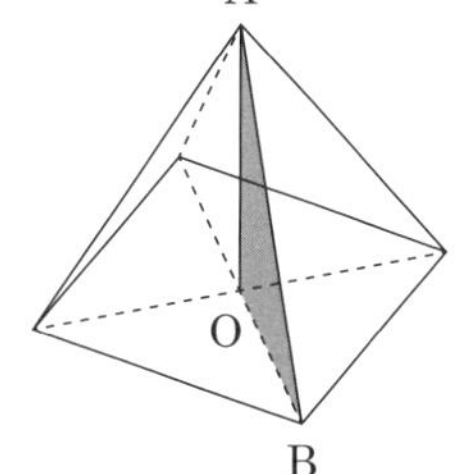

これは下の球の中心の高さから上の球の中心までの高さである。

ここに，下の球の中心までの高さの 1 と，上の球の中心と球の一番高いところまでの高さの 1 を加えた $2 + \sqrt{2}$ が求める高さである。

以上より，正答は **2** となる。

No.15 の解説　空間図形

→問題は P.54

正四角錐なので，側面の 4 つの三角形は合同な二等辺三角形と考えてよい。したがって，この三角形の二等辺の長さを x とすると，余弦定理より，

$$d^2 = x^2 + x^2 - 2x^2\cos\alpha = 2x^2(1 - \cos\alpha)$$

$$\therefore\quad x^2 = \frac{d^2}{2(1 - \cos\alpha)}$$

次の図の斜線の直角三角形について，高さを h として三平方の定理を立てると，

$$h^2 + \left(\frac{d}{\sqrt{2}}\right)^2 = x^2$$

$$\therefore \quad h^2 = x^2 - \frac{d^2}{2} = \frac{\cos\alpha}{2(1-\cos\alpha)}d^2$$

これより，

$$h = \sqrt{\frac{\cos\alpha}{2(1-\cos\alpha)}} \times d$$

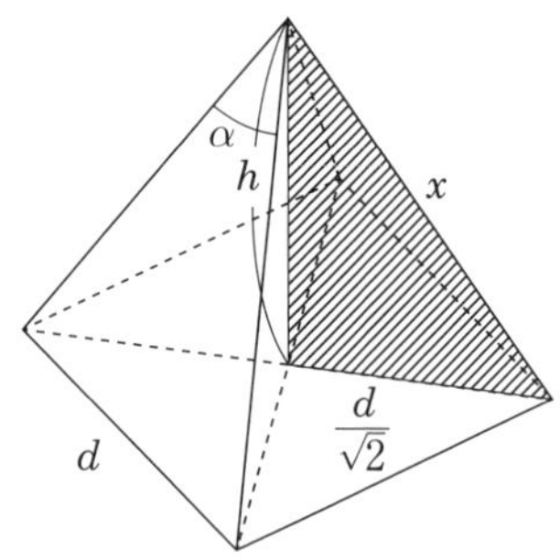

以上より，正答は **2** となる。

No.16 の解説　平面座標

→問題は P.55

解法❶　円に直して考える

楕円 $x^2 + \frac{y^2}{4} = 1$ は，(1, 0)，(−1, 0)，(0, 2)，(0, −2) の4点を通る楕円であるが，y 方向に $\frac{1}{2}$ 倍すれば，円 $x^2 + y^2 = 1$ となる。まずはこの円で考える。

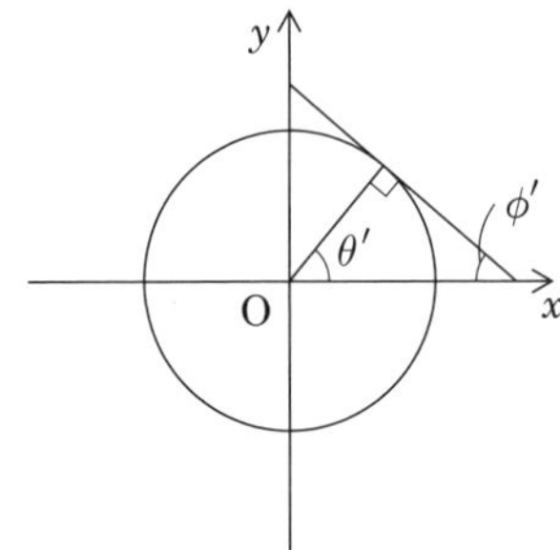

θ に対応する角度を θ'，ϕ に対応する角度を ϕ' とする。

円では接線と半径は直交するので，

$$\theta' + \phi' = 90^\circ$$

したがって，

$$\tan\theta' \tan\phi' = \tan\theta' \tan(90^\circ - \theta') = \tan\theta' \times \frac{1}{\tan\theta'} = 1$$

最後に，円を y 方向に2倍して元の楕円に戻す。次図の直角三角形において，

$$\tan\gamma = \frac{y}{x}$$

となるので，y が 2 倍になれば，tan の値も 2 倍になる。

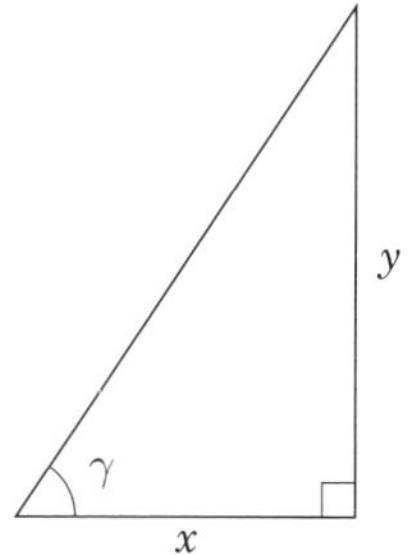

つまり，$\tan\phi = 2\tan\phi'$，$\tan\theta = 2\tan\theta'$ となる。

したがって，

$$\tan\theta\tan\phi = 2\tan\theta' \times 2\tan\phi' = 4$$

解法❷　楕円のまま接線の傾きを求める

$P(a,\ b)$ と置く。このとき，

$$\tan\theta = \frac{b}{a}$$

次に，点 P における接線の傾きを求める。楕円の式をそのまま x で微分して，

$$2x + \frac{y}{2}\frac{dy}{dx} = 0$$

点 P の座標を代入すると，

$$\frac{dy}{dx} = -\frac{4a}{b}$$

ここで，$\dfrac{dy}{dx}$ は接線の傾きであるが，ϕ が x 軸の負方向となす角度であることに注意すれば，

$$\tan(180° - \phi) = -\tan\phi = -\frac{4a}{b}$$

$$\therefore \quad \tan\phi = \frac{4a}{b}$$

これより，

$$\tan\theta\tan\phi = \frac{b}{a} \times \frac{4a}{b} = 4$$

以上より，正答は **4** となる。

No.17 の解説　平面座標

→問題は P.56

解法❶　接線を求めるのに微分を使い，図形的に tan を求める

$A(a,\ a^2)$ と置く。点Aにおける接線の式は，$y = x^2$ を微分すると $y' = 2x$ となることから，傾きが $2a$ となるので，

$$y = 2a(x - a) + a^2 = 2ax - a^2$$

これが P $(0,\ -2)$ を通るので，

$$-2 = -a^2 \qquad \therefore \quad a = \sqrt{2}$$

ここで，図から，

$$\tan\theta = \frac{AQ}{PQ} = \frac{AQ}{OP + OQ} = \frac{\sqrt{2}}{2 + (\sqrt{2})^2} = \frac{\sqrt{2}}{4}$$

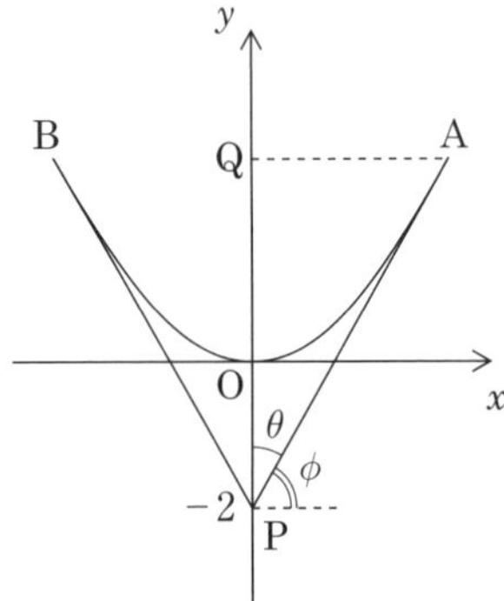

解法❷　接線を求めるのに判別式を使い，傾きが tan になることを利用

P $(0,\ -2)$ を通る直線は $y = kx - 2$ と置くことができる。これと $y = x^2$ が重解を持てば接線になる。そこで，$y = x^2$ を代入して整理すると，

$$x^2 - kx + 2 = 0$$

判別式 D が 0 なら重解を持つので，

$$D = k^2 - 8 = 0$$

$$\therefore \quad k = \pm 2\sqrt{2}$$

特に AP のみを考えると，$k > 0$ なので，$k = 2\sqrt{2}$

ここで，$\tan\phi = k$ なので，

$$\tan\theta = \tan(90^\circ - \phi) = \frac{1}{\tan\phi} = \frac{1}{k} = \frac{1}{2\sqrt{2}} = \frac{\sqrt{2}}{4}$$

以上より，正答は **1** となる。

No.18 の解説　線形計画法

→問題は P.56

与えられた4つの不等式を変形して図示する。

$3x + y \leqq 36 \rightarrow \dfrac{x}{12} + \dfrac{y}{36} \leqq 1$

→ (12, 0), (0, 36) を通る直線の下側

$x + 5y \leq 75 \rightarrow \dfrac{x}{75} + \dfrac{y}{15} \leq 1$

→ (75, 0), (0, 15) を通る直線の下側

これに $x \geqq 0$, $y \geqq 0$ の合計4つを満たす共通部分が (x, y) のとり得る領域となる。これを図示すると，次のようになる。

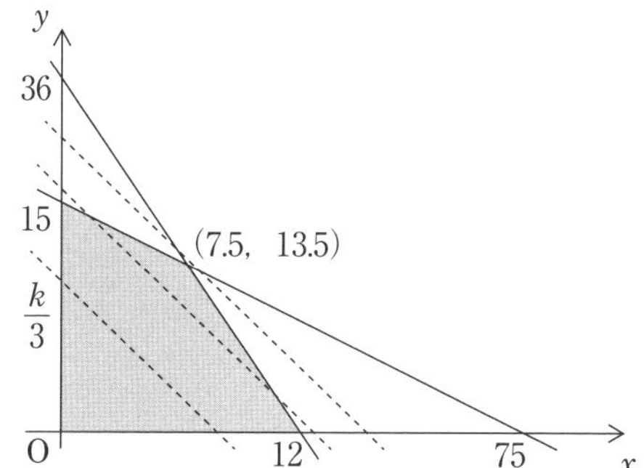

領域がすべて1次不等式で書かれており，さらに最大にしたい関数も1次関数なので，最大，または最小値があるなら頂点がその答えになる。原点で最大にはならないので，今回は3つの頂点を調べればよい。

(0, 15) → $x + 3y = 45$

(12, 0) → $x + 3y = 12$

(7.5, 13.5) → $x + 3y = 48$

よって，$x + 3y = 48$ で最大値となる。

以上より，正答は **4** となる。

正答					
No.1=**5**	No.2=**3**	No.3=**4**	No.4=**3**	No.5=**2**	No.6=**4**
No.7=**4**	No.8=**2**	No.9=**4**	No.10=**2**	No.11=**4**	No.12=**1**
No.13=**5**	No.14=**2**	No.15=**2**	No.16=**4**	No.17=**1**	No.18=**4**

微分

必修問題

関数 $y=x\sqrt{1-x^2}$（$-1 \leqq x \leqq 1$）の最大値はいくらか。

【国家Ⅱ種・平成20年度】

1 $\dfrac{\sqrt{15}}{16}$

2 $\dfrac{2\sqrt{2}}{9}$

3 $\dfrac{\sqrt{3}}{4}$

4 $\dfrac{2\sqrt{5}}{9}$

5 $\dfrac{1}{2}$

〈必修問題〉の解説

少々複雑な微分計算の練習をしよう。問題を解くためには，うまい手法を学ぶだけではなく，強引に解ききる計算力も必要になる。ここでは，積の微分と合成関数の微分公式が出てくる。

解法❶　直接微分する

$$y = x(1 - x^2)^{\frac{1}{2}}$$

として，x で微分すると，

$$y' = (x)'(1 - x^2)^{\frac{1}{2}} + x\{(1 - x^2)^{\frac{1}{2}}\}' = (1 - x^2)^{\frac{1}{2}} + x \times \frac{1}{2}(1 - x^2)^{-\frac{1}{2}} \times (1 - x^2)'$$

$$= \sqrt{1 - x^2} + \frac{x \times (-2x)}{2\sqrt{1 - x^2}} = \sqrt{1 - x^2} - \frac{x^2}{\sqrt{1 - x^2}} = \frac{1 - 2x^2}{\sqrt{1 - x^2}}$$

$y' = 0$ とすると最大値が明らかに正であることも考えて，$x = \dfrac{1}{\sqrt{2}}$

したがって，求める最大値は，

$$y = \frac{1}{\sqrt{2}} \times \sqrt{1 - \left(\frac{1}{\sqrt{2}}\right)^2} = \frac{1}{2}$$

なお，

$$x\sqrt{1 - x^2} = \sqrt{x^2(1 - x^2)}$$

として，平方根の中身の 4 次関数 $f(x) = x^2 - x^4$ を考える方法や，さらに $x^2 = t$ とし，

$$x\sqrt{1 - x^2} = \sqrt{x^2(1 - x^2)} = \sqrt{t(1 - t)}$$

として，

$$t(1 - t) = -\left(t - \frac{1}{2}\right)^2 + \frac{1}{4}$$

から，答えを

$$\sqrt{\frac{1}{4}} = \frac{1}{2}$$

として求めることもできる。

解法❷　文字を置き換える

$x = \sin\theta$ と置く。このとき，

$$y = \sin\theta\sqrt{1 - \sin^2\theta} = \sin\theta\cos\theta$$

$$= \frac{1}{2} \times 2\sin\theta\cos\theta = \frac{1}{2}\sin 2\theta$$

$-1 \leqq x \leqq 1$ より，$0 \leqq \theta < 2\pi$ なので，最大値は $\dfrac{1}{2}$

正答 5

必修問題

次の極限値はいくらか。

【労働基準監督Ｂ・平成25年度】

$$\lim_{x \to 1} \frac{\sqrt{2x+7}-3}{x-1}$$

1 $\frac{1}{3}$

2 $\frac{1}{2}$

3 $\frac{2}{3}$

4 1

5 $\frac{3}{2}$

必修問題 の 解説

ロピタルの定理を使うとともに，微分計算も一緒に練習しよう。極限はパターン別に解法を覚えることが大切である。

解法❶　ロピタルの定理を使う

分母も分子も $x \to 1$ で 0 になるため，ロピタルの定理を使う。

分子の微分は，

$$\{\sqrt{2x+7}-3\}' = \{(2x+7)^{\frac{1}{2}}-3\}'$$
$$= \frac{1}{2}(2x+7)^{-\frac{1}{2}} \times (2x+7)'$$
$$= \frac{2}{2\sqrt{2x+7}} = \frac{1}{\sqrt{2x+7}}$$

分母の微分は，$(x-1)'=1$ なので，ロピタルの定理から，

$$\lim_{x\to 1}\frac{\sqrt{2x+7}-3}{x-1} = \lim_{x\to 1}\frac{(\sqrt{2x+7}-3)'}{(x-1)'} = \lim_{x\to 1}\frac{1}{\sqrt{2x+7}} = \frac{1}{\sqrt{2\cdot 1+7}} = \frac{1}{3}$$

解法❷　分子の有理化を使う

$$\frac{\sqrt{2x+7}-3}{x-1} = \frac{(\sqrt{2x+7}-3)(\sqrt{2x+7}+3)}{(x-1)(\sqrt{2x+7}+3)}$$
$$= \frac{(2x+7)-9}{(x-1)(\sqrt{2x+7}+3)}$$
$$= \frac{2(x-1)}{(x-1)(\sqrt{2x+7}+3)}$$
$$= \frac{2}{\sqrt{2x+7}+3}$$

これより，

$$\lim_{x\to 1}\frac{\sqrt{2x+7}-3}{x-1} = \lim_{x\to 1}\frac{2}{\sqrt{2x+7}+3} = \frac{2}{\sqrt{2\cdot 1+7}+3} = \frac{1}{3}$$

正答 1

必修問題

図Ⅰのような縦の長さ 12，横の長さ 9 の封筒を破線に沿って図Ⅱのように折り，図Ⅲのような直方体の形をした箱 ABCD-EFGH を作る。この箱の容積が最大になるような EF の長さはいくらか。

ただし，封筒の紙の厚みは無視する。　【国家一般職・令和元年度】

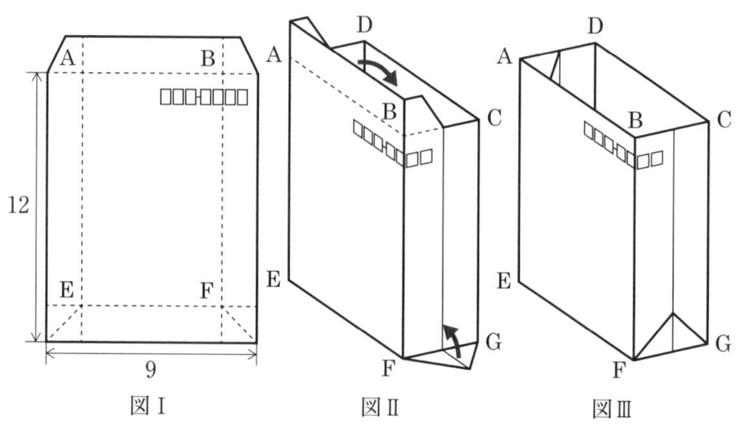

1　2
2　3
3　4
4　5
5　6

必修問題の解説

微分の問題だが，それ以前の体積を求めるところのほうが難しいといえる。特に，どの点とどの点が重なるのかをつかむこと，そして，図Ⅰの右下，左下の四角形が正方形であることに気づくことが大切である。

設問の図Ⅰに下図のように点J，K，Lを加えると，LとKは同じ点に重なるので，FLJKは正方形である。この一辺の長さをxとすると，$AB=9-2x$，$AE=12-x$，$FG=2x$となる。したがって，求める容積Vは，

$$V=2x(9-2x)(12-x)=2(2x^3-33x^2+108x)$$

$$\therefore\quad \frac{dV}{dx}=2(6x^2-66x+108)=12(x^2-11x+18)=6(x-2)(x-9)=0$$

したがって，$x=2$で容積Vは最大となる。このとき，$EF=9-2x=5$

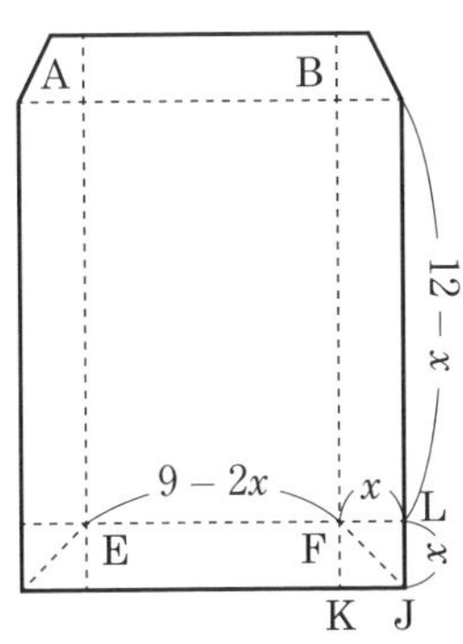

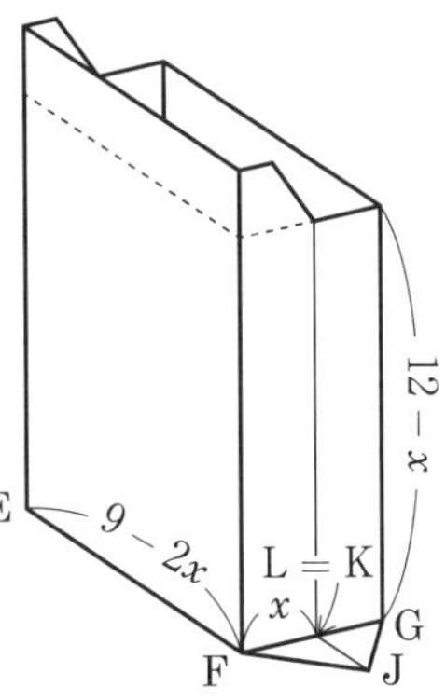

正答 4

第1章 数学 テーマ3 微分

必修問題

x 軸に一辺 PQ を置き，楕円 $4x^2+y^2=16$ に内接する長方形 PQRS がある。この長方形の面積が最大となるとき，RQ の長さはいくらか。

【地方上級・平成24年度】

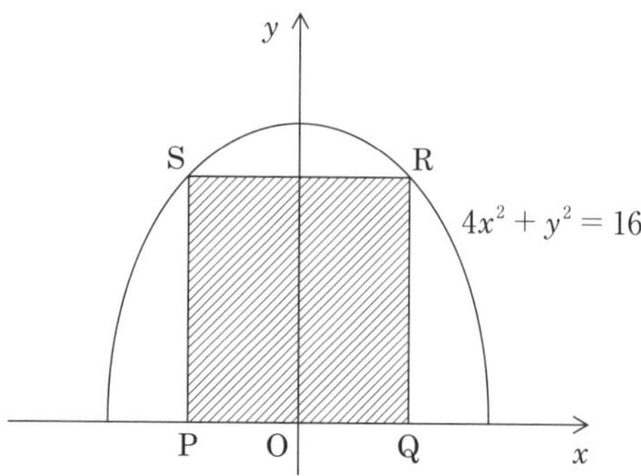

1 $\sqrt{2}$

2 $2\sqrt{2}$

3 $\sqrt{2}-1$

4 $1-\dfrac{\sqrt{2}}{2}$

5 $2-\sqrt{2}$

必修問題の解説

立式→微分という流れは変わらないが，微分しにくい関数が出てくる。そんなときがラグランジュの未定乗数法の出番である。偏微分も含め，その手順を確認しておこう。

解法❶　ラグランジュの未定乗数法を使う

まず立式を行う。R の座標を（x，y）と置くと，楕円上にあるので $4x^2+y^2=16$ である。長方形の面積は，OQ が x，QR が y なので $2xy$ となる。これを最大とすればよい。

$$f(x,\ y)=2xy+k(4x^2+y^2-16)$$

と置く。各文字で偏微分して，

$$\frac{\partial f}{\partial x}=2y+8kx=0 \qquad \therefore\quad 2y=-8kx$$

$$\frac{\partial f}{\partial y}=2x+2ky=0 \qquad \therefore\quad 2x=-2ky$$

この連立方程式を解く。そのまま割り算をして，k を消去すると，

$$\frac{2y}{2x}=\frac{-8kx}{-2ky} \qquad \therefore\quad y^2=4x^2 \ \rightarrow\ y=2x$$

これを楕円の式に代入して，x，$y>0$ に注意すると，

$$4x^2+y^2=4x^2+(2x)^2=8x^2=16 \ \rightarrow\ x=\sqrt{2},\ y=2\sqrt{2}$$

求める長さはこの y 座標に等しい。

解法❷　直接微分する

面積を求めるまでは解法❶と同じ。楕円の式を

$$y=\sqrt{16-4x^2}=2\sqrt{4-x^2}$$

これより面積は，

$$2xy=4x\sqrt{4-x^2}$$

となる。

$$g(x)=x\sqrt{4-x^2}=x(4-x^2)^{\frac{1}{2}}$$

と置くと，

$$g'(x)=(4-x^2)^{\frac{1}{2}}+x\times\frac{1}{2}(4-x^2)^{-\frac{1}{2}}\times(-2x)$$

$$=\sqrt{4-x^2}-\frac{x^2}{\sqrt{4-x^2}}=\frac{4-2x^2}{\sqrt{4-x^2}}=0$$

$\therefore\quad x=\sqrt{2}$（$x>0$ とする）

これより，$y=\sqrt{16-4\cdot 2}=2\sqrt{2}$

正答 2

必修問題

曲線 $(x-a)^2+(y-a)^2=r^2$ の y の x に関する第１次導関数 $\frac{dy}{dx}$ が $(x,\ y)=(1,\ 3)$ で３になるとき，定数 a はいくらか。ただし，r は定数とする。

【国家Ⅰ種・平成22年度】

1 $\frac{1}{2}$

2 1

3 $\frac{3}{2}$

4 2

5 $\frac{5}{2}$

必修問題の解説

式のまま微分する練習である。この問題では，y について解くと難しくしてしまう。この手法は専門も含め，さまざまな場面で応用される。

$(x-a)^2+(y-a)^2=r^2$ の両辺を x で微分して，

$$2(x-a)+2(y-a)\frac{dy}{dx}=0$$

ここに $(x,\ y)=(1,\ 3)$，$\frac{dy}{dx}=3$ を代入して，

$$2(1-a)+2(3-a)\times 3=0$$

$$\therefore\quad a=\frac{5}{2}$$

正答 5

重要ポイント 1　微分計算

(1)微分の基本公式

基本的な関数の微分は覚えなければならない。以下の微分については必須である。

$f(x)$	$f'(x)$	$f(x)$	$f'(x)$
x^n	nx^{n-1}	C（定数）	0
$\sin x$	$\cos x$	$e^x(=\exp(x))$	$e^x(=\exp(x))$
$\cos x$	$-\sin x$	$e^{ax}(=\exp(ax))$	$ae^{ax}(=a\exp(ax))$
$\tan x$	$\dfrac{1}{\cos^2 x}$	$\ln x(=\log_e x)$	$\dfrac{1}{x}$

(2)偏微分

2つ以上変数がある場合に，1文字のみを変数とみて，あとは定数として扱って微分することを**偏微分**という。たとえば，関数 f を変数 x で偏微分する場合には $\dfrac{\partial f}{\partial x}$ と書く。

(3)極大・極小，最大・最小

連続で微分可能な関数 $f(x)$ が極大（グラフの頂上）や極小（グラフの底）になるとき，$f'(x)=0$ となる。このような関数が最大，最小となるのは，極大・極小のときか，考えている範囲の一番端かのいずれかである。

(4)微分の各種公式

実際に微分する場合には，基本公式だけでなく，ほかにもさまざまな公式が使われる。いくつかを列挙しよう。

①積の微分公式

$$\{f(x)g(x)\}'=f'(x)g(x)+f(x)g'(x)$$

②商の微分公式

$$\left(\frac{f(x)}{g(x)}\right)'=\frac{f'(x)g(x)-f(x)g'(x)}{\{g(x)\}^2}$$

③合成関数の微分

$$\frac{d}{dx}\{f(y)\}=\frac{df}{dy}\cdot\frac{dy}{dx}=f'(y)\frac{dy}{dx}$$

④パラメータ付きの関数の微分

$x=x(t)$，$y=y(t)$ のとき

$$\frac{dy}{dx}=\frac{dy/dt}{dx/dt}=\frac{y'(t)}{x'(t)}$$

重要ポイント2　極限

極限の問題はパターンごとに解き方が大きく変わる。ここでは，いくつかの方法を紹介しよう。

(1)ロピタルの定理

$g(a)=f(a)=0$ のとき，

$$\lim_{x\to a}\frac{f(x)}{g(x)}=\lim_{x\to a}\frac{f'(x)}{g'(x)}$$

(2)無限等比級数の公式

$|r|<1$ のとき，

$$1+r+r^2+\cdots+r^n+\cdots=\frac{1}{1-r}$$

(3)分子の有理化

$$\sqrt{n}-\sqrt{m}=\frac{(\sqrt{n}-\sqrt{m})(\sqrt{n}+\sqrt{m})}{\sqrt{n}+\sqrt{m}}=\frac{n-m}{\sqrt{n}+\sqrt{m}}$$

の形に変形することを**分子の有理化**という。平方根の差の形の極限で用いられる。

(4)部分分数展開

$$\frac{1}{n(n+a)}=\frac{1}{a}\left(\frac{1}{n}-\frac{1}{n+a}\right)$$

の形に変形することを**部分分数展開**という。

重要ポイント3　接線の式

曲線 $y=f(x)$ の $x=a$ における接線の傾きは $f'(a)$ となる。さらに接線は，点 $(a,\ f(a))$ を通るので，この接線の式は，

$$y=f'(a)(x-a)+f(a)$$

と表される。

この式を使って接線の式を求める場合，接点の x 座標を文字で置くことを心がけるとよい。

重要ポイント4　最適化の問題（ラグランジュの未定乗数法）

条件 $f(x,\ y)=0$ が成り立つ条件で，関数 $F(x,\ y)$ を極大または極小にする値を調べる問題を，**条件付きの最適化**という。

このとき，極大または極小にしたい関数 $F(x,\ y)$ は，目的関数と呼ばれる。

条件付き最適化の問題は，1文字を消去して微分する方法が自然だが，計算が多くなる。

そこで，次の手順で計算する**ラグランジュの未定乗数法**も用意しておくとよいだろう。

①まず，新しい文字 k を使って，新しい関数 $G(x,\ y,\ k)$ を次のように作る。

$$G(x,\ y,\ k) = F(x,\ y) + kf(x,\ y)$$

②次に各文字（特に $x,\ y$）で偏微分して「$=0$」として連立方程式を作る。

$$\frac{\partial G}{\partial x} = 0,\ \frac{\partial G}{\partial y} = 0$$

③②の連立方程式を解く。

重要ポイント 5 微分係数

(1)速度，加速度

座標 x を時間で微分すると，x 方向の速度 v_x が求められる。

$$v_x = \frac{dx}{dt}$$

さらに速度を時間で微分すると加速度 a_x が求められる。

$$a_x = \frac{dv_x}{dt} = \frac{d^2x}{dt^2}$$

座標以外でも時間で微分すれば，時間変化率を求めることができる。

(2)合成関数の微分公式

合成関数の微分公式を応用して，関係式を直接微分することができる。たとえば，$x^2 + y^2 = 1$ を時間 t で微分すると，

$$2x\frac{dx}{dt} + 2y\frac{dy}{dt} = 0$$

となる。どの式からも，微分係数や時間変化率を計算できるのである。

この方法は，条件ありで移動する物体の速度や，曲線の接線の傾きを計算する問題で利用される。

実戦問題

No.1 関数 $y = 3x^3 - ax^2 - 3bx$ が $x = -1$ で極大値を，$x = 3$ で極小値をとるとき，a，b の値として正しいのはどれか。　【地方上級・平成20年度】

	a	b
1	3	3
2	3	9
3	9	3
4	9	9
5	12	3

No.2 関数 $f(x) = x^2e^{-x}$ の極大値はどれか。　【地方上級・平成25年度】

1 $3e^{-\sqrt{3}}$
2 $2e^{-\sqrt{2}}$
3 e^{-1}
4 $4e^{-2}$
5 $\dfrac{1}{4}e^{-\frac{1}{2}}$

No.3 $\phi(x,\ y) = \dfrac{1}{2}\ln(x^2 + y^2)\ (x^2 + y^2 \neq 0)$，$w(x,\ y) = \dfrac{\partial^2\phi}{\partial x^2} + \dfrac{\partial^2\phi}{\partial y^2}$ とするとき，$w(1,\ 2)$ の値はいくらか。　【国家Ⅰ種・平成20年度】

1 2
2 1
3 0
4 −1
5 −2

第1章　数学　テーマ3　微分

No.4 $\dfrac{1}{\sqrt{x+1}+\sqrt{x}}$ を微分せよ。 【地方上級・平成29年度】

1 $\dfrac{1}{2}\left(\dfrac{1}{\sqrt{x+1}}-\dfrac{1}{\sqrt{x}}\right)$

2 $\dfrac{1}{2}\left(\dfrac{1}{\sqrt{x+1}}+\dfrac{1}{\sqrt{x}}\right)$

3 $\dfrac{1}{(\sqrt{x+1}+\sqrt{x})^2}$

4 $\dfrac{-1}{(\sqrt{x+1}+\sqrt{x})^2}$

5 $\dfrac{1}{2(\sqrt{x+1}+\sqrt{x})^2}$

No.5 関数 $f(x)=x^2(\log_e x)^3\ (x>0)$ の極値のみをすべて挙げているのはどれか。 【国家総合職・令和元年度】

1 $-\dfrac{27}{8}e^{-3}$, 0

2 $-\dfrac{27}{8}e^{-3}$

3 $-\dfrac{1}{27}e^{-\frac{3}{2}}$, 0

4 $-\dfrac{1}{27}e^{-\frac{3}{2}}$

5 0

No.6 xy 平面上において，t を媒介変数として $x=2t^2+1$, $y=3t^2+2t+1$ で表される曲線上にある点 (3, 2) における接線の傾きはいくらか。

【国家一般職・平成27年度】

1 1

2 2

3 3

4 4

5 5

No.7 xy 平面上の動点 P$(x,\ y)$ の時刻 t における位置が $x = 3t - 1$，$y = -t^2 + 2t + 3$ と表されるとき，P の速さが最小となる t はいくらか。

【国家総合職・平成27年度】

1 1
2 2
3 3
4 4
5 5

No.8 $\lim_{x \to 0} \dfrac{\tan x + \sin 2x}{\sin 2x + \sin 4x}$ の値はいくらか。 【国家一般職・平成30年度】

1 0
2 $\dfrac{1}{3}$
3 $\dfrac{1}{2}$
4 $\dfrac{2}{3}$
5 1

No.9 $a > b > 0$ のとき，次の極限値を求めよ。 【地方上級・平成25年度】

$$\lim_{x \to +\infty}\left(\sqrt{x^2 + ax} - \sqrt{x^2 + bx}\right)$$

1 $a - b$
2 $\dfrac{a-b}{2}$
3 $\dfrac{1}{b} - \dfrac{1}{a}$
4 $\sqrt{ab}$
5 ∞

第1章 数学 テーマ3 微分

No.10 図のように，薄い鉄板を用いて上ぶたのない円筒（直円柱）形の容器を作る。容積を一定に保ちながら，鉄板の使用量を最も少なくするとき，底面の半径 r と高さ h の比 $(r:h)$ として最も妥当なのはどれか。

ただし，鉄板の厚さは無視できるものとする。【国家Ⅱ種・平成19年度】

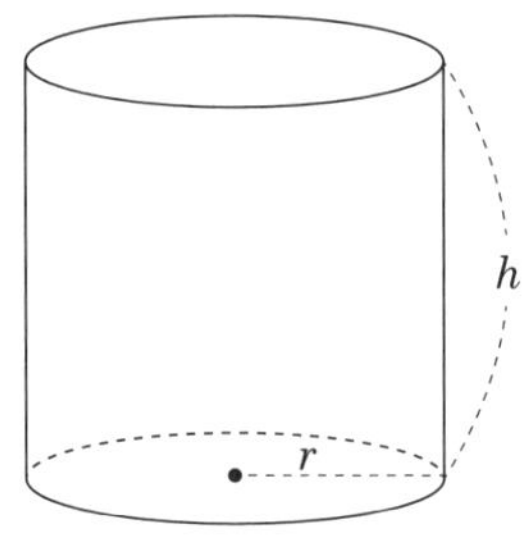

1 1 : 1
2 1 : 2
3 2 : 1
4 2 : 3
5 3 : 2

No.11 扇形をしたうちわがある。扇形の全周の長さを一定にした状態でうちわの扇の面積を最大にしたい。そのときの扇形の中心角 θ はいくらか。

【国家Ⅱ種・平成12年度】

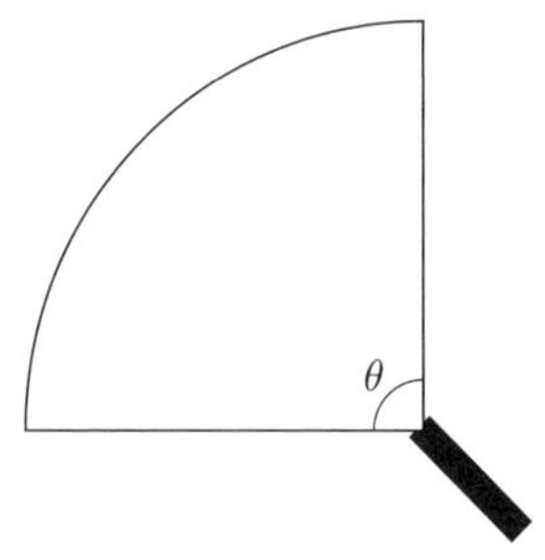

1 1.2rad
2 1.4rad
3 1.6rad
4 1.8rad
5 2.0rad

No.12 xy 平面上の曲線 $x = ye^y$ について，$x = e$ における接線の傾き $\left.\dfrac{dy}{dx}\right|_{x=e}$ として正しいのはどれか。 【国家総合職・平成28年度】

1 $\dfrac{1}{e^2}$

2 $\dfrac{1}{2e}$

3 $\dfrac{1}{e}$

4 $\dfrac{2}{e}$

5 1

No.13 しぼんだゴム風船に，15cm³/s の割合で水を入れてふくらませる。半径が 15cm となる瞬間での半径が増加する速度はいくらか。

ただし，ゴム風船は球状を保ちながら，体積が増加するものとする。

【国家Ⅱ種・平成９年度】

1 $\dfrac{1}{30\pi}$ cm/s

2 $\dfrac{1}{45\pi}$ cm/s

3 $\dfrac{1}{60\pi}$ cm/s

4 $\dfrac{1}{75\pi}$ cm/s

5 $\dfrac{1}{90\pi}$ cm/s

No.14 図のように，原点Oで直交する半直線状の２本のレールがあり，物体AとBはそれぞれのレールに沿って動く。AとBは長さLの剛体棒でつながっており，物体と棒との角度は自由に変わる。このとき，A，BのOからの距離をそれぞれx，yとすると，$L^2=x^2+y^2$の関係式が保たれている。

いま，AがOに向かって一定の速さVで動くとき，OA間の距離が$\dfrac{L}{2}$になった瞬間のBの速さとして最も妥当なのはどれか。　【労働基準監督B・平成30年度】

1　$\dfrac{\sqrt{3}}{3}V$

2　$\dfrac{\sqrt{3}}{2}V$

3　V

4　$\dfrac{2\sqrt{3}}{3}V$

5　$\sqrt{3}V$

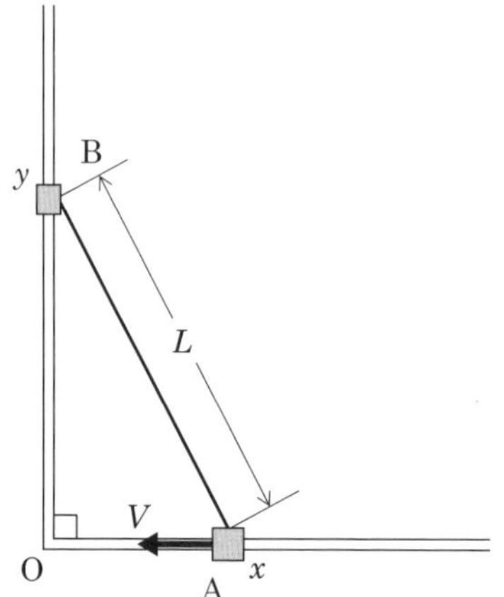

No.15 $y=ax$が$y=e^{ex}$の接線であるとき，aとして正しいのはどれか。

【国家Ⅱ種・平成16年度】

1　1　　**2**　e　　**3**　e^{-1}

4　e^2　　**5**　e^{-2}

No.16 曲線$y=x^2$上の点$P(a,\ a^2)\ (a>0)$における接線とx軸との交点をQとする。原点をOとして，$\angle OPQ=\theta$とすると，$\tan\theta$の最大値はいくらか。

なお，必要ならば，

$$\tan(\alpha+\beta)=\frac{\tan\alpha+\tan\beta}{1-\tan\alpha\tan\beta}$$

を用いてよい。　【国家総合職・平成26年度】

1　$\dfrac{\sqrt{3}}{3}$　　**2**　$\dfrac{\sqrt{6}}{6}$　　**3**　$\dfrac{\sqrt{2}}{4}$

4　$\dfrac{\sqrt{3}}{6}$　　**5**　$\dfrac{\sqrt{6}}{12}$

実戦問題の解説

No.1 の解説　多項式の微分

→問題は P.83

解法❶　直接代入する

$y' = 9x^2 - 2ax - 3b$

極大値でも極小値でも $y' = 0$ なので，$x = -1$ と 3 を代入して，

$9 + 2a - 3b = 0$

$81 - 6a - 3b = 0$

辺ごと引き算をして，

$-72 + 8a = 0$

$\therefore \quad a = 9$

最初の式に代入すれば，$b = 9$ となる。

解法❷　解と係数の関係を使う

$y' = 9x^2 - 2ax - 3b = 0$

が，$x = -1$，3 を解に持てばよいので，解と係数の関係より，

$$-1 + 3 = \frac{2a}{9},\quad -1 \times 3 = -\frac{3b}{9}$$

$\therefore \quad a = 9,\ b = 9$

解法❸　因数分解を考える

$y' = 9x^2 - 2ax - 3b = 0$

が，$x = -1$，3 を解に持つのであれば，因数分解した形を考えて，

$9x^2 - 2ax - 3b = 9(x+1)(x-3) = 9x^2 - 18x - 27$

係数比較をして，

$-2a = -18,\quad -3b = -27 \quad \rightarrow \quad a = 9,\ b = 9$

以上より，正答は **4** となる。

No.2 の解説　微分計算

→問題は P.83

$f(x)$ を微分すると，

$f'(x) = 2xe^{-x} - x^2e^{-x} = (2-x)xe^{-x}$

これをもとに増減表を描くと次のようになる。

x	$\cdots$	0	$\cdots$	2	$\cdots$
$f'(x)$	$-$	0	$+$	0	$-$
$f(x)$	↘	0 極小	↗	$4e^{-2}$ 極大	↘

ここから，極大値は $4e^{-2}$ である。

以上より，正答は **4** となる。

No.3 の解説　微分計算

→問題は P.83

$$\frac{\partial\phi}{\partial x}=\frac{1}{2(x^2+y^2)}\frac{\partial}{\partial x}(x^2+y^2)=\frac{x}{x^2+y^2}$$

$$\frac{\partial^2\phi}{\partial x^2}=\frac{(x)'(x^2+y^2)-x(x^2+y^2)'}{(x^2+y^2)^2}$$

$$=\frac{x^2+y^2-2x^2}{(x^2+y^2)^2}=\frac{y^2-x^2}{(x^2+y^2)^2}$$

x と y の対称性から，

$$\frac{\partial^2\phi}{\partial y^2}=\frac{x^2-y^2}{(x^2+y^2)^2}$$

したがって，

$$\frac{\partial^2\phi}{\partial x^2}+\frac{\partial^2\phi}{\partial y^2}=0$$

以上より，正答は **3** となる。

No.4 の解説　微分計算

→問題は P.84

分母を有理化すると，

$$\frac{1}{\sqrt{x+1}+\sqrt{x}}=\frac{\sqrt{x+1}-\sqrt{x}}{(\sqrt{x+1}+\sqrt{x})(\sqrt{x+1}-\sqrt{x})}=\sqrt{x+1}-\sqrt{x}$$

これを微分して，

$$\{(x+1)^{\frac{1}{2}}-x^{\frac{1}{2}}\}'=\frac{1}{2}\left(\frac{1}{\sqrt{x+1}}-\frac{1}{\sqrt{x}}\right)$$

以上より，正答は **1** となる。

No.5 の解説　微分計算

→問題は P.84

与えられた関数を，積の微分公式と，合成関数の微分公式を使って微分すると，

$$f'(x)=2x(\log_e x)^3+x^2\times3(\log_e x)^2\cdot\frac{1}{x}$$

$$=2x(\log_e x)^3+3x(\log_e x)^2$$

$$=x(\log_e x)^2(2\log_e x+3)$$

したがって，$x>0$ で $f'(x)=0$ となるのは，$\log_e x=0,\ -\dfrac{3}{2}$ のときである。しかし，$\log_e x=0$（つまり $x=1$）の前後では $f'(x)$ の符号は変わらないため，このときは極値ではない。一方，$\log_e x=-\dfrac{3}{2}$ のときには，前後で

符号が負から正に変わるため，極小値をとる。このとき $x=e^{-\frac{3}{2}}$ なので，求める極値は，

$$f(e^{-\frac{3}{2}})=-\frac{27}{8}e^{-3}$$

以上より，正答は **2** となる。

No.6 の解説　パラメーター付き関数の微分

→問題は P.84

$$\frac{dx}{dt}=(2t^2+1)'=4t$$

$$\frac{dy}{dt}=(3t^2+2t+1)'=6t+2$$

したがって，接線の傾きは，

$$\frac{dy}{dx}=\frac{\frac{dy}{dt}}{\frac{dx}{dt}}=\frac{3t+1}{2t}$$

ここで，点 (3，2) において，x 座標を見て，

$$x=2t^2+1=3 \qquad \therefore \quad t=\pm 1$$

y 座標を見て，

$$y=3t^2+2t+1=2 \qquad \therefore \quad 3t^2+2t-1=(3t-1)(t+1)=0$$

つまり，$t=-1$，$\frac{1}{3}$ となり，共通する $t=-1$ が求める点になる。これを代入して，

$$\frac{dy}{dx}=\frac{3\cdot(-1)+1}{2\cdot(-1)}=1$$

以上より，正答は **1** となる。

No.7 の解説　速さと微分

→問題は P.85

速度ベクトル $\vec{v}=(v_x,\ v_y)$ を計算すると，

$$v_x=\frac{dx}{dt}=3$$

$$v_y=\frac{dy}{dt}=-2t+2$$

となるので，速度ベクトルの大きさである速さ v の 2 乗について，

$$v^2=|\vec{v}|^2=v_x^2+v_y^2=3^2+(-2t+2)^2=4(-t+1)^2+9$$

これが最小となるのは $t=1$ である。

以上より，正答は **1** となる。

No.8 の解説　極限

→問題は P.85

解法❶　ロピタルの定理を使う

ロピタルの定理を使う。

$$(\tan x)' = \frac{1}{\cos^2 x},\ (\sin 2x)' = 2\cos 2x,\ (\sin 4x)' = 4\cos 4x$$

に注意すると，

$$\lim_{x\to 0}\frac{\tan x + \sin 2x}{\sin 2x + \sin 4x} = \lim_{x\to 0}\frac{\dfrac{1}{\cos^2 x} + 2\cos 2x}{2\cos 2x + 4\cos 4x} = \frac{1+2}{2+4} = \frac{1}{2}$$

解法❷　極限の公式を使う

$$\lim_{x\to 0}\frac{\sin x}{x} = 1$$

を使うと，

$$\lim_{x\to 0}\frac{\tan x + \sin 2x}{\sin 2x + \sin 4x} = \lim_{x\to 0}\frac{\dfrac{\sin x}{x\cos x} + 2\times\dfrac{\sin 2x}{2x}}{2\times\dfrac{\sin 2x}{2x} + 4\times\dfrac{\sin 4x}{4x}}$$

$$= \frac{1+2}{2+4} = \frac{1}{2}$$

なお，$x\to 0$ なので，$\sin x = \tan x = x$ とみなして，これを代入しても簡単に正答が得られる。

以上より，正答は **3** となる。

No.9 の解説　極限

→問題は P.85

分子を有理化する。

$$\sqrt{x^2+ax} - \sqrt{x^2+bx}$$

$$= \frac{(\sqrt{x^2+ax} - \sqrt{x^2+bx})(\sqrt{x^2+ax} + \sqrt{x^2+bx})}{\sqrt{x^2+ax} + \sqrt{x^2+bx}}$$

$$= \frac{(x^2+ax) - (x^2+bx)}{\sqrt{x^2+ax} + \sqrt{x^2+bx}} = \frac{(a-b)x}{\sqrt{x^2+ax} + \sqrt{x^2+bx}}$$

$$= \frac{a-b}{\dfrac{\sqrt{x^2+ax}}{x} + \dfrac{\sqrt{x^2+bx}}{x}} = \frac{a-b}{\sqrt{1+\dfrac{a}{x}} + \sqrt{1+\dfrac{b}{x}}}$$

ここで，$x\to\infty$ とすると，$\dfrac{a}{x}$，$\dfrac{b}{x}$ は 0 に収束するので，

$$\lim_{x\to+\infty}(\sqrt{x^2+ax} - \sqrt{x^2+bx}) = \frac{a-b}{2}$$

以上より，正答は **2** となる。

No.10 の解説　条件付き最適化

→問題は P.86

鉄板の使用量は，円筒の表面積と考える。底の面積は πr^2 であり，側面積は $2\pi rh$ なので，表面積 S は，

$$S = \pi r^2 + 2\pi rh$$

次に，体積 V は，

$$V = \pi r^2 h$$

ここで体積の式を h について解いて，

$$h = \frac{V}{\pi r^2}$$

これより表面積は，

$$S = \pi r^2 + \frac{2V}{r}$$

これを r で微分して，

$$\frac{dS}{dr} = 2\pi r - \frac{2V}{r^2} = 0$$

$$\therefore \quad V = \pi r^3$$

これを h の式に代入して，

$$h = \frac{\pi r^3}{\pi r^2} = r$$

つまり，$r : h = 1 : 1$

以上より，正答は **1** となる。

No.11 の解説　条件付き最適化

→問題は P.86

解法❶　1 文字消去をする

扇形の半径を r, 一定となっている周の長さを L, 面積を S とする。ここで，扇形の弧の長さを l とすると，角度が rad の場合の扇形の公式から，

$$l = r\theta,\quad S = \frac{1}{2}r^2\theta$$

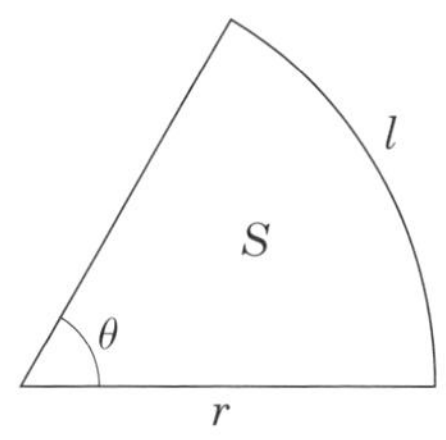

このことから，周の長さは，

$$L = r\theta + 2r$$

この式を r について解いて，

$$r = \frac{L}{2+\theta}$$

これを S に代入して，

$$S = \frac{L^2\theta}{2(2+\theta)^2}$$

これを θ で微分して，

$$\frac{dS}{d\theta}=\frac{L^2\{(2+\theta)^2-\theta\cdot 2(2+\theta)\}}{2(2+\theta)^4}=\frac{L^2(2-\theta)}{2(2+\theta)^3}=0$$

$$\therefore\quad \theta=2.0\,\mathrm{rad}$$

解法❷　ラグランジュの未定乗数法を使う

解法❶の立式の後，次のように関数を作る。

$$F=\frac{1}{2}r^2\theta+k(r\theta+2r-L)$$

r と θ でそれぞれ偏微分をして「$=0$」とすると，

$$\frac{\partial F}{\partial r}=r\theta+k(\theta+2)=0\ \rightarrow\ r\theta=-k(\theta+2)$$

$$\frac{\partial F}{\partial \theta}=\frac{1}{2}r^2+kr=0\ \rightarrow\ r=-2k$$

辺ごと割り算をして，

$$\frac{r\theta}{r}=\frac{-k(\theta+2)}{-2k}\ \rightarrow\ 2\theta=\theta+2$$

$$\therefore\quad \theta=2.0\,\mathrm{rad}$$

以上より，正答は **5** となる。

No.12 の解説　微分係数

→問題は P.87

曲線 $x=ye^y$ を x で微分して，

$$1=\frac{dy}{dx}\frac{d(ye^y)}{dy}=\frac{dy}{dx}(e^y+ye^y)$$

$$\therefore\quad \frac{dy}{dx}=\frac{1}{(1+y)e^y}$$

ここで，$x=e$ のとき $y=1$ なので，

$$\therefore\quad \left.\frac{dy}{dx}\right|_{x=e}=\frac{1}{2e}$$

以上より，正答は **2** となる。

No.13 の解説　微分係数

→問題は P.87

ゴム風船の体積 V は，水を入れた分だけ増加するため，

$$\frac{dV}{dt} = 15\text{cm}^3/\text{s}$$

一方，体積と半径 r の関係は，

$$V = \frac{4}{3}\pi r^3$$

この式の両辺を時間で微分して，

$$\frac{dV}{dt} = 4\pi r^2 \frac{dr}{dt}$$

$$\therefore \quad \frac{dr}{dt} = \frac{1}{4\pi r^2} \cdot \frac{dV}{dt} = \frac{1}{60\pi}\ \text{cm/s}$$

以上より，正答は **3** となる。

No.14 の解説　微分係数

→問題は P.88

求める速さを U とする。
与えられた関係式

$$L^2 = x^2 + y^2$$

の両辺を時間 t で微分する。$\dfrac{dx}{dt} = -V$（x を減少させる方向に移動しているため，点 A の速度ベクトルは $(-V,\ 0)$ となる），$\dfrac{dy}{dt} = U$ であり，L は定数なので微分すると 0 になることを利用すると，

$$0 = 2x \times \frac{dx}{dt} + 2y \times \frac{dy}{dt} = -2xV + 2yU$$

$$\therefore \quad U = \frac{x}{y}V$$

ここで $x = \dfrac{L}{2}$ のとき，$y = \sqrt{L^2 - \left(\dfrac{L}{2}\right)^2} = \dfrac{\sqrt{3}}{2}L$ であるので，

$$U = \frac{V}{\sqrt{3}} = \frac{\sqrt{3}}{3}V$$

この方法では，今回の問題以外の運動でも解くことができるが，今回の棒の運動の場合には，次左図のように速度を分解し，両端における棒の軸方向の速さが等しい（そうでないと棒の長さが変わることになる）ことを利用すれば，容易に

$$\frac{V}{2} = \frac{\sqrt{3}}{2}U$$

と求めることができる。ただし，右下図のように分けると間違いになる。この点をよく区別して覚えること。

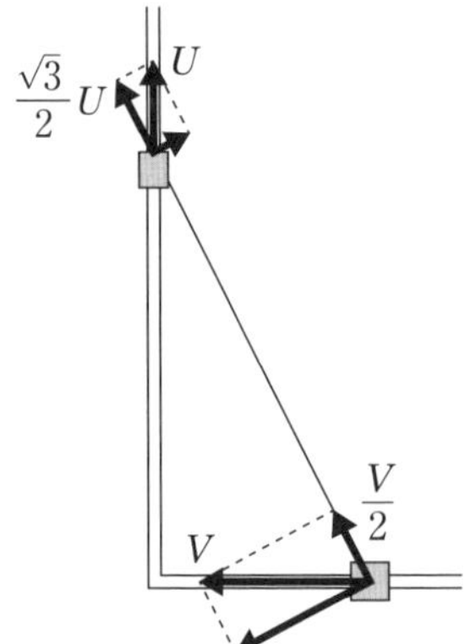

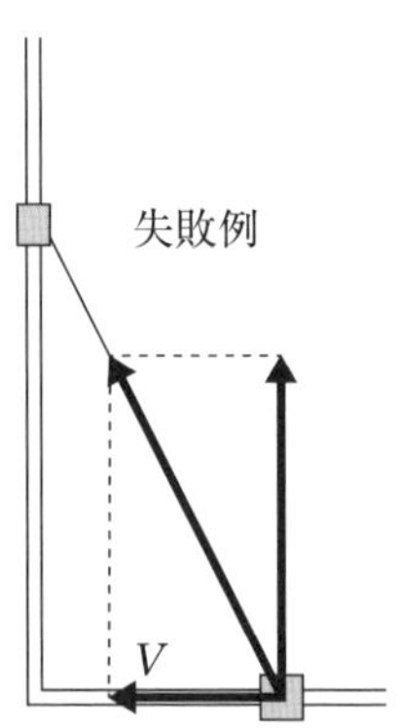

以上より，正答は**1**となる。

No.15 の解説　接線

→問題は P.88

接点の x 座標を p と置く。曲線の式を微分すると，

$$y' = ee^{ex}$$

となるので，接線の式は，

$$y = ee^{ep}(x-p) + e^{ep} = e^{ep}(ex - ep + 1)$$

と置ける。これが原点を通るので，

$$-ep + 1 = 0$$

$$\therefore \quad p = \frac{1}{e}$$

したがって，曲線の式は，

$$y = e^2 x$$

となる。

以上より，正答は**4**となる。

No.16 の解説　接線

→問題は P.88

設問の状況を図示すると右のようになる。

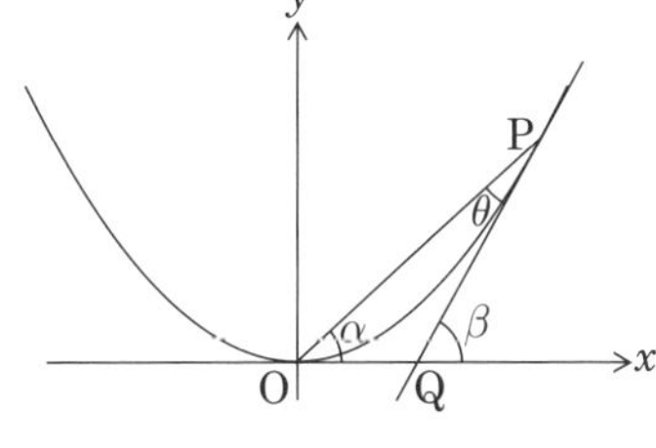

なお，OP と x 軸正方向，PQ と x 軸正方向のなす角度をそれぞれ α，β とする。

また，三角形の内角と外角の関係より，

$\theta = \beta - \alpha$

これより，与えられた tan の加法定理を使うと，

$$\tan\theta = \tan(\beta - \alpha) = \frac{\tan\beta - \tan\alpha}{1 + \tan\alpha\tan\beta}$$

ここで，$\tan\alpha$ は直線 OP の傾きに等しいので，

$$\tan\alpha = \frac{a^2}{a} = a$$

また，接線の傾きは部分で求めることができるので，$y = x^2$ を微分して $y' = 2x$ となることから，

$\tan\beta = 2a$

これを先ほどの加法定理の式に代入して，

$$\tan\theta = \frac{2a - a}{1 + a\cdot 2a} = \frac{a}{1 + 2a^2} = f(a)$$

と置くと，

$$f'(a) = \frac{1 + 2a^2 - a\cdot 4a}{(1 + 2a^2)^2} = \frac{1 - 2a^2}{(1 + 2a^2)^2} = 0$$

$$\therefore \quad a = \frac{1}{\sqrt{2}}$$

これより，求める $\tan\theta$ の最大値は，

$$f\left(\frac{1}{\sqrt{2}}\right) = \frac{\frac{1}{\sqrt{2}}}{1 + 2\left(\frac{1}{\sqrt{2}}\right)^2} = \frac{\sqrt{2}}{4}$$

以上より，正答は **3** となる。

正答						
	No. 1 = **4**	No. 2 = **4**	No. 3 = **3**	No. 4 = **1**	No. 5 = **2**	No. 6 = **1**
	No. 7 = **1**	No. 8 = **3**	No. 9 = **2**	No.10 = **1**	No.11 = **5**	No.12 = **2**
	No.13 = **3**	No.14 = **1**	No.15 = **4**	No.16 = **3**		

積分

必修問題

次の定積分の値はいくらか。　【地方上級・平成24年度】

$$\int_0^{\pi} \cos\left(\frac{3}{2}\pi - \frac{x}{2}\right)dx$$

1　-1

2　1

3　2

4　-2

5　$-\sqrt{2}$

〈必修問題〉の解説

三角関数の定積分の計算問題である。決して易しくないが，さまざまな計算方法が考えられるため，非常に勉強に向いた問題である。1 つの方法だけではなく，さまざまな方法からのアプローチを学んでほしい。

解法❶　直接積分する

$$\left\{\sin\left(\frac{3}{2}\pi-\frac{x}{2}\right)\right\}'=\cos\left(\frac{3}{2}\pi-\frac{x}{2}\right)\times\left(\frac{3}{2}\pi-\frac{x}{2}\right)'=-\frac{1}{2}\cos\left(\frac{3}{2}\pi-\frac{x}{2}\right)$$

より，

$$\left\{-2\sin\left(\frac{3}{2}\pi-\frac{x}{2}\right)\right\}'=\cos\left(\frac{3}{2}\pi-\frac{x}{2}\right)$$

したがって，

$$\int_0^{\pi}\cos\left(\frac{3}{2}\pi-\frac{x}{2}\right)dx=\left[-2\sin\left(\frac{3}{2}\pi-\frac{x}{2}\right)\right]_0^{\pi}=-2\sin\pi+2\sin\frac{3}{2}\pi=-2$$

解法❷　加法定理を使う

加法定理

$$\cos(x-y)=\cos x\cos y+\sin x\sin y$$

を使うと，

$$\cos\left(\frac{3}{2}\pi-\frac{x}{2}\right)=\cos\frac{3}{2}\pi\cos\frac{x}{2}+\sin\frac{3}{2}\pi\sin\frac{x}{2}=-\sin\frac{x}{2}$$

これを積分して，

$$\int_0^{\pi}\cos\left(\frac{3}{2}\pi-\frac{x}{2}\right)dx=-\int_0^{\pi}\sin\frac{x}{2}\,dx=-\left[-2\cos\frac{x}{2}\right]_0^{\pi}=-2$$

解法❸　置換積分を使う

$\frac{3}{2}\pi-\frac{x}{2}=t$ と置換する。両辺を微分して，$-\frac{dx}{2}=dt\rightarrow dx=-2dt$

また，積分範囲は，次の表のようになる。

x	0	$\cdots$	π
t	$\frac{3}{2}\pi$	$\cdots$	π

これより，

$$\int_0^{\pi}\cos\left(\frac{3}{2}\pi-\frac{x}{2}\right)dx=\int_{\frac{3}{2}\pi}^{\pi}\cos t\times(-2dt)=-2[\sin t]_{\frac{3}{2}\pi}^{\pi}$$

$$=-2\{0-(-1)\}=-2$$

正答　4

必修問題

x の関数 $f(x)$ を,

$$f(x)=\int_1^x t\log_e t\,dt$$

で定義するとき, $f(x)=\dfrac{1}{4}$ となるときの x の値を求めよ。

ただし, $x \geqq 1$ とする。　　【市役所・平成27年度】

1 1

2 2

3 $\sqrt{e}$

4 e

5 e^2

必修問題の解説

部分積分の練習問題である。2つの異種の関数を掛けた形の積分は部分積分を行うことが多い。まずは部分積分の計算方法を確認してもらいたい。ただ，積分はちょっとした形の違いで計算方法が変わるため，最終的にはパターン毎の暗記に近くなる。今回の問題でも，形が少々変わると置換積分のほうが簡単になることもある。この点には気をつけてもらいたい。

部分積分をする。このとき t を積分して，$\log_e t$ を微分する。

$$\int_1^2 t\log_e t dt = \left[\frac{t^2}{2}\log_e t\right]_1^x - \int_1^x \frac{t^2}{2}\times\frac{1}{t}\,dt$$

$$= \frac{x^2}{2}\log_e x - \left(\frac{x^2}{4}-\frac{1}{4}\right)$$

これより，

$$f(x) = \frac{x^2}{2}\left(\log_e x - \frac{1}{2}\right) + \frac{1}{4}$$

したがって $f(x)=\dfrac{1}{4}$ のとき，$\log_e x = \dfrac{1}{2}$ となる。つまり，$x=\sqrt{e}$

正答 3

必修問題

図のような $y=\dfrac{\log x}{x}-\dfrac{(\log x)^2}{x}$ で表される曲線と x 軸で囲まれる部分の面積として正しいのはどれか。

ただし，log は自然対数とする。　【国家Ⅱ種（農業土木）・平成23年度】

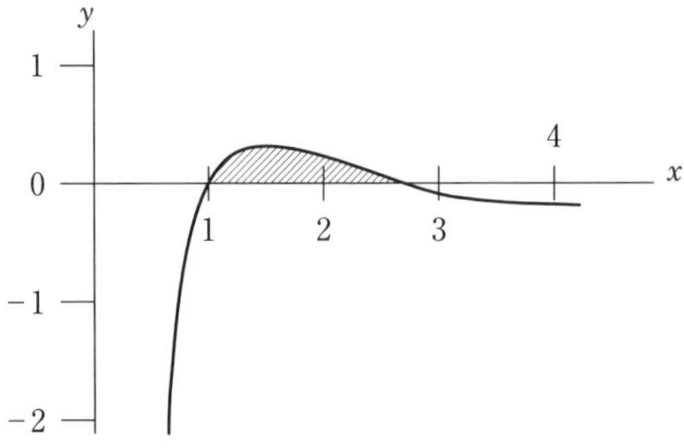

1　$\dfrac{1}{8}$

2　$\dfrac{1}{7}$

3　$\dfrac{1}{6}$

4　$\dfrac{1}{5}$

5　$\dfrac{1}{4}$

必修問題の解説

平面図形の面積の問題の練習である。ただし，この問題では，積分計算自体も難しくなっている。自分が知っている方法のどれを使えばよいのか，と考えよう。

まず，曲線と x 軸の交点の x 座標を求める。$y=0$ として，

$$\frac{\log x}{x}-\frac{(\log x)^2}{x}=\frac{\log x(1-\log x)}{x}=0$$

したがって，

$\log x=0,\ 1$

$\therefore\quad x=1,\ e$

これより，求める面積は，

$$\int_1^e \frac{\log x}{x}-\frac{(\log x)^2}{x}dx$$

で計算できる。置換積分を使ってこれを計算する。$\log x=t$ と置くと $\dfrac{dx}{x}=dt$ であり，

x	1	$\cdots$	e
t	0	$\cdots$	1

となるので，

$$\int_1^e \frac{\log x}{x}-\frac{(\log x)^2}{x}dx=\int_0^1\left(\frac{t}{x}-\frac{t^2}{x}\right)xdt$$

$$=\int_0^1 t(1-t)\,dt=\frac{1}{6}(1-0)^3=\frac{1}{6}$$

正答 3

第1章 数学 テーマ4 積分

必修問題

図に示す曲線 $y = \cos x + 1$ $(0 \leqq x \leqq \pi)$ と，x 軸，y 軸で囲まれる斜線部の領域を，x 軸まわりに回転させてできる立体の体積はいくらか。

【国家Ⅱ種・平成18年度】

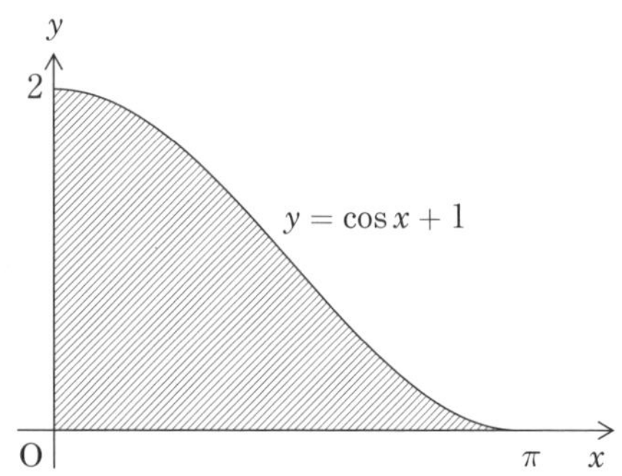

1 π^2

2 $\pi^2 + \dfrac{4}{3}\pi$

3 $\dfrac{3}{2}\pi^2$

4 $\pi^2 + \dfrac{7}{3}\pi$

5 $\dfrac{3}{2}\pi^2 + \dfrac{7}{3}\pi$

必修問題の解説

回転体はよく題材にされる。計算公式を覚えるとともに，三角関数の２乗の積分の方法について確認しておこう。

回転体の体積の公式より，求める体積を V とすると，

$$V=\pi\int_0^\pi(\cos x+1)^2dx=\pi\int_0^\pi(\cos^2x+2\cos x+1)\,dx$$

第１項について，

$$\int_0^\pi\cos^2xdx=\int_0^\pi\frac{1+\cos 2x}{2}\,dx=\left[\frac{x}{2}+\frac{\sin 2x}{4}\right]_0^\pi=\frac{\pi}{2}$$

第２項，第３項について，

$$\int_0^\pi(2\cos x+1)\,dx=[2\sin x+x]_0^\pi=\pi$$

したがって，

$$V=\pi\times\left(\frac{\pi}{2}+\pi\right)=\frac{3}{2}\pi^2$$

正答 3

必修問題

微分方程式 $\dfrac{dy}{dx}=xy$ の解のうち，$(x,\ y)=(0,\ 2)$ を通るものの，$x=1$ のときの y の値を求めよ。 【地方上級・平成20年度】

1 e

2 $2e$

3 $4e$

4 $\sqrt{e}$

5 $2\sqrt{e}$

必修問題 の 解説

微分方程式の変数分離法による解法を確認しよう。微分方程式に慣れていないかもしれないが，解き方は決まっている。確実に身につけよう。この手法は，専門の問題でも使われる場合がある。

与えられた微分方程式 $\dfrac{dy}{dx} = xy$ を変形して，

$$\frac{dy}{y} = xdx \ \rightarrow\ \int\frac{dy}{y} = \int xdx$$

積分を実行して，

$$\log y = \frac{1}{2}x^2 + C \quad (C\text{は積分定数})$$

$x = 0$ のとき，$y = 2$ なので，$C = \log 2$

$$\therefore\quad \log y = \frac{1}{2}x^2 + \log 2 \ \rightarrow\ \log y - \log 2 = \log\frac{y}{2} = \frac{1}{2}x^2$$

これより，

$$\frac{y}{2} = e^{\frac{1}{2}x^2}$$

$$\therefore\quad y = 2e^{\frac{1}{2}x^2}$$

ここに $x = 1$ を代入して，

$$y = 2e^{\frac{1}{2}} = 2\sqrt{e}$$

なお，積分を実行するところで，不定積分ではなく定積分を使ってもよい。

$$\int_2^{y(1)}\frac{dy}{y} = \int_0^1 xdx$$

$$\therefore\quad \log\frac{y(1)}{2} = \frac{1}{2} \ \rightarrow\ y(1) = 2\sqrt{e}$$

正答 5

第1章 数学 テーマ4 積分

重要ポイント 1 積分の公式

(1)積分の基本公式

基本的な不定積分の公式は，微分の公式の逆となっている。しかし，微分と比べると，複雑なものが多いため，確実に覚える必要がある。

$f(x)$	$F(x)$	$f(x)$	$F(x)$
$x^n\ (n \neq -1)$	$\dfrac{x^{n+1}}{n+1}$	$e^x\ (=\exp(x))$	$e^x\ (=\exp(x))$
$\dfrac{1}{x}$	$\ln x$	$e^{ax}\ (=\exp(ax))$	$\dfrac{e^{ax}}{a}\left(=\dfrac{\exp(ax)}{a}\right)$
$\sin x$	$-\cos x$	$\ln x\ (=\log_e x)$	$x\ln x - x$
$\cos x$	$\sin x$		

(2)奇関数，偶関数の積分

奇関数とは，$\sin x$，x^3 など，x の符号を変えると，全体の符号だけが変わる関数のことである。数式では次のように表される。

$$f(-x) = -f(x)$$

この場合，ちょうど y 軸を挟むように積分すると，正負の部分が打ち消されるため，積分結果は 0 となる。

$$\int_{-a}^{a} f(x)\,dx = 0$$

一方，**偶関数**とは，$\cos x$，x^2 のように x の正負を変えても関数の値が変化しない関数のことで，数式で書くと次のようになる。

$$f(-x) = f(x)$$

この場合，ちょうど y 軸を挟むように積分すると，対称性から正の部分だけを積分した場合の 2 倍となる。

$$\int_{-a}^{a} f(x)\,dx = 2\int_{0}^{a} f(x)\,dx$$

(3)部分積分

積の形をしている場合に使われることの多いのが**部分積分**である。これは次の形で表される。

$$\int f(x)g(x)\,dx = F(x)g(x) - \int F(x)g'(x)\,dx$$

ただし，$F(x)$ は $f(x)$ の不定積分である。

最初に積分をしてから，微分をして計算をする。

(4)置換積分

文字を置き換える場合の積分である。ただし，積分の場合，単純に文字を置き換えるだけではなく，積分区間や被積分変数なども変えなければいけない。具体的に，次の手順が必要となる。

①文字の置き換え
②積分区間の置き換え
③被積分変数の置き換え

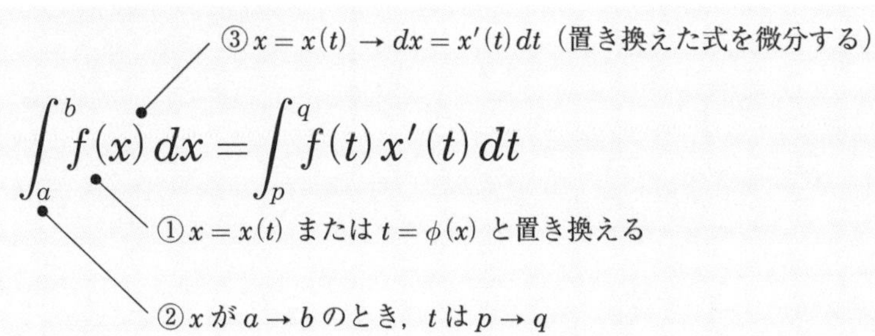

重要ポイント2 積分と平面図形

(1)面積の公式

$y = f(x)\ (>0)$ と x 軸，$x = a$，$x = b$ で囲まれた部分の面積は，次のように積分で計算できる。

$$S = \int_a^b f(x)\,dx$$

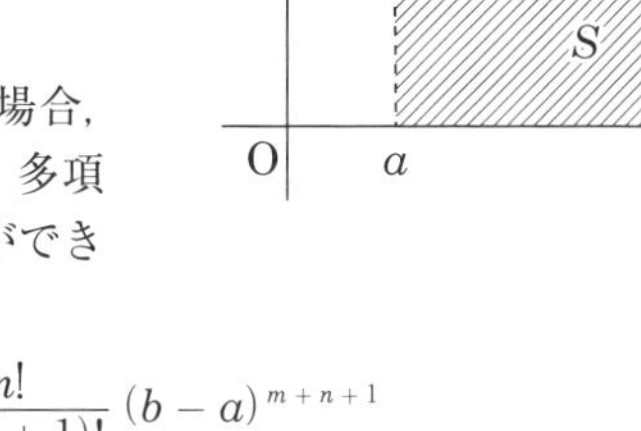

また，$y = f(x)$ と $y = g(x)$ とで囲まれた部分の $a \leqq x \leqq b$ の部分の面積は，次の積分で計算できる。

$$S = \int_a^b |f(x) - g(x)|\,dx$$

なお，積分に絶対値が残っている場合，場合分けをして絶対値を外す。また，多項式の積分では，次の公式を使うことができる。ただし，$a < b$ とする。

$$\int_a^b (b-x)^n (x-a)^m dx = \frac{m!n!}{(m+n+1)!}(b-a)^{m+n+1}$$

特に，$m = n = 1$ では，

$$\int_a^b (b-x)(x-a)\,dx = \frac{1}{6}(b-a)^3$$

(2)曲線の長さの公式

$y = f(x)$ の $a \leqq x \leqq b$ の部分の長さ L は，次の積分で計算できる。

$$L = \int dL = \int \sqrt{(dx)^2 + (dy)^2}$$

実際の計算では，積分したい変数に合わせて変形する。x で積分したい場合には，

$$L=\int\sqrt{(dx)^2+(dy)^2}$$

$$=\int_a^b\frac{\sqrt{(dx)^2+(dy)^2}}{dx}dx$$

$$=\int_a^b\sqrt{1+\left(\frac{dy}{dx}\right)^2}dx$$

とする。

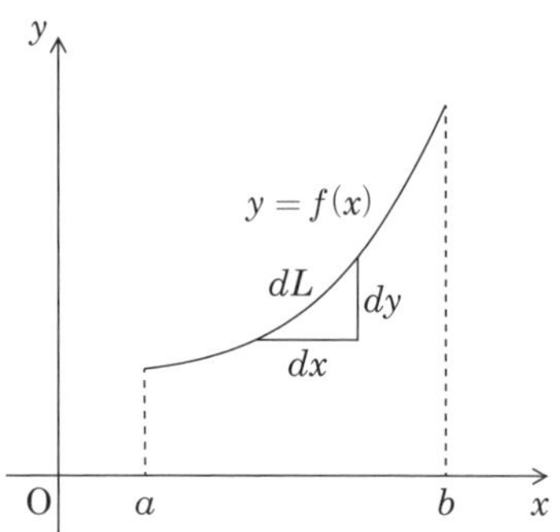

また，曲線が，文字 t を使って，$x=x(t)$，$y=y(t)$ と表される場合には，次の式で計算をする。ただし，$t=t_a$ で $x=a$，$t=t_b$ で $x=b$ とする。

$$L=\int\sqrt{(dx)^2+(dy)^2}=\int\frac{\sqrt{(dx)^2+(dy)^2}}{dt}dt$$

$$=\int_{t_a}^{t_b}\sqrt{\left(\frac{dx}{dt}\right)^2+\left(\frac{dy}{dt}\right)^2}dt$$

重要ポイント 3 空間図形と積分

(1)切断面と体積の公式

z 軸をとって，空間図形を z 軸に垂直な平面で切断したときの切断面の面積を $S(z)$ とすると，この空間図形の体積 V は，次の積分で計算できる。

$$V=\int S(z)\,dz$$

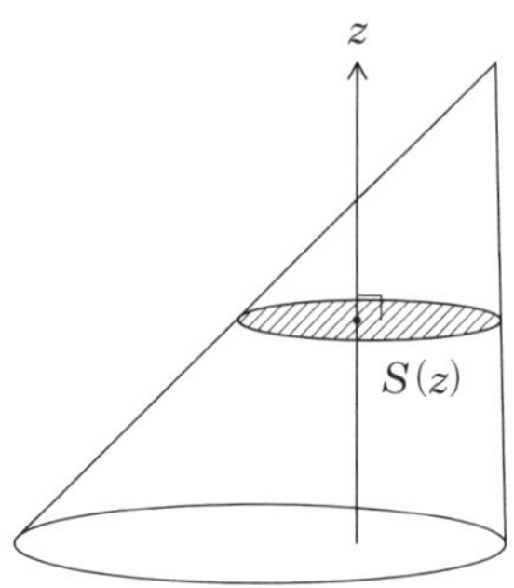

(2)回転体の体積の公式

$y=f(x)$ の $a\leqq x\leqq b$ の部分と x 軸の間の部分を x 軸を中心に回転してできた回転体の体積 V は，次の式で計算できる。

$$V=\pi\int_a^b\{f(x)\}^2dx$$

また，$f(x)$ と $g(x)$ で挟まれた部分を回転してできた回転体の体積 V は，$f(x)\geqq g(x)\geqq 0$ のとき，$a\leqq x\leqq b$ として，

$$V=\pi\int_a^b\{f(x)\}^2dx-\pi\int_a^b\{g(x)\}^2dx$$

重要ポイント 4 積分計算の応用

(1)微分方程式の変数分離法

微分方程式

$$\frac{dy}{dx} = f(x)g(y)$$

から $y(x)$ を求めるためには，次の手順をとる。

①左辺と右辺に変数を分ける。

$$\frac{dy}{g(y)} = f(x)\,dx$$

②①を積分する（積分定数を忘れないこと）。

$$\int \frac{dy}{g(y)} = \int f(x)\,dx$$

③条件を代入する。

(2)区分求積法

和の形をした極限の一部は積分の形で計算できる。

$$\lim_{n\to\infty}\frac{1}{n}\sum_{k=1}^{n} f\left(\frac{k}{n}\right) = \lim_{n\to\infty}\frac{1}{n}\left\{f\left(\frac{1}{n}\right) + f\left(\frac{2}{n}\right) + \cdots + f\left(\frac{n}{n}\right)\right\}$$

$$= \int_0^1 f(x)\,dx$$

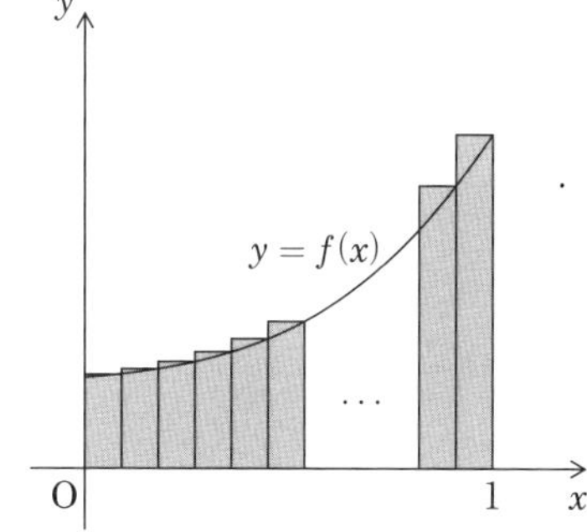

第1章 数学 テーマ4 積分

実戦問題

No.1 **次の定積分の値として正しいのはどれか。** 【地方上級・平成28年度】

$$\int_{-2}^{2}|x(x-1)(x+1)|dx$$

1 3
2 4
3 5
4 6
5 8

No.2 **xy 平面上において，曲線 $y=\dfrac{2}{x^2+4x+3}$，直線 $x=0$，$x=1$ および x 軸で囲まれた部分の面積はいくらか。** 【国家一般職・令和２年度】

1 $\log_e\dfrac{3}{2}$

2 $\log_e\dfrac{9}{4}$

3 $\log_e\dfrac{8}{3}$

4 $\dfrac{5}{12}$

5 $\dfrac{7}{12}$

No.3 **定積分 $\displaystyle\int_{-5}^{5}\left(12x^2\sin\frac{\pi x}{2}-12x^3+3x^2\right)dx$ の値はいくらか。**

【国家一般職・平成28年度】

1 0
2 24
3 120
4 175
5 250

No.4 $I=\int_0^1 \frac{x}{\sqrt{3x+1}}\,dx$ はいくらか。

【国家Ⅱ種（農業土木）・平成19年度】

1　$-\frac{8}{27}$

2　$-\frac{4}{27}$

3　$\frac{2}{27}$

4　$\frac{4}{27}$

5　$\frac{8}{27}$

No.5 $\int_0^1 x^3(x^2-1)^8 dx$ はいくらか。　【国家一般職・令和元年度】

1　$\frac{1}{180}$

2　$\frac{1}{90}$

3　$\frac{1}{72}$

4　$\frac{19}{180}$

5　$\frac{19}{90}$

No.6 a を正の実数とする。定積分 $\displaystyle\int_{-a}^{a}\frac{dx}{x^2+a^2}$ の値はいくらか。

【労働基準監督B・平成28年度】

1 $\dfrac{2\pi}{a}$

2 $\dfrac{\pi}{2a}$

3 $2\pi a$

4 $\dfrac{1}{2\pi a}$

5 $\dfrac{a}{2\pi}$

No.7 $\displaystyle\int_0^{n\pi}|\sqrt{3}\sin\theta-\cos\theta|d\theta$ の値として正しいのはどれか。

ただし，n は正の整数とする。 【国家一般職・平成30年度】

1 $\dfrac{5\sqrt{3}}{3}n$

2 $2\sqrt{3}n$

3 $\dfrac{7}{2}n$

4 $\dfrac{9\sqrt{3}}{4}n$

5 $4n$

No.8 重積分$\iint_D xydxdy$はいくらか。

ただし，$D=\{(x,\ y)\,|\,0 \leqq x \leqq 1,\ 0 \leqq y \leqq x\}$とする。

【国家一般職・平成26年度】

1 $\frac{1}{8}$

2 $\frac{1}{6}$

3 $\frac{1}{4}$

4 $\frac{1}{3}$

5 $\frac{1}{2}$

No.9 区間$0 \leqq x \leqq 2\pi$において，2つの曲線$y=\sin x$，$y=\cos x$のみで囲まれた部分の面積はいくらか。 【国家一般職・平成27年度】

1 $2\sqrt{2}$

2 3

3 $2\sqrt{3}$

4 $3\sqrt{2}$

5 $3\sqrt{3}$

No.10 曲線$y=\ln x$，x軸，y軸および直線$y=2$で囲まれる部分の面積はいくらか。 【労働基準監督B・平成22年度】

1 e^2-1

2 e^2-2

3 e

4 $e-1$

5 $e-2$

No.11 曲線 $y=(1-x^2)e^x$ の $y \geqq 0$ の部分と x 軸とで囲まれた部分の面積はいくらか。

【国家総合職・平成24年度】

1 $\dfrac{4}{e}$

2 $\dfrac{4}{e}+e$

3 $\dfrac{6}{e}$

4 $\dfrac{6}{e}+e$

5 $\dfrac{6}{e}+2e$

No.12 曲線 $y=\dfrac{x^2}{2}-\dfrac{\log_e x}{4}$ $(1 \leqq x \leqq e)$ の長さはいくらか。

なお，曲線 $y=f(x)(a \leqq x \leqq b)$ の長さ s は，次式で表される。

【国家Ⅱ種・平成19年度】

$$s=\int_a^b \sqrt{1+\left(\frac{dy}{dx}\right)^2}\,dx$$

1 $e-\dfrac{1}{4e}$

2 $e+\dfrac{1}{4e}$

3 $\dfrac{e^2}{2}+\dfrac{1}{4e^2}$

4 $\dfrac{e^2}{2}-\dfrac{1}{4}$

5 $\dfrac{e^2}{2}+\dfrac{1}{4}$

No.13 図の斜線部の領域を x 軸のまわりに回転させてできる立体の体積はいくらか。

【国家Ⅰ種・平成21年度】

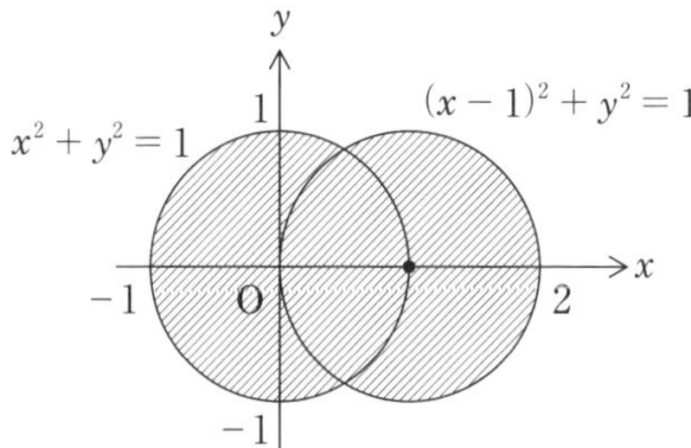

1 $\dfrac{29}{12}\pi$

2 $\dfrac{9}{4}\pi$

3 $\dfrac{25}{12}\pi$

4 $\dfrac{11}{6}\pi$

5 $\dfrac{19}{12}\pi$

No.14 曲線 $y=e^x$ の $x=1$ における接線を l とする。$y=e^x$，l および y 軸で囲まれた図形を x 軸のまわりに回転してできる立体の体積はいくらか。

【国家Ⅱ種・平成23年度】

1 $\left(\dfrac{1}{6}e^2-\dfrac{1}{2}\right)\pi$

2 $\left(\dfrac{1}{3}e^2-\dfrac{1}{2}\right)\pi$

3 $\left(\dfrac{5}{6}e^2-\dfrac{1}{2}\right)\pi$

4 $\left(\dfrac{1}{6}e^2+2e-\dfrac{1}{2}\right)\pi$

5 $\left(\dfrac{1}{3}e^2+2e-\dfrac{1}{2}\right)\pi$

No.15 微分方程式 $\frac{dy}{dx}-\frac{1}{y}=0$ の解で，$(x,\ y)=(0,\ 1)$ を通るものの，$y=3$ における x の値として正しいのはどれか。　【地方上級・平成23年度】

1　$\sqrt{2}$

2　$\sqrt{3}$

3　2

4　$\sqrt{5}$

5　4

No.16 次の極限値を求めよ。　【地方上級・平成25年度】

$$\lim_{n\to\infty}\frac{1}{n}\left(\frac{1}{\sqrt{1+\frac{1}{n}}}+\frac{1}{\sqrt{1+\frac{2}{n}}}+\cdots+\frac{1}{\sqrt{1+\frac{n}{n}}}\right)$$

1　$\sqrt{2}$

2　$\sqrt{2}-1$

3　$2\sqrt{2}$

4　$2\sqrt{2}-1$

5　$2\sqrt{2}-2$

実戦問題の解説

No.1 の解説　定積分

→問題は P.112

$$f(x) = |x(x-1)(x+1)| = |x^3 - x|$$

は $f(-x) = f(x)$ を満たすので偶関数である。また，

$$x(x-1)(x+1)\begin{cases} > 0 & (x > 1,\ -1 < x < 0) \\ \leqq 0 & (x \leqq -1,\ 0 \leqq x \leqq 1) \end{cases}$$

であるので，求める積分は，

$$2\int_0^2 f(x)\,dx = 2\int_0^1 (x - x^3)\,dx + 2\int_1^2 (x^3 - x)\,dx$$

となる。ここで，

$$\int_0^1 (x - x^3)\,dx = \left[\frac{x^2}{2} - \frac{x^4}{4}\right]_0^1 = \frac{1}{2} - \frac{1}{4} = \frac{1}{4}$$

$$\int_1^2 (x^3 - x)\,dx = \left[\frac{x^4}{4} - \frac{x^2}{2}\right]_1^2 = (4-2) - \left(\frac{1}{4} - \frac{1}{2}\right) = \frac{9}{4}$$

であるので，

$$2\int_0^2 f(x)\,dx = 2\left(\frac{1}{4} + \frac{9}{4}\right) = 5$$

以上より，正答は **3** となる。

No.2 の解説　積分と面積

→問題は P.112

与えられた曲線の式を次のように部分分数に分ける。

$$y = \frac{2}{x^2 + 4x + 3} = \frac{2}{(x+1)(x+3)} = \frac{1}{x+1} - \frac{1}{x+3}$$

この形で積分すると，求める面積は，

$$\int_0^1 \left(\frac{1}{x+1} - \frac{1}{x+3}\right)dx = [\log_e(x+1) - \log_e(x+3)]_0^1$$

$$= \log_e 2 - \log_e 4 - \log_e 1 + \log_e 3 = \log_e \frac{3}{2}$$

なお，部分分数に分けるところでは，すぐにわからない場合には，文字 a，b を使って，

$$\frac{2}{(x+1)(x+3)} = \frac{a}{x+1} - \frac{b}{x+3} = \frac{(a-b)x + 3a - b}{(x+1)(x+3)}$$

として，

$$\begin{cases} a - b = 0 \\ 3a - b = 2 \end{cases}$$

を解くとよい。

以上より，正答は **1** となる。

No.3 の解説　定積分

→問題は P.112

与えられた被積分関数の中で,

$$f(x) = 12x^2\sin\frac{\pi x}{2} - 12x^3$$

については, $f(-x) = -f(x)$ が成立し, 奇関数となる。したがって, この部分の積分値は 0 となる。一方, $3x^2$ は偶関数である。よって, 与えられた積分は次のように計算できる。

$$2\int_0^5 3x^2dx = 2[x^3]_0^5 = 250$$

以上より, 正答は **5** となる。

No.4 の解説　定積分

→問題は P.113

$3x+1=t$ と置換する。このとき, $x=\frac{t}{3}-\frac{1}{3}$ であり, これを微分して

$dx = \frac{dt}{3}$ となる。また, 積分区間は次のようになる。

x	0	$\cdots$	1
t	1	$\cdots$	4

$$I = \int_0^1 \frac{x}{\sqrt{3x+1}}dx = \int_1^4 \frac{1}{\sqrt{t}} \times \left(\frac{t}{3} - \frac{1}{3}\right)\frac{dt}{3} = \frac{1}{9}\int_1^4\left(\sqrt{t} - \frac{1}{\sqrt{t}}\right)dt$$

ここで,

$$\int_1^4 \sqrt{t}\,dt = \int_1^4 t^{\frac{1}{2}}dt = \left[\frac{2}{3}t^{\frac{3}{2}}\right]_1^4 = \frac{2}{3}(\sqrt{4^3} - \sqrt{1^3}) = \frac{2}{3}(8-1) = \frac{14}{3}$$

$$\int_1^4 \frac{1}{\sqrt{t}}dt = \int_1^4 t^{-\frac{1}{2}}dt = [2t^{\frac{1}{2}}]_1^4 = 2(\sqrt{4} - \sqrt{1}) = 2(2-1) = 2$$

したがって,

$$I = \frac{1}{9}\left(\frac{14}{3} - 2\right) = \frac{8}{27}$$

以上より, 正答は **5** となる。

No.5 の解説　定積分

→問題は P.113

$x^2-1=t$ と置いて置換積分する。これを微分して，$2xdx=dt$ であり，積分区間は次のようになる。

x	0	$\cdots$	1
t	-1	$\cdots$	0

これより，求める積分は，

$$\int_0^1 x^2(x^2-1)^8\times xdx=\int_{-1}^0(t+1)t^8\frac{dt}{2}=\frac{1}{2}\int_{-1}^0(t^9+t^8)\,dt$$

$$=\frac{1}{2}\left[\frac{t^{10}}{10}+\frac{t^9}{9}\right]_{-1}^0=\frac{1}{180}$$

以上より，正答は **1** となる。

No.6 の解説　定積分

→問題は P.114

$x=a\tan\theta$ と置換積分する。このとき，$dx=(a\tan\theta)'d\theta=\dfrac{ad\theta}{\cos^2\theta}$ であり，

積分区間は，

x	$-a$	$\cdots$	a
θ	$-\dfrac{\pi}{4}$	$\cdots$	$\dfrac{\pi}{4}$

となる。

したがって，

$$\int_{-\frac{\pi}{4}}^{\frac{\pi}{4}}\frac{1}{a^2(\tan^2\theta+1)}\frac{ad\theta}{\cos^2\theta}=\frac{1}{a}\int_{-\frac{\pi}{4}}^{\frac{\pi}{4}}d\theta=\frac{\pi}{2a}$$

計算途中で，公式

$$1+\tan^2\theta=\frac{1}{\cos^2\theta}$$

を使った。

以上より，正答は **2** となる。

第1章　数学　テーマ4　積分

No.7 の解説　定積分

→問題は P.114

加法定理を考えると，

$$\sqrt{3}\sin\theta-\cos\theta=2\left(\frac{\sqrt{3}}{2}\sin\theta-\frac{1}{2}\cos\theta\right)=2\sin\left(\theta-\frac{\pi}{6}\right)$$

となる。

ここで，$\left|2\sin\left(\theta-\frac{\pi}{6}\right)\right|$ は周期 π の周期関数である。したがって，これを 0 から $n\pi$ まで積分するということは，n 周期積分することになる。ちょうど n 周期の積分なので，平行移動して $|2\sin\theta|$ を積分してもよい。

したがって，求める積分は，

$$n\int_0^{\pi}2\sin\theta d\theta=n[-2\cos\theta]_0^{\pi}=4n$$

なお，$n=1$ の場合について，積分のイメージを下図に示した。

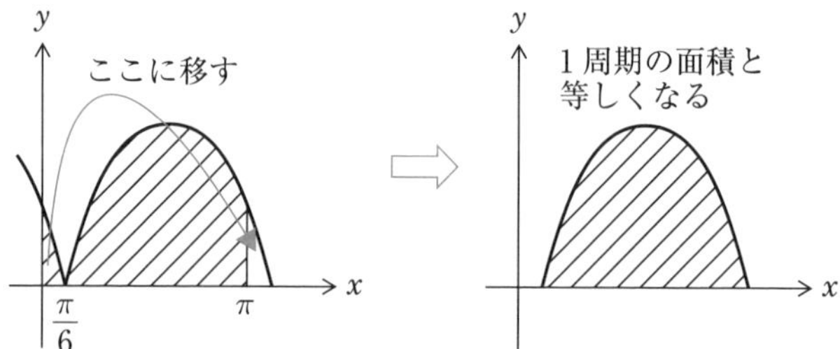

以上より，正答は **5** となる。

No.8 の解説　重積分

→問題は P.115

$\iint_D xydxdy$ を順番に積分する。ここでは y から先に積分する。与えられた範囲から，y は $0\leqq y\leqq x$ の範囲で積分し，x は $0\leqq x\leqq 1$ で積分する。

$$\iint_D xydxdy=\int_0^1 x\left(\int_0^x ydy\right)dx=\int_0^1 x\times\frac{x^2}{2}dx$$

$$=\frac{1}{2}\int_0^1 x^3dx=\frac{1}{2}\left[\frac{x^4}{4}\right]_0^1=\frac{1}{8}$$

以上より，正答は **1** となる。

No.9 の解説　面積と積分

→問題は P.115

$0 \leqq x \leqq 2\pi$ で $\sin x = \cos x$ を解くと，$x = \frac{\pi}{4}$，$\frac{5\pi}{4}$ である。この範囲では $\sin x \geqq \cos x$ なので，求める面積は，

$$\int_{\frac{\pi}{4}}^{\frac{5}{4}\pi} (\sin x - \cos x)\, dx = [-\cos x - \sin x]_{\frac{\pi}{4}}^{\frac{5}{4}\pi}$$

$$= \left(\frac{\sqrt{2}}{2} + \frac{\sqrt{2}}{2}\right) - \left(-\frac{\sqrt{2}}{2} - \frac{\sqrt{2}}{2}\right) = 2\sqrt{2}$$

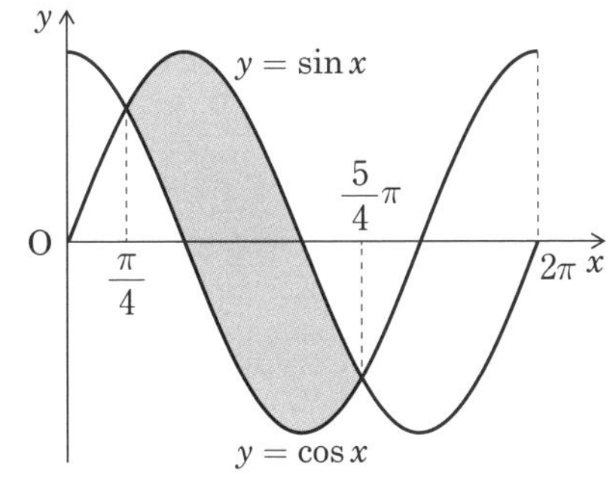

以上より，正答は **1** となる。

No.10 の解説　面積と積分

→問題は P.115

解法❶　直接面積を求める

求める面積 S は，右の図の斜線部である。これは長方形から T を引けばよい。

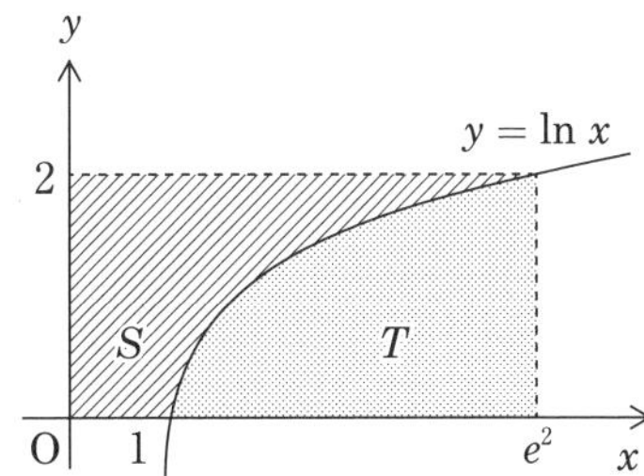

ここで T を求めると，

$$\int_1^{e^2} \ln x dx = \int_0^{e^2} 1 \times \ln x dx = [x \ln x]_1^{e^2} - \int_1^{e^2} x \times \frac{1}{x}\, dx$$

$$= e^2 \ln e^2 - \int_1^{e^2} 1 dx$$

$$= 2e^2 - (e^2 - 1) = e^2 + 1$$

求める S は，長方形の面積から T を引いて，

$S = 2e^2 - (e^2 + 1) = e^2 - 1$

解法❷　逆関数に注目する

$y = \ln x$ なら $x = e^y$ である。ここで，求める面積は，$x = e^y$ と y 軸で囲まれた部分の $0 \leqq y \leqq 2$ の部分の面積である。したがって，

$$S = \int_0^2 e^y dy = [e^y]_0^2 = e^2 - 1$$

以上より，正答は **1** となる。

No.11 の解説　面積と部分積分

→問題は P.116

$y = (1 - x^2)e^x = 0$ を解くと，$e^x \neq 0$ なので，$x = \pm 1$ となる。そのため，求める面積は，

$$\int_{-1}^{1} (1 - x^2)e^x dx$$

で計算できる。部分積分を使うと，$\int e^x dx = e^x$，$(1 - x^2)' = -2x$ なので，

$$\int_{-1}^{1} (1 - x^2)e^x dx = [(1 - x^2)e^x]_{-1}^{1} - \int_{-1}^{1} (-2x)e^x dx = 2\int_{-1}^{1} xe^x dx$$

さらに，もう 1 回部分積分して，

$$\int_{-1}^{1} xe^x dx = [xe^x]_{-1}^{1} - \int_{-1}^{1} e^x dx = 1 \times e - (-1) \times e^{-1} - [e^x]_{-1}^{1}$$

$$= e + \frac{1}{e} - \left(e - \frac{1}{e}\right) = \frac{2}{e}$$

これより，

$$\int_{-1}^{1} (1 - x^2)e^x dx = 2\int_{-1}^{1} xe^x dx = \frac{4}{e}$$

以上より，正答は **1** となる。

No.12 の解説　曲線の長さ

→問題は P.116

曲線の長さの公式に代入する。まず曲線の式を x で微分して，

$$\frac{dy}{dx} = x - \frac{1}{4x}$$

これより，

$$1 + \left(\frac{dy}{dx}\right)^2 = 1 + \left(x - \frac{1}{4x}\right)^2 = 1 + x^2 - \frac{1}{2} + \frac{1}{16x^2}$$

$$= x^2 + \frac{1}{2} + \frac{1}{16x^2} = \left(x + \frac{1}{4x}\right)^2$$

したがって，曲線の長さ s について，

$$s=\int_1^e\sqrt{1+\left(\frac{dy}{dx}\right)^2}dx=\int_1^e\sqrt{\left(x+\frac{1}{4x}\right)^2}dx=\int_1^e\left(x+\frac{1}{4x}\right)dx$$

これを積分して，

$$s=\left[\frac{x^2}{2}+\frac{\log_e x}{4}\right]_1^e=\left(\frac{e^2}{2}+\frac{1}{4}\right)-\frac{1}{2}=\frac{e^2}{2}-\frac{1}{4}$$

以上より，正答は **4** となる。

No.13 の解説　回転体の体積

→問題は P.117

問題の図形は左右対称なので，その中央より左側の $-1\leqq x\leqq\frac{1}{2}$ のみを考える。この部分は，図の斜線部である。

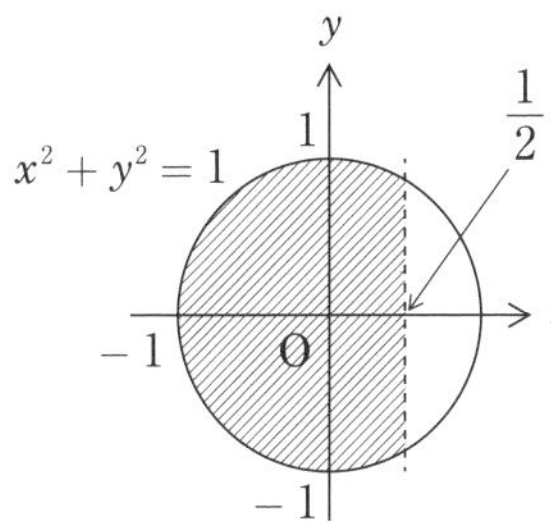

したがって，求める体積の左半分 V は，

$$V=\pi\int_{-1}^{\frac{1}{2}}y^2dx$$

ここで，円の式から $y^2=1-x^2$ と変形できるので，

$$V=\pi\int_{-1}^{\frac{1}{2}}(1-x^2)\,dx=\pi\left[x-\frac{x^3}{3}\right]_{-1}^{\frac{1}{2}}$$

$$=\pi\left(\frac{1}{2}-\frac{1}{24}\right)-\pi\left(-1+\frac{1}{3}\right)=\frac{9}{8}\pi$$

これより，求める体積は $2\times\frac{9}{8}\pi=\frac{9}{4}\pi$

以上より，正答は **2** となる。

No.14 の解説　回転体の体積

→問題は P.117

まず，$x=1$ における接線を求める。傾きは，$y'=e^x$ となることから $x=1$ を代入して $y'=e$ となる。また，点 $(1,\ e)$ を通るので，

$$y=e(x-1)+e=ex$$

となる。したがって，図のようになる。

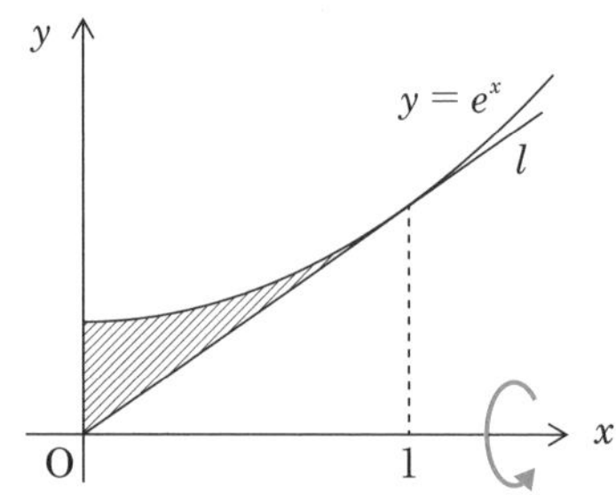

これより，回転体の体積の公式から，回転体の体積 V は，

$$V=\pi\int_0^1(e^x)^2dx-\pi\int_0^1(ex)^2dx=\pi\int_0^1 e^{2x}dx-\pi e^2\int_0^1 x^2dx$$

$$=\pi\left[\frac{1}{2}e^{2x}\right]_0^1-\pi e^2\left[\frac{1}{3}x^3\right]_0^1=\left(\frac{1}{2}e^2-\frac{1}{2}-\frac{1}{3}e^2\right)\pi$$

$$=\left(\frac{1}{6}e^2-\frac{1}{2}\right)\pi$$

以上より，正答は **1** となる。

No.15 の解説　微分方程式

→問題は P.118

微分方程式 $\dfrac{dy}{dx}-\dfrac{1}{y}=0$ を移項して $\dfrac{dy}{dx}=\dfrac{1}{y}$ となる。ここで変数を分離すると，

$$y\,dy=dx$$

これを積分して，

$$\int ydy=\int dx$$

$$\therefore\ \ \frac{1}{2}y^2=x+C$$

ただし，C は積分定数である。$x=0$ のとき $y=1$ なので，

$$\frac{1}{2}=0+C=C$$

$$\therefore \quad \frac{1}{2}y^2 = x + \frac{1}{2}$$

$y = 3$ を代入して，

$$x = \frac{1}{2} \times 3^2 - \frac{1}{2} = 4$$

以上より，正答は **5** となる。

No.16 の解説　区分求積法

→問題は P.118

$$f(x) = \frac{1}{\sqrt{1+x}} = (1+x)^{-\frac{1}{2}}$$

と置くと，

$$\lim_{n \to \infty}\frac{1}{n}\left(\frac{1}{\sqrt{1+\frac{1}{n}}} + \frac{1}{\sqrt{1+\frac{2}{n}}} + \cdots + \frac{1}{\sqrt{1+\frac{n}{n}}}\right)$$

$$= \lim_{n \to \infty}\frac{1}{n}\left\{f\left(\frac{1}{n}\right) + f\left(\frac{2}{n}\right) + \cdots + f\left(\frac{n}{n}\right)\right\}$$

これより，区分求積法の公式から，

$$(\text{与式}) = \int_0^1 f(x)\,dx = \int_0^1 (1+x)^{-\frac{1}{2}}dx$$

$$= \left[2(1+x)^{\frac{1}{2}}\right]_0^1 = 2\sqrt{2} - 2$$

以上より，正答は **5** となる。

正答					
No.1=**3**	No.2=**1**	No.3=**5**	No.4=**5**	No.5=**1**	No.6=**2**
No.7=**5**	No.8=**1**	No.9=**1**	No.10=**1**	No.11=**1**	No.12=**4**
No.13=**2**	No.14=**1**	No.15=**5**	No.16=**5**		

確率

必修問題

サイコロを3つ同時に投げたとき，一番小さな目が2となる確率はどれか。

【市役所・平成25年度】

1 $\frac{7}{216}$

2 $\frac{61}{216}$

3 $\frac{91}{216}$

4 $\frac{125}{216}$

5 $\frac{155}{216}$

必修問題の解説

確率を考える場合,「計算する」「場合の数を数える」という大きな2つの方針がある。どうしても計算する方法を考えがちだが,数える方法があることも忘れないようにしたい。計算する場合には,場合の重複に注意が必要である。

解法❶　場合の数を数える

3つのサイコロを仮にA,B,Cとし,Aの結果を横,Bの結果を縦にとって,次のような表を作る。そして,一番小さな目が2となるときのCの結果を表の中に埋めていくと,次のようになる。

B＼A	1	2	3	4	5	6
1						
2		2～6	2～6	2～6	2～6	2～6
3		2～6	2	2	2	2
4		2～6	2	2	2	2
5		2～6	2	2	2	2
6		2～6	2	2	2	2

全部の場合は$6^3=216$通りであり,これはすべて同様に確からしい。

一番小さな目が2になる場合の数は,表を見て,2～6の5通りある場合と,2のみの1通りしかない場合があるので,

$$5\times9+1\times16=61$$

したがって,求める確率は$\dfrac{61}{216}$

解法❷　計算で求める

3つのサイコロの最も小さい目が2になるということは,①「すべてのサイコロが2以上」で,②「2も1回以上出る」ということである。②については余事象を考えると,要するに,①「すべてのサイコロが2以上」の場合の中で,②「2がまったく出ない,つまりすべてのサイコロが3以上」の場合を引けばよい。

3つとも2以上になる確率は$\left(\dfrac{5}{6}\right)^3=\dfrac{125}{216}$

一方,3つとも3以上になる確率は$\left(\dfrac{4}{6}\right)^3=\dfrac{64}{216}$

したがって,求める確率は$\dfrac{125-64}{216}=\dfrac{61}{216}$

正答 2

必修問題

x 軸上を動く点 P が原点にある。1 ～ 6 の目を持つサイコロを振り，偶数の目が出た場合は P を正方向に 3 動かし，奇数の目が出た場合は P を負方向に 1 動かすものとする。サイコロを 10 回振った後，P が $x=2$ にある確率はいくらか。 【国家総合職・平成25年度】

1 $\frac{7}{10}$

2 $\frac{3}{10}$

3 $\frac{105}{512}$

4 $\frac{15}{128}$

5 $\frac{7}{64}$

必修問題の解説

サイコロを繰り返し投げる，というのは独立試行の確率の典型例である。今回は，最初に回数を求める必要があるが，確率部分では，独立試行の確率の公式を確認しておこう。

まず，10 回の中で偶数が出た回数 n を求める。このとき，奇数は $10-n$ 回出ているので，P の位置について，

$$3n-(10-n)=4n-10=2$$

$$\therefore \quad n=3$$

つまり，10 回サイコロを投げて 3 回偶数が，7 回奇数が出る確率を求めればよい。サイコロを 1 回投げて偶数が出る確率も奇数が出る確率も $\frac{1}{2}$ なので，独立試行の確率の公式より，求める確率は，

$${}_{10}C_3\left(\frac{1}{2}\right)^3\left(\frac{1}{2}\right)^7=\frac{10\times9\times8}{3\times2\times1}\times\left(\frac{1}{2}\right)^{10}=\frac{15}{128}$$

正答 4

第1章 数学 テーマ5 確率

必修問題

ある病気を発見するためにある検査法が適用された。その検査法によれば，その病気に実際に冒されている人々の 80%が陽性と判定され，その病気には冒されていない人々の 10%が陽性と判定される。その病気に実際に冒されている人の割合が 10%である集団から，ある 1 人を無作為に選んでこの検査を行い陽性と判定されたとき，その人がその病気に実際に冒されている確率はいくらか。 【労働基準監督 B・平成13年度】

1 0.33
2 0.47
3 0.61
4 0.72
5 0.88

必修問題の解説

工学の基礎ではよく出題される条件付き確率の典型的問題である。今回の病気の検査薬と，工場の不良品検査は，条件付き確率の2大題材である。その解き方などを確認しておこう。

この問題に登場しているのは，次の表にまとめられる4種類の人である。

健康状況	検査	確率
健康（90%）	陽性（10%）	① $0.9 \times 0.1 = 0.09$
	陰性（90%）	② $0.9 \times 0.9 = 0.81$
病気（10%）	陽性（80%）	③ $0.1 \times 0.8 = 0.08$
	陰性（20%）	④ $0.1 \times 0.2 = 0.02$

しかしいま，陽性の結果が出ているので，可能性があるのは上の表の①，③のみである。この中で③になる確率が求める確率なので，

$$\frac{③}{① + ③} = \frac{0.08}{0.09 + 0.08} = \frac{8}{17} = 0.47$$

正答 2

第1章 数学 テーマ5 確率

必修問題

プレイヤーが100円を支払って10円玉3枚と100円玉2枚を投げる。投げた硬貨のうち，表が出た硬貨をもらうことができるとして，このゲームを1回行ったとき，プレイヤーにとって，利益の期待値はいくらか。

ただし，いずれの硬貨も表が出る確率と裏が出る確率に偏りはないものとする。 【国家Ⅱ種・平成23年度】

1 －15円

2 －5円

3 0円

4 ＋5円

5 ＋15円

必修問題の解説

和の期待値の計算問題である。期待値の公式を確認するとともに，和の期待値の考え方に慣れておいてほしい。利益がいくらになるのかを素直に考えては大変である。硬貨1枚ずつ考えていこう。

硬貨1枚のもらえる金額の期待値を考える。表が出るか，裏が出るかは同じ0.5の確率なので，10円玉1枚を投げてもらえる金額の期待値は5円，100円玉なら50円である。

ここで，10円玉3枚，100円玉2枚ならば，これをそのまま合計すればよいので，最初に100円支払うことを考えて，求める利益の期待値は次のようになる。

$$5 \times 3 + 50 \times 2 - 100 = 15$$

正答 5

必修問題

確率密度関数 $f(x)$ を以下のように定義したときの a の値と $x \geqq \frac{1}{2}$ となる確率を求めよ。 【地方上級・平成25年度】

$$f(x) = \begin{cases} ax^2 & (0 \leqq x \leqq 1) \\ 0 & (0 > x,\ \ x > 1) \end{cases}$$

	a の値	確率
1	2	$\frac{3}{4}$
2	2	$\frac{7}{12}$
3	3	$\frac{1}{8}$
4	3	$\frac{7}{8}$
5	3	$\frac{5}{12}$

必修問題の解説

確率分布の問題は公式を覚えていれば確実に解くことができる。積分計算が必要になるが，複雑なものは出題されないので，この問題でしっかり覚えておこう。

全確率は1でなければいけないので，

$$\int_0^1 ax^2dx - a\left[\frac{x^3}{3}\right]_0^1 = \frac{a}{3} = 1$$

$$\therefore \quad a = 3$$

$x \geqq \frac{1}{2}$ となる確率は，この範囲で確率密度関数を積分して，

$$\int_{\frac{1}{2}}^1 3x^2dx = [x^3]_{\frac{1}{2}}^1 = 1 - \frac{1}{8} = \frac{7}{8}$$

正答 4

POINT

重要ポイント 1 確率

(1)場合の数の公式

①順列

n 個の物の中から r 個の物を取り出して並べる並べ方を順列といい，${}_nP_r$ と書く。計算は次のようになる。

$${}_nP_r = n \times (n-1) \times (n-2) \times (n-3) \times \cdots \times (n-r+1)$$

特に n 個の物をすべて並べる並べ方は次のようになる。

$$n! = n \times (n-1) \times (n-2) \times \cdots \times 3 \times 2 \times 1$$

②組合せ

n 個の物の中から r 個の物を取り出す場合の数を**組合せ**といい，${}_nC_r$ と書く。計算は次のようになる。

$${}_nC_r = \frac{n \times (n-1) \times (n-2) \times \cdots \times (n-r+1)}{r \times (r-1) \times (r-2) \times \cdots \times 2 \times 1} = \frac{n!}{(n-r)!r!}$$

n 個の物の中から r 個の物を取り出すということは，逆に選ばれない $n-r$ 個を選ぶことと同じなので，次の式が成り立つ。

$${}_nC_r = {}_nC_{n-r}$$

これを使って数を小さくしてから計算するのが普通である。

(2)場合の数と確率

同様に確からしい n 通りの中で，ある事柄が起こる場合の数が a 通りだとすると，この事柄が起こる確率 P は次の比で表される。

$$P = \frac{a}{n}$$

これにより，確率の問題を場合の数で解くことができるが，数えている場合が**同様に確からしい**かどうかは注意が必要である。

(3)和の法則と積の法則

簡単な確率計算を使って複雑な確率を計算する法則として使われるのが次の2つの法則である。

①和の法則

2つの事柄AとBが同時には起きないとする。このとき，AまたはBのどちらかが起こる確率は，次の式で表す。ただし，$P(\mathrm{X})$ でXの起こる確率を表す。

$$P(\mathrm{A}\text{または}\mathrm{B}) = P(\mathrm{A}) + P(\mathrm{B})$$

これはつまり，「確率は場合分けして求めることができる」ということを意味する。もし，AとBが同時に起こることがある場合，上の式ではそれを $P(\mathrm{A})$，$P(\mathrm{B})$ の両方で重複して数えてしまっているので，次の式になる。

$$P(\mathrm{A}\text{または}\mathrm{B}) = P(\mathrm{A}) + P(\mathrm{B}) - P(\mathrm{A}\text{かつ}\mathrm{B})$$

しかし，これでは複雑になってしまう。そこで，場合分けをして考えるときには，できる限り重複して両方に入る場合がないようにするべきである。

②積の法則

お互いに影響しない2つの事柄AとBが連続して起こる場合に，それぞれの確率をP(A)，P(B)とすると，これがA→Bと連続して起こる確率は，次のように計算できる。

$P(\mathrm{A} \to \mathrm{B}) = P(\mathrm{A}) \times P(\mathrm{B})$

これは，連続して物事が起こる場合には，それぞれの段階で場合が絞られていることを意味している。つまり，確率P(A)で場合が絞られた後，さらにその中で確率P(B)で絞られるということである。

積の法則を使う場合には2つ注意が必要である。まず，前の結果によって後の結果が影響を受けない，つまり，前の結果の確率と後の結果の確率が別々に求められる場合にしか使えないということである。前の結果によって後の結果が変わる場合，①の和の法則で場合分けをする必要がある。さらに，「順番が決められている」ことにも注意が必要である。Aが1回，Bが1回起こる確率は，A→BとB→Aの2つを考えなければいけない。ただし，お互いの確率がまったく影響しないのであれば，この2つの確率は同じになる。したがって，

P(A，Bが1回ずつ) $= 2 \times P(\mathrm{A}) \times P(\mathrm{B})$

と計算できる。この2が起こる順番の数である。いずれにしても，順番を決めて，場合の数を掛けることを忘れないようにする必要がある。

⑷全事象，余事象

全部の場合の確率は，確率の公式で$a = n$とすればよいので，

P(全部の場合) $= 1$

となる。これを使えば，ある事柄Aが起きる確率は，Aが起きない場合の裏返しなので，

$P(\mathrm{A}) = 1 - P$(Aが起きない)

となる。このP(Aが起きない)場合を**余事象**の確率という。Aが起きない確率が計算しやすい場合には，この方法で計算をする。

重要ポイント 2 独立試行の確率

各回ごとに互いに影響を及ぼさない事柄をn回続けて行うとする。1回ごとに結果がAとなる確率をa，Bとなる確率をbとして，Aがk回，Bが$n-k$回起こる確率を求める。もし，最初にAが連続してk回起きたのであれば，積の法則によって，

$$\overbrace{p \times p \times p \times \cdots \times p \times}^{k\text{回}} \overbrace{q \times q \times \cdots \times q}^{n-k\text{回}} = p^k q^{n-k}$$

となる。そして，これ以外の順番で起きる場合も掛け算の順番が異なるだけだから確率は同じである。AとBの起こり方は，n回の中でどのk回にAが起きた場合なのかを選ぶため，${}_n\mathrm{C}_k$通りとなる。結局求める確率は次のようになる。

P(Aがk回，Bが$n-k$回) $= {}_n\mathrm{C}_k p^k q^{n-k}$

これを**独立試行の確率**という。起こる場合の数を掛けることを忘れてはならない。

重要ポイント 3 条件付きの確率

考えている前提の場合に条件が付いたり，結果から原因の確率を求める方法を広く**条件付きの確率**という。たとえば，A 工場と B 工場から同じ製品が出荷されたとき，A 工場と B 工場のそれぞれの製品には不良品がある割合で混ざっているとする。この状況は下のようにまとめることができる。

A 工場	A 工場の良品	①
	A 工場の不良品	②
B 工場	B 工場の良品	③
	B 工場の不良品	④

このとき，自分の手元にある製品が A 工場で作られた良品である確率は①で表される。

しかし，逆に，「手元にある製品が不良品であることが判明した」場合に，それが A 工場から出荷されたものである確率を考えるとき，すでに「不良品」であることは決まってしまうため，①や③の可能性はあり得ない。つまり，②か④かどちらかで悩んでいるわけである。したがって，この場合，②か④の中で②となる確率ということで $\frac{②}{② + ④}$ になる。

このように，前提に条件が付くのが条件付きの確率である。まず設問をよく読んで求める条件を正しく把握したうえで，すべての場合を書き出し，その中で考えられている分母が何なのかを考えて計算していく必要がある。

重要ポイント 4 確率分布

⑴確率分布

何らかの点数 X を取る確率が $P(X)$ で表されるとき，この X と $P(X)$ の対応関係は，関数と同じように見える。このとき，この得点 X を**確率変数**，$P(X)$ を**確率分布**という。特に X が整数のように飛び飛びの値をとる場合には**離散型確率分布**という。

全確率は 1 なので，すべての $P(X)$ を合計すれば 1 となる。つまり，

$$\sum P(X) = 1$$

となる。

⑵期待値

点数 X の平均点を X の**期待値**といい，$E(X)$ または μ と書く。これは次の式で計算できる。

$$E(X) = \sum XP(X)$$

つまり，すべての場合において，「点数と確率を求めて掛け算」して合計をとることになる。

期待値で重要な公式は次の式である。

$$E(X + Y) = E(X) + E(Y)$$

これは要するに，和の期待値は分けて計算してもよいということを意味する。つまり，X と Y の期待値を計算する場合に，X と Y の和の確率を出さなくとも，X と Y とを別に求め，それを合計してもよいということである。また，期待値が $E(X)$ となる試行 X を a 回行う場合，1回1回がお互いに影響しない場合には，その合計の期待値 $E(aX)$ は，単純に a 倍で求めることができる。つまり，

$$E(aX) = aE(X)$$

となる。

(3)分散，標準偏差

確率分布の出方のばらつき具合を表す量が分散，標準偏差である。ばらつき具合とは「平均からどれだけずれているか」と言い換えることができる。したがって，確率変数 X の期待値を μ とすると，平均からのずれは $X - \mu$ と表される。この2乗の期待値が分散 $\sigma^2 (= V(X))$ で，その平方根が標準偏差 σ である。

$$\sigma^2 = \sum (X - \mu)^2 P(X)$$

$$\sigma = \sqrt{\sigma^2}$$

分散は，X^2 の期待値 $E(X^2)$ を使って，

$$\sigma^2 = E(X^2) - \{E(X)\}^2$$

で計算することもできる。

また，無相関（独立と考えてもよい）な2つの確率変数 X_1，X_2 の標準偏差をそれぞれ σ_1，σ_2 とするとき，確率変数 $X = X_1 + X_2$ の標準偏差 σ との間には，

$$\sigma^2 = \sigma_1^2 + \sigma_2^2$$

の関係がある。

(4)連続型確率分布

ここまでで出てきた確率変数 X は，整数のように飛び飛びの値をとることが前提であった。これを拡張して，点数（確率変数）が実数 x 全体をとれるようにしたのが，**連続型確率分布**である。このときの確率分布を $f(x)$ と書く。

連続型確率分布は，離散型確率分布と同じように考えることができるが，確率の求め方には大きな違いがある。すなわち，$f(x)$ の値そのものは，確率を表さず，積分をすることで確率を求めることになる。つまり，$y = f(x)$ と x 軸の間の面積が確率になる。

$$p(a < x < b) = \int_a^b f(x)\,dx$$

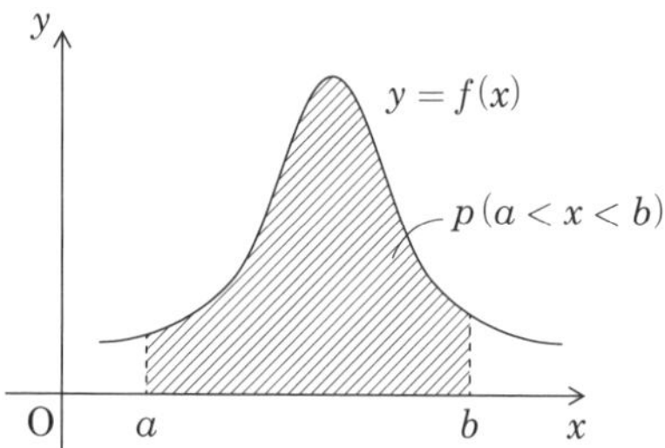

これに注意すれば，あとは離散型の確率の公式の和を積分に変えるだけで，連続型確率分布の公式を出すことができる。以下に列挙する。

①確率分布になる条件	$\int_{全範囲} f(x)\,dx = 1$
②期待値	$E(x) = \int_{全範囲} xf(x)\,dx$

実戦問題

No.1 青色，緑色，赤色のカードが２枚ずつ，合計６枚ある。ここから無作為に２枚のカードを引くとき，同色となる確率はいくらか。

【地方上級・平成26年度】

1 $\frac{1}{6}$　**2** $\frac{1}{5}$

3 $\frac{1}{4}$　**4** $\frac{1}{3}$

5 $\frac{1}{2}$

No.2 赤玉５個，青玉４個，白玉１個が入っている袋から，無作為に３個の玉を同時に取り出すとき，３個とも同じ色である確率はいくらか。

【国家Ⅱ種・平成22年度】

1 $\frac{7}{60}$　**2** $\frac{11}{60}$

3 $\frac{13}{60}$　**4** $\frac{17}{60}$

5 $\frac{19}{60}$

No.3 あるお菓子には，おまけのカードがお菓子１個につき１枚付いている。カードはA，B，Cの３種類あるが，袋に入っているため，どの種類が入っているかは買って開けるまでわからない。また，どの種類のカードも等確率で入っている。

いま，このお菓子をまとめて４個買ったときに，A，B，Cの３種類とも手に入る確率はいくらか。

【国家Ⅱ種・平成18年度】

1 $\frac{8}{27}$　**2** $\frac{1}{3}$

3 $\frac{10}{27}$　**4** $\frac{4}{9}$

5 $\frac{5}{9}$

No.4 袋の中に，白玉が５個，黒玉が３個入っている。いま，袋から任意にすべての玉を１つずつ取り出し，その順に１列に並べるとき，黒玉が３個連続して並ぶ確率はいくらか。

ただし，取り出した玉は袋に戻さないものとする。　【国家Ⅰ種・平成21年度】

1 $\frac{3}{56}$　**2** $\frac{1}{14}$

3 $\frac{5}{56}$　**4** $\frac{3}{28}$

5 $\frac{1}{8}$

No.5 図に示すのは都市A，B，Cにおける物資の輸送の経路の模式図である。各経路上の数値は台風が接近してきた際にその経路が使用不能となる確率を表している。

このとき，台風が接近した際に都市Cに都市Aからの物資がまったく届かなくなる確率はおよそいくらか。

ただし，物資は矢印に示す向きにだけ輸送されるものとする。

【国家Ⅱ種・平成17年度】

1 0.30
2 0.42
3 0.46
4 0.54
5 0.58

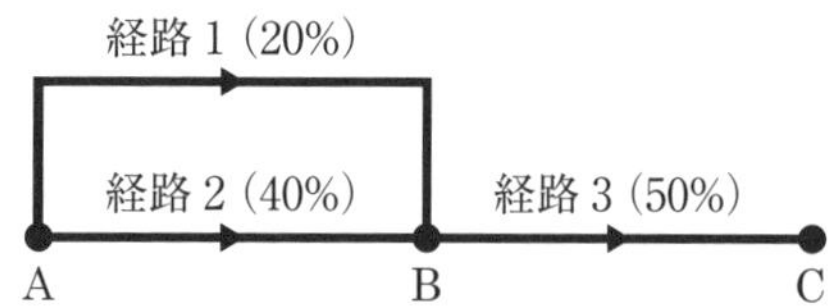

No.6 箱の中に色以外は区別がつかない３個の赤球，３個の黄球，４個の青球が入っている。この箱から無作為に３個の球を取り出すとき，取り出した球の色の種類が２色となる確率はいくらか。　【労働基準監督Ｂ・平成19年度】

1 $\frac{1}{120}$　**2** $\frac{1}{20}$

3 $\frac{13}{120}$　**4** $\frac{13}{60}$

5 $\frac{13}{20}$

No.7 AとBの２人で，じゃんけんを６回行った。Aの結果が，勝ち，負け，引き分けそれぞれ２回ずつとなる確率はいくらか。　【国家Ⅰ種・平成22年度】

1 $\frac{1}{729}$

2 $\frac{10}{81}$

3 $\frac{41}{243}$

4 $\frac{5}{27}$

5 $\frac{1}{3}$

No.8 ４人でじゃんけんを１回行うとき，２人だけが勝つ確率およびあいこになる確率の組合せとして正しいのはどれか。

ただし，４人はグー，チョキ，パーをそれぞれ $\frac{1}{3}$ の確率で出すものとする。

【国家一般職・平成27年度】

	２人だけが勝つ確率	あいこになる確率
1	$\frac{2}{27}$	$\frac{13}{27}$
2	$\frac{2}{27}$	$\frac{17}{27}$
3	$\frac{2}{27}$	$\frac{19}{27}$
4	$\frac{2}{9}$	$\frac{13}{27}$
5	$\frac{2}{9}$	$\frac{17}{27}$

No.9 中の見えない袋に赤玉９個と白玉１個が入っている。袋から玉を１個取り出して再び元に戻す作業を繰り返し行う。少なくとも１度は白玉を取り出す確率を0.9より大きくするには，何回以上玉を取り出さなければならないか。

ただし，$\log_{10}2=0.301$，$\log_{10}3=0.477$とする。

【国家Ⅱ種・平成16年度】

1 20
2 22
3 24
4 26
5 28

No.10 A，B，Cの３人がクイズに挑戦したところ，正解できる確率は，それぞれ$\frac{5}{6}$，$\frac{4}{5}$，$\frac{3}{4}$であった。この３人が同時にクイズに挑戦したときに，３人のうち少なくとも２人が正解できる確率はいくらか。

ただし，A，B，Cの判断は独立であるとする。

【労働基準監督Ｂ・平成24年度】

1 $\frac{1}{15}$
2 $\frac{47}{120}$
3 $\frac{1}{2}$
4 $\frac{3}{4}$
5 $\frac{107}{120}$

No.11 箱Aには赤い玉が3個，青い玉が2個入っており，箱Bには赤い玉が1個，青い玉が2個入っている。これら2つの箱のいずれかを無作為に選び，その選ばれた箱から1つの玉を無作為に取り出したところ，その玉の色は赤であった。このとき，取り出した箱が箱Aであった確率として妥当なのはどれか。

【労働基準監督B・平成29年度】

1 $\frac{5}{14}$

2 $\frac{3}{8}$

3 $\frac{1}{2}$

4 $\frac{5}{8}$

5 $\frac{9}{14}$

No.12 ある機械で作る製品について，良品か不良品かを判断する検査がある。この検査では良品を良品と正しく判断する確率が $\frac{4}{5}$，不良品を不良品と正しく判断する確率が $\frac{9}{10}$ である。

いま，良品と不良品の数の比が10：1である製品の山の中から，ランダムに1個を選び出し，検査を行ったところ，良品と判断された。これが本当は不良品である確率はいくらか。

【国家Ⅰ種・平成18年度】

1 $\frac{1}{10}$

2 $\frac{1}{11}$

3 $\frac{1}{50}$

4 $\frac{1}{81}$

5 $\frac{1}{100}$

No.13 1から100までの互いに異なる数字が記入された100枚のカードのうちから無作為に1枚を引き，偶数が記入されていればその数が，奇数が記入されていれば -1 が得点となるゲームがある。このゲームを1回行うとき，得点の期待値はいくらか。 【国家Ⅰ種・平成23年度】

1 10

2 15

3 20

4 25

5 40

No.14 ある箱にさまざまな質量のネジが入れられている。これらのネジ1個当たりの質量が x である確率密度関数は定数 a を用いて次式で表される。このとき，x の平均として最も妥当なのはどれか。 【国家総合職・平成27年度】

$$f(x) = \begin{cases} 0 & (0 < x < 5) \\ \dfrac{1}{a}e^{-x} & (5 \leqq x \leqq 10) \\ 0 & (10 < x) \end{cases}$$

1 $\dfrac{11e^{-5} - 6e^{-10}}{e^{-5} + e^{-10}}$

2 $\dfrac{11e^{-5} - 6e^{-10}}{e^{-5} - e^{-10}}$

3 $\dfrac{10e^{-5} + 5e^{-10}}{e^{-5} - e^{-10}}$

4 $\dfrac{6e^{-5} - 11e^{-10}}{e^{-5} - e^{-10}}$

5 $\dfrac{5e^{-5} - 10e^{-10}}{e^{-5} + e^{-10}}$

No.15 正の整数のみを値にとる確率変数 X について，$X=k(k=1, 2, \cdots)$ となる確率 $P(X=k)$ は，ある定数 a を用いて $P(X=k)=2a^k$ で表されるものとする。このとき，a の値と X の期待値の組合せとして正しいのはどれか。

【国家総合職・令和元年度】

	a	Xの期待値
1	$\frac{1}{3}$	$\frac{3}{2}$
2	$\frac{1}{3}$	$\frac{5}{3}$
3	$\frac{1}{2}$	$\frac{7}{2}$
4	$\frac{1}{2}$	$\frac{15}{4}$
5	$\frac{1}{2}$	4

No.16 1～6の目を持つ1個のサイコロを1回投げたときに出る目の分散および標準偏差の組合せとして正しいのはどれか。

【国家一般職・平成28年度】

	分散	標準偏差
1	$\frac{35}{12}$	$\frac{\sqrt{105}}{6}$
2	$\frac{35}{12}$	$\frac{\sqrt{105}}{12}$
3	$\frac{\sqrt{105}}{12}$	$\frac{35}{6}$
4	$\frac{\sqrt{105}}{12}$	$\frac{35}{12}$
5	$\frac{25}{6}$	$\frac{5\sqrt{6}}{6}$

実戦問題の解説

No.1 の解説　確率

→問題は P.143

解法❶　場合の数を数える

6 枚のカードのどれを引くのかは平等に確からしいため，6 枚のカードがすべて区別できるものとして場合を数える。6 枚から 2 枚のカードを引く場合の数は，${}_6C_2 = \dfrac{6\cdot5}{2\cdot1} = 15$ 通りであり，同色となるのは，青で同色のとき，緑で同色のとき，赤で同色のときの 3 通りなので求める確率は，

$$\frac{3}{15} = \frac{1}{5}$$

解法❷　積の法則を使う

青の同色を引く確率は，

$$\frac{2}{6} \times \frac{1}{5} = \frac{1}{15}$$

カードの枚数が同じなので，緑の同色，赤の同色を引く確率もまったく同じである。したがって，求める確率は，

$$3 \times \frac{1}{15} = \frac{1}{5}$$

解法❸　2 枚目のみを考える

1 枚目に何を引こうとも，2 枚目は，残った 5 枚の中に 1 枚だけ残った同色のカードを引けばよいので，求める確率は $\dfrac{1}{5}$

以上より，正答は **2** となる。

No.2 の解説　確率

→問題は P.143

解法❶　場合の数を数える

合計 10 個から 3 個の玉を取り出す場合の数は，

$${}_{10}C_3 = \frac{10\times9\times8}{3\times2\times1} = 120 \text{ 通り}$$

次に，3 個とも赤を取り出す場合の数は ${}_5C_3 = {}_5C_2 = \dfrac{5\times4}{2\times1} = 10$ 通りであり，3 個とも青を取り出す場合の数は ${}_4C_3 = {}_4C_1 = 4$ 通りなので，求める確率は，

$$\frac{10+4}{120} = \frac{7}{60}$$

解法❷　積の法則を考える

同時に取り出しても，順番に取り出しても確率は変わらない。赤を 3 回続けて取り出す確率は，

$$\frac{5}{10}\times\frac{4}{9}\times\frac{3}{8}=\frac{1}{12}$$

青を3回続けて取り出す確率は，

$$\frac{4}{10}\times\frac{3}{9}\times\frac{2}{8}=\frac{1}{30}$$

したがって，求める確率はこの合計なので，

$$\frac{1}{12}+\frac{1}{30}=\frac{7}{60}$$

以上より，正答は**1**となる。

No.3 の解説　確率

→問題は P.143

おまけの出方は，1個買うたびに3通りのいずれかの可能性があるため，$3^4=81$ 通りある。

次に，3種類そろう場合の数を考える。まずはAを2つ，BとCを1つ取り出す場合は，4回のうち，どこでB，Cが出たのかを考えると，まずBが出た順番は1～4番の4通りであり，そのそれぞれについてCについては残りの3通りのどこかで出ればよいので，$4\times3=12$ 通りとなる。これはBが2つ，Cが2つのときも同じなので，結局3種類そろうのは $12\times3=36$ 通りとなる。

したがって，求める確率は，$\frac{36}{81}=\frac{4}{9}$

以上より，正答は**4**となる。

No.4 の解説　確率

→問題は P.144

解法❶　場合の数を数える

合計8個の玉を皿に並べると考えても同じことである。この場合，8枚の皿の中から，黒玉を入れる3枚を選べばよい。したがって，8枚の中から3枚を選ぶ場合の数として，

$${}_8C_3=\frac{8\times7\times6}{3\times2\times1}=56\text{ 通り}$$

となる。

次に，3つの黒玉が連続して並ぶ場合を考える。皿に次のように番号を付けると，

1　2　3　4　5　6　7　8

3つ並ぶのは，(1，2，3)(2，3，4)(3，4，5)…(6，7，8)の6通りである。

したがって，求める確率は，

$$\frac{6}{56}=\frac{3}{28}$$

解法❷　積の法則を考える

まず，白玉を5つ1列に並べる。その間に黒玉を3つ挿入すると考える。まず，1つ目の黒玉はどこに入れても同じことである。そこで，仮に下図のように一番左に置いておく。

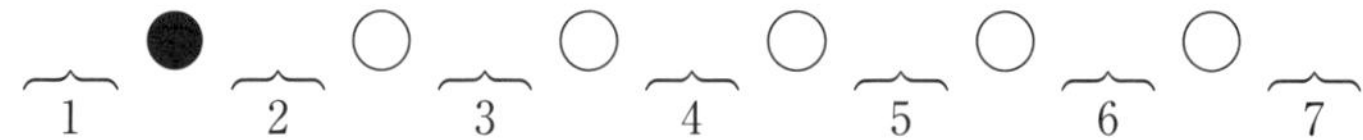

次に図の印の付いている部分に，2つ目の黒玉を入れると考える。1～7のうちで1か2に入れれば黒玉が隣り合う。そうなる確率は $\frac{2}{7}$ である。この時点で次のようになる。なお，番号は左から振り直している。

1　●　2　●　3　○　4　○　5　○　6　○　7　○　8

この状態で，1～8の中で1，2，3に3個目の黒玉が入れば，3つが連続する。そうなる確率は $\frac{3}{8}$ である。

したがって，全体として黒玉3つが隣り合う確率は，

$$\frac{2}{7}\times\frac{3}{8}=\frac{3}{28}$$

以上より，正答は**4**となる。

No.5 の解説　確率

→問題は P.144

解法❶　直接場合分けをする

次のように2つに場合を分ける。

①経路3が使用不可の場合

この場合には，経路1，2の使用の可否にかかわらず物資は届かなくなる。こうなる確率は0.50である。

②経路3が使用可能のときで，かつ経路1，2が両方とも使用不可のとき

経路1が使用不可，かつ，経路2が使用不可，かつ，経路3が使用可能と順番に考えて，積の法則から，$0.2\times0.4\times0.5=0.04$

以上の2通りですべての場合が出ているので，求める確率は，

$$0.50+0.04=0.54$$

解法❷　余事象を考える

物資が届く確率を求める。そのためには，まず，経路1と経路2の少なくとも片方が使用できる確率が必要となるが，これは経路1と2が両方使用不

可となる場合の余事象なので，

$1-0.2\times 0.4=0.92$

となる。これに加えて経路3が使用可能なら物資が届くので，物資が届く確率は，

$0.92\times 0.5=0.46$

この余事象が求める物資が届かない確率となるので，求める確率は，

$1-0.46=0.54$

以上より，正答は**4**となる。

No.6 の解説　確率

→問題は P.144

2色となる確率よりも1色あるいは3色になる確率のほうが求めやすいため，余事象で計算をする。以下，2つの解法を紹介する。

解法❶　場合の数を数える

全部の場合の数は，10個から3個を選ぶ場合の数になるので，

$${}_{10}C_3=\frac{10\times 9\times 8}{3\times 2\times 1}=120\text{ 通り}$$

まず1色となる場合は，赤，黄が1通り，青が${}_4C_3=4$通りとなるので合計6通りである。次に3色となる場合は，$3\times 3\times 4=36$通りである。結局2色となるのは，

$120-6-36=78$通り

となる。したがって，求める確率は，

$$\frac{78}{120}=\frac{13}{20}$$

解法❷　積の法則を使う

1色となる確率は，赤，黄，青とそれぞれ計算して，

$$\frac{3}{10}\times\frac{2}{9}\times\frac{1}{8}+\frac{3}{10}\times\frac{2}{9}\times\frac{1}{8}+\frac{4}{10}\times\frac{3}{9}\times\frac{2}{8}=\frac{1}{20}$$

3色となる確率は，色の出方が，赤，黄，青の3つを並べる場合で考えて$3!=6$通りとなるので，赤，黄，青の順番で出ると考えて計算すると，

$$6\times\frac{3}{10}\times\frac{3}{9}\times\frac{4}{8}=\frac{3}{10}$$

以上から余事象を計算すると，求める確率は，

$$1-\frac{1}{20}-\frac{3}{10}=\frac{13}{20}$$

以上より，正答は**5**となる。

No.7 の解説　じゃんけんの確率

→問題は P.145

1 回のじゃんけんでは，A から見て，勝ち，負け，あいこ，いずれの確率も $\frac{1}{3}$ である。ここで，6 回のうち，まずどの 2 回で勝ったかを考え，さらに残りの 4 回のどの 2 回で負けたのかを考えると，勝ち，負け，あいこの順番は全部で，

$$_6C_2 \times {}_4C_2 = \frac{6 \times 5}{2 \times 1} \times \frac{4 \times 3}{2 \times 1} = 90 \text{通り}$$

なので，求める確率は，

$$90 \times \left(\frac{1}{3}\right)^6 = \frac{10}{81}$$

以上より，正答は **2** となる。

No.8 の解説　じゃんけんの確率

→問題は P.145

解法❶　2 人が勝つ確率から求めていく

2 人が勝つ場合には，2 人がじゃんけんの 3 つの中から勝つ手を選び，残り 2 人が負ける手を選ぶことになる。じゃんけんでは 4 人が同時に手を出すのが普通であるが，順番に出すとしても（お互い相手の手を見ないのであれば）同じことである。

そこで，まずは手を出す順番に A，B，C，D として，まずは A，B が勝つ確率を求める。これは，A が何かの手を出したときに，B が A と同じ手，C と D が負ける手を出せばよいので，その確率は $\left(\frac{1}{3}\right)^3 = \frac{1}{27}$ である。また，4 人から勝つ 2 人を選ぶ場合の数は $_4C_2 = 6$ 通りなので，求める確率は，

$$\frac{1}{27} \times 6 = \frac{2}{9}$$

となる。

次に 1 人だけが勝つ確率を求める。同じように A が勝つ場合を考えると，それは，A が何を出しても B，C，D が負ける手を出せばよいので $\left(\frac{1}{3}\right)^3 = \frac{1}{27}$ となる。また誰が勝つかで 4 通りあるので，1 人だけが勝つ確率は $\frac{4}{27}$ となる。3 人が勝つ確率は，1 人が負ける確率と同じであり，1 人が勝つ場合と「勝つ」「負ける」を逆にするだけなので，この確率も $\frac{4}{27}$ である。

したがって，あいこになる確率は余事象を考えて，

$$1-\frac{2}{9}-\frac{4}{27}-\frac{4}{27}=\frac{13}{27}$$

解法❷　あいこの確率のみを別に求める

余事象を考える。あいこにならずに決着がつくのは 2 種類の手が出る場合である。グー，チョキ，パーの中からどの 2 種類が出るのかで 3 通り考えられるが，仮にグー，チョキが出るものとして考える。この場合，4 人はグー，チョキの 2 通りから手を選ぶので $2^4=16$ 通りの手の出し方があるが，この中に全員グーの場合と，全員チョキの場合が含まれているので，グー，チョキの 2 種類が出る場合の数は $16-2=14$ 通り。ほかの手の出方も考えると，2 種類の手が出る場合の数は $14\times3=42$ 通りである。

ここで，すべての場合の数は全員が 3 通りの手から選ぶため $3^4=81$ 通りである。したがって，あいこになる場合の数は $81-42=39$ 通りとなる。

これより，あいこになる確率は $\frac{39}{81}=\frac{13}{27}$ である。

以上より，正答は **4** となる。

No.9 の解説　余事象

→問題は P.146

余事象を使う。n 回行って 1 回も白玉が出ない確率は，常に赤玉が出ればよいので，$\left(\frac{9}{10}\right)^n$ となる。したがって，1 回以上白玉が出る確率は，余事象になるので，

$$1-\left(\frac{9}{10}\right)^n$$

となる。したがって，

$$1-\left(\frac{9}{10}\right)^n>0.9 \qquad \therefore \quad \left(\frac{9}{10}\right)^n<0.1$$

となればよい。ここで，最後の式の両辺の常用対数をとる。左辺は，

$$\begin{aligned}\log\left(\frac{9}{10}\right)^n &= n\log\frac{9}{10}\\ &= n(\log 9-\log 10)\\ &= n(\log 3^2-1)=n(2\log 3-1)=-0.046n\end{aligned}$$

右辺については，$\log 0.1=\log 10^{-1}=-1$ となるので，

$$-0.046n<-1 \qquad \therefore \quad n>\frac{1}{0.046}=21.7$$

したがって，22 回以上となる。

以上より，正答は **2** となる。

No.10 の解説　確率

→問題は P.146

① 3 人とも正解する場合

積の法則から，

$$\frac{5}{6}\times\frac{4}{5}\times\frac{3}{4}=\frac{1}{2}$$

② 2 人が正解する場合

A のみが不正解の場合は，$\frac{1}{6}\times\frac{4}{5}\times\frac{3}{4}=\frac{1}{10}$

B のみが不正解の場合は，$\frac{5}{6}\times\frac{1}{5}\times\frac{3}{4}=\frac{1}{8}$

C のみが不正解の場合は，$\frac{5}{6}\times\frac{4}{5}\times\frac{1}{4}=\frac{1}{6}$

以上ですべての場合が出ているので，求める少なくとも 2 人が正解できる確率は，和の法則から，

$$\frac{1}{2}+\frac{1}{10}+\frac{1}{8}+\frac{1}{6}=\frac{60+12+15+20}{120}=\frac{107}{120}$$

以上より，正答は **5** となる。

No.11 の解説　条件付きの確率

→問題は P.147

玉の選び方は全部で 4 通りあり，その場合と起こる確率は以下の図のようになる。

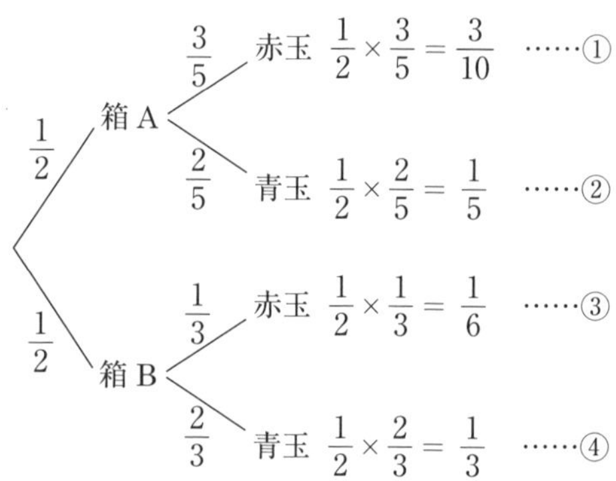

いま，赤い玉が取り出されているので，有り得るのは①と③である。そのうち①が求める確率で，

$$\frac{①}{①+③} = \frac{\frac{3}{10}}{\frac{3}{10}+\frac{1}{6}} = \frac{9}{14}$$

以上より，正答は **5** となる。

No.12 の解説　条件付き確率

→問題は P.147

この製品が良品か不良品か，正しく判断されたかで分類されると次の４種類に分類される。

製品	検査結果	確率
良品 $\left(\frac{10}{11}\right)$	良品 $\left(\frac{4}{5}\right)$	① $\frac{10}{11}\times\frac{4}{5}=\frac{8}{11}$
	不良品 $\left(\frac{1}{5}\right)$	② $\frac{10}{11}\times\frac{1}{5}=\frac{2}{11}$
不良品 $\left(\frac{1}{11}\right)$	良品 $\left(\frac{1}{10}\right)$	③ $\frac{1}{11}\times\frac{1}{10}=\frac{1}{110}$
	不良品 $\left(\frac{9}{10}\right)$	④ $\frac{1}{11}\times\frac{9}{10}=\frac{9}{110}$

ここでいま，良品と判定されているので，あり得る場合は①，③のいずれかである。この中で③に入る確率が求める確率なので，

$$\frac{③}{①+③} = \frac{1}{80+1} = \frac{1}{81}$$

以上より，正答は **4** となる。

No.13 の解説　期待値

→問題は P.148

偶数を引いた場合の点数の平均値は，

$$\frac{2+4+\cdots+100}{50} = \frac{1}{50}\times\frac{2+100}{2}\times 50 = 51$$

したがって，求める期待値は，

$$\frac{1}{2}\times 51+\frac{1}{2}\times(-1) = 25$$

以上より，正答は **4** となる。

No.14 の解説 確率密度関数

→問題は P.148

全確率が1であることから，

$$\int_5^{10} f(x)\,dx = 1$$

となる。これを計算すると，

$$\frac{1}{a}\int_5^{10} e^{-x}dx = \frac{1}{a}\left[-e^{-x}\right]_5^{10} = \frac{e^{-5}-e^{-10}}{a} = 1$$

$$\therefore \quad a = e^{-5} - e^{-10}$$

次に，求める期待値は，

$$\int_5^{10} xf(x)\,dx = \frac{1}{a}\int_5^{10} xe^{-x}dx$$

ここで部分積分を使うと，

$$\int_5^{10} xe^{-x}dx = \left[-xe^{-x}\right]_5^{10} - \int_5^{10}(-e^{-x})\,dx$$

$$= 5e^{-5} - 10e^{-10} - \left[e^{-x}\right]_5^{10} = 6e^{-5} - 11e^{-10}$$

となるので，求める期待値は

$$\frac{6e^{-5} - 11e^{-10}}{e^{-5} - e^{-10}}$$

以上より，正答は **4** となる。

No.15 の解説 確率分布

→問題は P.149

全確率が1であることと，求める確率を数列とみれば，初項 $2a$，公比 a の等比数列となることから，無限等比級数の公式より，

$$2a + 2a^2 + 2a^3 + \cdots = \frac{2a}{1-a} = 1$$

$$\therefore \quad a = \frac{1}{3}$$

次に，求める期待値を μ と置くと，

$$\mu = 1 \times 2a + 2 \times 2a^2 + 3 \times 2a^3 + 4 \times 2a^4 + \cdots$$

ここで，

$$a\mu = 1 \times 2a^2 + 2 \times 2a^3 + 3 \times 2a^4 + 4 \times 2a^5 + \cdots$$

であり，この2つの式を辺ごと引くと，

$$(1-a)\mu = 2a + 2a^2 + 2a^3 + \cdots = \frac{2a}{1-a} = 1$$

$$\therefore \quad \mu = \frac{1}{1-a} = \frac{3}{2}$$

以上より，正答は **1** となる。

No.16 の解説　分散，標準偏差

→問題は P.149

分散 σ^2 は，平均値を μ，確率変数（本問ではサイコロの目のこと）を X としたとき，平均値と確率変数の差の 2 乗（$(X-\mu)^2$）の期待値のことである。

サイコロを 1 回投げたときの平均値は明らかに，1 ～ 6 の平均の $\frac{7}{2}$ であるので，これとサイコロの目の 2 乗の差は次のようになる。

サイコロの目 X	1	2	3	4	5	6
平均値との差の 2 乗 $(X-\mu)^2$	$\frac{25}{4}$	$\frac{9}{4}$	$\frac{1}{4}$	$\frac{1}{4}$	$\frac{9}{4}$	$\frac{25}{4}$
確率 P	$\frac{1}{6}$	$\frac{1}{6}$	$\frac{1}{6}$	$\frac{1}{6}$	$\frac{1}{6}$	$\frac{1}{6}$

したがって，求める分散は，

$$\sigma^2 = \frac{25}{4}\times\frac{1}{6}+\frac{9}{4}\times\frac{1}{6}+\frac{1}{4}\times\frac{1}{6}$$
$$+\frac{1}{4}\times\frac{1}{6}+\frac{9}{4}\times\frac{1}{6}+\frac{25}{4}\times\frac{1}{6}=\frac{35}{12}$$

一方，標準偏差 σ は，分散の平方根のことなので，

$$\sigma=\sqrt{\frac{35}{12}}=\frac{\sqrt{105}}{6}$$

以上より，正答は **1** となる。

正答						
	No.1=2	**No.2=1**	**No.3=4**	**No.4=4**	**No.5=4**	**No.6=5**
	No.7=2	**No.8=4**	**No.9=2**	**No.10=5**	**No.11=5**	**No.12=4**
	No.13=4	**No.14=4**	**No.15=1**	**No.16=1**		

フローチャート

必修問題

図のフローチャートにおいて，出力される a はいくらか。

【国家一般職・平成26年度】

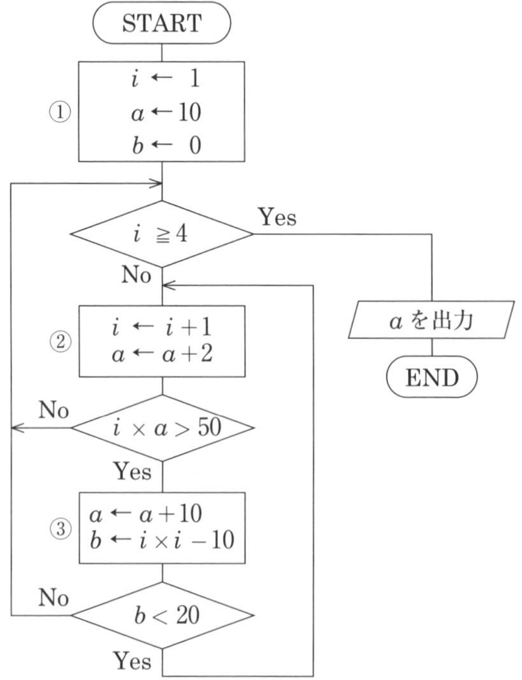

1 16
2 20
3 36
4 50
5 64

〈必修問題〉の解説

フローチャートの基本は実際に計算することである。しかし，適当に余白に計算するだけでは計算ミスも多くなる。表を描いて整理しながら計算する癖をつけよう。

変数の変化の様子を表にまとめる。そうすると次のようになる。なお，作業の直後の分岐の結果を一番下に示した。

作業	①	②	②	②	③	②	③	②	③
i	1	2	3	4		5		6	
a	10	12	14	16	26	28	38	40	50
b	0				6		15		26
分岐	No	No No	No No	Yes	Yes	Yes	Yes	Yes	No Yes

最後に a の値が出力される。

正答 4

第1章 数学 テーマ6 フローチャート

必修問題

図のフローチャートを実行したとき，出力される S の値はいくらか。

【国家Ⅱ種・平成22年度】

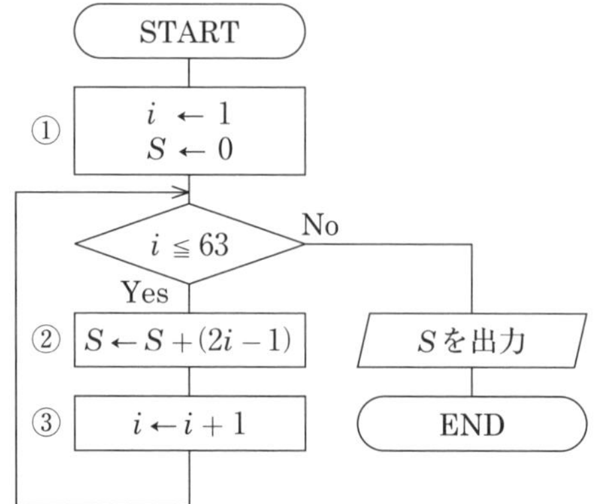

1 125

2 1254

3 2016

4 3844

5 3969

必修問題の解説

本問のフローチャートも実行できるが，繰り返し回数が多く，さすがに最後まで実行するわけにはいかない。そのため，規則を探したり，フローチャートの意味を考えたりという工夫をしよう。

解法❶　実行して規則を類推する

作業	①	②	③	②	③	②	③	②	③
i	1		2		3		4		5
S	0	1		4		9		16	
分岐	Yes		Yes		Yes		Yes		Yes

Sの行を見ると，1，4，9，16，…と続くため，平方数を計算していると類推できる。「$i \leqq 63$」がNoとなるのは，$i = 64$であるが，上の表を見ると，$i = 5$でYesで分岐するときのSは$4^2 = 16$であり，同様に考えれば，$i = 64$なら$S = 63^2 = 3969$が出力されることがわかる。

解法❷　ループ構造に注目する

ループ構造に注目すると，上のフローチャートの①がループ構造の初期条件，③が増分である。したがって，②がこのフローチャートの本質的な処理となるが，

$S \leftarrow S + a_i$

の形の場合，a_iの和をとっていることになる。今回は$2i - 1$なので，$i = 1$から奇数の和を計算したことになる。したがって，求めるSは，

$$1 + 3 + 5 + \cdots + 125 = \frac{1 + 125}{2} \times 63 = 3969$$

正答　5

第1章　数学　テーマ6　フローチャート

必修問題

図は，数列 $\{a_1, a_2, a_3, a_4, a_5\}$ の各項の値の入れ替えを行うフローチャートである。

ここで，$swap(x, y)$ は，2つの項 x，y 間で値を交換する操作を表している。たとえば，$x=1$，$y=2$ に対して $swap(x, y)$ を実行すれば，$x=2$，$y=1$ となる。

いま，$\{a_1, a_2, a_3, a_4, a_5\}=\{1, 2, 3, 4, 5\}$ を入力して，このフローチャートを実行したとき，出力される数列として最も妥当なのはどれか。

【国家Ⅱ種・平成20年度】

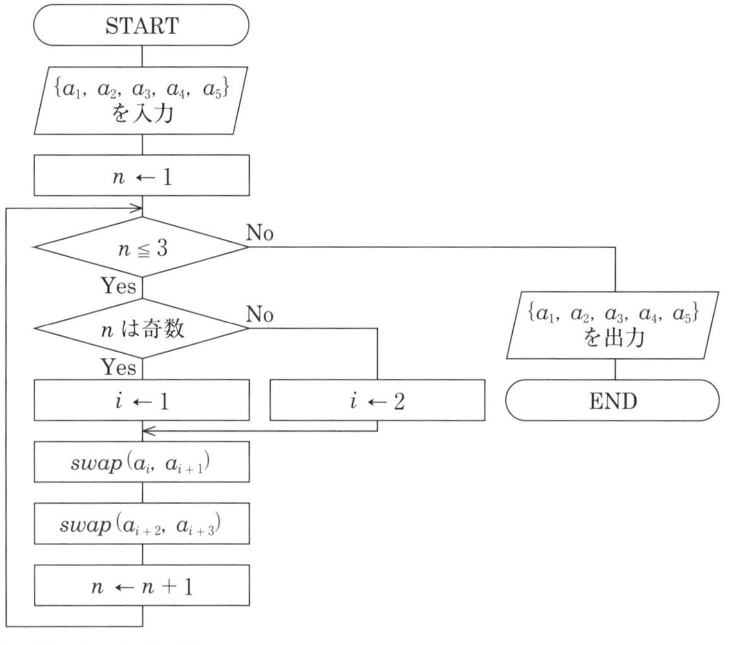

1 {2, 1, 4, 3, 5}
2 {3, 4, 5, 1, 2}
3 {4, 2, 5, 1, 3}
4 {4, 3, 2, 5, 1}
5 {5, 4, 3, 2, 1}

必修問題の解説

配列，数列を扱うフローチャートの問題を取り上げよう。配列，数列が出てくると変数が多くなるが，結局すべきことは変わらない。表を描いて調べていこう。

フローチャートのとおりに実際に入れ替えを行うと次のようになる。

n		1	2	3	4
i		1	2	1	
a_1	1	2	2	4	
a_2	2	1	4	2	
a_3	3	4	1	5	
a_4	4	3	5	1	
a_5	5	5	3	3	

数列の最後の部分が出力される。

正答 3

必修問題

配列 $D(1)$，$D(2)$，…，$D(N)$ の算術平均を求めるフローチャートを作りたい。㋐～㋒に当てはまるものはどれか。

【地方上級・平成25年度】

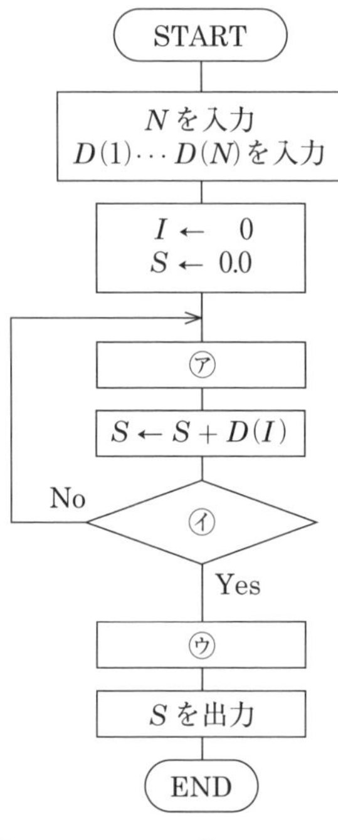

	㋐	㋑	㋒
1	$I \leftarrow 1$	$I = N$	$S \leftarrow S + D(N)$
2	$I \leftarrow 1$	$I > N$	$S \leftarrow S/N$
3	$I \leftarrow I + 1$	$I = N$	$S \leftarrow S + D(N)$
4	$I \leftarrow I + 1$	$I = N$	$S \leftarrow S/N$
5	$I \leftarrow I + 1$	$I > N$	$S \leftarrow S + D(N)$

必修問題の解説

空欄補充のタイプの問題を取り上げる。表を描くわけにはいかないため，難易度は上がる。あまり細かいことまで考えるのではなく，まずはループ構造を念頭に置いてフローチャートを見よう。

設問のフローチャートを見ると，「$I \leftarrow 0$」がループ構造の初期条件であることがわかる。一方で，㋑が終了条件であり，増分が欠けていることもわかる。したがって，㋐には増分の「$I \leftarrow I+1$」が入る。また，「$S \leftarrow S+D(I)$」の処理によって$D(I)$の和を計算していることがわかるが，最後に加えられるのは$D(N)$なので，$I=N$でYesとなる処理が㋑となる。これは選択肢の中の$I>N$では当てはまらない。最後に，㋒は出力の直前で行われるもので，Sは$D(I)$の和なので，これを配列の数であるNで割ればよい。つまり，$S \leftarrow S/N$が妥当である。

正答 4

重要ポイント 1 フローチャートの基本

(1)フローチャートの基本

フローチャートは，作業の手順を示した図である。このとき，次のルールに従って描かれる。

①	手順としては「Start」から始め，「End」で終了する
②	通常，上から下へと作業を進める（1つの作業内でも上から下へ読む）
③	②以外の方向の場合には，矢印で読む方向を記す
④	作業の内容は四角で囲む
⑤	条件を分岐する場合には，分岐するための条件をひし形で囲み，分岐の先を行き先のわかりやすいところに書く

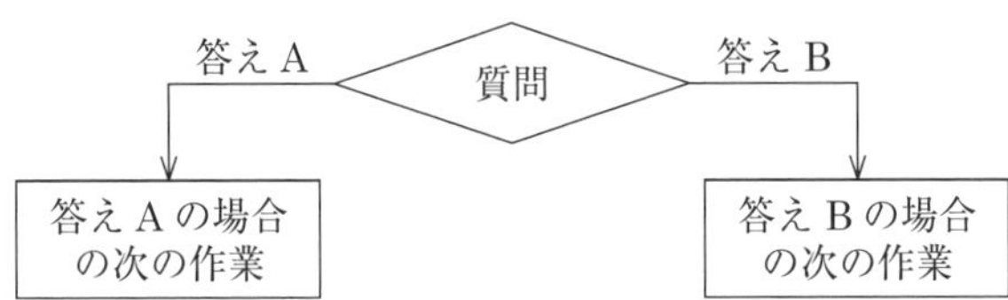

(2)変数

フローチャートでは，数学の文字と似たようなものとして**変数**が使われる。変数には，i，j，a，n などの文字が使われるが，文字式と異なり，2文字以上で1つの変数を表す場合がある。たとえば，min，$temp$ などである。なお，代わりに掛け算の「×」記号は，誤解がない場合を除いて，省略されない。

(3)代入文

フローチャートの計算で最もよく使われるのがこの**代入文**である。たとえば，「$a \leftarrow b$」と書かれた場合，「b の値を a の値に代入する」ことになる。この代入文で注意することは，「先に右辺の計算をしてから代入する」ということである。たとえば，次のように使われる。

$a \leftarrow a+1$：a の値を1つ増やす

$a \leftarrow 2 \times a$：a の値を2倍する

(4)配列

数列と同様に，$a[1]$，$a[2]$，$\cdots$ という番号付きの変数が使われる場合がある。これは**配列**と呼ばれる。実際には，異なる変数として扱われる。

(5)フローチャートの解法の基本

フローチャートは，結局のところ，変数の値を計算することによって目的のものを求めるものである。そこで，フローチャートを解く方法の最も基本的なことは，変数の値の変化を計算する表を書いていくことになる。そのため，フローチャートを見るときには，まずどの変数が使われているのかを探していく。

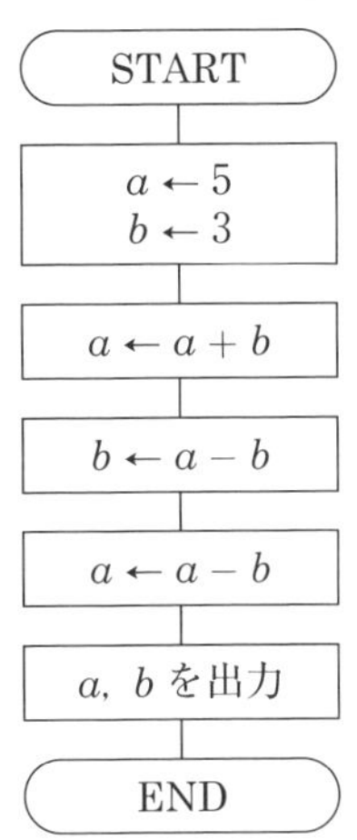

a	5	8		3
b	3		5	

重要ポイント 2 フローチャートの解法

(1)ループ処理（繰り返し処理）

実際のフローチャートでは，繰り返しの処理がよく使われる。この繰り返しのパターンを頭に入れておくと，フローチャートで何が行われているのかが読める場合がある。繰り返しの基本的な処理パターンは次のようになる。

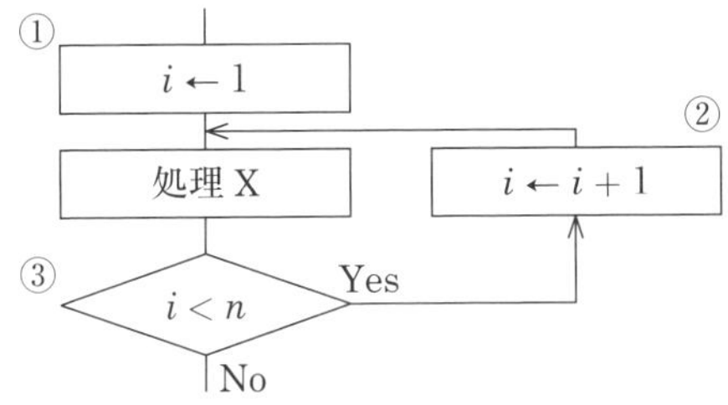

このフローチャートでは，「処理 X」が n 回繰り返される。ここから，この繰り返し処理を行うために，1つの変数と，次の3つの処理が必要であることがわかる。つまり，変数 i は，$i = 1$，2，…，n と増えることから，繰り返しの回数を制御する変数であることがわかる。

①	**初期条件**：変数 i の最初の値を決める
②	**増分**：変数 i の値を増やして（場合によっては減らして）いる
③	**終了条件**：変数 i の値が所定の値（n）になったときに繰り返しを終了する

ただし，②の増分の位置，③の不等号の形は，設問によって細かく変化するため，

注意が必要となる。

フローチャートの空欄を埋める問題では，その空欄が繰り返し処理に関係するのか，それとも，処理Xに関係するのかで分けて考えると考えやすくなる。

(2)ループ処理を利用した基本処理

ループ構造が頭に入ったら，さらに基本的な処理についてその仕組みを覚えておくと便利である。ここでは以下の3つを取り上げておく。

①漸化式の計算

フローチャートでは，漸化式をそのまま計算することで，漸化式を計算することができる。

下は，漸化式 $a_{n+1} = f(a_n)$ を計算するためのものである。

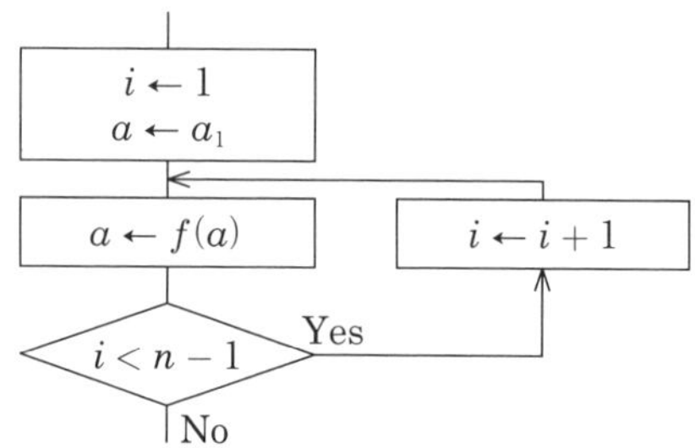

たとえば，漸化式 $a_{n+1} = 2a_n - 1$ であれば，$f(a_n) = 2a_n - 1$ となる。

この式を繰り返して数列の値を計算している。また，番号は必要ないため，1つの変数 a で計算していること，a_n を求めるために，漸化式を $(n - 1)$ 回計算する必要があることに気をつけてほしい。

②和の計算

繰り返し足し算をすることで，総和を計算することができる。図のフローチャートでは，数列 a_i の和 $S = \sum_{i=1}^{n} a_n$ を計算している。

a_i の部分を変えることでさまざまな和を計算できる。

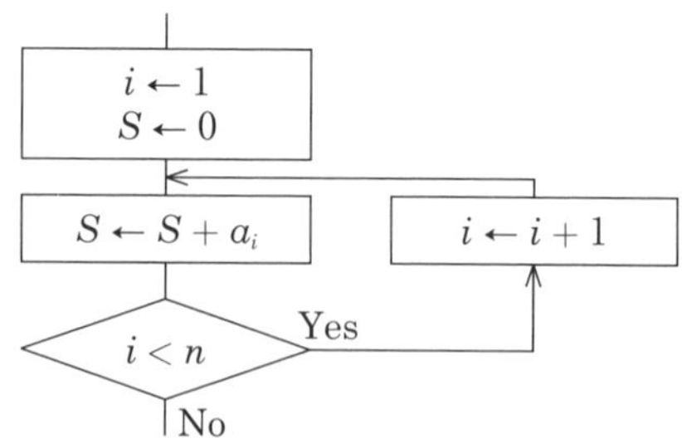

③線形探索法

配列 $a[1]$, $a[2]$, $\cdots a[n]$ の中から最小値や最大値を求めるフローチャートである。

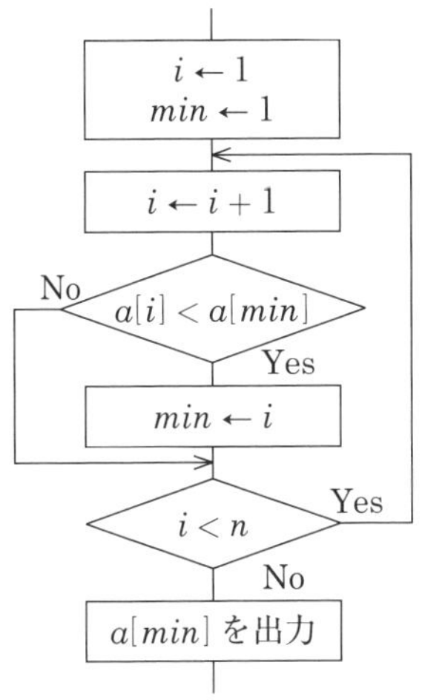

線形探索では, $a[1]$ から順に比較しながらより適切な値が見つかったら値を更新する。例は最小値を見つけるフローチャートで, ここでは min がそれまでに見つかった最小値が格納されている配列の番号である。

実戦問題

No.1 **図のフローチャートを実行するとき，出力される a はいくらか。**

【国家一般職・平成27年度】

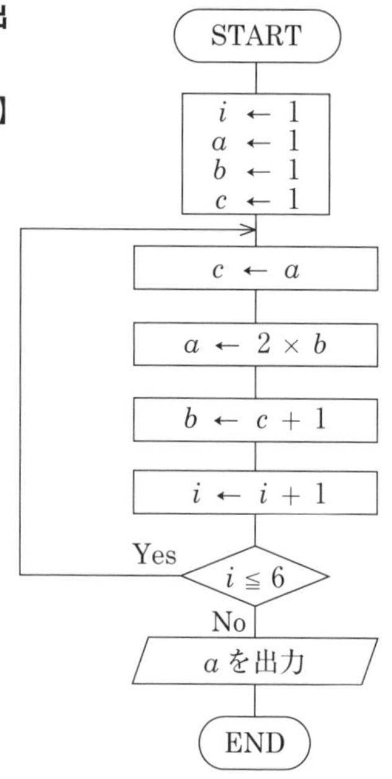

1 18

2 19

3 20

4 21

5 22

No.2 **図のフローチャートにおいて，出力される n の値はいくらか。**

【国家一般職・平成29年度】

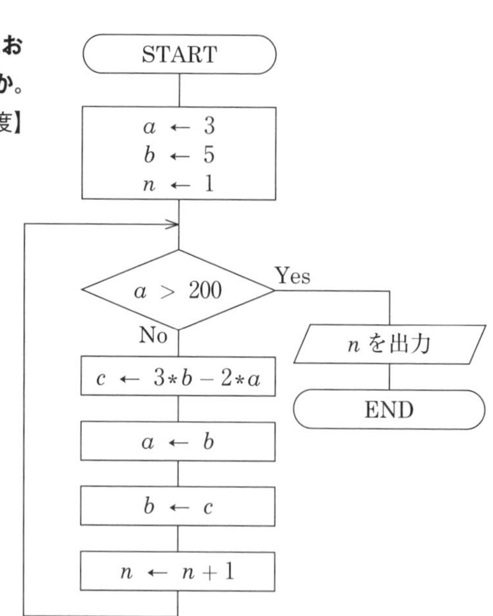

1 7

2 8

3 9

4 10

5 11

No.3 次のフローチャートを実行したときに出力される値はいくらか。　【地方上級・平成23年度】

1　10
2　11
3　12
4　13
5　14

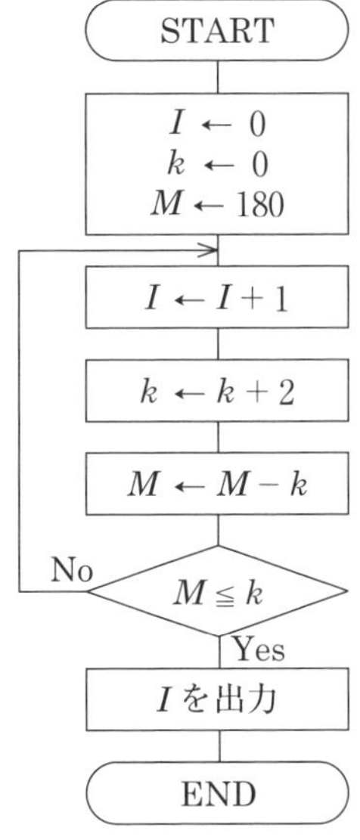

No.4 図は，2以上の整数 N を入力して計算するフローチャートである。いま，Nとして10を入力するとき，出力される N の値の組合せとして最も妥当なのはどれか。

ただし，INT(J) は引数 J の値を超えない最大の整数を求める関数である。

【労働基準監督B・平成16年度】

1　2，4，6，8，10
2　2，3，5，7
3　2，3，5，8
4　3，5，7，9
5　2，4，7

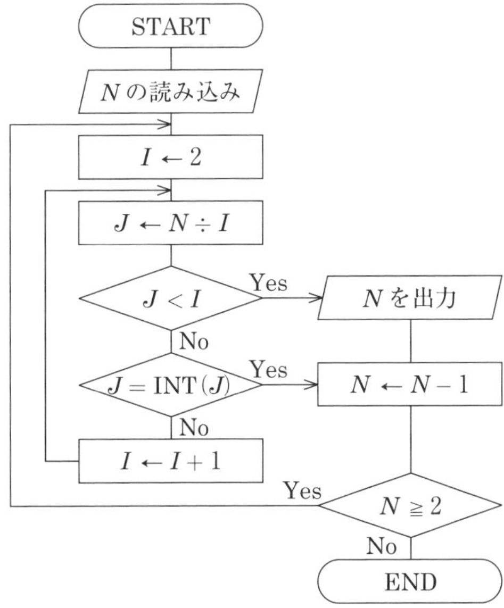

No.5 図Ⅰに示すのは，入力された正の整数 N に基づいてロボットを制御するフローチャートである。

いま，図Ⅱに示すように紙面上側を向いて置かれているロボットを図Ⅰのフローチャートで制御する。N として 168 を入力したときに，ロボットが最終的に到達する位置はどれか。

ただし，「mod(a, b)」は a を b で割った余りを，「Forward」はロボットが向いている方向に 1 マスだけ進む動作を，「Turn L」はロボットが今いる位置のまま左に 90°向きを変える動作を，「Turn R」はロボットが今いる位置のまま右に 90°向きを変える動作をそれぞれ表す。 【国家Ⅰ種・平成17年度】

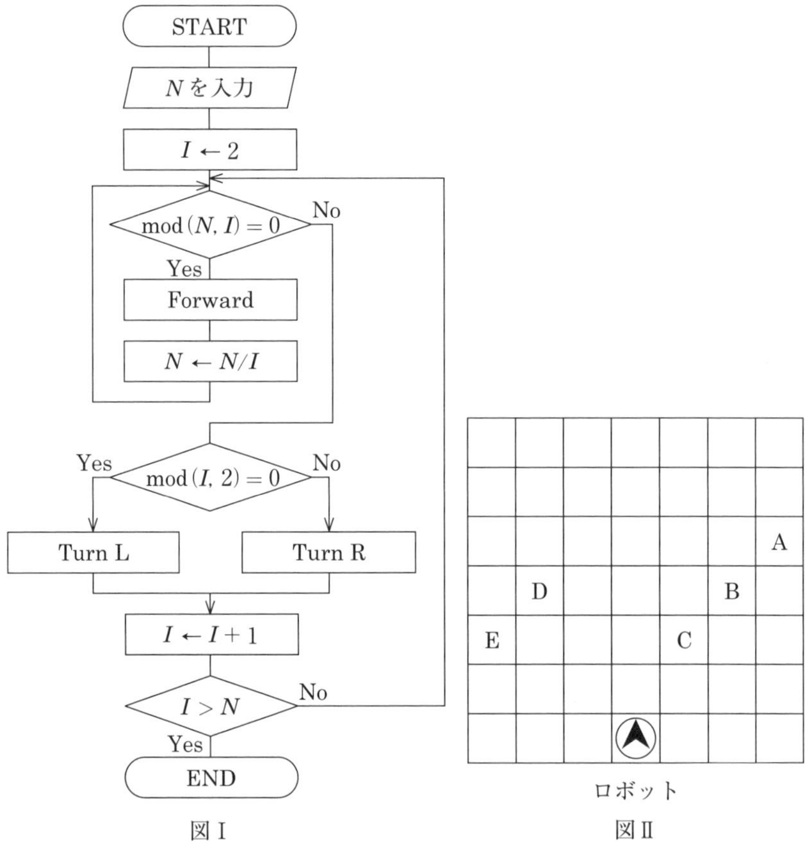

図Ⅰ　図Ⅱ

1 A　**2** B
3 C　**4** D
5 E

No.6 **図は，漸化式**

$$a_{n+1} = 2a_n + 1\ (n = 1,\ 2,\ \cdots),\ a_1 = 3$$

に基づいて a_{10} を求めるフローチャートである。

図中の㋐，㋑に当てはまるものの組合せとして最も妥当なのはどれか。

【国家Ⅱ種・平成15年度】

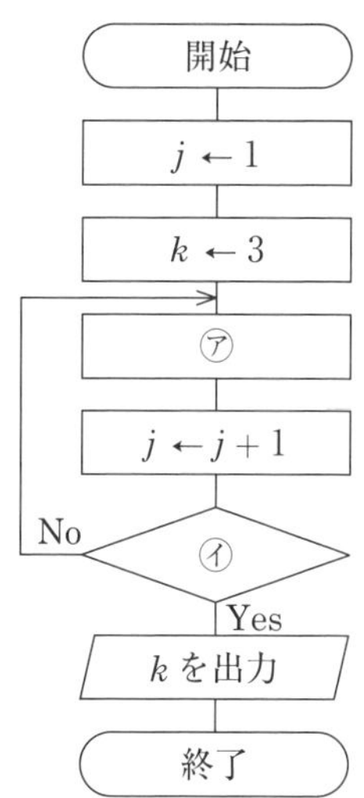

	㋐	㋑
1	$k \leftarrow 2 \times k + 1$	$j = 10$
2	$k \leftarrow 2 \times k + 1 + k$	$j = 10$
3	$k \leftarrow 2 \times k + 1 + j$	$j = 10$
4	$k \leftarrow 2 \times k + 1$	$j = 9$
5	$k \leftarrow 2 \times k + 1 + k$	$j = 9$

No.7 **平年は 1 年で 365 日，うるう年は 1 年で 366 日である。西暦の年数を入力することにより，その年が何日間あるのか判別できるフローチャートを作成する。フローチャートの㋐～㋔に当てはまるものを選べ。**

ただし，$y\%n$ は y を n で割った余りを表す。また，平年かうるう年かの判別は以下の法則に従うものとする。

【地方上級・平成30年度】

① 入力した年数が 4 で割り切れる場合はうるう年とする。

② ①の例外として，100 で割り切れる場合は平年とする。

③ ②の例外として，400 で割り切れる場合はうるう年とする。

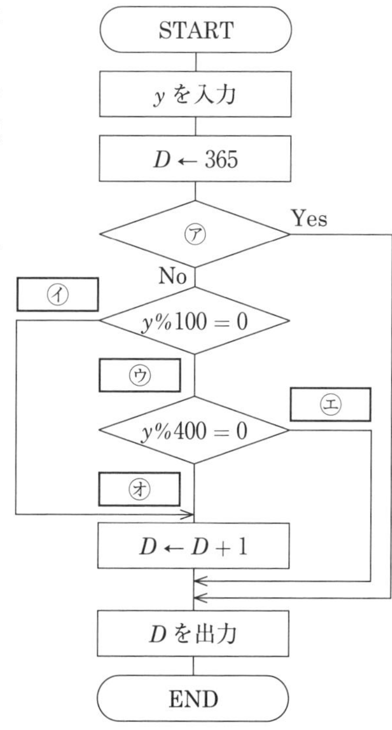

	㋐	㋑	㋒	㋓	㋔
1	$y\%4 = 0$	No	Yes	Yes	No
2	$y\%4 = 0$	Yes	No	No	Yes
3	$y\%4 > 0$	No	Yes	No	Yes
4	$y\%4 > 0$	No	Yes	Yes	No
5	$y\%4 > 0$	Yes	No	No	Yes

No.8 次のフローチャートは，配列 $D(1)$，$D(2)$，$\cdots D(N)$ の中から最小値と最大値を見つけて出力するためのものである。㋐，㋑，㋒に当てはまるものとして正しいのはどれか。 【地方上級・平成24年度】

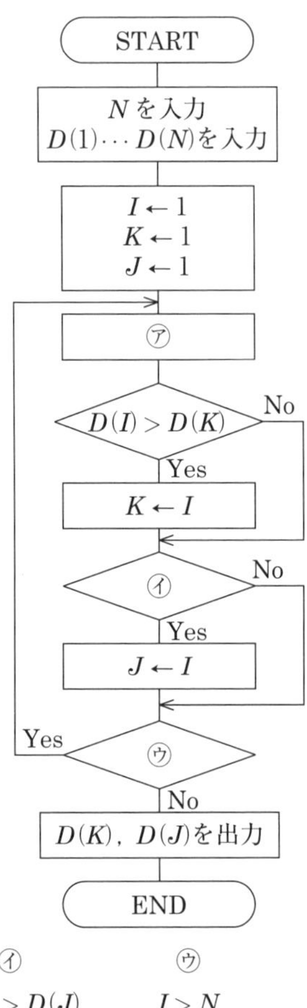

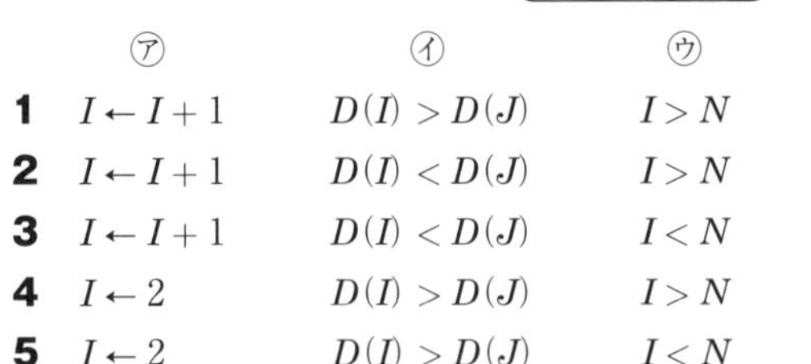

	㋐	㋑	㋒
1	$I \leftarrow I+1$	$D(I) > D(J)$	$I > N$
2	$I \leftarrow I+1$	$D(I) < D(J)$	$I > N$
3	$I \leftarrow I+1$	$D(I) < D(J)$	$I < N$
4	$I \leftarrow 2$	$D(I) > D(J)$	$I > N$
5	$I \leftarrow 2$	$D(I) > D(J)$	$I < N$

No.9 次のフローチャートは，N 個の配列 $D(1)$，$D(2)$，…，$D(N)$ の中から，最小値と最大値を見つけ，この順に出力するものである。㋐，㋑，㋒に当てはまるものとして正しいのはどれか。　【地方上級・平成26年度】

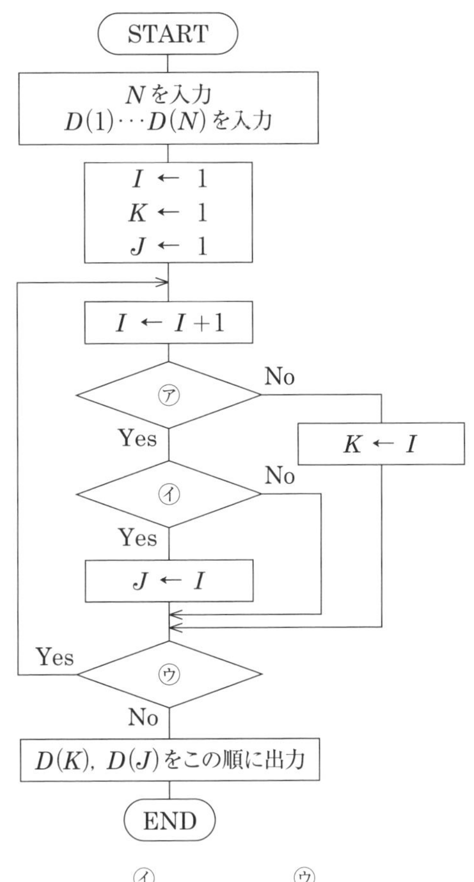

	㋐	㋑	㋒
1	$D(I) < D(K)$	$D(I) < D(J)$	$I < N$
2	$D(I) < D(K)$	$D(I) < D(J)$	$I > N$
3	$D(I) > D(K)$	$D(I) > D(J)$	$I < N$
4	$D(I) > D(K)$	$D(I) > D(J)$	$I > N$
5	$D(I) > D(K)$	$D(I) < D(J)$	$I < N$

No.10 図のフローチャートは，2 以上の整数 N に対して，1 と N 以外の約数の個数を表示するものである。たとえば，$N=12$ を入力すると 4 が出力され，$N=13$ を入力すると 0 が出力される。

このとき，図中の㋐と㋑に当てはまるものはどれか。

ただし，N/M は N を M で割った商を，$N\%M$ は N を M で割った余りを計算するものである。たとえば，13/4 = 3 であり，13%4 = 1 である。

【地方上級・平成27年度】

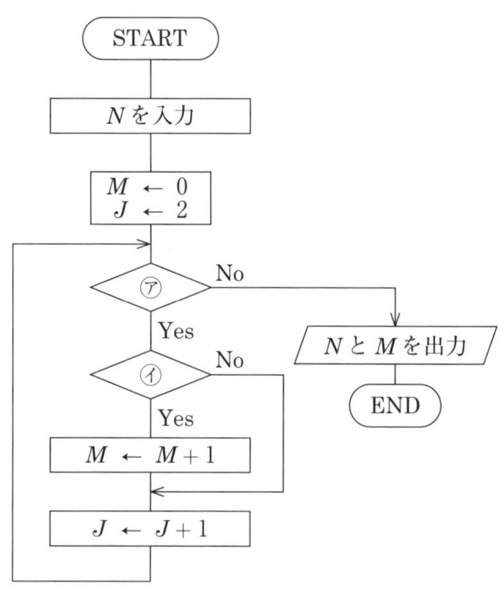

	㋐	㋑
1	$J \geqq N/2$	$N\%J > 0$
2	$J \geqq N/2$	$N\%J = 0$
3	$J \leqq N/2$	$N\%J > 0$
4	$J \leqq N/2$	$N\%J = 0$
5	$J < N/2$	$N\%J = 0$

No.11 **図Ⅰのように，整数が配列 A の1番目から $N(N>1)$ 番目の要素にあらかじめ格納されている。k 番目の要素に格納されている整数を $A(k)$ とする。図Ⅱは，ある整数 X と同じ値が配列 A の何番目の要素に格納されているかを調べるフローチャートである。このフローチャートの実行結果に関する記述㋐～㋔のうち妥当なもののみをすべて挙げているのはどれか。**

【国家一般職・平成28年度】

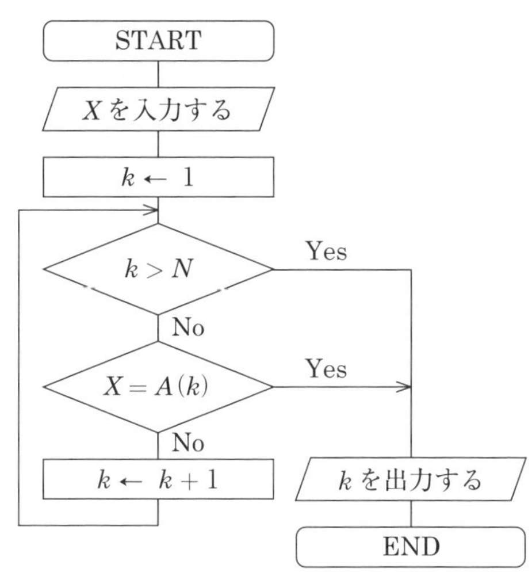

$A(1)$	$A(2)$	$A(3)$	…	$A(N-1)$	$A(N)$

図Ⅰ　　　　　　　　　　図Ⅱ

㋐　X と同じ値が配列中にある場合，$N+1$ が出力される。
㋑　X と同じ値が配列中にない場合，1が出力される。
㋒　X と同じ値が配列中にない場合，N が出力される。
㋓　X と同じ値が配列の1番目と N 番目の2か所にある場合，1が出力される。
㋔　X と同じ値が配列の1番目と N 番目の2か所にある場合，N が出力される。

1　㋐
2　㋐，㋒，㋔
3　㋑，㋔
4　㋒，㋓
5　㋓

No.12 次のフローチャートは２分法と呼ばれる方法で，入力した自然数 a に対して $\sqrt{a}$ の近似値を計算するものである。このフローチャートでは，$s1 \leqq \sqrt{a} \leqq s2$ となるように，$s1$ と $s2$ を決め，その後範囲を半分ずつに縮めて近似値を求めている。

フローチャート中の㋐，㋑に当てはまるものとして正しいのはどれか。

【地方上級・平成28年度】

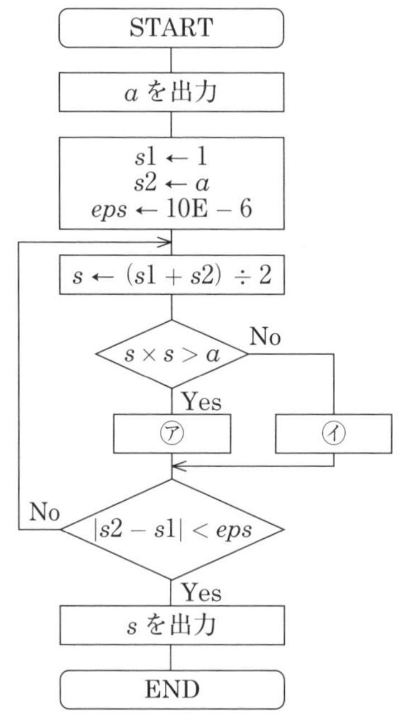

	㋐	㋑
1	$s1 \leftarrow s$	$s2 \leftarrow s$
2	$s2 \leftarrow s$	$s1 \leftarrow s$
3	$s \leftarrow s1$	$s \leftarrow s2$
4	$s \leftarrow s2$	$s \leftarrow s1$
5	$s \leftarrow s1$	$s2 \leftarrow s$

No.13 次のフローチャートは，数列 a_1，a_2，a_3，a_4，a_5 の順番を

$$a_1 \leqq a_2 \leqq a_3 \leqq a_4 \leqq a_5$$

となるように並べ替えるものである。フローチャート中の㋐の部分を通る回数として正しいのはどれか。　【地方上級・平成20年度】

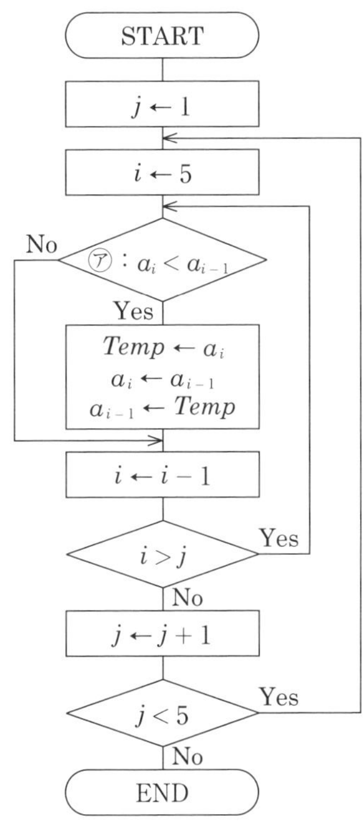

1　6回

2　7回

3　8回

4　9回

5　10回

第1章 数学 テーマ6 フローチャート

No.14 1g, 3g, 9g, 27g, ⋯ の質量のおもりが1個ずつある。上皿天びんの左右の皿に，おもりを選んで載せた状態で，右の皿に粉状の試料を載せて，天びんをつりあわせることにより，1g 単位で試料を量り取ることができる。

たとえば，19g の試料を量り取るときには，右の皿に 9g のおもりを載せ，左の皿に1gおよび27gのおもりを載せた状態で，右の皿に試料を載せて天びんをつりあわせればよい。

そこで，このような天びんにおもりを載せるべき皿の左右およびそれぞれのおもりの質量を出力するためのプログラムを作成する。そのプログラムのフローチャートを示したのが図である。たとえば，試料の質量を 19g とする場合，x に 19 を入力すると，「左」と 1，「右」と 9 および「左」と 27 が順次出力されて終了する。

図の㋐，㋑に当てはまるものの組合せとして最も妥当なのはどれか。

ただし，$A \bmod B$ は，A を B で割った余りであり，$\mathrm{int}(A/B)$ は，A を B で割った商を超えない最大の整数である。【国家総合職・平成26年度】

	㋐	㋑
1	$x=0$	$k \leftarrow k \times 3$
2	$x=0$	$k \leftarrow k+3$
3	$x=1$	$k \leftarrow k \times 3$
4	$x=1$	$k \leftarrow k+3$
5	$x=2$	$k \leftarrow k+3$

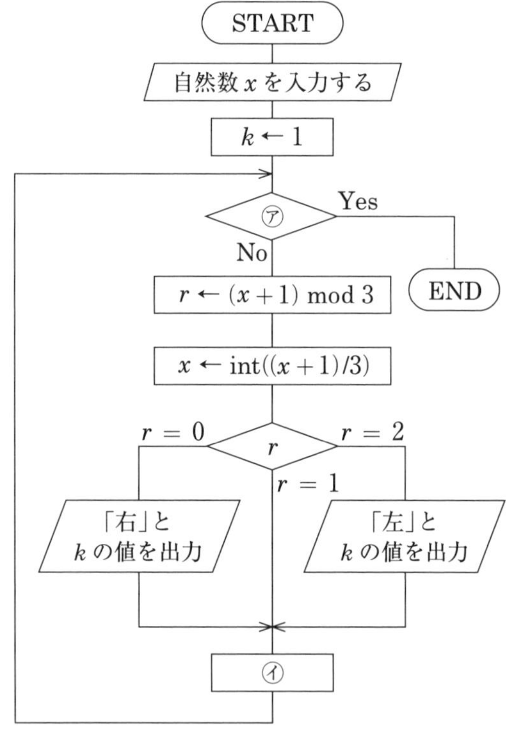

No.15 図は，素数を最初の 100 個まで 1 次元の配列に求めるフローチャートである。すなわち，求めた素数は $PRIME$ という配列に順次蓄えられ，第 1 の素数は 2 となる。図のフローチャートにおいて，A，B，C とア，イ，ウのつなぎ方の組合せとして正しいのはどれか。

ただし，MOD$(a,\ b)$ は a を b で割った剰余を表す。

【国家Ⅰ種・平成13年度】

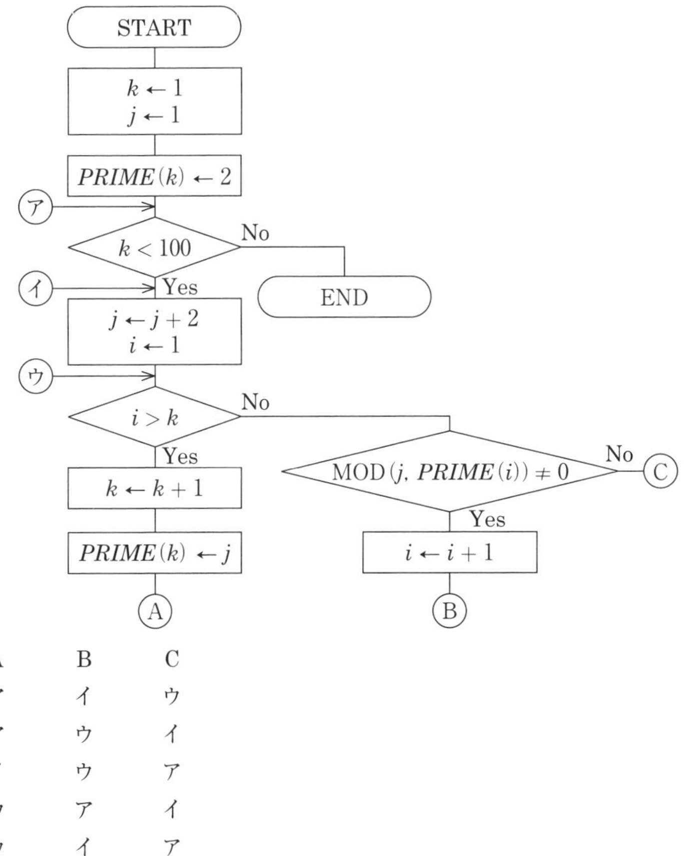

	A	B	C
1	ア	イ	ウ
2	ア	ウ	イ
3	イ	ウ	ア
4	ウ	ア	イ
5	ウ	イ	ア

実戦問題の解説

No.1 の解説　フローチャートの計算

→問題は P.172

実際にフローチャートを計算する。

i	1	2	3	4	5	6	7
a	1	2	4	6	10	14	22
b	1	2	3	5	7	11	15
c	1	1	2	4	6	10	14

最後の a の値である 22 が出力される。
以上より，正答は **5** となる。

No.2 の解説　フローチャートの計算

→問題は P.172

フローチャートを実行した結果を表にまとめると次のようになる。

a	3	5	9	17	33	65	129	257
b	5	9	17	33	65	129	257	513
c		9	17	33	65	129	257	513
n	1	2	3	4	5	6	7	8

よって，n の値は 8 である。
以上より，正答は **2** となる。

No.3 の解説　フローチャートの計算

→問題は P.173

変数は I, k, M である。これを表にして調べると次のようになる。

I	0	1	2	3	4	5	6	7	8	9	10	11	12
k	0	2	4	6	8	10	12	14	16	18	20	22	24
M	180	178	174	168	160	150	138	124	108	90	70	48	24

よって，出力されるのは 12 である。
以上より，正答は **3** となる。

No.4 の解説　フローチャートの計算

→問題は P.173

変数は N, I, J なのでこれを表にして調べる。なお，出力された値に（　）を付けて示した。

N	10			9					8			(7)	
I		2			2		3			2			2
J			5			4.5		3			4		

N				6			(5)					4	
I		3			2			2		3			2
J	3.5		2.33			3			2.5		1.67		

N		(3)			(2)			1
I			2			2		
J	2			1.5			1	

以上より，正答は **2** となる。

No.5 の解説　フローチャートの計算

→問題は P.174

変数は N, I なので，この変化を実際に調べていけばよい。

N	168	84	42	21		7					1	
I	2				3		4	5	6	7		8
指示		F	F	F，L		F，R	L	R	L		F，R	

ただし，表中，F は前進，L は左回転，R は右回転を表している。これより，たどり着くところは D になる。

以上より，正答は **4** となる。

No.6 の解説　空欄補充

→問題は P.175

k が数列の値を表している。変数 j を使って繰り返しをしているので，繰り返しの処理で計算すべき式が㋐に入る。㋐には漸化式の計算が入るので，

$k \leftarrow 2 \times k + 1$

となる。

さらに㋑には，ループが終わるときの条件が入る。漸化式を 9 回計算すれば a_{10} が求まり，最後に漸化式の計算後に，また j の値を 1 つ増やしているので，結局，$j = 10$ のときに㋑で Yes と返るような条件を入れればよい。

以上より，正答は **1** となる。

No.7 の解説　空欄補充

→問題は P.175

西暦 2000 年について考える。2000 年は, 4 で割り切れるかのチェック（設問の①），100 で割り切れるかのチェック（設問の②），400 で割り切れるかのチェック（設問の③）の 3 つのチェックをいずれも通ってうるう年と判定される。つまり，フローチャートの $y\%100 = 0$，$y\%400 = 0$ を通って，最後に $D \leftarrow D + 1$ へたどり着かなければならない。

㋐は 4 で割り切れるかどうかのチェックで，y が 2000 の場合に No でなければならないので,「4 で割り切れない」かどうかを問うことになる。つまり，4 で割って余りがあるかを問えばよいので $y\%4 > 0$ が入る。

次に㋑，㋒は y が 100 で割り切れるかを問うている。$y = 2000$ のときには Yes となって，次は 400 で割り切れるかのチェックを受けなければいけないので，㋒が Yes，㋑が No である。

最後に㋓，㋔は y が 400 で割り切れるかを問うている。$y = 2000$ のときには Yes となって，うるう年である $D \leftarrow D + 1$ にならないといけない。したがって，㋔が Yes，㋓が No である。

以上より，正答は **3** となる。

No.8 の解説　空欄補充

→問題は P.176

㋐，㋒は繰り返しに関係する部分である。したがって，㋐は，増分となる $I \leftarrow I+1$ でないといけない。また，繰り返しが働く間は㋒の返答は Yes でなければならないが，これは I を 1 から増やしていくことを考えると，$I < N$ に対応する。これを㋒に入れる。

最後に㋑を見る。I は，調べている番号と考えられるので，K か J が最大か最小を表す変数であると考えられる。ここで，㋐と㋑の間を見ると，$D(I) > D(K)$ のときに K の値を変えている。これは，$D(I)$ が $D(K)$ よりも大きいときなので，大きい値が見つかるごとに K の値を変えていることになる。つまり K は最大値である。したがって，J が最小値であり，この場合，小さい値が見つかるごとに値を変えていけばよいので，㋑に入るのは $D(I) < D(J)$ である。

以上より，正答は **3** となる。

No.9 の解説　空欄補充

→問題は P.177

設問から，最初に最小値，後に最大値を出力するので，変数 K が最小値，変数 J が最大値の番号を表している。また，ループ構造を考えると，変数 I が繰り返しによって $I=1,\ 2,\ 3,\ \cdots$ と増えていく変数で，この変数に従って配列を $D(1)$，$D(2)$，$\cdots$，$D(N)$ と順に調べている。

そこでまず㋐を考える。㋐に No と答えると K の値が更新されるので，㋐に No と答えたときに，最小値の候補が見つかったことになる。最小値を見つけるのであれば，「$D(I) < D(K)$」（いま調べている $D(I)$ はいままでの最小値の $D(K)$ より小さいですか，という意味）という質問に Yes と答えが返ればよいが，ここでは No という答えで最小値を見つけたいので，不等号を逆にして「$D(I) > D(K)$」とする。

次に㋑について。こちらは最大値であるが，今度は Yes と答えたときに J の値が更新されるので，「$D(I) > D(J)$」とすればよい。つまり，これに Yes と答えが返れば，いままでの最大値の候補 $D(J)$ よりいま調べている $D(I)$ のほうが大きいので J を更新する必要がある。

最後の㋒はループ構造の終了条件なので，Yes でループが続くようにするためには，「$I < N$」とする。

以上より，正答は **3** となる。

No.10 の解説 空欄補充

→問題は P.178

解法❶ フローチャートの意味を考えていく

出力するのが N と M なので，M が約数の個数を表すことになる。ところで，M の値を増やす（$M \leftarrow M+1$）ところを見ると，㋑で Yes が返った場合であるが，もともと約数の個数を数えているのであるから，㋑に当てはまるのは，「N を割り切ることができるか」という内容の質問でなければならない。言い換えれば「N を割って余りが 0 になるか」ということでもあるので，選択肢の中では，$N\%J=0$ が該当する。

また，㋐に関しては，N を除いた最大の約数は $\dfrac{N}{2}$ 以下であるので，$\dfrac{N}{2}$ まで調べれば十分である。J が 2 から増えていることを考えれば，㋐には $J \leqq N/2$ が入る。なお，等号が入らないと $J=\dfrac{N}{2}$ を調べないことになるため，等号も必要である。

解法❷ 与えられた具体例で調べていく

$N=12$ のときに 4 が出力されるのかを調べていく。まず，㋐について，$J \geqq 6$ が入っていると，最初の $J=2$ で No となるため，すぐに終わってしまい $M=4$ は出力されない。そこで，$J \leqq 6$ か $J<6$ になるが，これがどちらなのかはすぐにはわからないので，保留したまま調べていく。

場合 1：㋑に $N\%J>0$ が入る場合

この場合には選択肢 **3** のみが該当するので，㋐には $J \leqq 6$ が入る。

M	0				1	
J	2	3	4	5	6	7

ここで出力となるため $M=1$ が出力される。したがって，これは誤りである。

場合 2：㋑に $N\%J=0$ が入る場合

M	0	1	2	3		(4)
J	2	3	4	5	6	(7)

ここで㋐に $J<6$ が入っていると，（　）の部分を調べる前に，$J=6$ となって No となるため，$M=3$ が出力されてしまう。一方で，$J \leqq 6$ が入っていると，（　）の部分も調べて $M=4$ が入るため，㋐には $J \leqq 6$，㋑には $N\%J=0$ が入ることがわかる。

以上より，正答は **4** となる。

No.11 の解説 配列

→問題は P.179

フローチャートでは，k が出力されるのは，入力した X が $A(k)$ と一致したときと，$k > N$ となるときであるが，k は1から1つずつ増えていくので，$k > N$ となるのは，$k = N + 1$ となるときである。

したがって，結局このフローチャートの実行結果は，$X = A(k)$ となる最初（最小）の k が見つかったときにはその k，見つからないときには $N + 1$ となる。

以上から選択肢を検討すると，次のようになる。

ア× 配列中にあれば，その最小の k が出力される。

イ× 配列中にない場合，$N + 1$ が出力される。

ウ× 配列中にない場合，$N + 1$ が出力される。

エ○ 正しい。同じ値が2か所にある場合，最初の値が出力される。

オ× $k = 1$ で $X = A(1)$ となり，1を出力してフローチャートが終了するため，1が出力される。

以上より，正答は **5** となる。

試験本番では，㋐，㋑，㋒がいずれも誤りとわかった時点で正答は選択肢 **5** と決まるので，㋓と㋔は検討しなくてもよい。

No.12 の解説 2分法

→問題は P.180

常に，

$$s1 \leqq \sqrt{a} \leqq s2$$

となっていることに注意する。このとき，$s = \dfrac{s1 + s2}{2}$ についても，

$$s1 \leqq s \leqq s2$$

となる。したがって，

$$s1 \leqq \sqrt{a} < s$$

か

$$s \leqq \sqrt{a} \leqq s2$$

のいずれかが成立する。

場合1：$s1 \leqq \sqrt{a} < s$ のとき

このとき，$s^2 > a$ が成立（Yes）する。このとき，$s2 \leftarrow s$ とすれば再び，

$$s1 \leqq \sqrt{a} \leqq s2$$

となり，しかも範囲の $s2 - s1$ は半分になる。したがって，㋐には $s2 \leftarrow s$ が入る。

場合2：$s \leqq \sqrt{a} \leqq s2$ のとき

このときは，$s^2 > a$ が不成立（No）となるが，$s1 \leftarrow s$ とすれば，再び

$$s1 \leqq \sqrt{a} \leqq s2$$

となり，範囲が半分となる。したがって，㋑には $s1 \leftarrow s$ が入る。

以上より，正答は **2** となる。

試験本番では㋐が決まった時点で正答は選択肢 **2** と決まる。㋑は検討しなくてもよい。

No.13 の解説　バブルソート

→問題は P.181

解法❶　ループ部分のみ調べる

矢印が上に戻るところが 2 か所あるが，いずれもループ処理だと考えられる。また，中央の下に向かう分岐処理の答えがどちらであれ，㋐は 1 回だけ通ることになるので，結局，繰り返し回数がわかればよい。そこで，変数のうち i，j だけを表にまとめて調べることにする。また，㋐を通ったところで表に「㋐」と記入する。この結果が下の表である。

i	5	4	3	2	1	5	4	3	2	5	4	3	5	4
j	1				2				3			4		5
㋐	㋐	㋐	㋐	㋐		㋐	㋐	㋐		㋐	㋐		㋐	

これより，㋐を 10 回通っていることがわかる。

解法❷　バブルソートの仕組みを知る

このフローチャートはバブルソートと呼ばれるものである。バブルソートとは，後ろから順に比較，交換を繰り返し，最も小さい値（または大きい値）を先頭に移す作業を繰り返すことで並び替えを行うものである。たとえば，数列が 4 つで「3，4，1，2」となっている場合，

(1)　1 巡目「3，4，<u>1，2</u>」→「3，<u>4，1</u>，2」→「<u>3，1</u>，4，2」→「1，3，4，2」

(2)　2 巡目「(1)，3，<u>4，2</u>」→「(1)，<u>3，2</u>，4」→「(1)，2，3，4」

(3)　3 巡目「(1，2)，<u>3，4</u>」→「1，2，3，4」

となる。なお，下線部が比較，交換を行うところで，小さい順になっていない場合に交換をする。また，(　) は前の巡目で確定している部分である。

設問の㋐は比較を行う場面であるが，ここからわかるとおり，n 個の数列の場合，1 巡目では $n-1$ 回，2 巡目では 1 つ確定しているため，$n-2$ 回，3 巡目では $n-3$ 回 … と比較を行うため，全体の比較回数は，

$$(n-1)+(n-2)+\cdots+2+1=\frac{n(n-1)}{2} \text{ 回}$$

となる。$n=5$ なら 10 回となる。

以上より，正答は **5** となる。

No.14 の解説　空欄補充

→問題は P.182

フローチャートの下方に「k の値を出力」と書かれている。出力されるのは，「左右」の皿と，おもりの質量であるので，k はおもりの質量であると考えられる。おもりの質量は，1g，3g，9g，27g，…と3倍ごとに増えていく。そして，k の値が変化するのは㋑の部分のみである。したがって，㋑に入るのは k が3倍ずつ増えていく式で，$k \leftarrow k \times 3$ である。

残りの㋐は，フローチャートが終了するかどうかの判断に使われているのみなので，設問に書かれている19g の例を調べる。与えられている変数 r，x，k の変化についての表を描く。

r		2	1	0	2
x	19	6	2	1	0
出力		左 1		右 9	左 27
k	1	3	9	27	81

表では，㋐より順に処理が行われる順に，上から下に変数が並べられている。$x=1$ の時点では，「右 9」が出力されたのみであり，㋐を「$x=1$」とすると，「右 9」が出力された時点で処理が終わってしまい，「左 27」が出力されない。一方，$x=0$ であれば，「左 27」まで出力される。したがって，㋐には $x=0$ が入る。

以上より，正答は **1** となる。

No.15 の解説　フロ－チャートのつながり

→問題は P.183

素数を見つけるためには，自分自身よりも小さい素数で順次割っていけばよい。その部分に当たるのが，「MOD(j，$PRIME(i)$)」の計算で，割り切れれば素数でないため，次の数へ移ることになり，割り切れなければ，次の素数で割ることになる。したがって，B はウにつながる。C は割り切れた場合で，ア，イのどちらでもよさそうだが，素数が見つかったわけではなく，100 個目の素数が見つかったかどうかのチェックをしても意味がないので，イにつなげる。残る A は，その直前で，$PRIME$ に値を代入していることから，素数が見つかった場合を表していることがわかる。したがって，A はアとつながっている。

以上より，正答は **2** となる。

正答					
No.1＝**5**	No.2＝**2**	No.3＝**3**	No.4＝**2**	No.5＝**4**	No.6＝**1**
No.7＝**3**	No.8＝**3**	No.9＝**3**	No.10＝**4**	No.11＝**5**	No.12＝**2**
No.13＝**5**	No.14＝**1**	No.15＝**2**			

第2章

物理

テーマ1 力のつりあい
テーマ2 運動方程式・運動量保存
テーマ3 エネルギー保存・円運動・振動
テーマ4 熱力学
テーマ5 波動
テーマ6 電磁気学
テーマ7 電気回路・原子物理

力のつりあい

必修問題

質量 M の一様な棒 AB を，その両端に付けた軽い糸でつり下げたとき，糸の水平に対する傾きの角度は，A に結んだ糸では 60°，B に結んだ糸では 30°でつりあった。A に結んだ糸が引く力を T_1，B に結んだ糸が引く力を T_2 とすると，それぞれの力の大きさを表しているのはどれか。

ただし，重力加速度を g とする。　【労働基準監督 B・平成13年度】

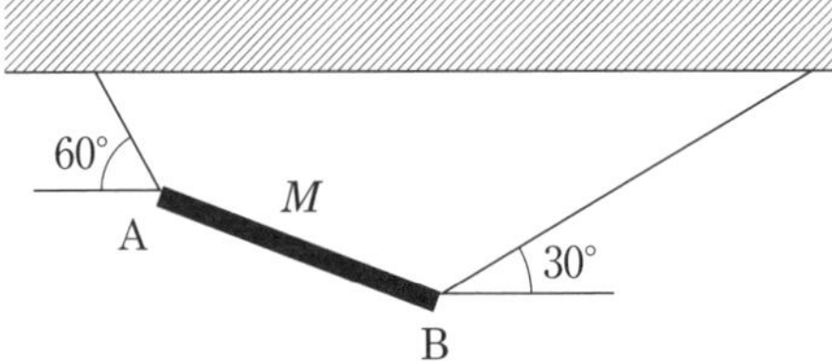

1 $T_1 = \frac{1}{2}Mg$,　$T_2 = \frac{1}{2}Mg$

2 $T_1 = \frac{1}{2}Mg$,　$T_2 = \frac{\sqrt{3}}{2}Mg$

3 $T_1 = \frac{\sqrt{3}}{2}Mg$,　$T_2 = \frac{1}{2}Mg$

4 $T_1 = Mg$,　$T_2 = \sqrt{3}Mg$

5 $T_1 = \sqrt{3}Mg$,　$T_2 = Mg$

必修問題の解説

まずは，力のつりあいの簡単な練習を。このような問題でも，①棒を書き抜き，②力を図示し，③力を分けて，④つりあい式を立てるという手順は変わらない。まずはこの手順を確認しよう。

力を図示すると，次のようになる。

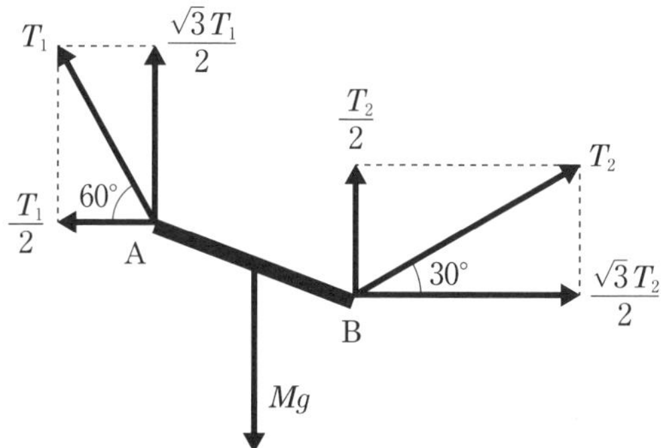

鉛直方向の力のつりあいより，

$$\frac{\sqrt{3}}{2}T_1 + \frac{T_2}{2} = Mg \quad \cdots\cdots ①$$

水平方向の力のつりあいより，

$$\frac{T_1}{2} = \frac{\sqrt{3}T_2}{2} \quad \cdots\cdots ②$$

以上の2式を解く。

②式より，

$$T_1 = \sqrt{3}T_2$$

①式に代入して，

$$\frac{3}{2}T_2 + \frac{T_2}{2} = 2T_2 = Mg$$

$$\therefore \quad T_2 = \frac{Mg}{2}$$

よって，$T_1 = \sqrt{3} \times \frac{Mg}{2} = \frac{\sqrt{3}}{2}Mg$

正答 3

必修問題

図のように滑らかで軽い滑車が天井に取り付けられ，滑車にかけられた軽いケーブルの一端には質量が 10kg の板がつながれている。板の上に質量が 60kg の人が乗り，自らケーブルの他端をゆっくりと真下に引く。板が床から離れたとき，人がケーブルを引く力の大きさはおよそいくらか。

ただし，重力加速度の大きさを 10m/s^2 とする。

【国家総合職（教養）・平成26年度】

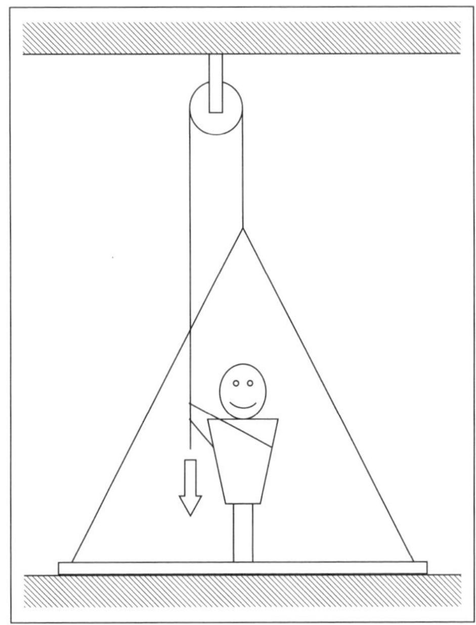

1 250N
2 300N
3 350N
4 600N
5 700N

必修問題の解説

つりあいの問題で大切なことは，何についてつりあいを立てるのか，その対象を明確にすることである。設問で与えられた図は全体像であり，問題を解くためには，この中から自分がつりあいを立てる物体を選ばなければいけない。逆に，物体を選んでしまえば，あとは力を見つけてつりあい式を立てるだけである。この問題以降の問題でも，同じように，書き出して作図して立式するという手順がとられていることを確認してもらいたい。

人と台をそれぞれ書き抜いてそれぞれに働く力を図示すると下図のようになる。なお，人が糸を引く力を T，台と人との間に働く力を N とする。

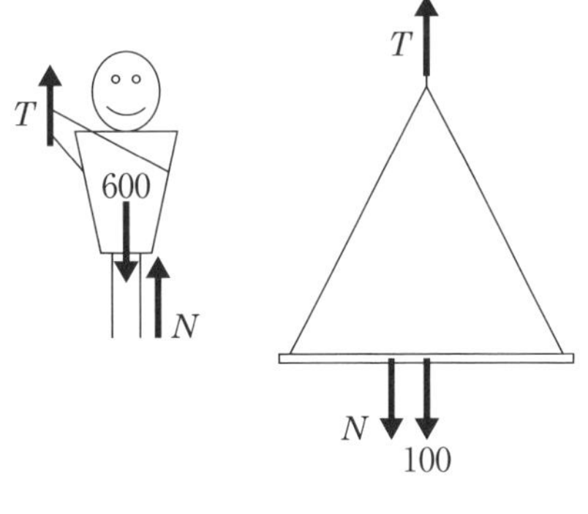

人についての力のつりあいは，

$$T+N=600$$

板（と糸の一部）についての力のつりあいは，

$$T=100+N$$

これを解く。2つの式は辺ごと加えて，

$$2T+N=700+N \qquad \therefore \quad T=350\text{N}$$

設問の図には，「人が引いた」という意味で下向きの矢印が描かれているが，人は糸に引かれるので，上向きの力となる。本試験中に力の向きについて考えるのは混乱のもととなるので，単純に「糸からの力は糸に向かって引く」と覚えるとよい。

また，垂直抗力 N の向きについては，作用，反作用の法則に注意する。

なお，板は床から離れているので，板と床の間の力はない。

さらに，上の解説では，人と板を別々に考えたが，何について考えるのかは考える人の自由である。右図のように，人と板を一体として考えて力のつりあいを考えてもよい。

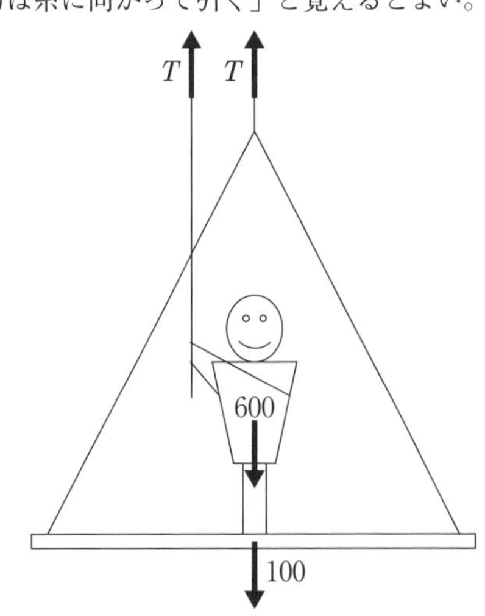

ここからは，

$$2T=600+100$$

$$\therefore \quad T=350\text{N}$$

と求められる。

正答 3

必修問題

図のように，質量 4kg のブロックにロープをかけて，水平方向に対して角度 45° だけ傾けた状態で，徐々に引く力を大きくしていった。ブロックが滑り始めるときの力 F はいくらか。

ただし，静止摩擦係数を 0.6 とし，重力加速度を 10m/s^2 とする。

【国家Ⅱ種・平成12年度】

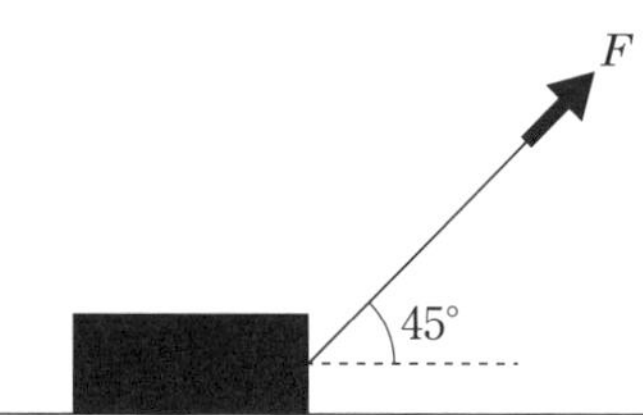

1 $12\sqrt{2}\,\text{N}$
2 $15\sqrt{2}\,\text{N}$
3 $18\sqrt{2}\,\text{N}$
4 $21\sqrt{2}\,\text{N}$
5 $24\sqrt{2}\,\text{N}$

必修問題の解説

摩擦力の練習である。力を図示してつりあい式を立てる，という手順は変わらない。ただし，摩擦の問題では，安易に考えると間違えてしまう。丁寧に式を立てることが大切である。

力を図示すると，次のようになる。

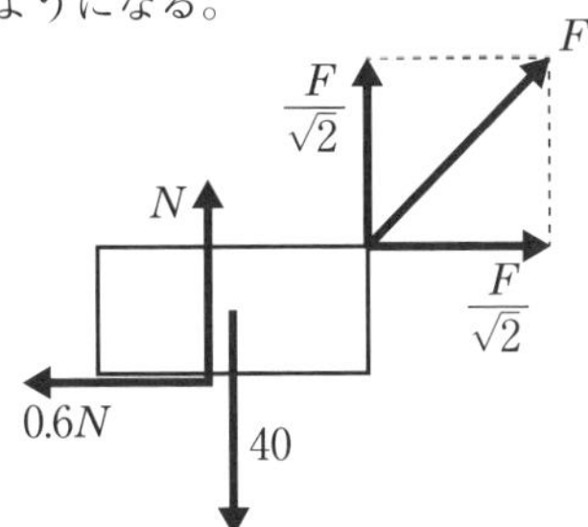

ただし，床からの垂直抗力を N と置いた。静止摩擦係数が 0.6 なので，静止摩擦力の大きさは $0.6N$ となり，右方向に引っ張っていることから，左方向に働くことになる。鉛直方向の力のつりあいより，

$$N + \frac{F}{\sqrt{2}} = 40 \quad \cdots\cdots①$$

滑り始めるときは，水平方向の力と静止摩擦力がつりあうので，

$$\frac{F}{\sqrt{2}} = 0.6N \quad \cdots\cdots②$$

これを解く。

①を N について解き，②に代入して，

$$\frac{F}{\sqrt{2}} = 0.6\left(40 - \frac{F}{\sqrt{2}}\right)$$

$$\therefore \quad F = \frac{24\sqrt{2}}{1.6} = 15\sqrt{2}$$

正答 2

必修問題

図Ⅰのように，２本の糸 a，b（a の長さ：b の長さ ＝１：$\sqrt{2}$）で両端をつるされた，質量 m の剛体の棒がある。この棒の A に別の糸を付け，水平方向に引っ張り，図Ⅱのように，棒が水平，糸 a が垂直，糸 b が水平方向に対して 45°となるように保持した。このときの水平方向に引っ張る力 F として正しいのはどれか。

ただし，重力加速度は g とし，糸の質量は無視できるものとする。

【国家Ⅱ種・平成11年度】

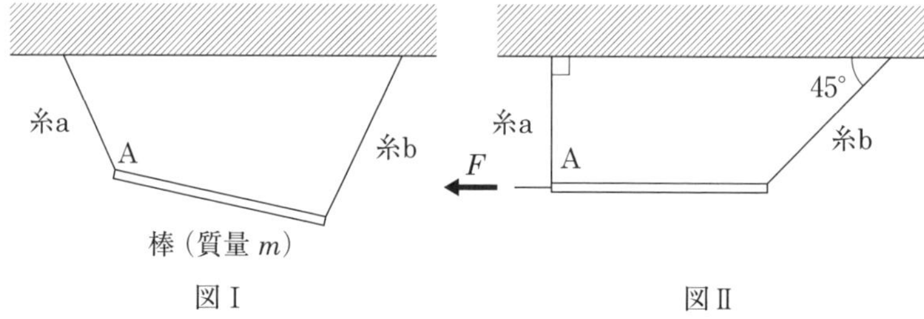

1 $\dfrac{1}{4}mg$

2 $\dfrac{\sqrt{2}}{4}mg$

3 $\dfrac{1}{2}mg$

4 $\dfrac{\sqrt{2}}{2}mg$

5 mg

必修問題の解説

モーメントのつりあいの練習である。モーメントのつりあいが入ってきても，力を図示することに違いはない。なお，解法❷は意図的な方法である。モーメント中心の決め方をどう考えているのか注意しよう。

解法❶　力，モーメントのつりあいを通常どおり立てる

棒の長さを l とする。このとき，棒に加わる力を図示すると，次のようになる。ただし，糸 a の張力を T_a，糸 b の張力を T_b とし，T_b は水平方向と鉛直方向に分けた。

鉛直方向の力のつりあいより，

$$T_a + \frac{T_b}{\sqrt{2}} = mg \quad \cdots\cdots①$$

水平方向の力のつりあいより，

$$F = \frac{T_b}{\sqrt{2}} \quad \cdots\cdots②$$

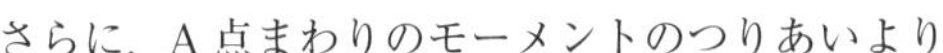

さらに，A 点まわりのモーメントのつりあいより，

$$mg \times \frac{l}{2} = \frac{T_b}{\sqrt{2}} \times l \quad \cdots\cdots③$$

以上の 3 式を解く。

③式より，

$$T_b = \frac{\sqrt{2}}{2}mg$$

②式に代入して，

$$F = \frac{1}{2}mg$$

解法❷　モーメント中心を決めて，モーメントのつりあいから立てる

力を図示するところまでは解法❶と同じである。ここで，図のような位置（T_a と T_b の作用線の交点）に，回転中心をとる。

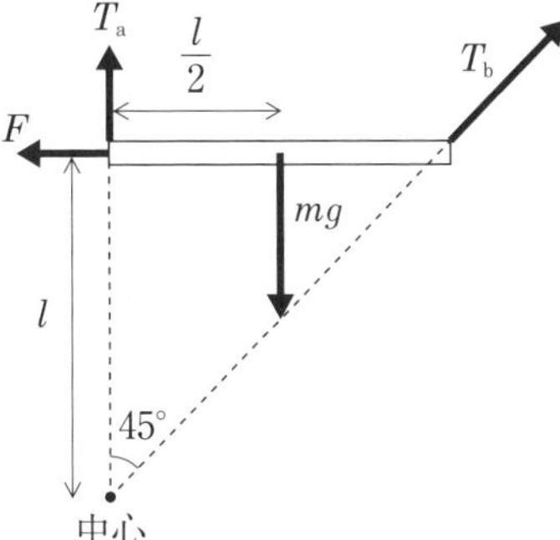

中心まわりのモーメントのつりあいより，

$$F \times l = mg \times \frac{l}{2}$$

したがって，

$$F = \frac{1}{2}mg$$

正答 3

重要ポイント 1 力のつりあいの立て方

この章では，物体が静止している場合を考える。ここで考えたいことは，物体が静止しているときに，物体にはどのような力が加わっているのかということである。静止しているためには，力がつりあう必要がある。たとえば，下の図の場合，もしこの状態で物体が静止したままなら，力 F は左の力とつりあうために 20N になる。これと同じことを行いたいのである。

そのために，次の手順をとる。
①物体を１つ決めて書き抜く。
②力を図示する。
③力を縦横（直交２方向）に分解する。
④力のつりあい式を立てる。
これらを一つ一つ見ていく。

重要ポイント 2 摩擦力

接触力のうち，接触している面と垂直な方向の力を**垂直抗力**，平行な方向の力を**摩擦力**という。垂直抗力は力のつりあいによって決まる力なので，文字を決めておいて，つりあい式から求める。

一方，摩擦力は状況に応じて次の３段階に分けられる。

名称	場合	大きさ	方向
静止摩擦力	静止しているとき	つりあいから求める	
最大静止摩擦力	滑り出すとき	μN	滑りと逆
動摩擦力	滑っているとき	$\mu' N$	滑りと逆

ただし，μ：静止摩擦係数，μ'：動摩擦係数，N：垂直抗力である。
なお，設問中に「滑らか」と記述されている場合には，摩擦力はない。

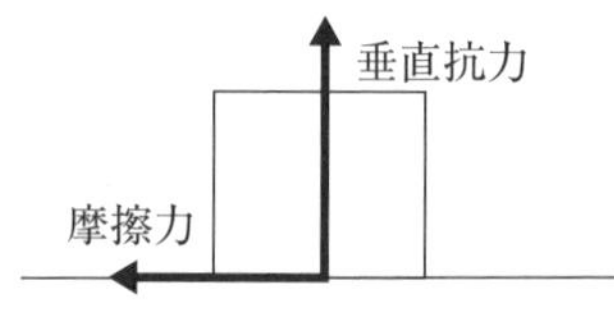

重要ポイント3 モーメントのつりあい

力がつりあえば物体は全体としては移動しない。しかし，その場で回転する可能性はある。そこで，回転もせずに完全に静止する場合，回転の原因となる力の作用もつりあっていなければならない。この「回転の原因となる力の作用」のことを**力のモーメント**という。力のモーメントの大きさは次のように計算される。

力のモーメント M

$M = F \times r$

（F：力，r：中心と作用線の距離）

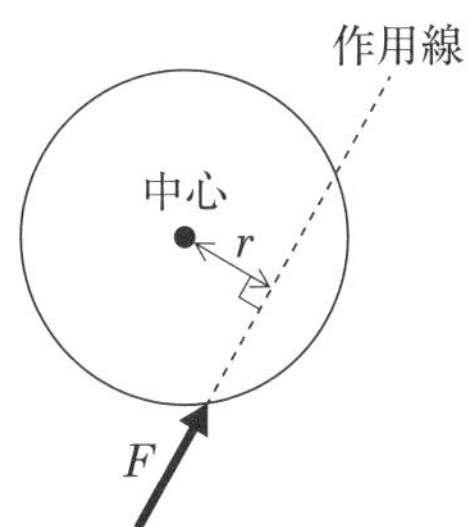

一方，力のモーメントの向きは，中心に対して時計回りか反時計回りかで決める。

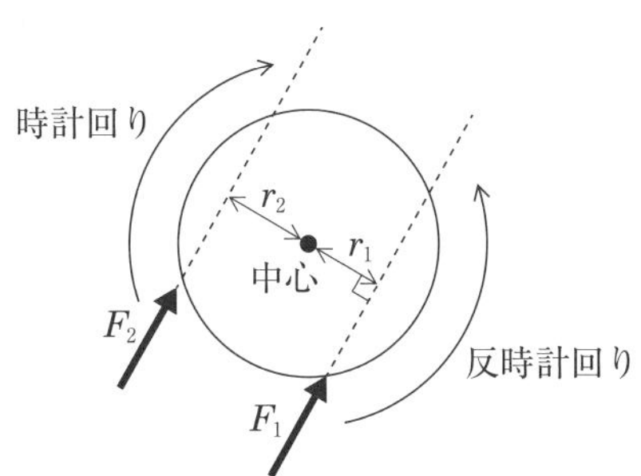

結果的に，回転せずに静止しているときには，

（時計回りのモーメント） ＝ （反時計回りのモーメント）

が成り立つ。

モーメントのつりあいを考えるうえで大切なことは，モーメントの中心をどこにとるのかということである。静止している以上，どこを中心にしても回転は0なので，静止しているときにはどこに中心をとってもかまわない。

重要ポイント 4 静水圧と浮力

(1)静水圧の公式

水面からの深さが h のとき，水の密度を ρ，重力加速度を g として，静水圧 P は次の公式で表される。

$$P = \rho gh$$

静水圧の方向は，物の面を垂直に押す方向である。結果的に，面の向きに合わせてあらゆる方向に同じ大きさで働くことになる。

液体は，同じ高さで同じ圧力でないと，圧力の高いほうから低いほうへと移動していく。したがって，1 種類のつながった液体では，同じ高さであれば同じ水圧となる。

(2)浮力

液体 ρ の液体中に浮いている物体には，次に大きさの鉛直上向きの浮力 F が働く。

$$F = \rho gV$$

ただし，V は水中に沈んでいる部分の体積である。

なお，浮力はもともとは水圧の合力である。したがって，水圧と浮力を両方同時に考えてはいけない。

実戦問題

No.1 図のように，質量 M，長さ $3l$ の一様な剛体棒の両端にそれぞれ長さ $2l$ の伸縮しない糸を結び付け，天井からつり下げた。天井におけるこの２つの糸の間隔が l であり，かつ，剛体棒が水平な状態でつり下げられたとすると，糸にかかる張力はいくらか。

ただし，重力加速度を g とする。また，糸の質量は無視できるものとする。

【国家Ⅱ種・平成15年度】

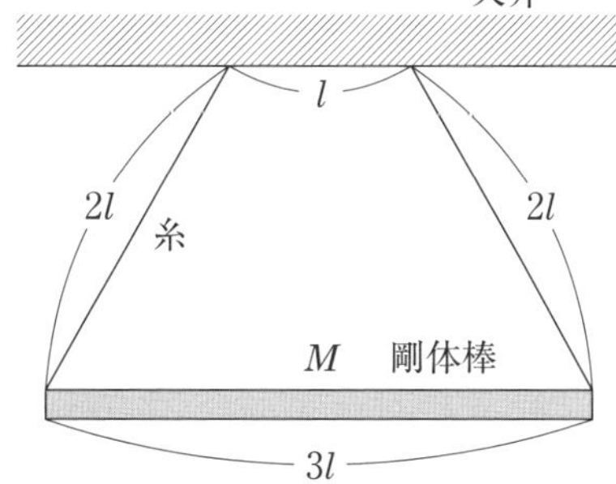

1 $\frac{1}{2}Mg$　**2** $\frac{\sqrt{3}}{3}Mg$

3 $\frac{\sqrt{2}}{2}Mg$　**4** $\frac{\sqrt{3}}{2}Mg$

5 $\frac{2\sqrt{3}}{3}Mg$

No.2 水平面と θ の角度をなす滑らかな斜面上に，質量 M の物体がある。次の a，b，c の場合について，物体が滑り落ちないために必要最小限の力の大きさを表している組合せはどれか。

ただし，$0° < \theta < 45°$ であり，重力加速度は g とする。

【労働基準監督Ｂ・平成14年度】

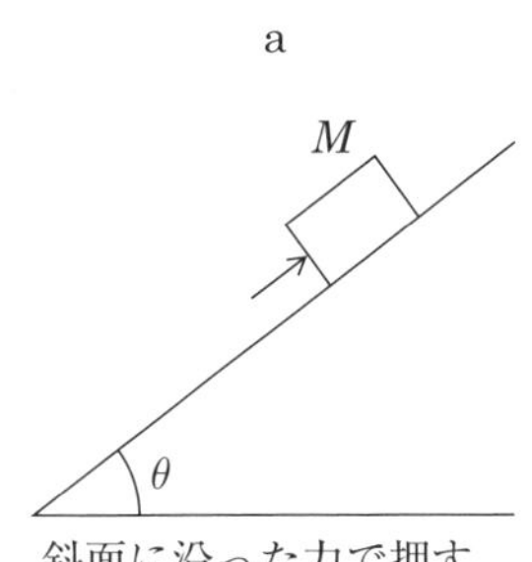

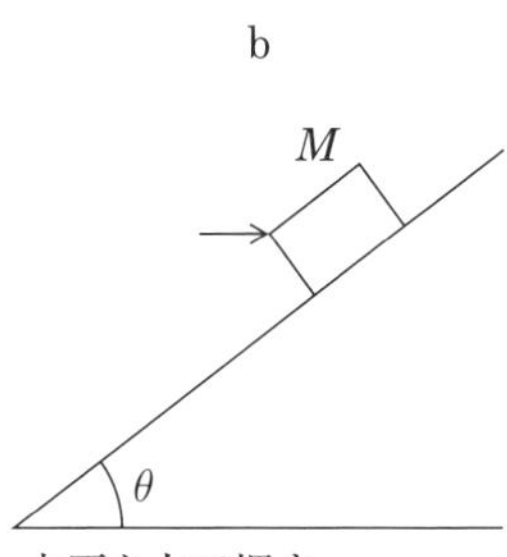

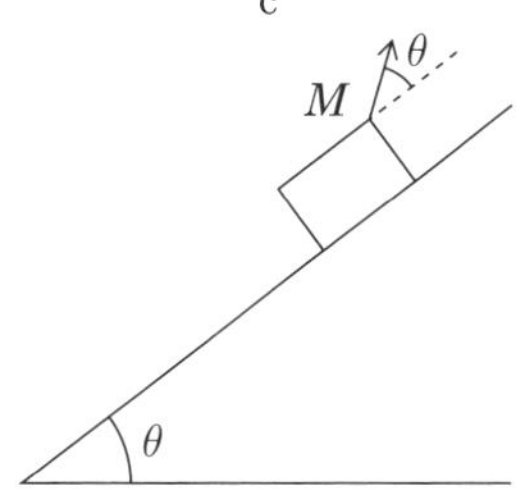

斜面に対し上方に θ の角度で引っ張る

	a	b	c
1	$Mg\sin\theta$	$Mg\tan\theta$	$Mg\tan\theta$
2	$Mg\sin\theta$	$Mg\cos\theta$	$Mg\tan\theta$
3	$Mg\cos\theta$	$Mg\sin\theta$	$Mg\cos\theta$
4	$Mg\cos\theta$	$Mg\tan\theta$	$Mg\sin\theta$
5	$Mg\tan\theta$	$Mg\sin\theta$	$Mg\cos\theta$

No.3 図のように，水平な机の上に置かれている質量 M の物体 A を，軽い糸とばね定数 k のばねを使って質量 m の物体 B とつなぎ，滑らかな滑車を通して，物体 B を静止させた。このときのばねの伸びとして最も妥当なのはどれか。

ただし，$M > m$ とし，重力加速度を g とする。　【国家Ⅱ種・平成21年度】

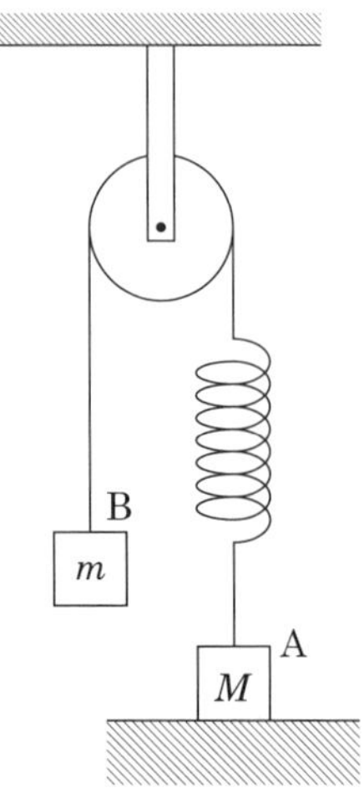

1 $\dfrac{(M+m)}{k}g$

2 $\dfrac{(M+m)}{2k}g$

3 $\dfrac{(M-m)}{k}g$

4 $\dfrac{Mg}{k}$

5 $\dfrac{mg}{k}$

No.4 下図のように，定滑車，動滑車，ワイヤーを用いて物体A，Bを天井からつるしたところ，つりあって静止した。物体Aの質量が15kgであるとき，物体Bの質量として，正しいのはどれか。

ただし，ワイヤーは伸び縮みせず，定滑車，動滑車，ワイヤーのそれぞれの質量および摩擦は無視する。【東京都Ⅰ類B教養・平成24年度】

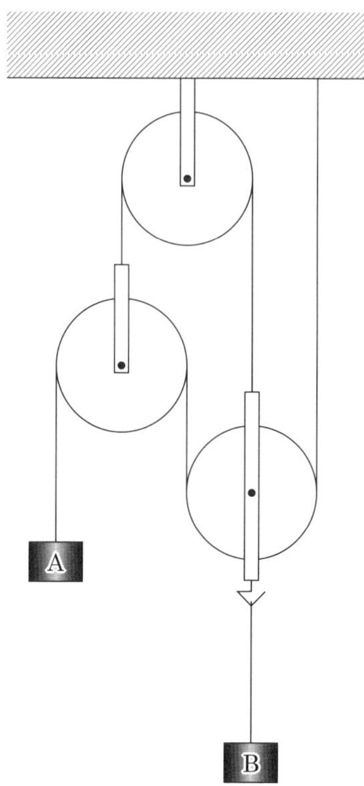

1 15kg
2 30kg
3 45kg
4 60kg
5 75kg

No.5 質量 10kg の物体が水平な台の上に静止した状態で置かれている。この物体に 20N の力を水平方向に加え続けたときの摩擦力はおよそいくらか。

ただし，物体の底面は常に台に接しているものとし，台と物体の間の静止摩擦係数を 0.50，動摩擦係数を 0.10，重力加速度の大きさを 10m/s^2 とする。

【国家一般職・平成28年度】

1 10N　**2** 20N
3 30N　**4** 40N
5 50N

No.6 角度 θ の粗い斜面上に質量 M の物体が載っている。この物体に，斜面に沿って下方に力 F を加えたところ，物体が動き出した。このような F の範囲を過不足なく表しているのはどれか。

ただし，物体と斜面の間の静止摩擦係数を μ，重力加速度の大きさを g とする。

【地方上級・平成24年度】

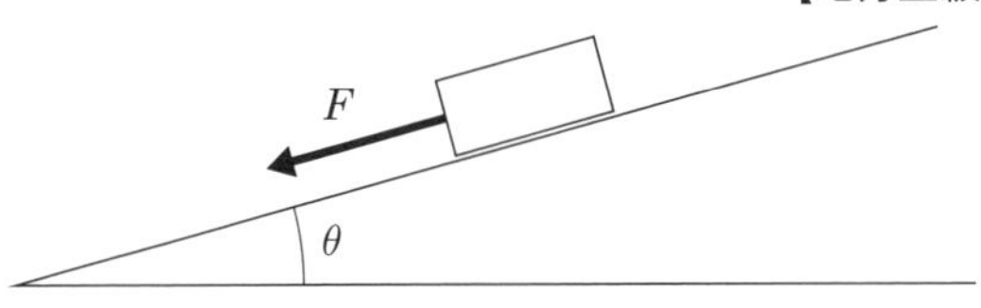

1 $F \geqq \mu Mg$　**2** $F \geqq (\mu - \cos\theta)Mg$
3 $F \geqq (\mu + \cos\theta)Mg$　**4** $F \geqq (\mu\cos\theta - \sin\theta)Mg$
5 $F \geqq (\mu\cos\theta + \sin\theta)Mg$

No.7 図のように，質量 200kg のブロック A が水平面上にあり，この上に質量 50kg の別のブロック B が載っている。B は，図に示すように垂直壁に水平のひもで結ばれている。A と水平面，A と B の接触面の静止摩擦係数をともに $\mu = 0.3$ とすれば，A が滑り出すときの図の右方向の水平力 F はいくらか。

ただし，重力加速度を 10m/s^2 とする。　【国家Ⅱ種・平成９年度】

1 700N
2 750N
3 800N
4 850N
5 900N

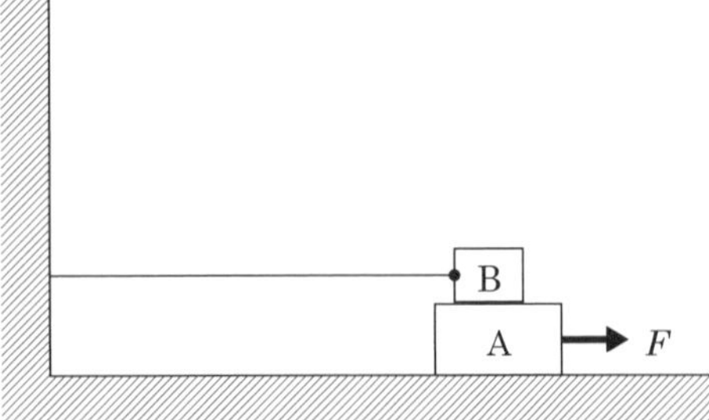

No.8 図のように，重量 W，長さ L の剛体棒の右端Aに糸を結び，糸のもう一方を壁のC点に固定している。いま，剛体棒の左端Bを徐々に壁に沿って上げていくと，剛体棒と壁のなす角度が90°で糸と壁のなす角度が60°のとき，摩擦により剛体棒は滑らず突っ張ったまま止まった。壁と剛体棒の間の静止摩擦係数はいくらか。

ただし，糸の質量は無視できるものとする。【国家Ⅱ種（機械）・平成12年度】

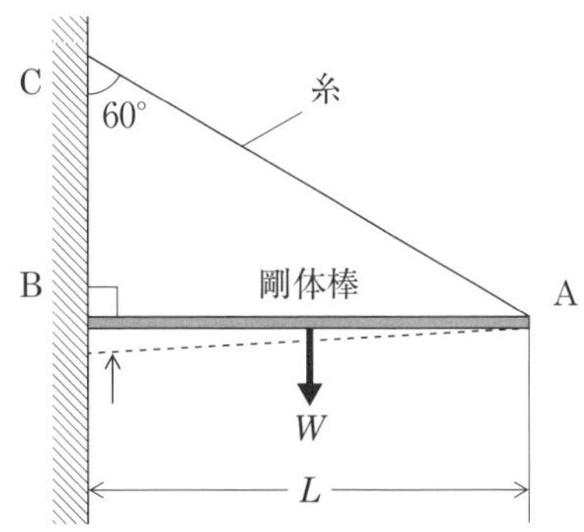

1 $\frac{\sqrt{2}}{2}$

2 $\frac{\sqrt{2}}{3}$

3 $\frac{\sqrt{3}}{3}$

4 $\frac{\sqrt{3}}{4}$

5 $\frac{\sqrt{3}}{6}$

No.9 一様な長さ l，質量 m の棒がひもで一端を支えられてつり下げられている。他端を水平に引っ張ったところ，ひもが水平方向となす角度が60°になった。このとき，図の $\tan\theta$ として正しいのはどれか。【地方上級・平成21年度】

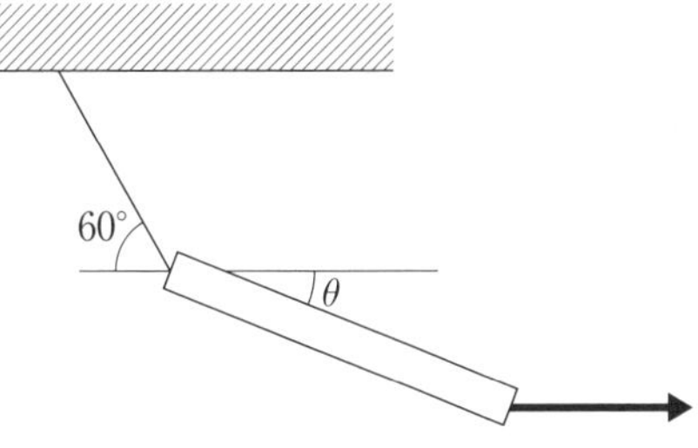

1 $\frac{\sqrt{2}}{2}$

2 $\frac{\sqrt{3}}{2}$

3 $\frac{\sqrt{2}}{3}$

4 $\frac{1}{2}$

5 $\sqrt{3}$

No.10 図のように，水平な台の上に固定された半円柱に，太さ，密度が一様で，質量 m，長さ l の棒が立て掛けられた状態で静止している。このとき，棒が半円柱から受ける抗力 N はいくらか。

ただし，棒は，点 A で半円柱と接し，点 B で水平な台と接しており，AB 間の長さを $\frac{3}{4}l$ とする。また，半円弧の中心を点 O としたとき，$\angle ABO = \theta$ とし，重力加速度を g とする。 【国家Ⅱ種・平成16年度】

1 $\frac{3}{8}mg\sin\theta$

2 $\frac{3}{4}mg\sin\theta$

3 $\frac{3}{8}mg\cos\theta$

4 $\frac{1}{2}mg\cos\theta$

5 $\frac{2}{3}mg\cos\theta$

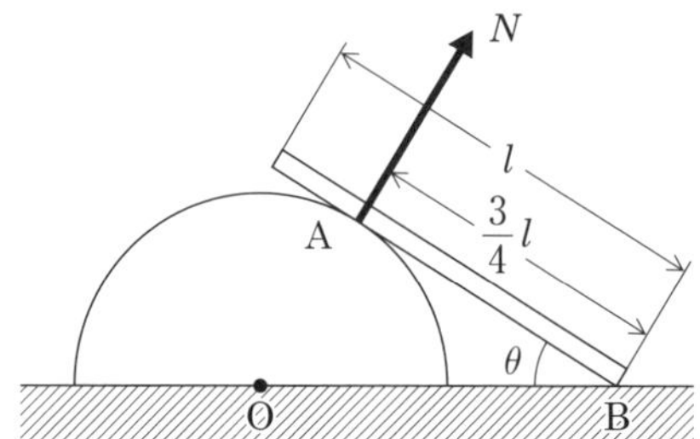

No.11 図のように，質量 M の剛体の円盤がその中心軸を鉛直壁と地面に対して水平に保ちながら，A 点を鉛直な粗い壁に当てた状態で，円の円周上の一点 B に糸を付けて A 点の真上の C 点で引っ張られ静止している。糸と壁のなす角が θ のとき，A 点における垂直反力 N の値として正しいのはどれか。

ただし，重力加速度は g とする。 【国家Ⅱ種・平成13年度】

1 $(1+\sin\theta)Mg$

2 $\frac{1+\sin\theta}{\cos\theta}Mg$

3 $\frac{\tan\theta}{1+\cos\theta}Mg$

4 $\frac{\cos\theta}{1+\sin\theta}Mg$

5 $\frac{\sin\theta}{1+\cos\theta}Mg$

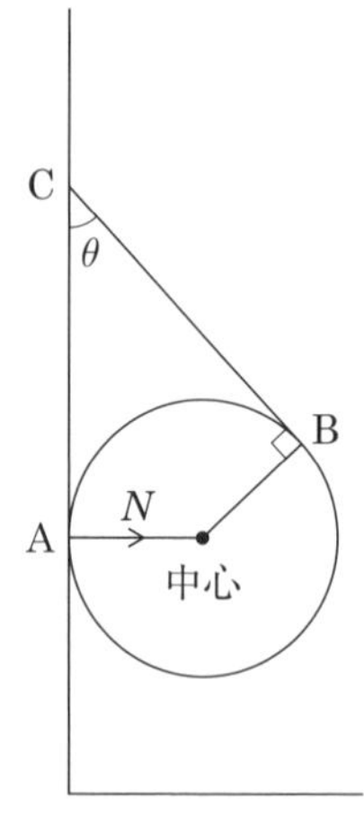

No.12 水平な地面に長さ 50cm，質量 2.5kg の太さが一様でない細い棒が置かれている。

いま，図Ⅰのように，棒の一端Aに糸を付け，他端Bを地面に付けたまま糸を鉛直上向きに引っ張り，棒を持ち上げたところ，糸の張力は 15N であった。

次に，図Ⅱのように，この棒の一端Bに糸を付け，他端Aを地面に付けたまま糸を鉛直上向きに引っ張り，棒を持ち上げたところ，糸の張力 T の大きさはいくらか。

ただし，重力加速度を 10m/s^2 とする。　【国家Ⅱ種・平成20年度】

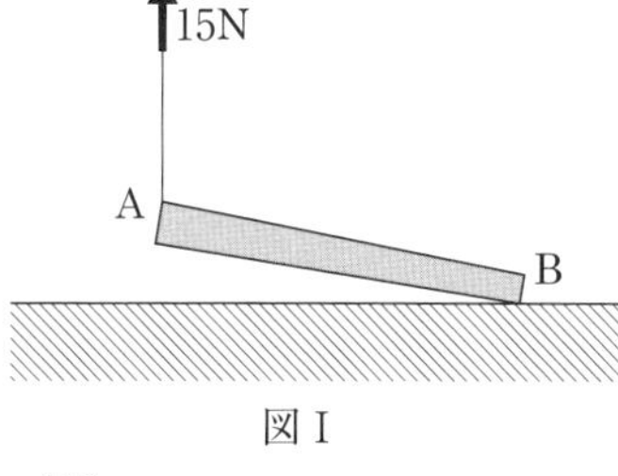

図Ⅰ

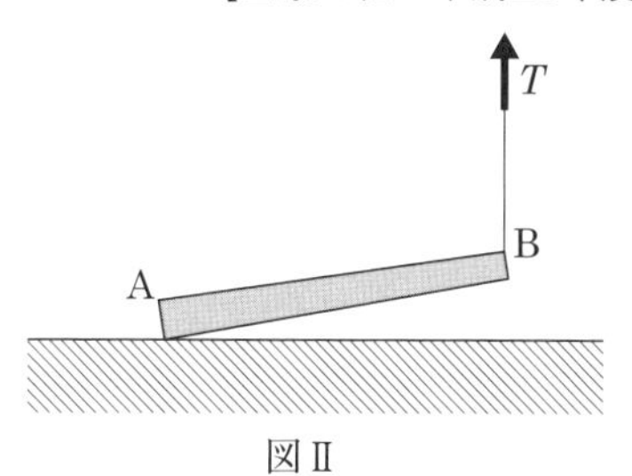

図Ⅱ

1　4N
2　6N
3　8N
4　10N
5　12N

No.13 図のように，前輪と後輪の中心間隔が 9.0m のトラックがある。このトラックは空荷の状態の質量が 6,000kg で，前輪に 40kN，後輪に 20kN の荷重がかかっている。

質量 3,000kg の荷物を前後の車輪が同じ荷重になるように積むにはどこに積めばよいか。

ただし，重力加速度を 10m/s^2 とする。　【国家Ⅱ種・平成10年度】

1　前輪より後方 6.0m の位置
2　前輪より後方 6.5m の位置
3　前輪より後方 7.0m の位置
4　前輪より後方 7.5m の位置
5　前輪より後方 8.0m の位置

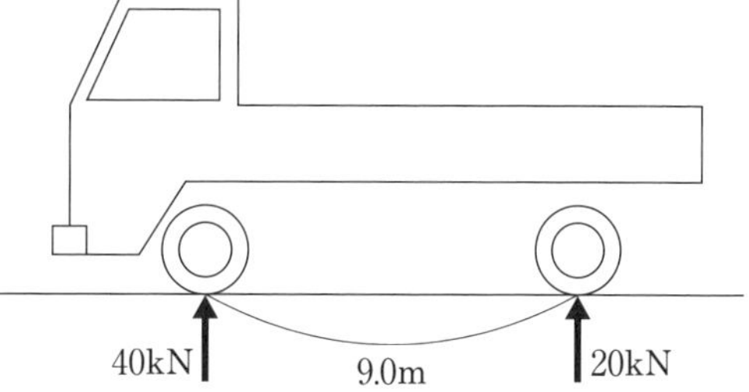

No.14 壁に質量 10kg，長さ 5m の真っ直ぐな棒を立てかける。摩擦力は，壁と棒の間にはなく，床と棒の間の静止摩擦係数は 0.6 である。棒と壁の間の角度を小さくしていくとき，棒が滑らない最小の角度を θ_0 とするとき，$\tan\theta_0$ の値はいくらか。 【地方上級・平成23年度】

1 0.6
2 0.8
3 1.0
4 1.2
5 1.4

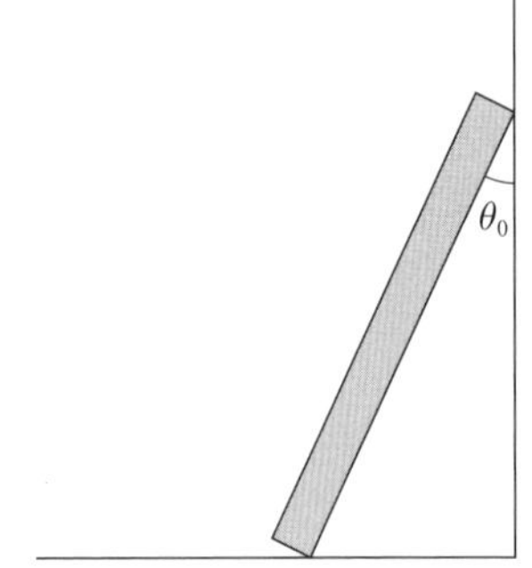

No.15 質量が M の一様な棒を滑らかで鉛直な壁と粗い床の上に置いたところ，角度 θ を保ったまま静止した。このとき，壁から棒が受ける垂直抗力はいくらか。

ただし，重力加速度を g とする。 【地方上級・平成26年度】

1 $\tan\theta Mg$

2 $\dfrac{1}{\tan\theta}Mg$

3 $\dfrac{1}{2\sin\theta}Mg$

4 $\dfrac{1}{2\tan\theta}Mg$

5 $2\tan\theta Mg$

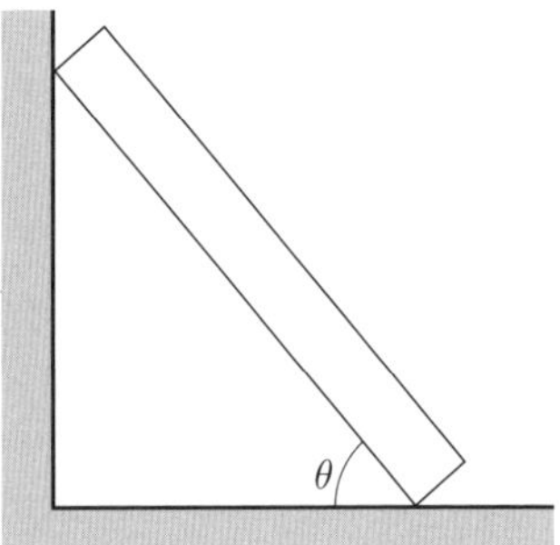

No.16 図のように，粗い水平な床の上から，はしご（長さ 5m，質量 M〔kg〕）を鉛直で滑らかな壁に立て掛けた。体重 $2M$〔kg〕の人がはしごを静かに登り始め，はしごの下端から距離 x〔m〕に到達したとき，はしごが滑り出した。はしごを一様な細い棒と考えた場合，x の値として最も妥当なのはどれか。

ただし，床とはしごの静止摩擦係数を μ とし，人の重さは，はしご上の一点にかかるものとする。【国家総合職・平成29年度】

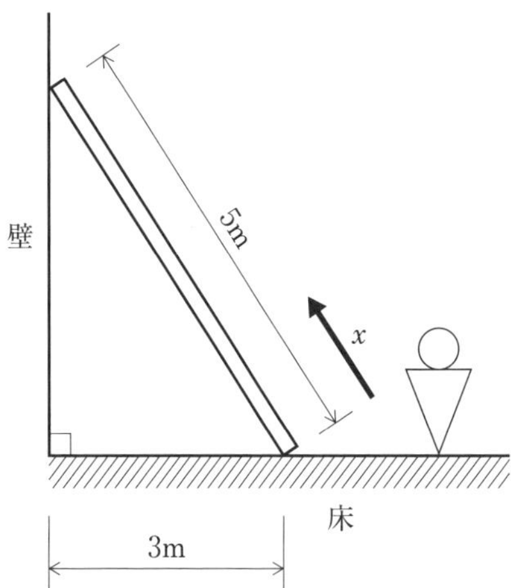

1 5μ

2 $\frac{20}{3}\mu$

3 $\frac{15}{2}\mu-\frac{5}{4}$

4 $10\mu-\frac{5}{4}$

5 15μ

No.17 図のように，長さ $3l$ の棒Ⅰの端Bを粗い水平面上に置き，高さ l の位置に設置された滑らかな棒Ⅱに対し直交するように立て掛けた。

いま，棒Ⅰを棒Ⅱに立て掛けた状態を保持したうえで，棒Ⅰの端Bを図の矢印の方向に移動させたところ，棒Ⅰと水平面とのなす角度が30°のときに，棒Ⅰが滑り出す限界のつりあい状態となった。このとき，棒Ⅰの端Bと水平面との間の静止摩擦係数はいくらか。

ただし，棒Ⅰの重心は両端A，B間の中点にあるものとする。

【国家Ⅱ種・平成14年度】

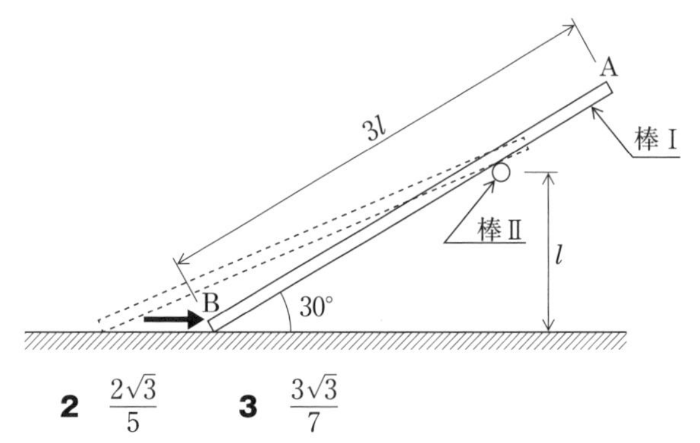

1 $\frac{2\sqrt{3}}{7}$ **2** $\frac{2\sqrt{3}}{5}$ **3** $\frac{3\sqrt{3}}{7}$

4 $\frac{3\sqrt{3}}{5}$ **5** $\frac{5\sqrt{3}}{7}$

No.18 長さ20cmの針金を垂直に折り曲げて12cmと8cmのL字型にして図のように糸でつるしたところ，12cmの部分が水平に保ってつりあった。x はいくらか。

【地方上級・平成20年度】

1 6.8cm
2 7.2cm
3 7.6cm
4 8.0cm
5 8.4cm

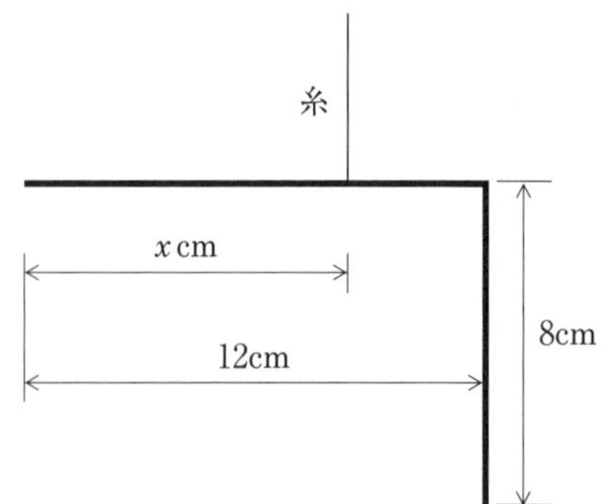

No.19 **断面積がそれぞれ S_1, S_2, S_3 ($S_2 > S_1$) の3つのシリンダを管で連結して水を入れ，3つの滑らかに動く軽いピストンを介して水面に力を作用させられるように密封した。図のように，各ピストンにそれぞれ鉛直下向きの力 F_1, F_2, F_3 を作用させたところ，水面の高さがそれぞれ h_1, h_2, h_2 ($h_2 < h_1$) となって静止した。このとき，F_1, F_2, F_3 の大小関係として最も妥当なのはどれか。**
ただし，各ピストンにかかる大気圧は等しいものとする。

【国家一般職・令和２年度】

1 $F_1 < F_2 = F_3$
2 $F_1 < F_2 < F_3$
3 $F_2 < F_1 < F_3$
4 $F_2 = F_3 < F_1$
5 $F_3 < F_1 < F_2$

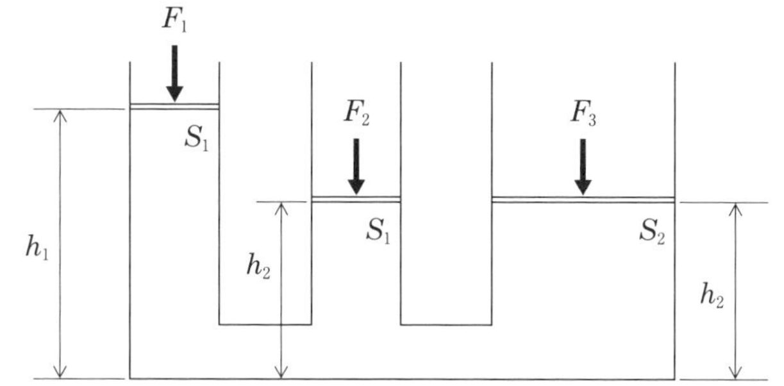

No.20 **浮力に関する次の文章中の㋐，㋑に当てはまる式として正しいのはどれか。**

【地方上級・平成30年度】

「体積 V の物体を水の密度を ρ の水中に入れて静かに手を離したところ，体積 V_0 だけ水面の下に沈んだ状態で浮いた。このとき物体の密度は［ ㋐ ］である。また，この物体に鉛直下向きに力を加えて全体がちょうど水面下に沈むようにするとき，加える力の大きさは［ ㋑ ］である。
ただし，重力加速度を g とする」

	㋐	㋑
1	$\rho\dfrac{V_0}{V}$	$\rho(V-V_0)g$
2	$\rho\dfrac{V_0}{V}$	ρVg
3	$\rho\dfrac{V_0}{V}$	$\rho V_0 g$
4	$\rho\dfrac{V}{V_0}$	$\rho(V-V_0)g$
5	$\rho\dfrac{V}{V_0}$	ρVg

実戦問題 の 解説

No.1 の解説　力のつりあい

→問題は P.205

左右対称なので，糸の張力は2本とも同じになる。また，糸と棒のなす角度は，長さの関係から60°であるとわかる。そこで，糸の張力を T として力を図示すると，次のようになる。

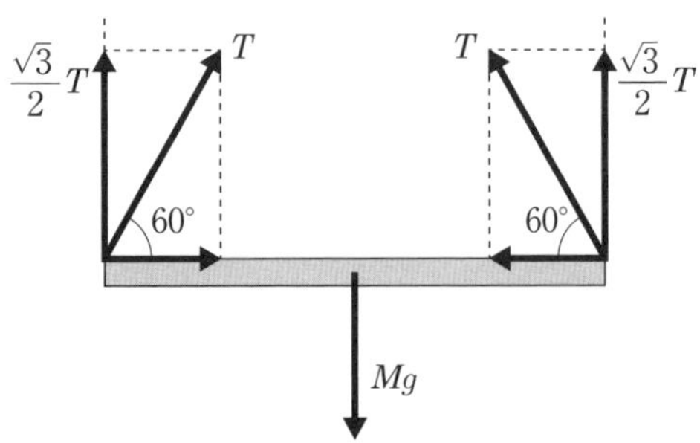

鉛直方向の力のつりあいより，

$$\frac{\sqrt{3}}{2}T \times 2 = Mg$$

$$\therefore \quad T = \frac{\sqrt{3}}{3}Mg$$

以上より，正答は **2** となる。

No.2 の解説　斜面上の物体の力のつりあい

→問題は P.205

それぞれについて，力を図示すると下図のようになる。なお，斜面と物体との間の垂直抗力を N とし，求める力をそれぞれ F_a，F_b，F_c とする。

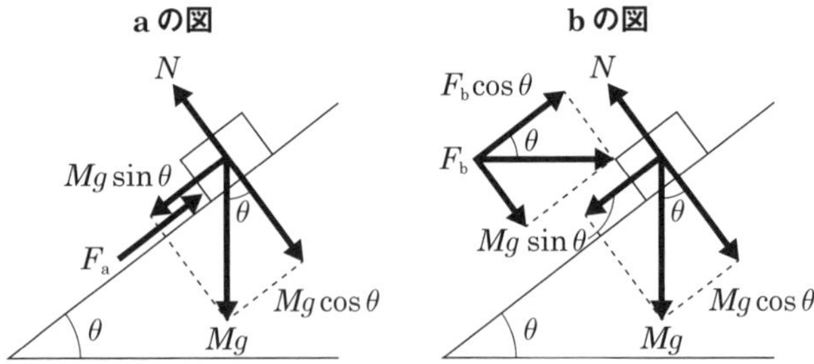

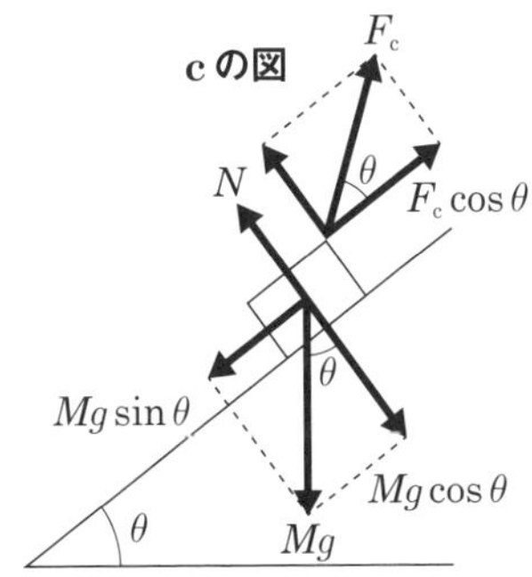

いずれも斜面方向の力のつりあいを考える。

a について，

$F_a = Mg\sin\theta$

b について，

$F_b\cos\theta = Mg\sin\theta$

$\therefore\quad F_b = Mg\tan\theta$

c について，

$F_c\cos\theta = Mg\sin\theta$

$\therefore\quad F_c = Mg\tan\theta$

以上より，正答は **1** となる。

No.3 の解説　ばねがある場合の力のつりあい

→問題は P.206

ばねの両側に糸が結び付けられているので，糸にはばねの力がそのまま伝わる。そこで，ばねの伸びを x と置くと，糸の張力 T は，

$T = kx$

となる。

ここで，B についてみる。B を書き抜いて力を図示すると右のようになる。

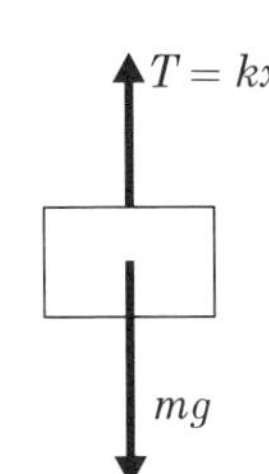

したがって，力のつりあいから，

$kx = mg$

$\therefore\quad x = \dfrac{mg}{k}$

以上より，正答は **5** となる。

No.4 の解説　力のつりあい

→問題は P.207

重力加速度を 10m/s^2 として考える。左下図において，太線が 1 本の糸，点線が別の 1 本の糸であることを確認する。このうち，太線の糸は A とつながっているため（A についての力のつりあいを考えれば），糸の張力は 150N である。そこで，破線の糸の張力を T，求める B の重力を W とすると，右下図のように，2 つの動滑車について，別々に力のつりあいを立てて，

$$T = 150 + 150 = 300\text{N}$$

$$W = T + 150 + 150 = 600\text{N}$$

となる。したがって，求める B の質量は 60kg である。

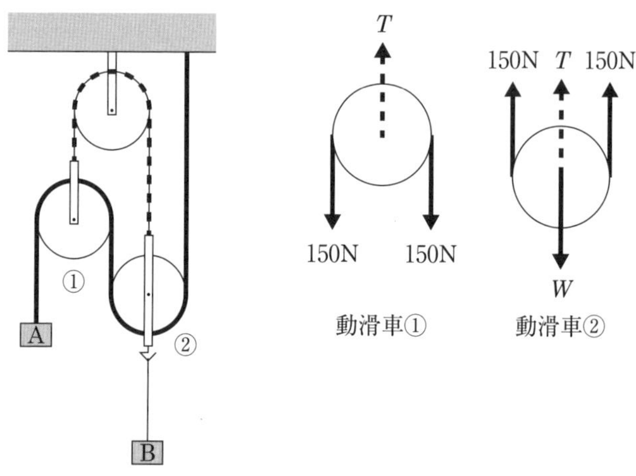

以上より，正答は **4** となる。

No.5 の解説　摩擦力

→問題は P.208

物体が台から受ける垂直抗力を N，摩擦力を R として力を図示すると，次のようになる。

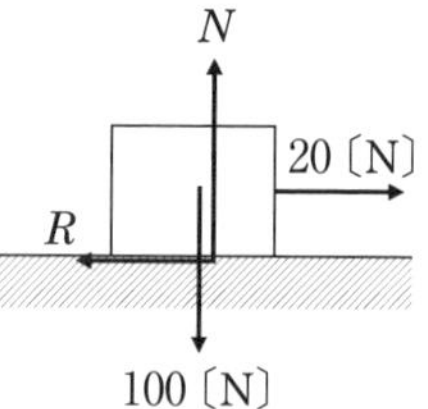

鉛直方向の力のつりあいより，

$$N = 100$$

水平方向の力のつりあいより，

$$R = 20 \leqq 0.5 \times N = 50$$

したがって，物体は滑っておらず，求める摩擦力は 20N である。

以上より，正答は **2** となる。

No.6 の解説 斜面と摩擦力

→問題は P.208

下図のように力を置く。ただし，垂直抗力を N，摩擦力を R とする。斜面垂直方向の力のつりあいより，

$$N = Mg\cos\theta$$

また，斜面方向の力のつりあいより，

$$R = F + Mg\sin\theta$$

ここで，物体が動き出す条件は，$R \geqq \mu N = \mu Mg\cos\theta$ なので，

$$F \geqq \mu Mg\cos\theta - Mg\sin\theta = (\mu\cos\theta - \sin\theta)Mg$$

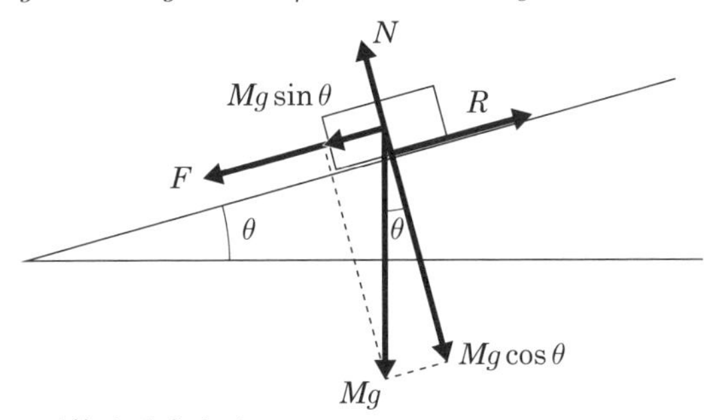

以上より，正答は **4** となる。

No.7 の解説 摩擦力

→問題は P.208

糸の張力を T，A と B の間の垂直抗力を N_1，A と床との間の垂直抗力を N_2 とすると，力は次のとおりになる。

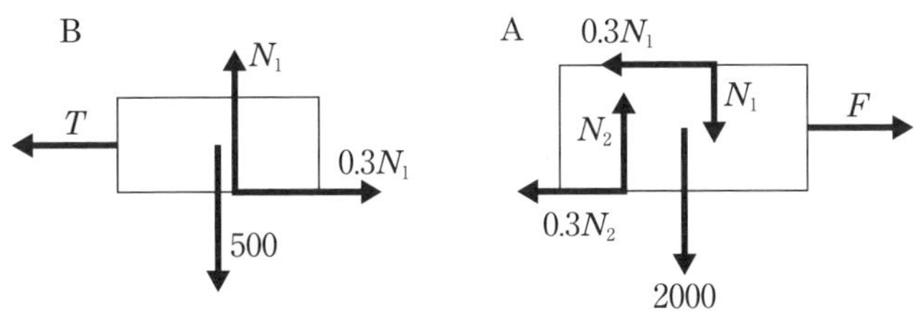

B についての鉛直方向の力のつりあいより，

$$N_1 = 500$$

A についての鉛直方向の力のつりあいより，

$$N_2 = N_1 + 2000 = 2500$$

したがって，A についての水平方向の力のつりあいより，

$$F = 0.3N_1 + 0.3N_2 = 900$$

以上より，正答は **5** となる。

No.8 の解説　モーメントのつりあい

→問題は P.209

力を図示すると次のようになる。ただし，Tを糸の張力，Nを壁からの垂直抗力とする。

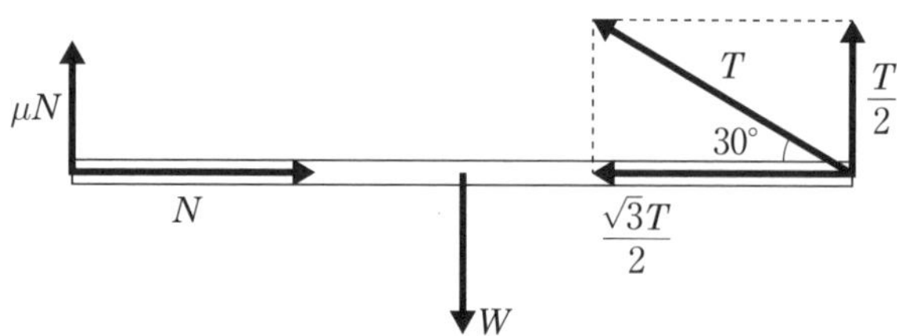

鉛直方向の力のつりあいより，

$$\mu N + \frac{T}{2} = W$$

水平方向の力のつりあいより，

$$N = \frac{\sqrt{3}}{2}T$$

右端まわりのモーメントのつりあいより，

$$W \times \frac{L}{2} = \mu N \times L$$

以上を解く。モーメントのつりあいより，

$$\mu N = \frac{1}{2}W$$

これを鉛直方向のつりあいに代入して，

$$T = W$$

したがって，

$$N = \frac{\sqrt{3}}{2}W$$

これより，

$$\mu = \frac{W}{2N} = \frac{1}{\sqrt{3}} = \frac{\sqrt{3}}{3}$$

以上より，正答は **3** となる。

No.9 の解説　モーメントのつりあい

→問題は P.209

解法❶　通常どおりモーメントのつりあいを立てる

棒に加わる力を図示する。上側の糸の張力を T，水平になっている糸の張力を F とすると，図のようになる。

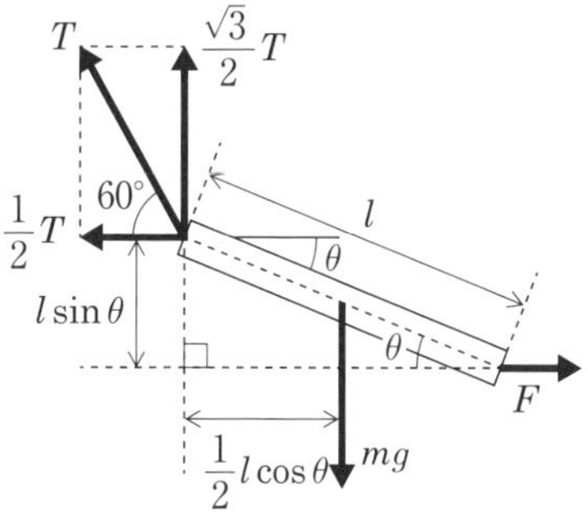

水平方向の力のつりあいより，

$$\frac{1}{2}T = F$$

鉛直方向の力のつりあいより，

$$\frac{\sqrt{3}}{2}T = mg$$

棒の左端まわりのモーメントのつりあいより，

$$F \times l\sin\theta = mg \times \frac{1}{2}l\cos\theta$$

最初の2つの式より，

$$T = \frac{2}{\sqrt{3}}mg,\quad F = \frac{1}{2}T = \frac{1}{\sqrt{3}}mg$$

これをモーメントのつりあいの式に代入して，

$$\tan\theta = \frac{\sin\theta}{\cos\theta} = \frac{mg}{2F} = \frac{\sqrt{3}}{2}$$

解法❷　3力のつりあいに注目する

解法❶と同じように棒に加わる力を図示する。なお，便宜上，力 F の作用線の長さの一部を図のように a と置いている。

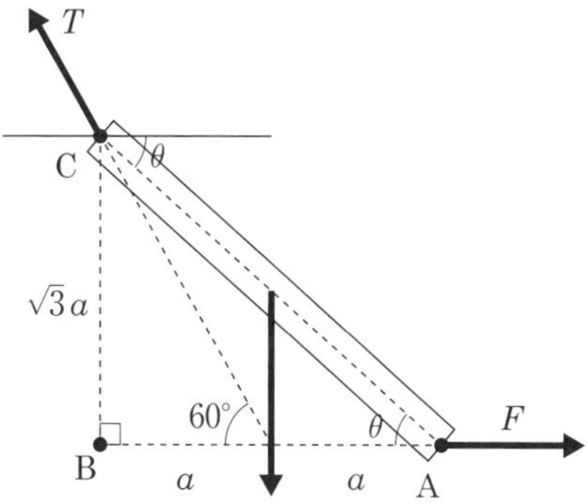

このとき，図の直角三角形ABCについて，

$$\tan\theta = \frac{\sqrt{3}a}{2a} = \frac{\sqrt{3}}{2}$$

以上より，正答は**2**となる。

なお，この解法では，3つの平行ではない力がつりあうとき，3つの力の作用線が1点で交わることを利用している。

No.10 の解説　モーメントのつりあい

→問題は P.210

棒に加わる力を図示する。設問中に「滑らか」というような摩擦がないという記述がないため，摩擦があるものとして図示すれば，円からの垂直抗力 N，円からの摩擦力 R，床からの垂直抗力 N'，床からの摩擦力 R' に重力 mg ですべての力となる。これは図のようになる。

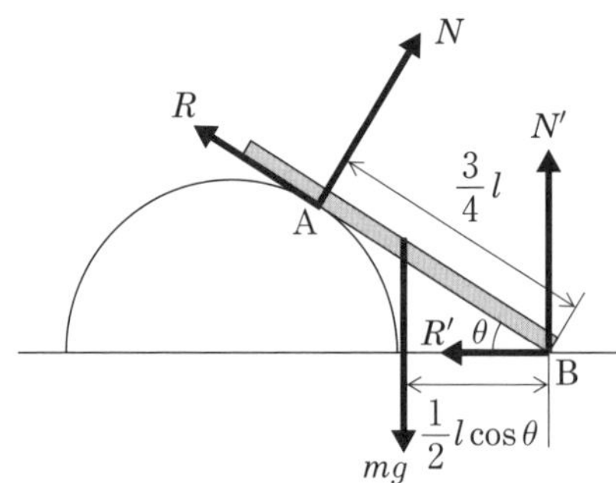

点 B まわりのモーメントのつりあいより，

$$N \times \frac{3}{4}l = mg \times \frac{1}{2}l\cos\theta$$

$$\therefore \quad N = \frac{2}{3}mg\cos\theta$$

以上より，正答は **5** となる。

No.11 の解説　モーメントのつりあい

→問題は P.210

糸の張力を T，円盤と壁との摩擦力を R とする。また，円盤の半径を r とする。鉛直方向の力のつりあいより，

$$R + T\cos\theta = Mg$$

水平方向の力のつりあいより，

$$N = T\sin\theta$$

円の中心まわりのモーメントのつりあいを立てると，

$$Rr = Tr$$

$$\therefore \quad R = T$$

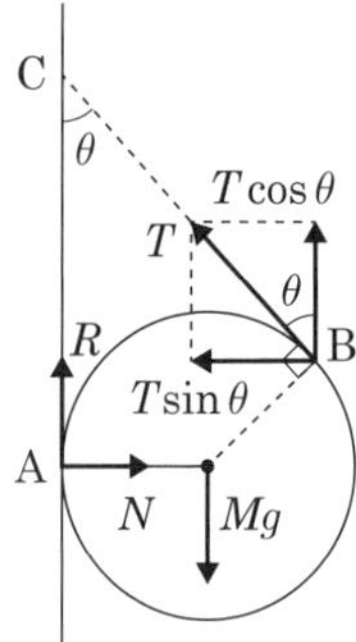

これを解いて，

$$T = R = \frac{Mg}{1+\cos\theta},\ N = \frac{\sin\theta}{1+\cos\theta}Mg$$

以上より，正答は **5** となる。

No.12 の解説 3力のつりあい

→問題は P.211

解法❶ 力を図示してモーメントのつりあいを立てる

まずは図Ⅰについて考える。重心とBの距離を$x$cmと置いて，床からの垂直抗力をNと置く（下図)。点Bまわりのモーメントのつりあいを立てる。

$$25x = 15 \times 50$$

$$\therefore \quad x = 30$$

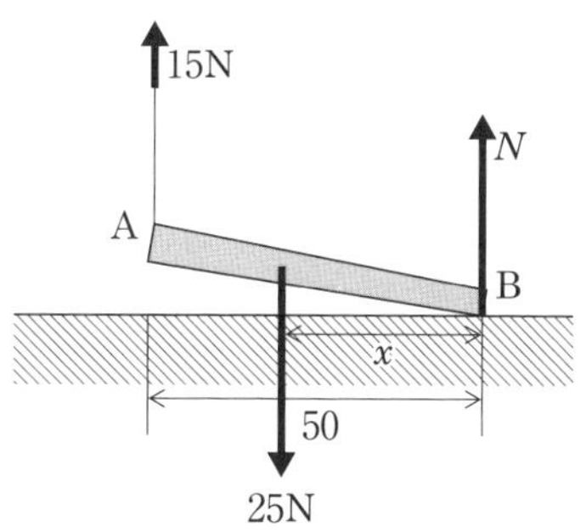

これより，図Ⅱも同様に（下図)，点Aまわりのモーメントのつりあいより，

$$25 \times 20 = T \times 50$$

$$\therefore \quad T = 10\text{N}$$

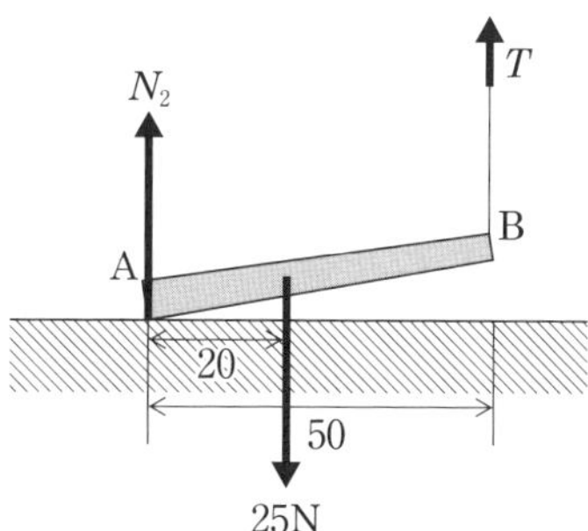

解法❷ てんびんのつりあいを考える

図Ⅰについて，垂直抗力の大きさは鉛直方向の力のつりあいより10Nなので，これを含めて力を図示すると，次左図のようになる。これは3つの鉛直方向の力しかないため，てんびんのつりあいが成り立ち，重心をGとすると，

$$\text{AG} : \text{GB} = 10 : 15 = 2 : 3$$

となる。

ところで，図Ⅱについて同じように力を図示すると次右図となるが，これは図Ⅰとまったく同じてんびんのつりあいである。したがって，Bを引く力

は 10N である。

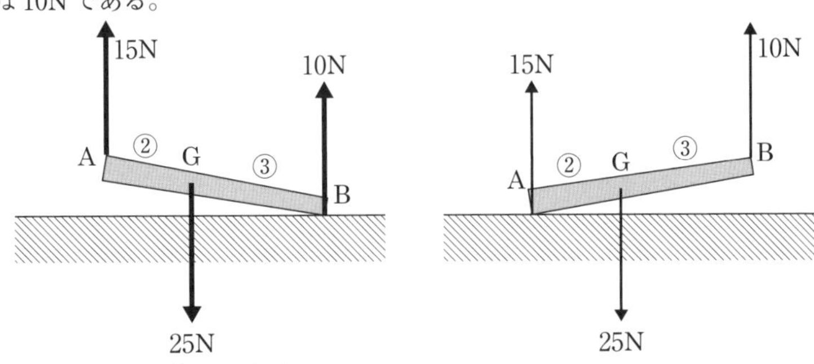

以上より，正答は **4** となる。

No.13 の解説　3 力のつりあい

→問題は P.211

荷物を載せる前について，左下図のようになる。前輪と自重の作用線との距離を x と置き，前輪まわりのモーメントのつりあいより，

$$60 \times x = 20 \times 9$$

$$\therefore \quad x = 3.0$$

次に，荷物を載せた後について，自重と荷物の重さの合計が 90kN なので，前後輪には 45kN ずつ加わる。このとき，荷物を載せる位置の前輪からの距離を y として，前輪まわりのモーメントのつりあいを立てると，

$$60 \times 3 + 30 \times y = 45 \times 9$$

$$\therefore \quad y = 7.5$$

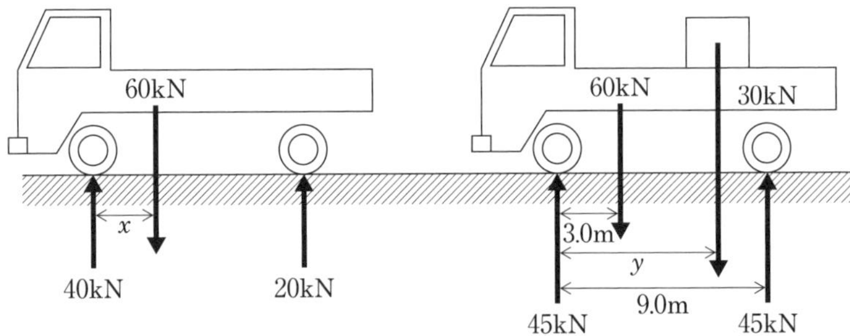

なお，最初，前輪に 40kN，後輪に 20kN 加わっている状態から，前後輪の力が等しくなるように荷物を置くためには，荷物の 30kN を，前輪 5kN，後輪 25kN に割り振るように置くことになる。これは 3 力のつりあいを考えると，前輪，後輪から 5 : 1 の位置に荷物を置くということであり，ここからは求める距離は

$$9 \times \frac{5}{6} = 7.5\text{m}$$

と求められる。

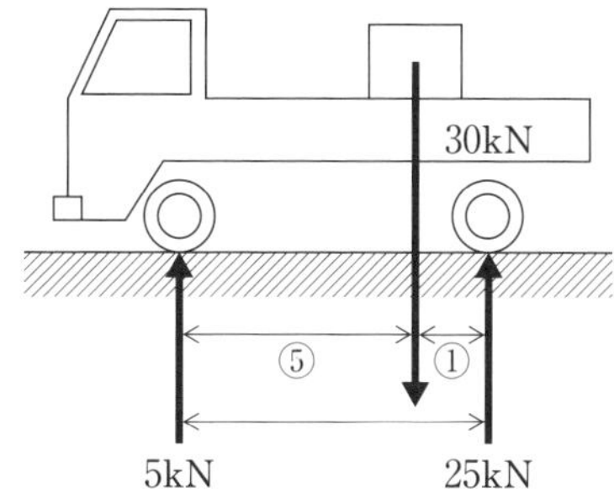

以上より，正答は **4** となる。

No.14 の解説　モーメントのつりあい

→問題は P.212

解法❶　モーメントのつりあいを立てる

棒に加わる力を図示すると次のようになる。なお，壁からの垂直抗力を N_1，床からの垂直抗力を N_2 と置いた。

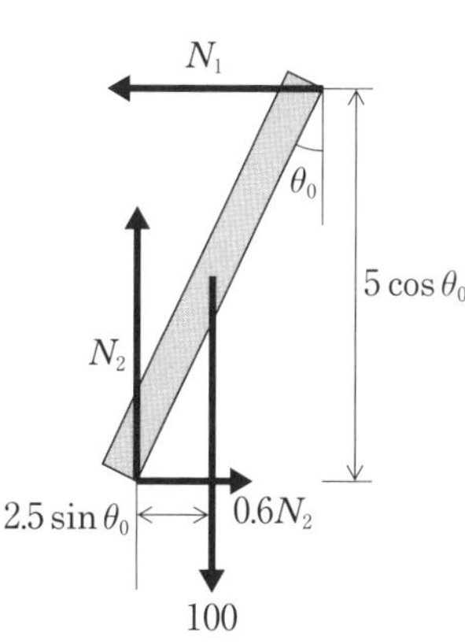

鉛直方向の力のつりあいより，

$N_2 = 100$

水平方向の力のつりあいより，

$N_1 = 0.6N_2 = 60$

左下まわりのモーメントのつりあいより，

$100 \times 2.5\sin\theta_0 = N_1 \times 5\cos\theta_0$

したがって，

$$\tan\theta_0 = \frac{\sin\theta_0}{\cos\theta_0} = \frac{N_1}{50} = 1.2$$

解法❷　偶力のつりあいを考える

力のつりあいまでは解法❶とまったく同じように立てる。2つの垂直抗力が求まったところで，次のような図になる。

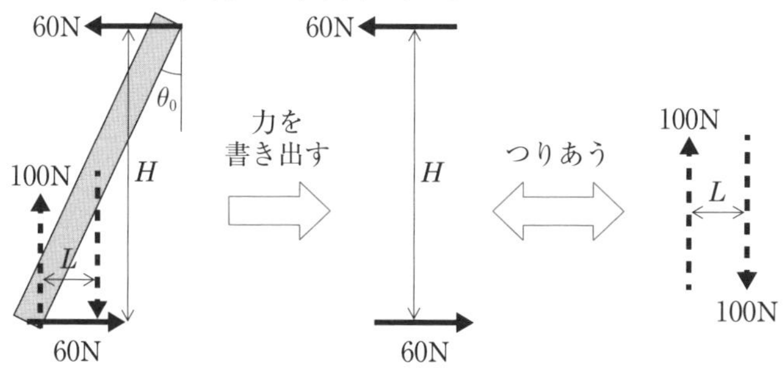

つまり，実線と破線の２組の偶力がつりあう形になっているので，

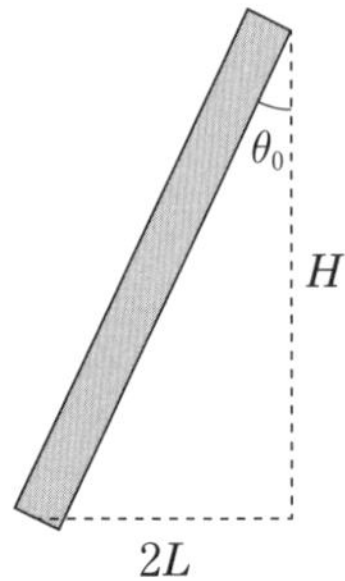

$$60H = 100L$$

$$\therefore \quad \frac{L}{H} = \frac{3}{5}$$

したがって，

$$\tan\theta_0 = \frac{2L}{H} = 1.2$$

以上より，正答は **4** となる。

No.15 の解説　モーメントのつりあい

→問題は P.212

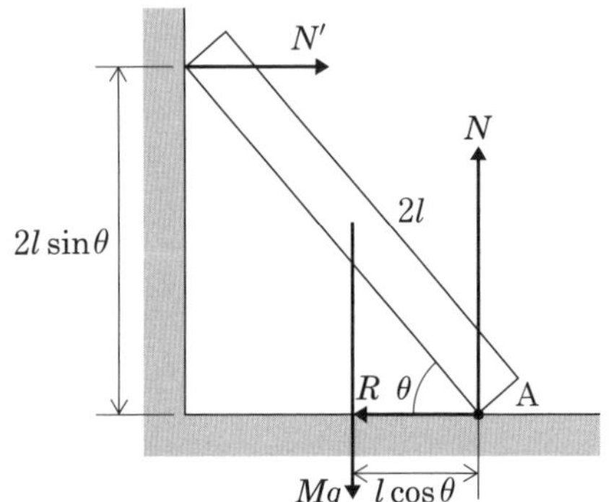

力を図示すると，次のようになる。床からの垂直抗力をN，摩擦力をR，壁からの垂直抗力をN'とする。

鉛直方向の力のつりあいより，

$$N = Mg$$

水平方向の力のつりあいより，

$$R = N'$$

ここで，棒と床の接点まわり（図の点Aまわり）のモーメントのつりあいより，

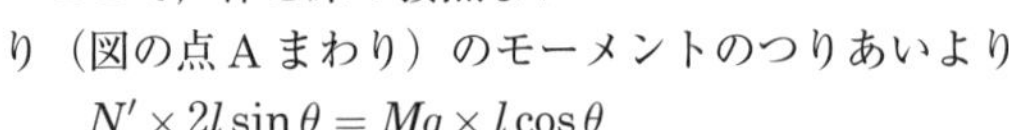

$$N' \times 2l\sin\theta = Mg \times l\cos\theta$$

これより，

$$R = N' = \frac{\cos\theta}{2\sin\theta}Mg = \frac{1}{2\tan\theta}Mg$$

以上より，正答は **4** となる。

No.16 の解説　モーメントのつりあい

→問題は P.213

床とはしごの間の垂直抗力を N_1，壁とはしごの間の垂直抗力を N_2 とする。このとき，力を図示すると次のようになる。

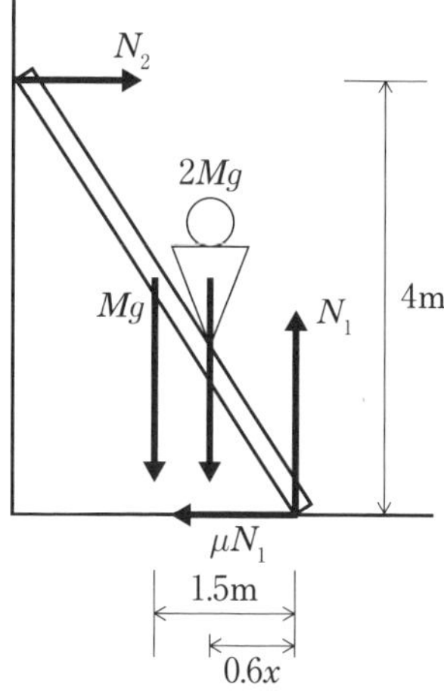

重力加速度を g とすると，鉛直方向の力のつりあいより，

$$N_1 = Mg + 2Mg = 3Mg$$

水平方向の力のつりあいより，

$$N_2 = \mu N_1 = 3\mu Mg$$

床と棒の接点を中心とするモーメントのつりあいより，

$$2Mg \times 0.6x + Mg \times 1.5 = 3\mu Mg \times 4$$

$$\therefore \quad x = 10\mu - \frac{5}{4}$$

以上より，正答は **4** となる。

No.17 の解説　モーメントのつりあい

→問題は P.214

棒Ⅰの質量を M とし，床からの垂直抗力を N_1，棒からの垂直抗力を N_2 とし，静止摩擦係数を μ とし，重力加速度を g とする。

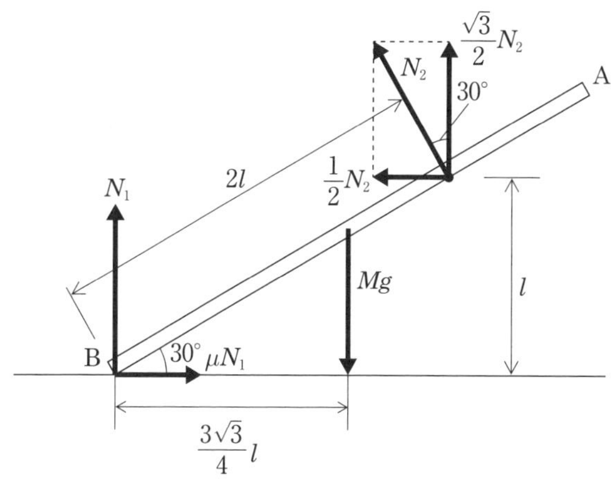

鉛直方向の力のつりあいより，

$$N_1 + \frac{\sqrt{3}}{2}N_2 = Mg$$

水平方向の力のつりあいより，

$$\mu N_1 = \frac{1}{2}N_2$$

Bを中心とするモーメントのつりあいより，

$$N_2 \times 2l = Mg \times \frac{3\sqrt{3}}{4}l \qquad \therefore \quad N_2 = \frac{3\sqrt{3}}{8}Mg$$

これらを解いて，

$$N_1 = Mg - \frac{\sqrt{3}}{2} \times \frac{3\sqrt{3}}{8}Mg = \frac{7}{16}Mg,\ \ \mu = \frac{N_2}{2N_1} = \frac{3\sqrt{3}}{7}$$

以上より，正答は**3**となる。

No.18 の解説　重心

→問題は P.214

針金は一様なので，1cm当たりの質量を1とする。針金を横の12cmと，縦の8cmに分けて考える。12cmの質量12は横の針金の中心に，8cmの質量8も縦の針金の中心にくる。これを図示すると次のようになる。

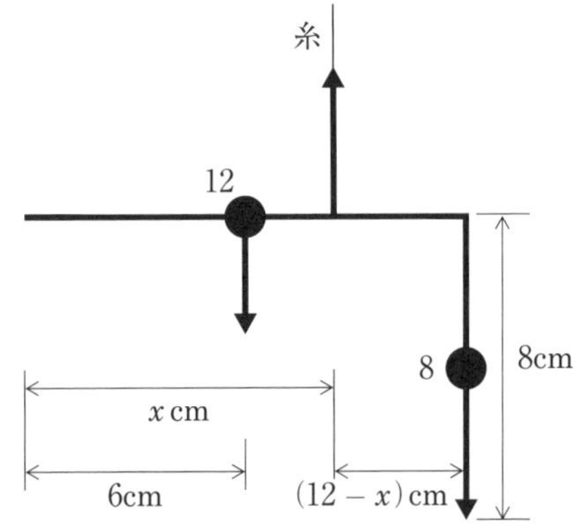

糸のまわりのモーメントのつりあいを考えると，

$$12 \times (x-6) = 8 \times (12-x) \qquad \therefore \quad x = 8.4$$

なお，3つの平行な力によるつりあいなので，てんびんのつりあいが成立する。これを使うと，針金の重心の水平位置は，図の2つの点の水平距離を$8:12 = 2:3$に内分する位置にくるので，求めるxを，

$$6 + 6 \times \frac{2}{5} = 8.4\text{cm}$$

と計算することもできる。

以上より，正答は**5**となる。

No.19 の解説　水圧

→問題は P.215

パスカルの原理より，水圧は同じ高さでは等しくなる。ここで，次図の破線の高さの水圧をPと置く。左側について，破線よりも上側にある水の重力をWと置くと，

$$F_1 + W = PS_1,\ \ F_2 = PS_1,\ \ F_3 = PS_2$$

となる。ここで，

$$F_1 = PS_1 - W = F_2 - W < F_2 = PS_1 < PS_2 = F_3$$

となるので，大小関係は，

$$F_1 < F_2 < F_3$$

となる。

なお，計算では等しい大気圧は無視した。

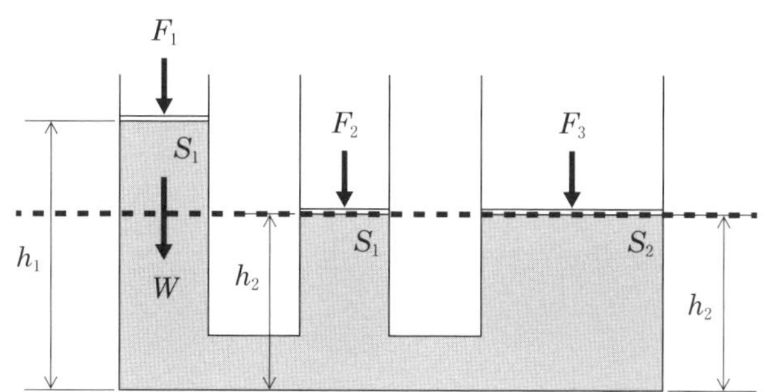

以上より，正答は **2** となる。

No.20 の解説　浮力

→問題は P.215

アルキメデスの原理より，密度 ρ の液体に体積 V_0 だけ沈んだ物体には，液体から，沈んだ体積分の液体の重さに等しい $\rho V_0 g$ の浮力を受ける。

したがって，物体の密度を ρ' とすると，密度に体積を掛けて質量となるため，物体に働く重力は $\rho' V g$ であり，重力と浮力がつりあっていることから，

$$\rho' V g = \rho V_0 g$$

$$\therefore \quad \rho' = \rho \frac{V_0}{V}$$

これが㋐に入る。

次に，全体を沈めると，浮力は $\rho V g$ となり，㋐の状態よりも

$$\rho V g - \rho V_0 g = \rho (V - V_0) g$$

だけ増加する。全体を沈めるためにはこの浮力の増加分に等しい力を加えればよいため，㋑には $\rho (V - V_0) g$ が入る。

以上より，正答は **1** となる。

正答						
	No.1＝2	**No.2＝1**	**No.3＝5**	**No.4＝4**	**No.5＝2**	**No.6＝4**
	No.7＝5	**No.8＝3**	**No.9＝2**	**No.10＝5**	**No.11＝5**	**No.12＝4**
	No.13＝4	**No.14＝4**	**No.15＝4**	**No.16＝4**	**No.17＝3**	**No.18＝5**
	No.19＝2	**No.20＝1**				

運動方程式・運動量保存

必修問題

図のように，小球を速さ v で水平な床面に対して角度 θ で投げ上げた。このときの最高点の高さ h と投げ上げた点から落下点までの距離 l の比 $\frac{h}{l}$ を $f(\theta)$ と置くとき，$\dfrac{f\left(\frac{\pi}{3}\right)}{f\left(\frac{\pi}{6}\right)}$ の値として最も妥当なのはどれか。

【国家Ⅱ種・平成19年度】

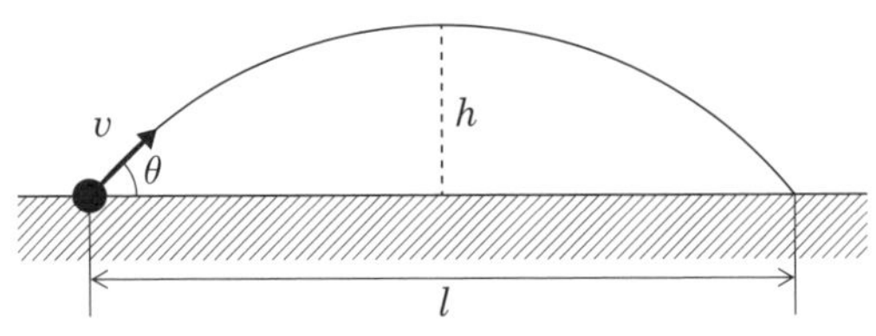

1 $\frac{1}{3}$　　2 $\frac{1}{2}$

3 1　　4 2

5 3

必修問題の解説

等加速度運動の中で放物運動の問題である。鉛直方向，水平方向に分けて式を立てよう。水平方向は等速運動であることにも注意が必要である。

解法❶ 等加速度運動の公式を使って解く

図のように水平方向に x 軸，鉛直上方向に y 軸をとって，この 2 方向に分けて考える。

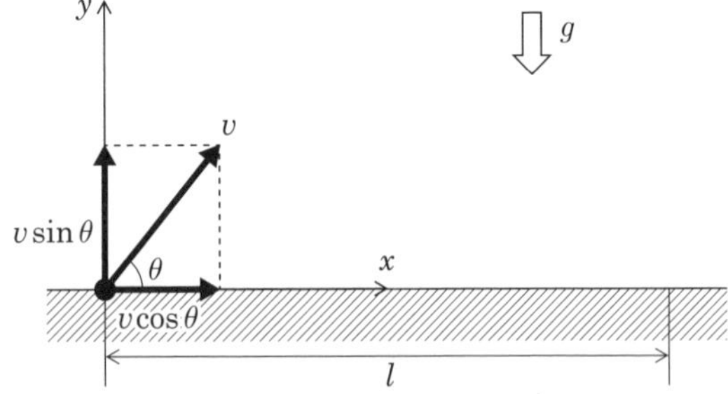

y 方向について，座標 y と y 方向の速度成分 v_y は，時間 t を使ってそれぞれ次のようになる。

$$y = -\frac{1}{2}gt^2 + v\sin\theta\cdot t$$

$$v_y = -gt + v\sin\theta$$

また，x 方向の座標について，次のようになる。

$$x = v\cos\theta\cdot t$$

まず h について，最高点では $v_y = 0$ となるので，

$$0 = -gt + v\sin\theta$$

$$\therefore \quad t = \frac{v\sin\theta}{g}$$

このときの y 座標が h なので，

$$y = h = -\frac{1}{2}gt^2 + v\sin\theta \cdot t = -\frac{v^2\sin^2\theta}{2g} + \frac{v^2\sin^2\theta}{g} = \frac{v^2\sin^2\theta}{2g}$$

次に，落下点では $y = 0$ なので，

$$0 = -\frac{1}{2}gt^2 + v\sin\theta \cdot t \qquad \therefore \quad t = \frac{2v\sin\theta}{g}$$

これより水平距離は，

$$l = v\cos\theta \cdot t = \frac{2v^2\sin\theta\cos\theta}{g}$$

ここから，

$$f(\theta) = \frac{h}{l} = \frac{v^2\sin^2\theta}{4v^2\sin\theta\cos\theta} = \frac{\tan\theta}{4}$$

となるので，

$$f\left(\frac{\pi}{3}\right) = \frac{\sqrt{3}}{4},\quad f\left(\frac{\pi}{6}\right) = \frac{1}{4\sqrt{3}}$$

となり，

$$\frac{f\left(\frac{\pi}{3}\right)}{f\left(\frac{\pi}{6}\right)} = 3$$

解法❷　高さを，エネルギー保存則を使って求める

高さ h をエネルギー保存則を使って求める。水平方向には等速運動をしているので，最高点では，この水平方向にのみ運動していることから，速度 $v\cos\theta$ で運動していることになる。したがって，

$$\frac{1}{2}mv^2 = mgh + \frac{1}{2}m(v\cos\theta)^2$$

$$\therefore \quad h = \frac{v^2(1-\cos^2\theta)}{2g} = \frac{v^2\sin^2\theta}{2g}$$

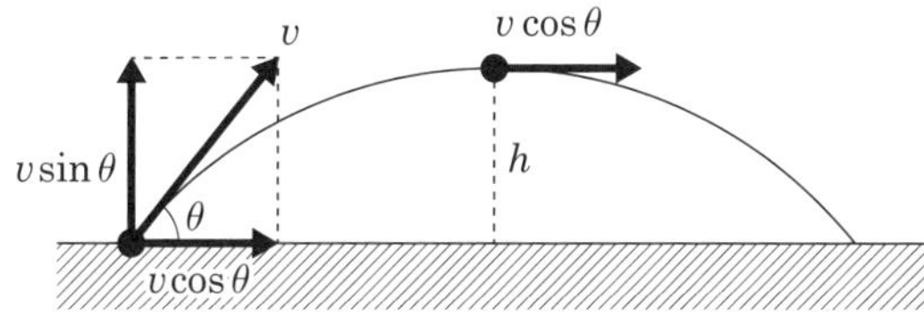

正答 5

第2章 物理 テーマ2 運動方程式・運動量保存

必修問題

図のように，質量 $2m$ の小物体Aと質量 $4m$ の小物体Bが質量 m の剛体棒で結ばれている。いま，小物体Aに大きさ F の力を加えて鉛直上向きに引き上げた。このとき，剛体棒が小物体Aを引く力の大きさとして最も妥当なのはどれか。 【労働基準監督B・平成26年度】

1 $\frac{2}{7}F$

2 $\frac{5}{7}F$

3 F

4 $2F$

5 $5F$

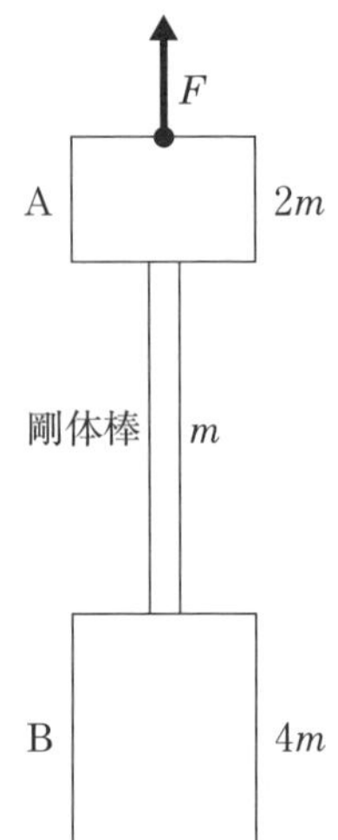

必修問題の解説

2つ以上の物体の関係する運動方程式の練習である。運動方程式の立て方は力のつりあいと変わらない。そのため，2つ以上の物体が出てきた場合，一つ一つ物体を分けて考え，それぞれ力を求めていこう。この手順の確認がこの問題の目的である。

解法❶　3つに分けて，それぞれに運動方程式を立てる

A，剛体棒，Bの3つに分けてそれぞれ運動方程式を立てる。Aと剛体棒の間の力を T_A，剛体棒とBの間の力を T_B とし，共通の加速度を a とする。力を図示すると次のようになる。また，重力加速度を g とする。

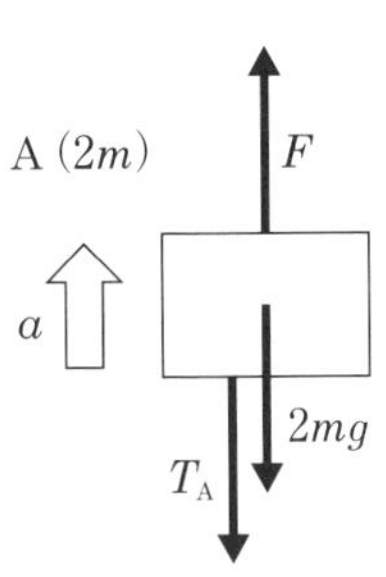

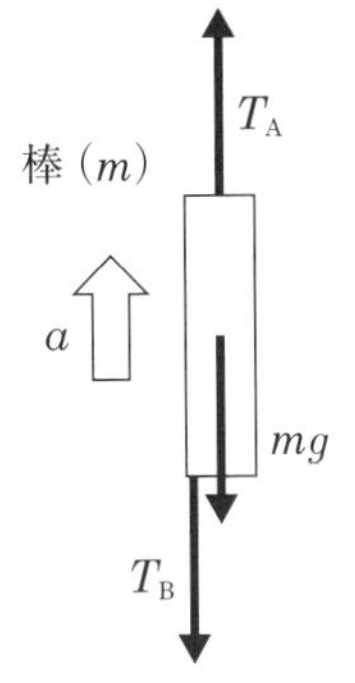

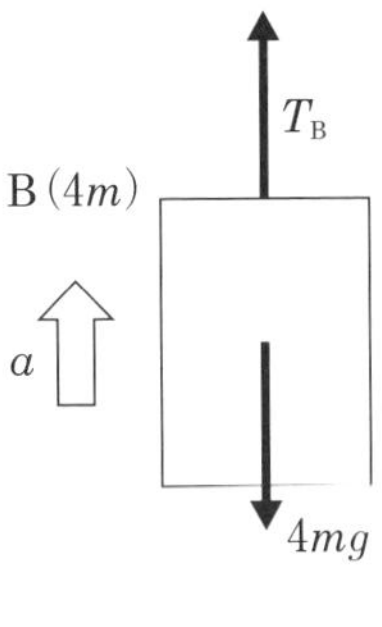

Aについての運動方程式は，

$2ma = F - 2mg - T_A$

棒についての運動方程式は，

$ma = T_A - mg - T_B$

Bについての運動方程式は，

$4ma = T_B - 4mg$

これを解く。3つの式を辺ごと加えると，

$$7ma = F - 7mg \qquad \therefore \quad a = \frac{F}{7m} - g$$

これを最初の式に代入すれば，

$$T_A = F - 2mg - 2ma = F - 2mg - 2m\left(\frac{F}{7m} - g\right) = \frac{5}{7}F$$

解法❷　2つに分けて，それぞれに運動方程式を立てる

棒とBは合わせて1つと見て，これとAの2つに分けて考える。解法❶と同じように文字を決めると，力は下の図のようになる。

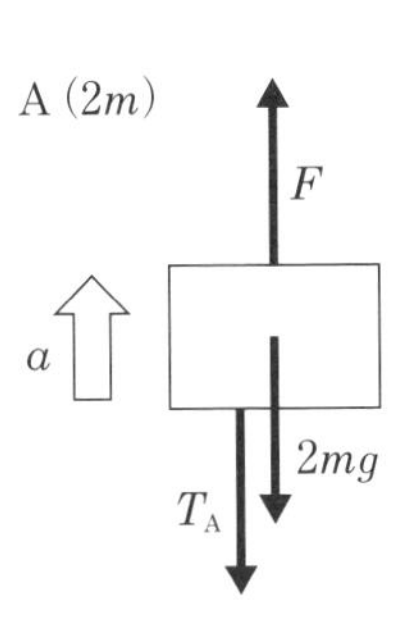

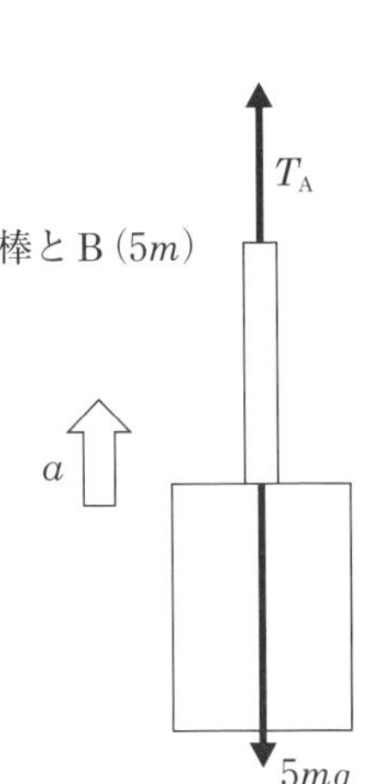

Aについての運動方程式から，

$2ma = F - 2mg - T_A$

棒とBを1つとみた物体についての運動方程式から，

$5ma = T_A - 5mg$

以上から a を消去する。

$$\begin{aligned} 10ma &= 5(F - 2mg - T_A) \\ &= 2(T_A - 5mg) \end{aligned}$$

$$\therefore \quad T_A = \frac{5}{7}F$$

正答 2

必修問題

図のように，質量 m の小物体 A が滑らかな水平面上を速さ v で進み，静止している質量 $3m$ の小物体 B に弾性衝突した。このとき，衝突後の小物体 B の速さとして最も妥当なのはどれか。

ただし，すべての運動は同一直線上で行われるものとする。

【国家Ⅱ種・平成22年度】

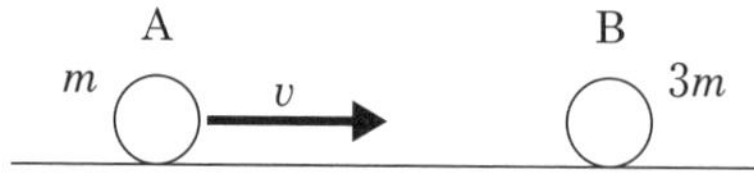

1 $\frac{3}{4}v$

2 $\frac{1}{2}v$

3 $\frac{1}{3}v$

4 $\frac{1}{4}v$

5 $\frac{1}{9}v$

必修問題 の 解説

2球の練習問題である。まず，運動量保存則では，最初と最後の2つの図を描くことが大切である。特に衝突の問題では，いつも同じ図が描ける。同じ図が描ければ，いつも同じように解くことができる。このことを大切にしよう。

衝突後のAの速さを v_A，Bの速さを v_B とする（ともに右向きとする）。すると，図を上のように描くことができる。このとき，運動量保存則より，

$$mv = mv_A + 3mv_B$$

$$\therefore \quad v = v_A + 3v_B$$

次に，弾性衝突なので，速度差が変わらず，

$$v = v_B - v_A$$

この2式を加えて整理すると，

$$v_B = \frac{1}{2}v$$

正答 2

第2章 物理 テーマ2 運動方程式・運動量保存

重要ポイント1 等加速度運動

(1)等加速度運動の公式

物理では，力が一定，つまり加速度が一定の場合がよく出題される。そこで，この場合については，加速度，速度，位置の関係式を覚えておく。加速度 a を一定とすると，速度 v，位置 x は次の式で表される。

$$\begin{cases} v = at + v_0 \\ x = \dfrac{1}{2}at^2 + v_0 t + x_0 \end{cases}$$

ただし，v_0 は初速度，x_0 は初期位置（$t = 0$ のときの位置）である。

等加速度運動でよく出題されるのは，重力のみによって物体が運動する場合である。この場合の加速度は鉛直下向きで，大きさは g となる。この g は**重力加速度**と呼ばれる。2方向について考えなければいけない問題では，2方向に分けて，方向ごとに別々に公式を代入する。

(2)等加速度運動の式の立て方

実際に，等加速度運動の公式を使う場合には，次の手順をとる。

①座標系を設定する。

②必要な図を描き，必要な値を確認する。

③等加速度運動の公式に代入する。

重要ポイント2 運動方程式

物体に力が加わると，物体は力 F に比例し，質量 m に反比例する加速度 a で運動する。これを表したのが**運動方程式**で，次の式で表す。

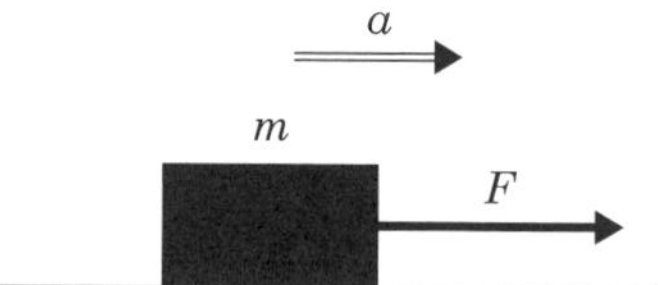

$ma = F$

運動方程式を立てるためには，以下の手順を踏む。

①運動方程式を立てる物体を決める。

②力を図示する。

③力を分解して，それぞれの方向について運動方程式を立てる。

結局，手順はほとんど力のつりあいと同じことになる。

重要ポイント3 運動量保存

物体の勢いを表す量として，次のように**運動量** p が決められている。

$p = mv$

運動量は力が加われば，力積の値だけ変化する。つまり，最初の運動量を mv_0，力が加わった後の運動量を mv とし，加わった力を F，その時間を t とすると，力が運動方向に加わった場合，次の式が成り立つ。

$$mv_0 + Ft = mv$$

または，

$$mv - mv_0 = Ft$$

重要ポイント 4　2球の衝突

質量 M，速度 V の物体と、質量 m，速度 v の物体が衝突した後の速度を求めるのが2球の衝突の問題である（図のように衝突後の文字を置く）。

この問題では，運動量保存則と速度差についての式を連立して問題を解く。

運動量保存則は，

$$MV + mv = MU + mu$$

速度差の式は，

$$e(V - v) = u - U$$

となる。

ここで e は，はね返り係数（反発係数）と呼ばれ，$0 \leqq e \leqq 1$ の値をとる。特に $e = 1$ のときを（完全）弾性衝突という。このときにはエネルギーも保存される。

重要ポイント 5　壁との衝突

滑らかな壁との衝突を考える場合，速度を壁に垂直な方向と，平行な方向に分解して考える。結果として，次のようになる。

- 壁に平行な方向：速さは一定に保たれる
- 壁に垂直な方向：速さが e 倍になる

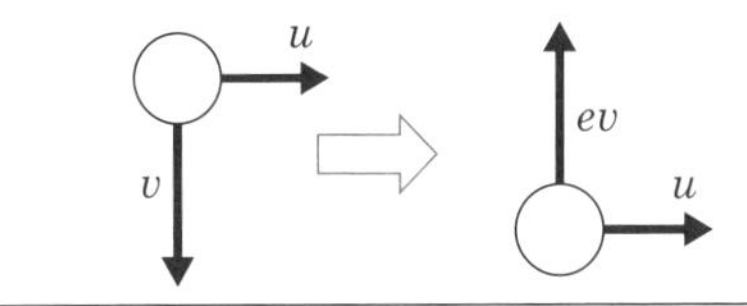

実戦問題

No.1 図のように，xy 鉛直平面内において，原点 O に小球 A があり，位置（l, h）の点 P に小球 B がある。いま，小球 A を x 軸となす角 θ で投げ出すと同時に，小球 B を自由落下させた。小球 A と小球 B が衝突するための条件として最も妥当なのはどれか。 【労働基準監督 B・平成28年度】

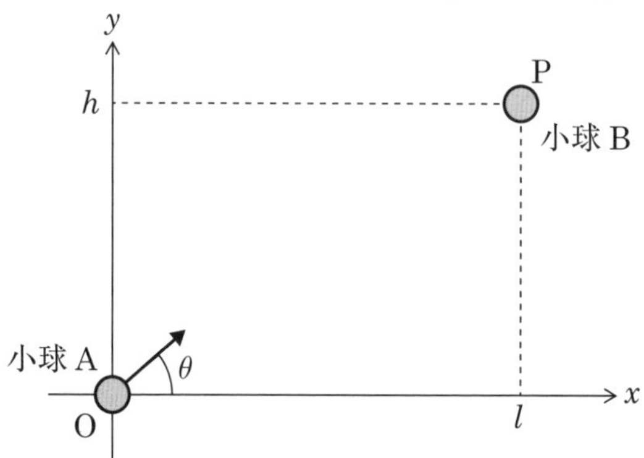

1 $\sin\theta = \dfrac{l}{h}$

2 $\cos\theta = \dfrac{l}{h}$

3 $\tan\theta = \dfrac{l}{h}$

4 $\cos\theta = \dfrac{h}{l}$

5 $\tan\theta = \dfrac{h}{l}$

No.2 水平な平面上で，一定速度 15m/s で引っ張られている物体を急に離すと，2 秒後の速さはおよそいくらになるか。

ただし，平面と物体との間の動摩擦係数を 0.1 とし，重力加速度を 9.8m/s^2 とする。 【市役所・平成25年度】

1 13.0m/s
2 13.2m/s
3 13.4m/s
4 13.6m/s
5 13.8m/s

No.3 図のように，定滑車に伸縮のないロープをかけ，一方に質量 5kg の物体 A，もう一方に質量 4kg の物体 B を取り付けた。B を地上に固定したところ，A は地上から高さ 5m のところで静止した。

いま，B の固定を外し，静かに放した。このとき，B を放した瞬間から A が地面に衝突するまでの時間はおよそいくらか。

ただし，ロープと滑車の質量および摩擦や空気抵抗は無視できるものとし，重力加速度の大きさを 10m/s^2 とする。

【労働基準監督 B・平成30年度】

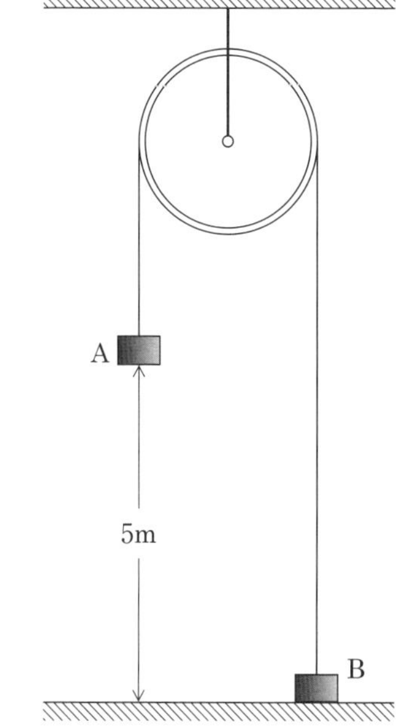

1 1秒
2 3秒
3 5秒
4 7秒
5 9秒

No.4 図のように，滑らかな水平面上に置かれた，質量がそれぞれ 5m，m，4m の小物体 X，Y，Z が糸 A，B でつながれている。小物体 Z に対して，図の向きに一定の外力が作用しているとき，糸 A の張力 T_A と糸 B の張力 T_B の大きさの比として最も妥当なのはどれか。【国家一般職・平成29年度】

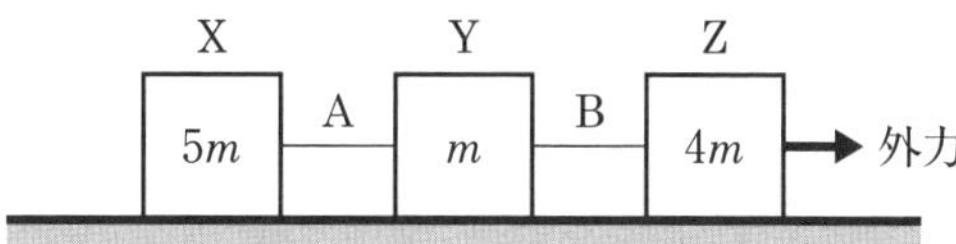

	$T_A : T_B$
1	5 : 6
2	4 : 5
3	1 : 1
4	5 : 4
5	6 : 5

第2章 物理 テーマ2 運動方程式・運動量保存

No.5 図のように，水平な机の上にある質量 $2m$ の小物体 A に軽くて長い糸を付けて，滑らかに動く軽い滑車を介して他端に質量 m の小物体 B をつるし，静かに放したところ，B は降下を始め，同時に A は滑り始めた。机の面と物体 A との間の動摩擦係数が 0.2 のとき，糸の張力として最も妥当なのはどれか。

ただし，重力加速度の大きさを g とする。　【国家一般職・平成25年度】

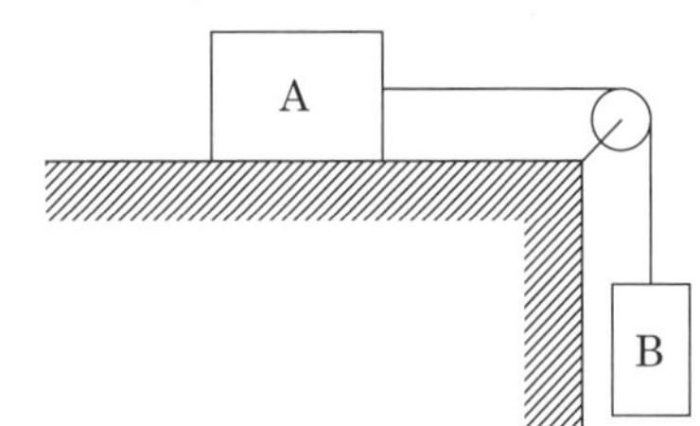

1　$0.1mg$

2　$0.2mg$

3　$0.4mg$

4　$0.6mg$

5　$0.8mg$

No.6 図において，水平面と傾き θ をなす滑らかな斜面上において，質量 m の物体に糸を付け，滑車を通して質量 $2m$ のおもりをつるしたところ，物体は斜面に沿って上昇した。このときのおもりの加速度の大きさ a として最も妥当なのはどれか。

ただし，重力加速度を g とする。　【国家Ⅰ種・平成22年度】

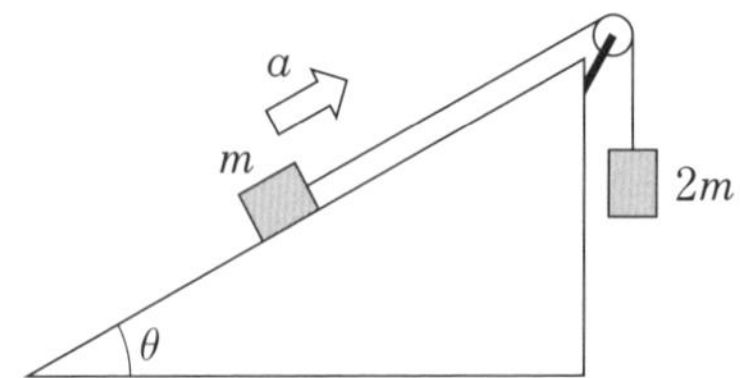

1　$\dfrac{2-\sin\theta}{3}g$

2　$\dfrac{2-\sqrt{3}\sin\theta}{3}g$

3　$\dfrac{\sqrt{3}-\sin\theta}{3}g$

4　$\dfrac{\sqrt{3}-\sqrt{2}\sin\theta}{3}g$

5　$\dfrac{2\sqrt{2}-\sin\theta}{3}g$

No.7 図のように，摩擦のない水平な台の上に質量 $5m$ の直方体Aを置き，その上に質量 $2m$ の直方体Bを載せた。Aには滑らかで軽い定滑車を通して質量 $4m$ の直方体Cが糸でつながれ，Bには滑らかで軽い定滑車を通して質量 m の直方体Dが糸でつながれている。初めにAとBを手で固定してすべてを静止させておき，静かに手を放すと，AとBの間には摩擦力が働き，BはAと一体となって台の上を左へ動いた。このときのAの加速度として最も妥当なのはどれか。

ただし重力加速度の大きさを g とする。

【労働基準監督B・平成27年度】

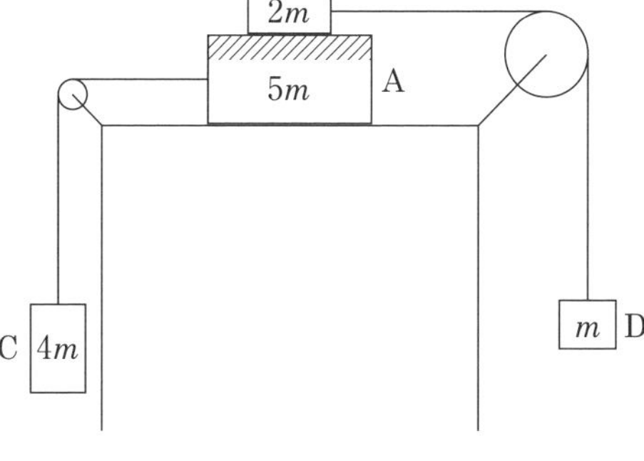

1 $\frac{1}{8}g$　　**2** $\frac{1}{7}g$

3 $\frac{1}{4}g$　　**4** g

5 $2g$

No.8 図のように，天井に固定された定滑車Aに伸縮しない糸をかけ，その一方に質量 $4m$ のおもり M_1 をつり下げ，他方を質量 $7m$ のおもり M_2 の付いた動滑車Bを介して糸が鉛直になるように天井に固定した。ここで，糸が張られた状態のまま手でおもり M_1 を固定し，全体を静止させている。いま，おもり M_1 から手をゆっくりと放した。このとき，おもり M_1 の運動に関する次の記述のうち，最も妥当なのはどれか。

ただし，重力加速度を g とし，糸および滑車A，Bの質量は無視する。また，滑車と糸の間に摩擦はないものとする。　【国家Ⅱ種・平成15年度】

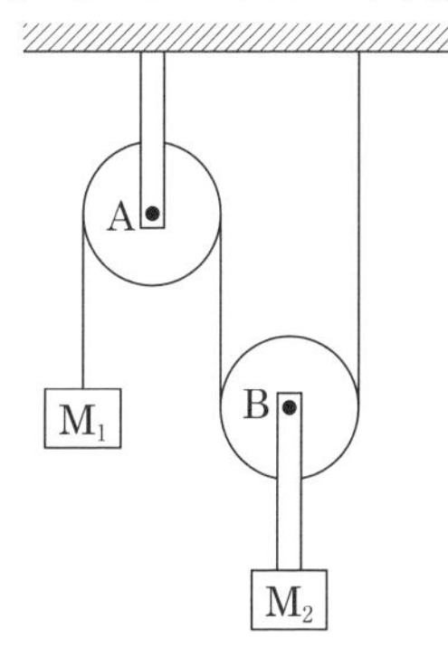

1 加速度 $\frac{1}{6}g$ で上昇する

2 加速度 $\frac{2}{5}g$ で上昇する

3 加速度 $\frac{1}{22}g$ で下降する

4 加速度 $\frac{2}{23}g$ で下降する

5 加速度 $\frac{2}{9}g$ で下降する

No.9 ビルの外壁で質量 m のかごに乗って作業している質量 M $(>m)$ の人がいる。図のように，このかごは滑車でつられており，かごに乗っている人自身がひもを引いたり緩めたりすることによって上下することができる。いま，下がろうとしてひもを緩めたところ，人からかごにかかる力が N になった。このとき，かごの加速度はいくらか。

ただし，重力加速度を g とする。【国家Ⅱ種・平成13年度】

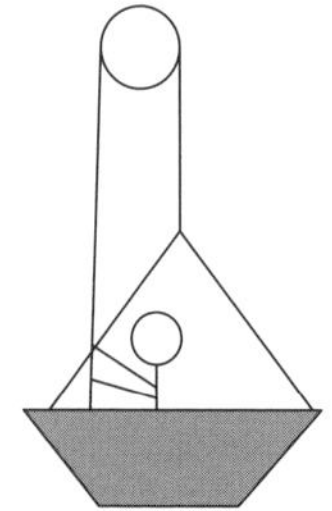

1 $\dfrac{N}{m}$　　2 $\dfrac{N}{M-m}$

3 $g-\dfrac{2N}{M-m}$　　4 $g-\dfrac{N}{M-m}$

5 $g+\dfrac{N}{m}$

No.10 図のように，滑らかで水平な床の上に置かれた質量 $5m$ の平らな板の上に，質量 m の小物体があり，最初，小物体と板は床に対して静止している。時刻 $t=0$ で，小物体に右向きに初速度 v_0 を与えたところ，小物体と板との間に働く摩擦力によって板も動き出し，時刻 $t=t_s$ で，小物体は板上で板に対して静止した。t_s として最も妥当なのはどれか。

ただし，小物体と板との間の動摩擦係数を μ，重力加速度を g とする。

【国家Ⅰ種・平成23年度】

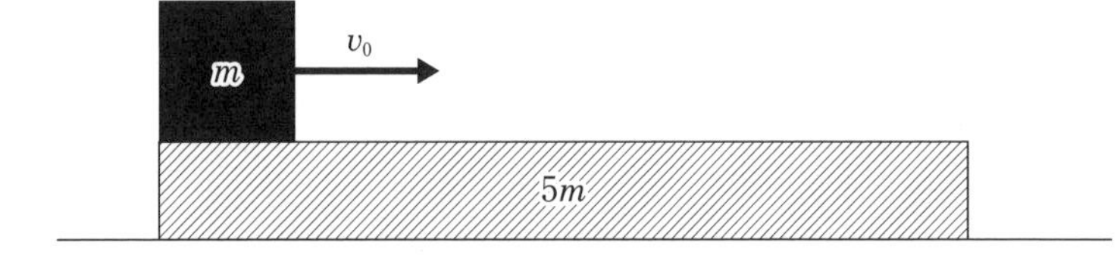

1 $\dfrac{2v_0}{3\mu g}$　　2 $\dfrac{3v_0}{4\mu g}$

3 $\dfrac{4v_0}{5\mu g}$　　4 $\dfrac{5v_0}{6\mu g}$

5 $\dfrac{6v_0}{7\mu g}$

No.11 角度 θ の滑らかな斜面を持つブロックの上に，直方体のブロックが置かれて一体となって，水平左方向に加速度 a で運動している。このように直方体のブロックが斜面上で斜面に対して動かずに運動できるための a と重力加速度 g の関係として正しいのはどれか。　【地方上級・平成22年度】

1　$a = g\sin\theta$

2　$a = g\cos\theta$

3　$a = g\tan\theta$

4　$a = \dfrac{g}{\tan\theta}$

5　$a = \dfrac{g}{\cos\theta}$

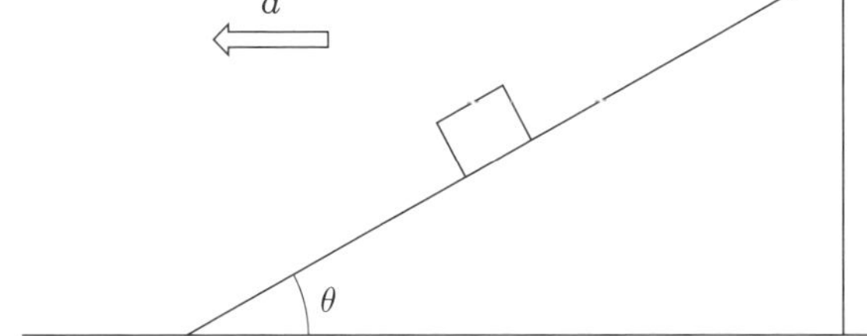

No.12 図のように，滑らかな水平面上を，質量 $2m$ の物体と質量 m の物体が，反対向きに速さ v_0 で運動しており，衝突後，２つの物体は一体となって運動した。このとき，衝突によって失われた運動エネルギーとして正しいのはどれか。

【地方上級・平成23年度】

1　$\dfrac{1}{3}mv_0^2$

2　$\dfrac{2}{3}mv_0^2$

3　mv_0^2

4　$\dfrac{4}{3}mv_0^2$

5　$\dfrac{5}{3}mv_0^2$

No.13 図のように，質量が等しい３つの小球A，B，Cが滑らかな水平面上で，一直線上に静止している。この直線に沿ってAを速さ1.0m/sで運動させてBに衝突させたところ，A，B，Cの間で何回か衝突した。最終的に衝突しなくなったときのCの速さはおよそいくらか。

ただし，はね返り係数は，どの衝突においても0.60とする。

【国家総合職・平成25年度】

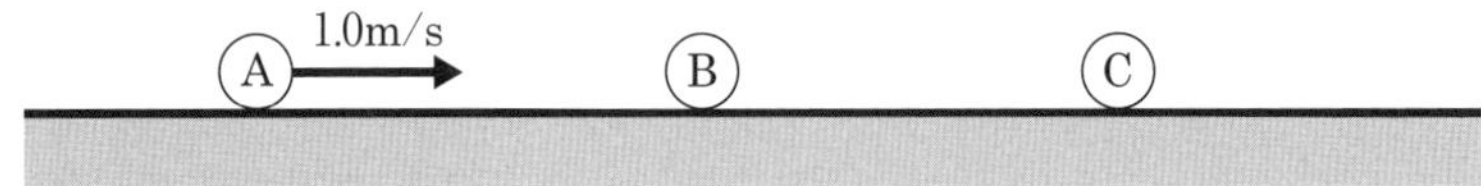

1 0.18m/s
2 0.33m/s
3 0.36m/s
4 0.48m/s
5 0.64m/s

No.14 図のように，速さvで飛ぶ質量3mのロケットAが，質量mの燃料Bをロケットに対して速さVで後方に噴射した。燃料B噴射後の質量2mのロケットの速さv_Aとして最も妥当なのはどれか。 【労働基準監督B・平成28年度】

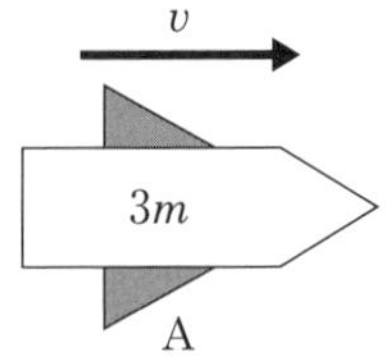

1 $\frac{3v}{5}-\frac{V}{5}$

2 $\frac{3v}{5}+\frac{V}{5}$

3 $v-\frac{V}{3}$

4 $v-\frac{2V}{3}$

5 $v+\frac{V}{3}$

No.15 図のように，水平で滑らかな床に，小球が速さ v で床面と 60° をなす方向から衝突し，はね返った。このとき，はね返った直後の小球の速さとして最も妥当なのはどれか。

ただし，小球と床との間のはね返り係数を $\frac{1}{3}$ とする。

【国家Ⅱ種・平成20年度】

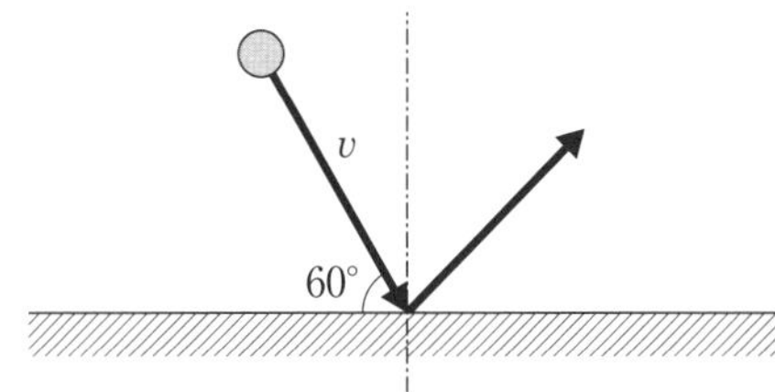

1 $\frac{1}{2\sqrt{3}}v$

2 $\frac{1}{3}v$

3 $\frac{1}{\sqrt{3}}v$

4 $\frac{1}{\sqrt{2}}v$

5 $\frac{\sqrt{3}}{2}v$

実戦問題の解説

No.1 の解説　等加速度運動

→問題は P.238

A の初速度の大きさを v と置き，時刻 t における A の座標を $(x_A,\ y_A)$，B の座標を $(x_B,\ y_B)$ と置く。初速度を x 方向，y 方向に分けると下のようになる。重力加速度を g として，等加速度運動の公式に代入すると，A について，

$$\begin{cases} x_A = v\cos\theta t \\ y_A = -\dfrac{1}{2}gt^2 + v\sin\theta t \end{cases}$$

B について，

$$\begin{cases} x_B = l \\ y_B = -\dfrac{1}{2}gt^2 + h \end{cases}$$

衝突するためには，$x_A = x_B$，$y_A = y_B$ でなければならない。これより，

$$v\cos\theta t = l$$

$$v\sin\theta t = h$$

したがって，

$$\frac{v\sin\theta t}{v\cos\theta t} = \tan\theta = \frac{h}{l}$$

この問題は「モンキー・ハンティング」と呼ばれている。この答えからは，結局，重力の影響は A にも B にも等しく加わっているため，重力は関係なく，最初から B をねらって打てば当たることがわかる。

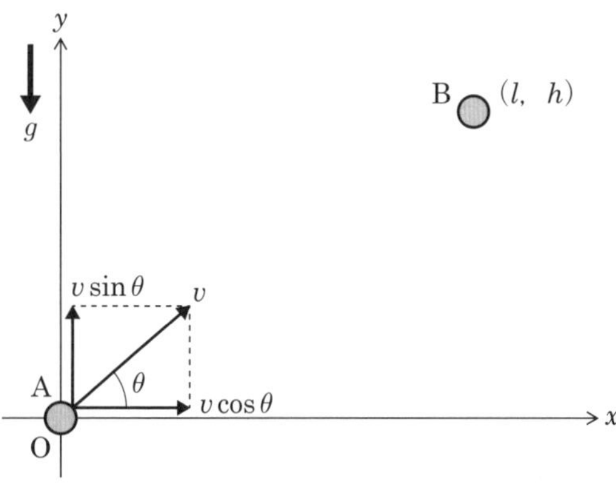

以上より，正答は **5** となる。

No.2 の解説　運動方程式と等加速度運動

→問題は P.238

運動方程式を立て，物体の加速度 a（物体の進行方向を正とする）を求める。垂直抗力を N，物体の質量を m とする。また，重力加速度は g と置いておく。

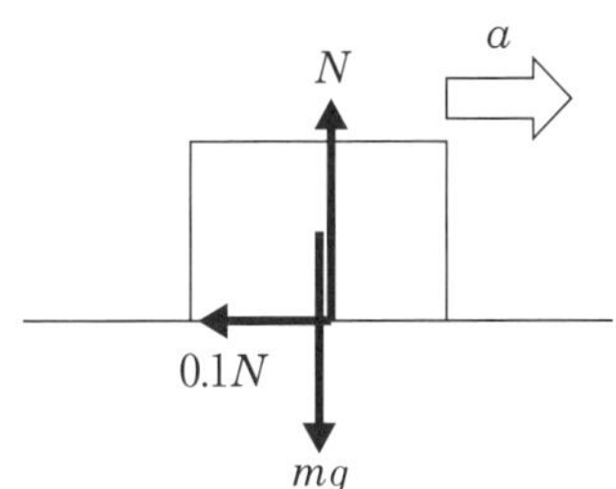

このときの力は図のようになる。

鉛直方向には力がつりあっているので，

$N = mg$

水平方向の運動方程式から，

$ma = -0.1N = -0.1mg$

$\therefore \quad a = -0.1g = -0.98\text{m/s}^2$

したがって，等加速度運動の公式から，求める速さを v と置くと，

$v = -0.98 \times 2 + 15 = 13.04\text{m/s}$

以上より，正答は **1** となる。

No.3 の解説　運動方程式

→問題は P.239

糸の張力を T，加速度を a とする。A についての運動方程式は

$5a = 50 - T$

B についての運動方程式は，

$4a = T - 40$

これを解くと $a = \dfrac{10}{9}$ となる。求める時間を t とすると，等加速度運動の公式より，

$\dfrac{1}{2} \cdot \dfrac{10}{9} t^2 = 5$

$\therefore \quad t = 3$

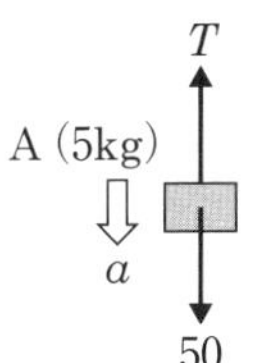

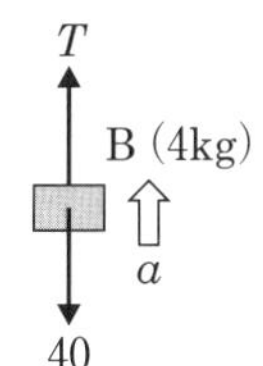

以上より，正答は **2** となる。

No.4 の解説　運動方程式

→問題は P.239

図のように，X，Y，Z について一つ一つ分けて運動方程式を立てる。

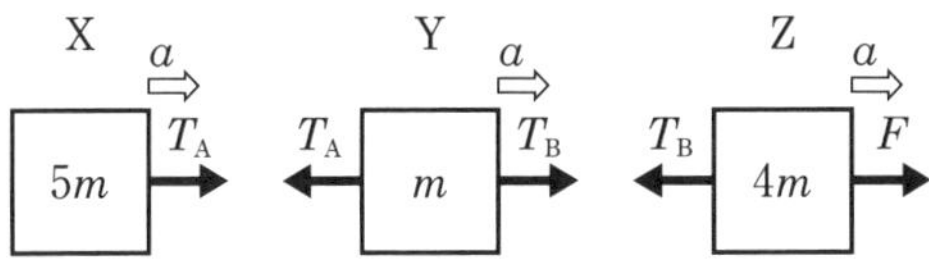

ここで，外力を F，加速度を a とする。

X について：$5ma = T_A$

Y について：$ma = T_B - T_A$

Z について：$4ma = F - T_B$

以上を解く。すべての式をそのまま加えて，

$$10ma = F \qquad \therefore \quad a = \frac{F}{10m}$$

これを X の運動方程式に代入すると，

$$T_A = \frac{5F}{10}$$

さらに Y の運動方程式に代入すると，

$$T_B = \frac{F}{10} + \frac{5F}{10} = \frac{6F}{10}$$

となるので，$T_A : T_B = 5 : 6$ である。

以上より，正答は **1** となる。

No.5 の解説　運動方程式

→問題は P.240

加速度を a，糸の張力を T，A が床から受ける垂直抗力を N とする。A，B それぞれについて働く力を図示すると，下の図のようになる。

A (2*m*) について　　**B (*m*) について**

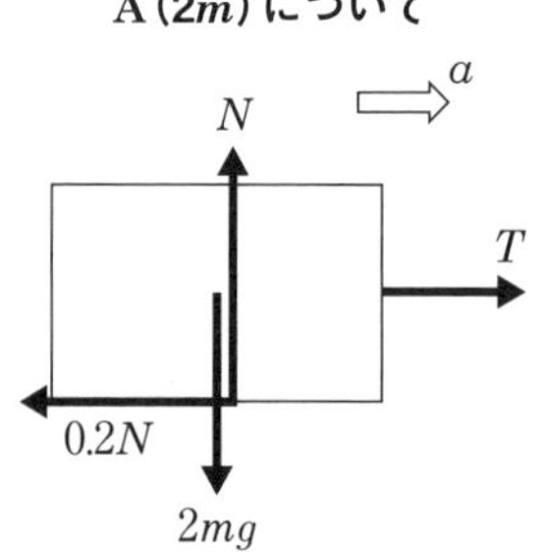

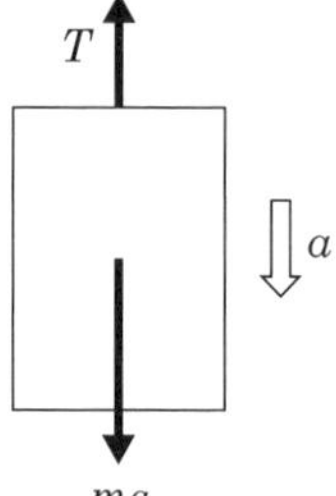

A についての運動方程式は，

$$2ma = T - 0.4mg$$

B についての運動方程式は，

$$ma = mg - T$$

2 つの式を加えて，

$$3ma = 0.6mg \qquad \therefore \quad a = 0.2g$$

したがって，

$$T = mg - ma = 0.8mg$$

以上より，正答は **5** となる。

No.6 の解説　運動方程式

→問題は P.240

運動方程式を立てるために，2つの物体についてそれぞれ力を図示する。糸の張力を T として，力は図のようになる。

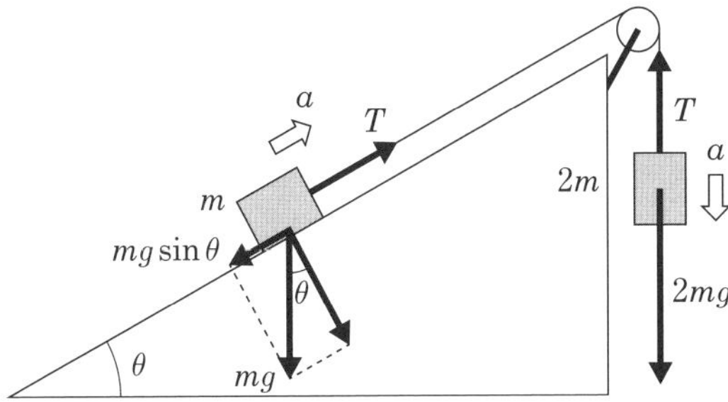

斜面上の質量 m の物体について運動方程式を立てて，

$$ma = T - mg\sin\theta$$

質量 $2m$ の物体について

$$2ma = 2mg - T$$

これを解く。辺ごと加えて，

$$3ma = 2mg - mg\sin\theta \qquad \therefore \quad a = \frac{2-\sin\theta}{3}g$$

以上より，正答は **1** となる。

No.7 の解説　運動方程式

→問題は P.241

一体となった加速度を a，AとCの間の糸の張力を T_1，AとBの間の摩擦力を R，BとDとの間の糸の張力を T_2 とする。このとき，次の図のようになる。

それぞれの物体について運動方程式を立てる。Cについて，

$$4ma = 4mg - T_1$$

Aについて，

$$5ma = T_1 - R$$

Bについて，

$$2ma = R - T_2$$

Dについて，

$$ma = T_2 - mg$$

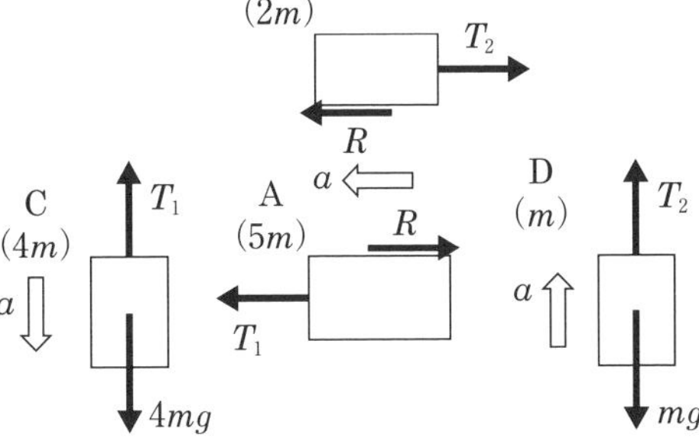

4つの式を辺ごと加えると，

$$12ma = 3mg \qquad \therefore \quad a = \frac{g}{4}$$

なお，AとBは全体で1つの質量 $7m$ の物体と見て式を立ててもよい。

以上より，正答は **3** となる。

No.8 の解説　運動方程式

→問題は P.241

まず，B と M_1 の加速度の関係を考える。動滑車 B が仮に h だけ上がったとすると，両側にあったひもがなくなることになり，その分 M_1 は下がることになる。したがって，M_1 は $2h$ だけ下がることになる。これは加速度も同じであり，結局，M_1 の加速度の大きさは，M_2 の加速度の大きさの 2 倍となる。

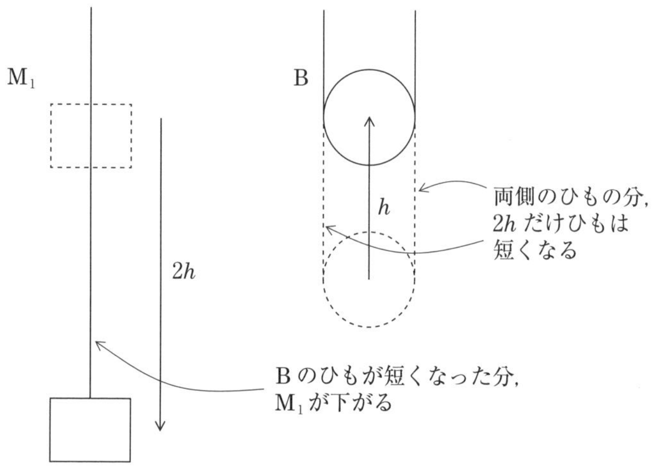

いま，M_1 の加速度を上向きに a とする。この場合，上の考察から，B に付いている M_2 の加速度は下向きに $\frac{a}{2}$ となる。このときに糸の張力を T として，運動方程式を立てる。M_1 がつながっている糸は M_2 ではなくて動滑車 B にかかっているので，動滑車 B と M_1 は 1 つの物体とみる。力を図示すると次のようになる。

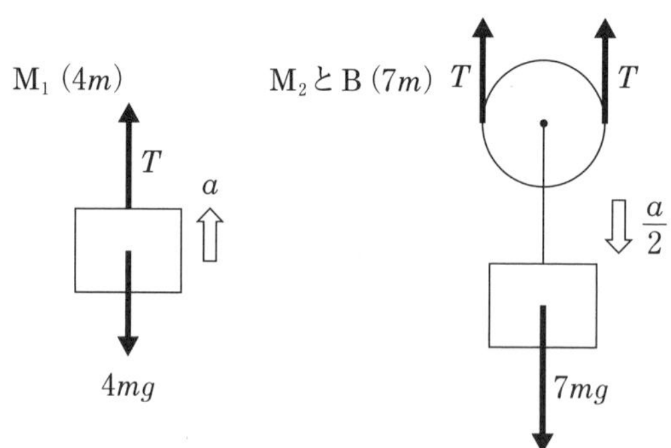

M_1 の運動方程式は，

$$4ma = T - 4mg \quad \cdots\cdots ①$$

M_2の運動方程式は，糸２本に支えられていることに注意して，

$$7m \times \frac{a}{2} = 7mg - 2T \quad \cdots\cdots②$$

これを解く。

①×２＋②より，

$$\frac{23}{2}ma = -mg$$

$$\therefore \quad a = -\frac{2g}{23}$$

つまり，下向きに加速度$\frac{2g}{23}$となる。

以上より，正答は**4**となる。

No.9 の解説　運動方程式

→問題は P.242

人とかごに分けて運動方程式を立てる。そのためにまずは力を図示する。人がひもを引く力をTとする。すると，力は次の図のようになる。

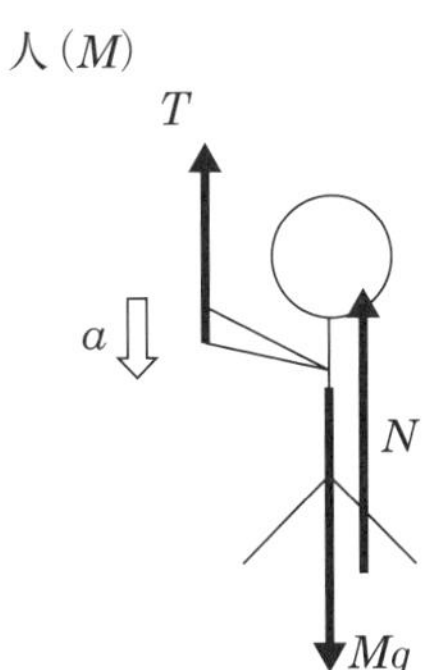

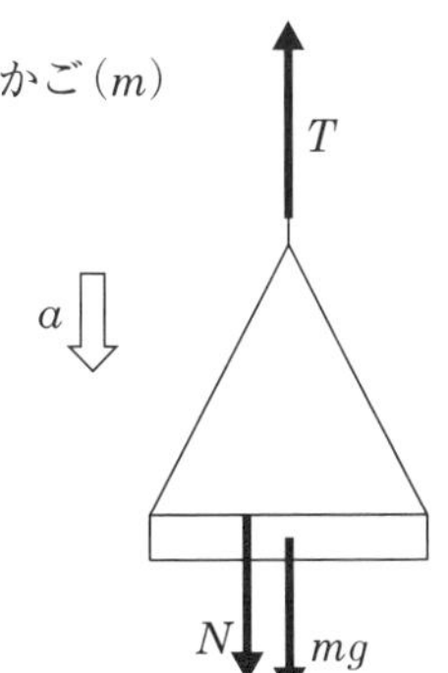

かごと人の加速度をa（下向き）と置く。かごについての運動方程式より，

$$ma = mg - T + N \quad \cdots\cdots①$$

人についての運動方程式より，

$$Ma = Mg - T - N \quad \cdots\cdots②$$

これを解く。②－①より，

$$(M-m)a = (M-m)g - 2N$$

$$\therefore \quad a = g - \frac{2N}{M-m}$$

以上より，正答は**3**となる。

No.10 の解説　運動方程式

→問題は P.242

運動方程式を立てるために，まずは力を見つける。水平方向には，板にも小物体にも摩擦力しか働かない。また，床と板の間の摩擦がないことにも注意する。

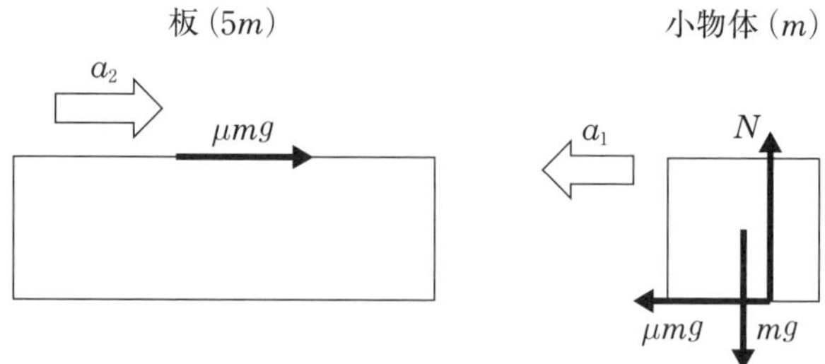

運動方程式を立てる。小物体について，加速度を図のように a_1 とすると，

$$ma_1 = \mu mg$$

$$\therefore \quad a_1 = \mu g$$

したがって，時刻 t における上の物体の速さ v_1 は，等加速度運動の速さの公式より，

$$v_1 = -\mu gt + v_0$$

次に，板について，加速度を図のように a_2 と置くと，

$$5ma_2 = \mu mg$$

$$\therefore \quad a_2 = \frac{\mu g}{5}$$

したがって，速さを v_2 とすると，等加速度運動の公式より，

$$v_2 = \frac{\mu g}{5}t$$

上の物体が下の物体に対して静止するとき，$v_1 = v_2$ となるので，

$$-\mu gt_s + v_0 = \frac{\mu g}{5}t_s$$

$$\therefore \quad t_s = \frac{5v_0}{6\mu g}$$

以上より，正答は **4** となる。

No.11 の解説　慣性力

→問題は P.243

解法❶　慣性力を加えた力のつりあいを立てる

質量を m とする。慣性力 $-ma$ を加え，代わりに加速度 a で運動せず，物体が静止していたと考える（加速度 a で動く斜面から見て運動方程式を立てると考えたことになる）。垂直抗力を N とすると，次のようになる。

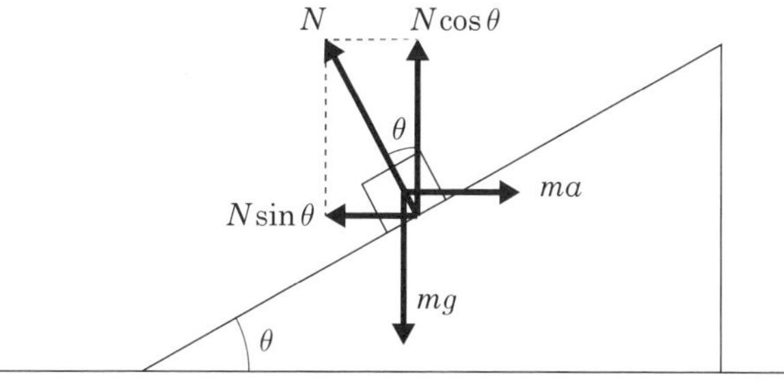

垂直方向の力のつりあいより，

$N\cos\theta = mg$

水平方向の力のつりあいより，

$N\sin\theta = ma$

これを解いて a を求める。

$$\tan\theta = \frac{N\sin\theta}{N\cos\theta} = \frac{ma}{mg} = \frac{a}{g}$$

$$\therefore \quad a = g\tan\theta$$

解法❷　見かけの重力の考え方を使う

斜面が滑らかなので，斜面に平行な方向に力が加われば必ず斜面に沿って動いてしまう。したがって，慣性力と重力の合力が斜面に垂直になるはずである。このとき，下の図の直角三角形より，

$a = g\tan\theta$

となる。

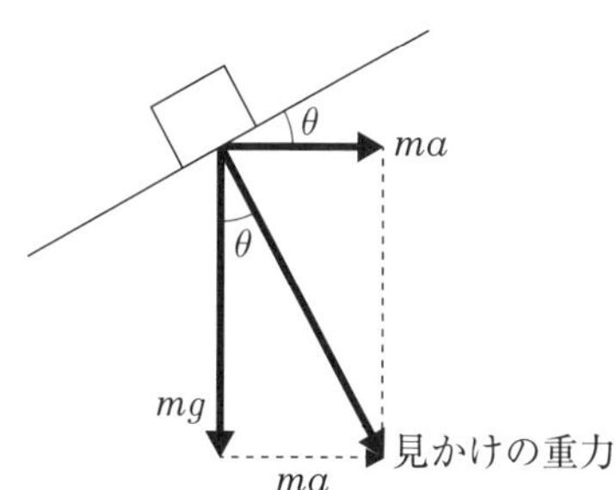

以上より，正答は **3** となる。

No.12 の解説　2球の衝突

→問題は P.243

一体となったということは，同じ速度で運動したということである。この場合，2つの物体は質量が $2m + m = 3m$ の1つの物体になったと考えてもよい。そこで，衝突後の速さについて，下の図のようにその速さを v と置く。

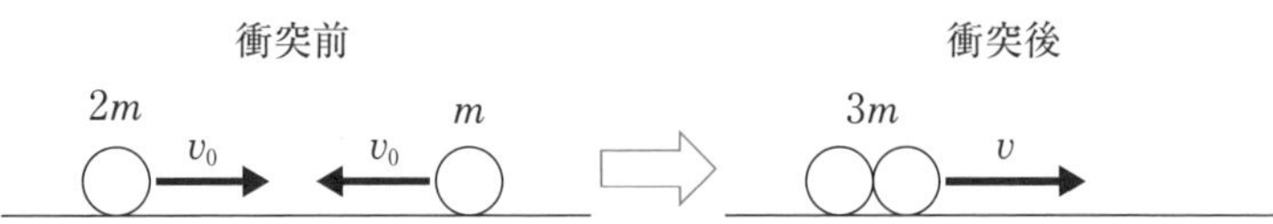

運動量の保存則より，

$$2mv_0 - mv_0 = 3mv$$

$$\therefore \quad v = \frac{v_0}{3}$$

したがって，運動エネルギーの減少量は，

$$\left(\frac{1}{2}\cdot 2mv_0^2 + \frac{1}{2}mv_0^2\right) - \frac{1}{2}\cdot 3m\left(\frac{v_0}{3}\right)^2 = \frac{4}{3}mv_0^2$$

以上より，正答は **4** となる。

No.13 の解説　2球の衝突

→問題は P.244

1回目の衝突後のAの速さを v_A，Bの速さを v_B とする（ともに右向きとする）。また質量は等しいので，これを1と置く。このときの衝突前と衝突後のAとBの様子を図示すると次のようになる。

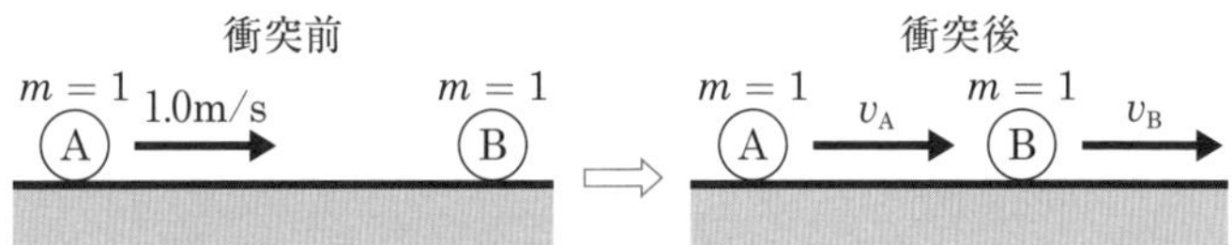

このとき，運動量保存則より，

$$1 = v_A + v_B$$

また，はね返り係数が0.6なので，

$$0.6 = v_B - v_A$$

以上の2式を解く。右辺どうし，右辺どうしを加えて，

$$1.6 = 2v_B$$

$$\therefore \quad v_B = 0.80$$

これより，

$$v_A = 1 - v_B = 0.20$$

次に，2回目の衝突を考える。衝突後のB，Cの速さをそれぞれ u_B，u_C（右

向き）と置くと，次の図のようになる。

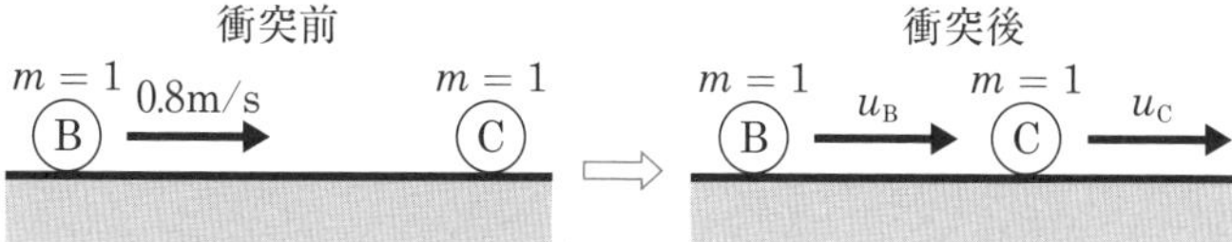

このとき，運動量保存則より，

$0.8 = u_B + u_C$

また，はね返り係数が 0.6 なので，

$0.6 \times 0.8 = u_C - u_B$

以上の 2 式を解く。左辺どうし，右辺どうしを加えて，

$1.28 = 2u_C$

$\therefore \quad u_C = 0.64$

これより，

$u_B = 0.8 - u_C = 0.16$

さらに A の速さが 2 回目の衝突後の B よりも大きいため，3 回目の衝突を考える。

衝突後の A，B の速さをそれぞれ V_A，V_B（右向き）とする。すると，衝突前後の様子は次のようになる。

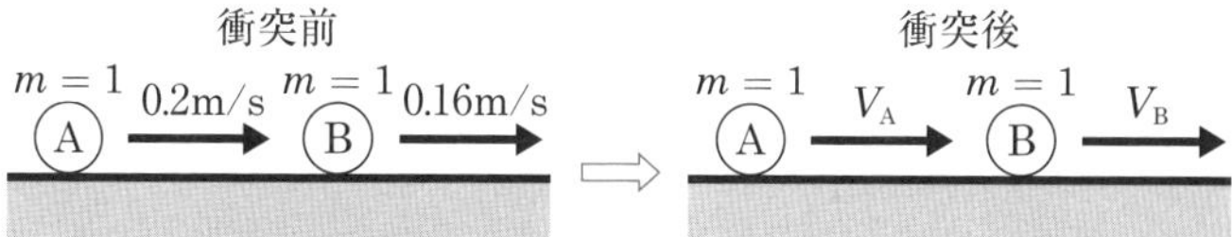

このとき，運動量保存則より，

$0.2 + 0.16 = V_A + V_B$

また，はね返り係数が 0.6 なので，

$0.6 \times (0.20 - 0.16) = V_B - V_A$

以上の 2 式を解く。左辺どうし，右辺どうしを加えて，

$0.384 = 2V_B$

$\therefore \quad V_B = 0.192$

これより，

$V_A = 0.36 - V_B = 0.168$

$V_A = 0.168, \quad V_B = 0.192$

したがって，B が速さ 0.64m/s の C に追いつくことはないので，これ以上衝突は起きない。つまり，0.64m/s が C の最終的な速さとなる。

なお，今回はすべての衝突について考えたが，実際には 1 回目の衝突だけ計算すれば十分である。2 回目の衝突は，1 回目と比べると最初に B が衝突する速さが，1 回目の A の 0.80 倍になっている以外は，まったく同じである。

したがって，計算結果も 0.80 倍になるだけである。

また，3 回目の衝突については，計算しなくとも，A，B の運動エネルギーの和が，

$$\frac{1}{2}\cdot 1\cdot 0.2^2+\frac{1}{2}\cdot 1\cdot 0.16^2=0.0328\,\mathrm{J}$$

であり，C の持つ運動エネルギー $\frac{1}{2}\cdot 1\cdot 0.64^2=0.2048\,\mathrm{J}$ より小さいため，C の速さより B が速くなることはなく，C とは衝突しないことがわかる。

以上より，正答は **5** となる。

No.14 の解説　運動量保存

→問題は P.244

設問には B に左向きの矢印が描かれているが，これは A から見ると左に遅れることを表している。一方，A や分離後の右向きの速さ v_A は外から見た速さである。運動量保存則を立てるときには，誰の視点から見るのかを統一しなければいけない。

ここでは，外から見た視点で考えると，B は A に対して V 遅れているので，速度は下の図のようになる。

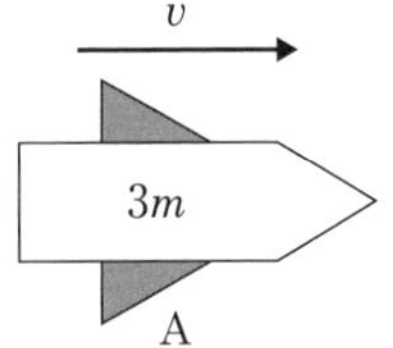

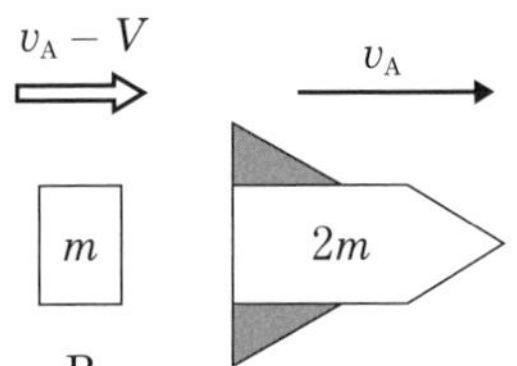

運動量保存則より，

$$3mv=m(v_A-V)+2mv_A$$

$$\therefore\quad v_A=v+\frac{V}{3}$$

以上より，正答は **5** となる。

No.15 の解説　壁との衝突

→問題は P.245

壁との衝突なので，図のように，速度を壁に垂直な方向と平行な方向に分けて考える。

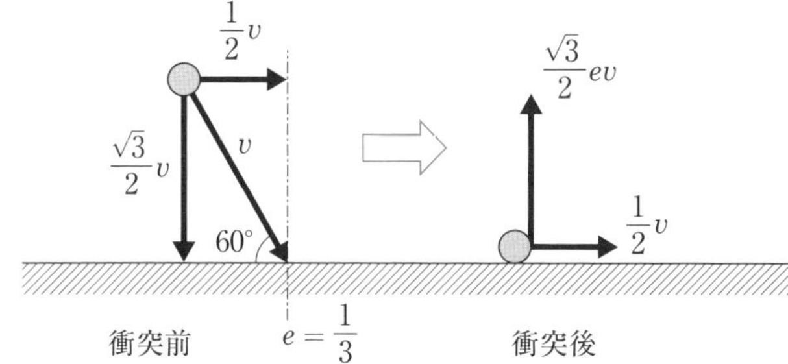

衝突直前は，速さの壁に垂直な方向の成分は $\frac{\sqrt{3}}{2}v$，平行な成分は $\frac{v}{2}$ である。このうち，垂直な方向の成分のみが，衝突によって $\frac{1}{3}$ 倍になる（向きも逆になる）ので，求める速さを V と置くと，

$$V=\sqrt{\left(\frac{\sqrt{3}}{6}v\right)^2+\left(\frac{v}{2}\right)^2}=\frac{1}{\sqrt{3}}v$$

以上より，正答は **3** となる。

正答						
	No.1=**5**	No.2=**1**	No.3=**2**	No.4=**1**	No.5=**5**	No.6=**1**
	No.7=**3**	No.8=**4**	No.9=**3**	No.10=**4**	No.11=**3**	No.12=**4**
	No.13=**5**	No.14=**5**	No.15=**3**			

エネルギー保存・円運動・振動

必修問題

地面より高さ h の場所から，質量の異なる小球 A，B，C をそれぞれ速さ v_0，$2v_0$，$\frac{\sqrt{2}}{2}v_0$ で図に示す方向に投げるとき，小球 A，B，C がそれぞれ地面に達する瞬間の速さ v_A，v_B，v_C の大小関係として最も妥当なのはどれか。

ただし，小球 A，B，C の質量はそれぞれ m，$\frac{m}{4}$，$2m$ とする。また，空気抵抗は考えないものとする。　【国家Ⅱ種・平成15年度】

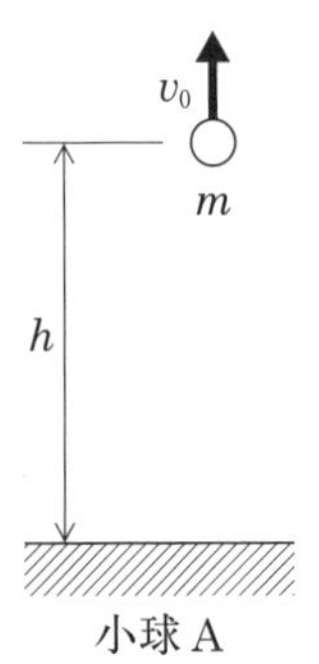

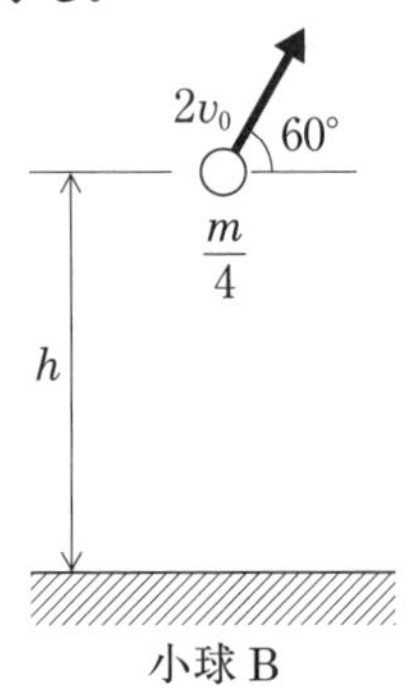

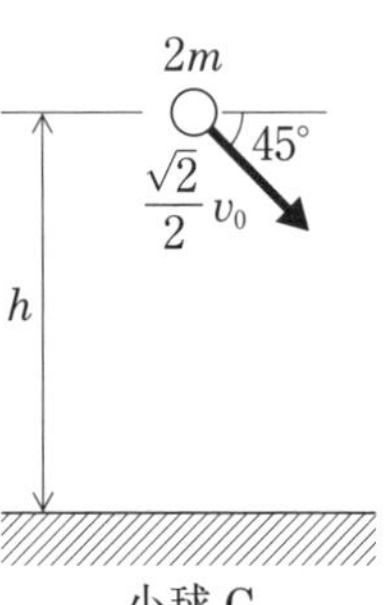

1　$v_A = v_B < v_C$

2　$v_A = v_B = v_C$

3　$v_C < v_A < v_B$

4　$v_A < v_B = v_C$

5　$v_B < v_C < v_A$

必修問題の解説

エネルギー保存の練習をしよう。最初と「最後」の両方の図を描くこと，エネルギーに方向はないことに注意してほしい。また，なぜこの問題を等加速度運動ではなくエネルギー保存で解くのかも考えてみよう。

投げ上げたときと地面に落下したときの図を描くと次のようになる。

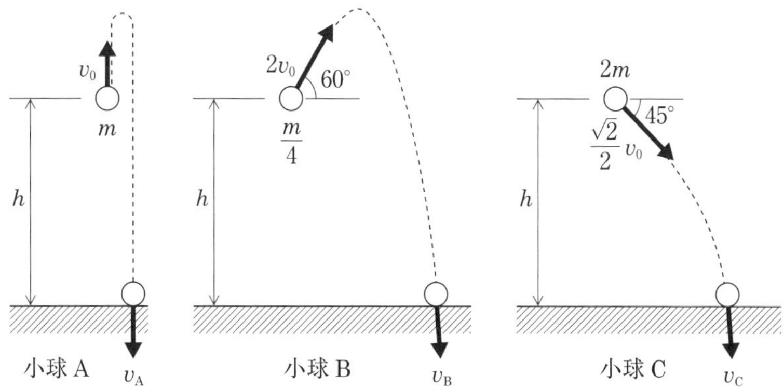

小球 A について，エネルギー保存則を立てると，重力加速度を g として，

$$\frac{1}{2}mv_0^2 + mgh = \frac{1}{2}mv_A^2$$

$$\therefore \quad v_A = \sqrt{v_0^2 + 2gh}$$

小球 B について，エネルギー保存則を立てると，

$$\frac{1}{2}\cdot\frac{m}{4}(2v_0)^2 + \frac{m}{4}gh = \frac{1}{2}\cdot\frac{m}{4}v_B^2$$

$$\therefore \quad v_B = \sqrt{4v_0^2 + 2gh}$$

小球 C について，エネルギー保存則を立てると，

$$\frac{1}{2}(2m)\left(\frac{\sqrt{2}}{2}v_0\right)^2 + 2mgh = \frac{1}{2}\cdot 2mv_C^2$$

$$\therefore \quad v_C = \sqrt{\frac{1}{2}v_0^2 + 2gh}$$

したがって，

$$v_C < v_A < v_B$$

となる。

正答 3

必修問題

ある物体を，水平な地面から角度 30° の方向へ初速度 V_0 で打ち上げたところ，高さ H の最高点を通過した後，地面に落下した。この物体を，水平な地面から角度 45° の方向へ初速度 V_0 で打ち上げた場合の最高点の高さはいくらか。

ただし，空気による抵抗は無視できるものとする。

【労働基準監督Ｂ・平成16年度】

1 $\frac{2\sqrt{3}}{3}H$

2 $\sqrt{2}H$

3 $\frac{3}{2}H$

4 $\sqrt{3}H$

5 $2H$

必修問題の解説

斜方投射の最高到達高さの計算は，エネルギー保存の得意とするところである。式の立て方を学んでほしい。特に高さの水平方向が等速運動であることは注意したい。

角度 30° で投げ上げたときと，最高点について図を描く。このとき，水平方向には加速度はなく等速運動であるため，最高点では，投げ上げたときの水平方向の速さがそのまま残っていることに注意する。

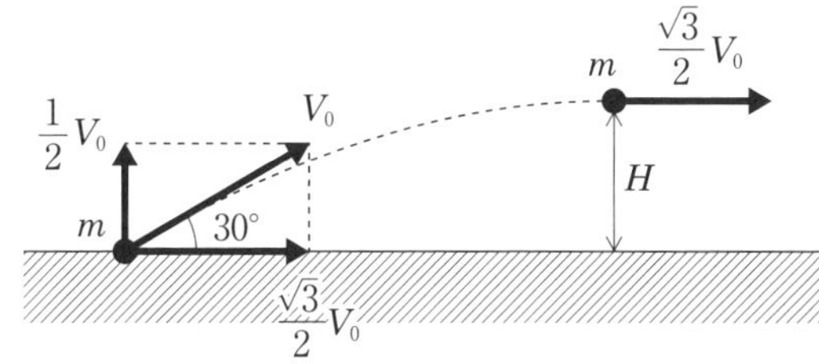

エネルギー保存則より，

$$\frac{1}{2}mV_0^2 = mgH + \frac{1}{2}m\left(\frac{\sqrt{3}}{2}V_0\right)^2$$

$$\therefore \quad H = \frac{V_0^2}{8g}$$

次に 45° で打ち上げるとき，同じように考えると，水平方向の速度成分は $\frac{1}{\sqrt{2}}V_0$ になるので，同様にエネルギー保存則を立てると，求める高さを H' として，

$$\frac{1}{2}mV_0^2 = mgH' + \frac{1}{2}m\left(\frac{\sqrt{2}}{2}V_0\right)^2$$

$$\therefore \quad H' = \frac{V_0^2}{4g} = 2H$$

正答 5

必修問題

図のように，滑らかな面 ABC があり，点 AB 間は水平面で，点 BC 間は高低差 h の斜面となっている。

いま，速度 v_0 で進む質量 m の小球 P が，点 AB 間において，静止した質量 $2m$ の小球 Q と弾性衝突した。その後，小球 Q が点 B を経由して点 C で最高点に達したとき，v_0 として最も妥当なのはどれか。

ただし，重力加速度を g とする。【国家Ⅱ種・平成19年度】

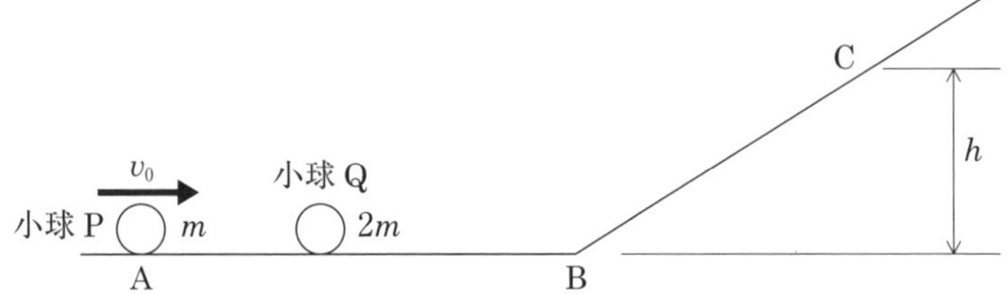

1 $\frac{1}{2}\sqrt{2gh}$

2 $\sqrt{2gh}$

3 $\frac{3}{2}\sqrt{2gh}$

4 $2\sqrt{2gh}$

5 $\frac{5}{2}\sqrt{2gh}$

〈必修問題〉の解説

公務員試験では，状況が途中で変化する問題も多く出題される。状況が変化することに分けて考え，一つ一つ式を立てていく。分けたそれぞれは難しくないはずである。

まず，弾性衝突後の速さを求める。弾性衝突後のPの速さを v_P，Qの速さを v_Q と置くと，次のように図が描ける。

衝突後

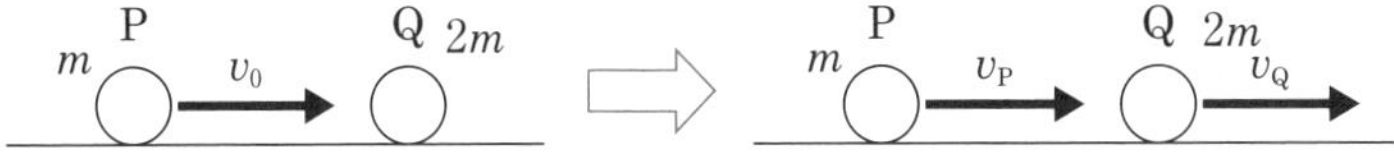

運動量保存則より，

$$mv_0 = mv_P + 2mv_Q$$

弾性衝突なので，

$$v_0 = v_Q - v_P$$

これを解いて $v_Q = \frac{2}{3}v_0$ となる。次にBC間についてQについての力学的エネルギー保存則を立てると，

$$\frac{1}{2}\cdot 2m\left(\frac{2}{3}v_0\right)^2 = 2mgh$$

$$\therefore \quad v_0 = \sqrt{\frac{9}{2}gh} = \frac{3}{2}\sqrt{2gh}$$

正答 3

必修問題

図のように，質量 m の小球を付けた長さ L の糸の一端を天井に付けて，鉛直方向と糸のなす角が60°となるように小球を水平面内で等速円運動させた。このとき，この円運動の周期として最も妥当なのはどれか。

ただし，重力加速度の大きさを g とする。 【国家一般職・平成26年度】

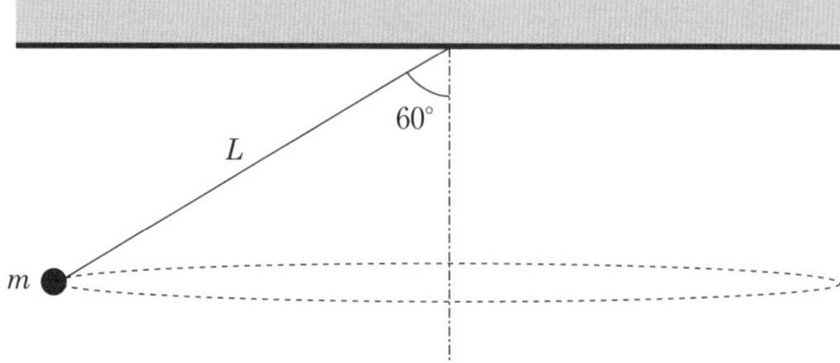

1 $\pi\sqrt{\frac{2L}{g}}$

2 $\pi\sqrt{\frac{3L}{g}}$

3 $2\pi\sqrt{\frac{L}{g}}$

4 $2\pi\sqrt{\frac{2L}{g}}$

5 $2\pi\sqrt{\frac{3L}{g}}$

必修問題の解説

円すい振り子と呼ばれる有名な問題である。解き方，答えを用意しておこう。なお，国家総合職では頂角が30°の場合も出題されている。

円運動の半径を r，頂角を θ とする。なお，本問では $\theta = 60^\circ$，$r = \dfrac{\sqrt{3}}{2}L$ である。角速度を ω とすると，遠心力は $mr\omega^2$ であり，中心から離れる方向である。等速円運動をしている物体では，遠心力が加われば力がつりあう。そこで，力を図示すると，次のようになる。なお，T は糸の張力である。

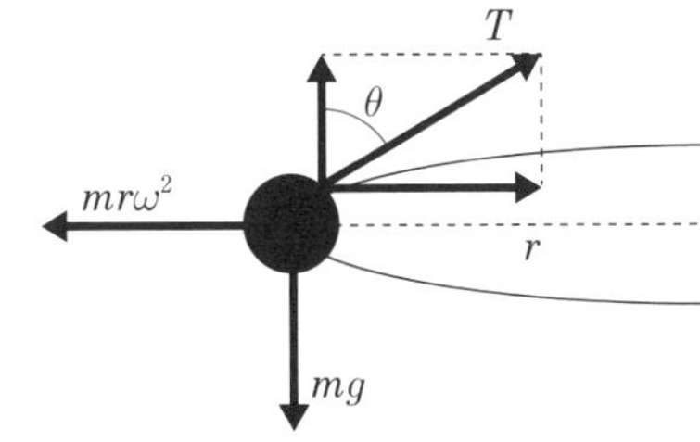

水平方向の力のつりあいより，

$$mr\omega^2 = T\sin\theta$$

鉛直方向の力のつりあいより，

$$mg = T\cos\theta$$

ここから T を消去すると，

$$\tan\theta = \frac{T\sin\theta}{T\cos\theta} = \frac{r\omega^2}{g}$$

$$\therefore \quad \omega = \sqrt{\frac{g\tan\theta}{r}}$$

ここで，$r = L\sin\theta$ なので，

$$\omega = \sqrt{\frac{g}{L\cos\theta}}$$

したがって，求める周期は，

$$\frac{2\pi}{\omega} = 2\pi\sqrt{\frac{L\cos\theta}{g}} = 2\pi\sqrt{\frac{L}{2g}} = \pi\sqrt{\frac{2L}{g}}$$

正答 1

必修問題

図のような，斜面を滑り降りた後に，半径 r の円弧に沿って宙返りをするコースがある。この斜面の高さ h から球を静かに放す。

宙返りの部分で球がコースから離れることなく走行するときの最小の h として最も妥当なのはどれか。

ただし，斜面と球の間に摩擦は生じないものとする。また，球の半径は十分小さく，質点とみなせるものとする。　【国家Ⅰ種・平成16年度】

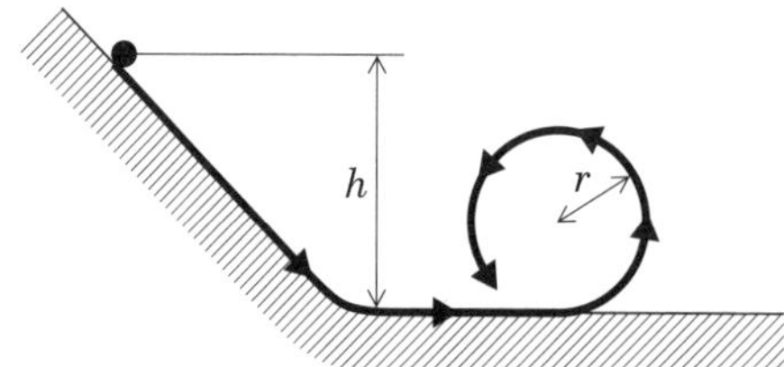

1　$2r$

2　$\dfrac{3\sqrt{2}}{2}r$

3　$\dfrac{5}{2}r$

4　$2\sqrt{2}r$

5　$3r$

必修問題の解説

非等速円運動の問題は解き方が決まっているので用意しておきたい。ここでは，宙返りの最高点で速さが 0 ではないことにも注意したい。

円の最高点の速さを v として図を描くと次のようになる。

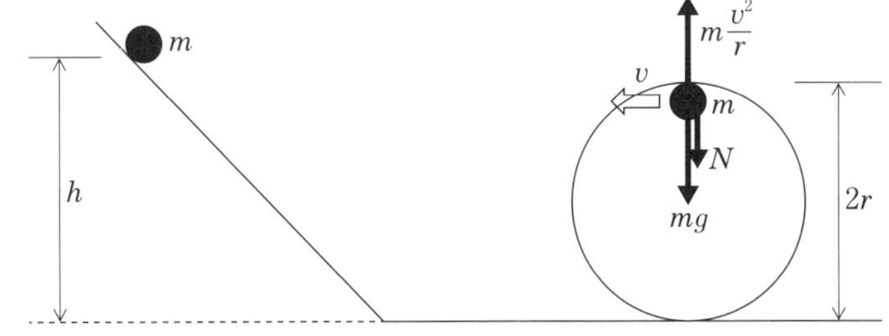

そこで，エネルギー保存則は，

$$mgh = \frac{1}{2}mv^2 + 2mgr$$

円の最高点での力のつりあいは，垂直抗力を N として，

$$m\frac{v^2}{r} = N + mg$$

ここで，離れずに 1 周するためには，$N \geqq 0$ なので，

$$N = m\frac{v^2}{r} - mg = \frac{2mgh}{r} - 4mg - mg = \frac{mg(2h-5r)}{r} \geqq 0$$

$$\therefore \quad h \geqq \frac{5}{2}r$$

正答 3

必修問題

図Ⅰのように，滑らかな水平面上に，壁に一端を固定されたばねがあり，他端に質量 m のおもりを取り付けてばねと同じ方向に振動させたところ，周期は T_0 であった。次に，図Ⅱのように，図Ⅰと同じ滑らかな水平面上に，壁で一端を固定して２つの図Ⅰと同じばねを取り付け，他端に質量 m のおもりを付けてばねと同じ方向に振動させたところ，周期は T_1 であった。T_1 を T_0 を使って表しなさい。　　【地方上級・平成26年度】

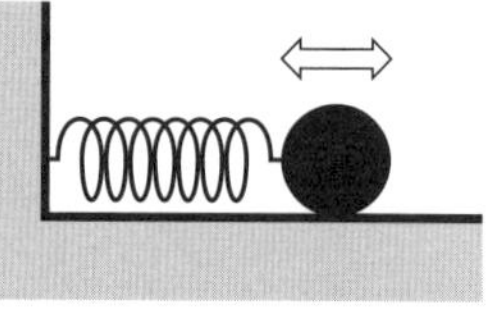
図Ⅰ

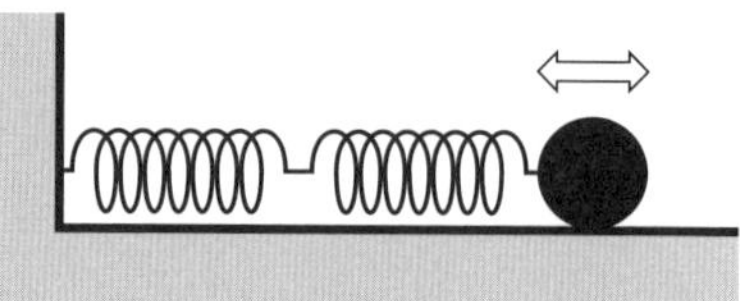
図Ⅱ

1　$\frac{1}{2}T_0$

2　$\frac{1}{\sqrt{2}}T_0$

3　T_0

4　$\sqrt{2}T_0$

5　$2T_0$

必修問題の解説

単振動の中では，ばね振り子と単振り子の公式は覚えておきたい。また，ばねの合成公式も併せて覚えておくこと。

ばねのばね定数を k と置くと，ばね振り子の公式から，

$$T_0 = 2\pi\sqrt{\frac{m}{k}}$$

となる。次に図Ⅱについて，ばねが直列に接続されているので，この全体のばね定数を k_2 と置くと，ばねの合成公式から，

$$\frac{1}{k_2} = \frac{1}{k} + \frac{1}{k} = \frac{2}{k}$$

$$\therefore \quad k_2 = \frac{k}{2}$$

したがって，ばね振り子の公式から，

$$T_1 = 2\pi\sqrt{\frac{m}{k/2}} = 2\sqrt{2}\pi\sqrt{\frac{m}{k}} = \sqrt{2}\,T_0$$

正答 4

重要ポイント1 エネルギーと保存則

⑴エネルギー

物体が何かをする能力のことを**エネルギー**という。エネルギーは，運動それぞれについて計算されていて，その式については覚えておく必要がある。力学で出てくるエネルギーについて以下の表のものは必ず覚えておこう。

（重力による）位置エネルギー	mgh	m：質量，g：重力加速度，h：高さ（高さの基準は適宜とること）
運動エネルギー	$\frac{1}{2}mv^2$	m：質量，v：速度
弾性エネルギー	$\frac{1}{2}kx^2$	k：ばね定数，x：ばねの伸び

次のエネルギーは特殊な問題で使われる。そのため，覚えるのは後回しでよいだろう。

万有引力による位置エネルギー	$-G\frac{Mm}{r}$	G：万有引力定数，M, m：質量，r：2 物体の距離
回転エネルギー	$\frac{1}{2}I\omega^2$	I：慣性モーメント，ω：角速度

エネルギーは，それまで出てきた運動量，力などと異なりスカラー量である。したがって，水平方向，鉛直方向というように成分に分ける必要はない。

⑵エネルギー保存則の立て方

エネルギー保存則を立てる場合には，エネルギー保存則が立てやすいように図を描くことが最も大切である。多くの場合，次の手順をとる。

①考えている「最初」と「最後」の図を描く。

②高さ h，速さ v など，エネルギーに関係する量を記入する。

③②で描いた量をもとに，最初と最後についてエネルギーを計算する。

重要ポイント 2 等速円運動

等速で円軌道上を運動する場合を**等速円運動**という。等速円運動を表現する場合，今まで出てきた量のほかに，角度に関係する次の量を使う場合がある。

①角速度 ω：単位時間当たりの回転角度

②周期 T：円軌道を 1 周するのに要する時間

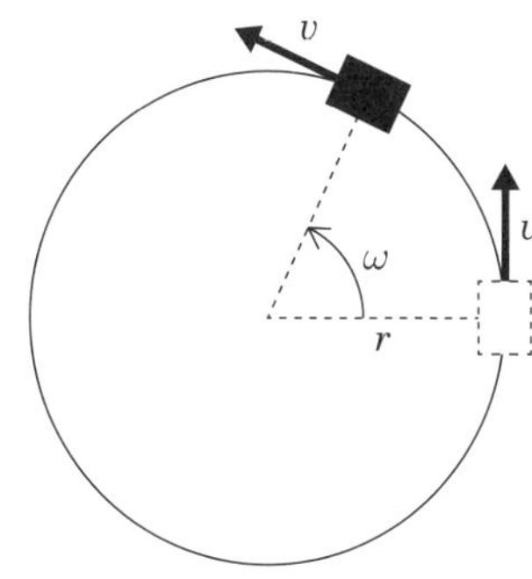

これらと速さ v との間には，次の関係が成り立つ。ただし r は半径である。

$$v = r\omega$$

$$T = \frac{2\pi}{\omega} = \frac{2\pi r}{v}$$

等速円運動の問題では，遠心力を使って次のように問題を解く。

①遠心力を加えたすべての力を図示する。

②力のつりあいを立てる。

ただし，遠心力 F は次の式で表される。

$$F = m\frac{v^2}{r} = mr\omega^2$$

重要ポイント 3 非等速円運動

円軌道上を円運動するものの，その速度が一定ではない場合を**非等速円運動**という。この場合には，次の 2 つの式を立てることになる。

①遠心力を加えて，半径方向についての力のつりあいを立てる。

②エネルギー保存則を立てる。

重要ポイント4 単振動

座標が

$$x = A\sin(\omega t)$$

と表される運動を単振動という。ただし，A は振幅，ω は角振動数（角周波数）と呼ばれる。ただし，ω と周期 T の間には，等速円運動と同じ関係式

$$T = \frac{2\pi}{\omega}$$

が成り立つ。また，次式で計算される単位時間（1s）当たりの振動数 f〔Hz〕も使われる。

$$f = \frac{1}{T} = \frac{\omega}{2\pi}$$

単振動では，角振動数 ω を求めることが目標となるが，そのためには次の公式が大切になる。

$$a = -\omega^2 x$$

これを使って次の手順で問題を解く。

①運動方程式を立て，「$a =$」の形に変形する。このとき，式が正しければ，$a = -Kx(+C)$ の形（C は定数）になる。

②上記の公式から，

$$\omega = \sqrt{K}$$

とする。

重要ポイント5 振り子

(1)ばね振り子

ばね定数を k，おもりの質量を m とするとき，ばね振り子の周期 T は，次の式で表される。

$$T = 2\pi\sqrt{\frac{m}{k}}$$

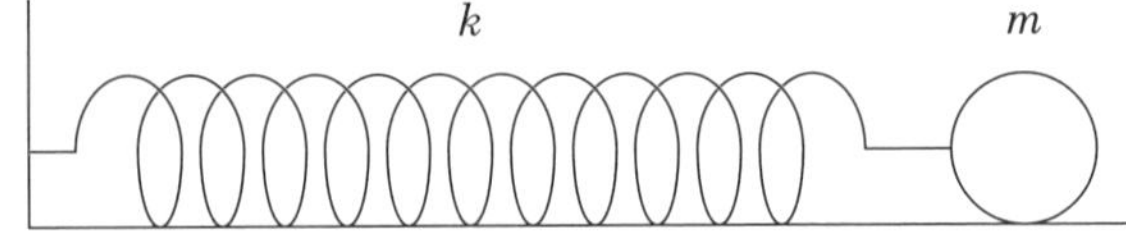

ばねが2本以上ある場合には，可能であれば，ばねの合成公式で合成して求める。合成公式は次のようになっている。

並列

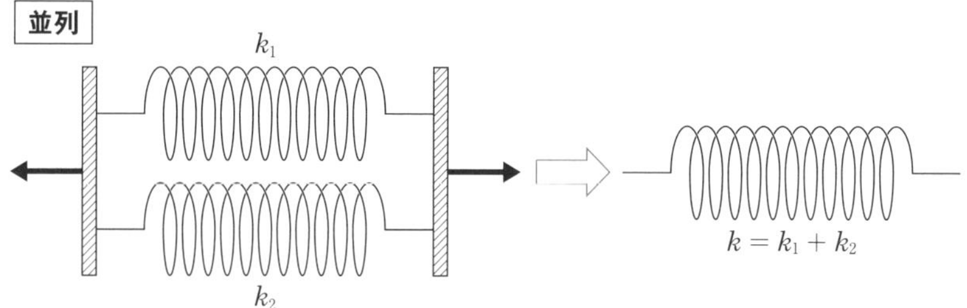

直列

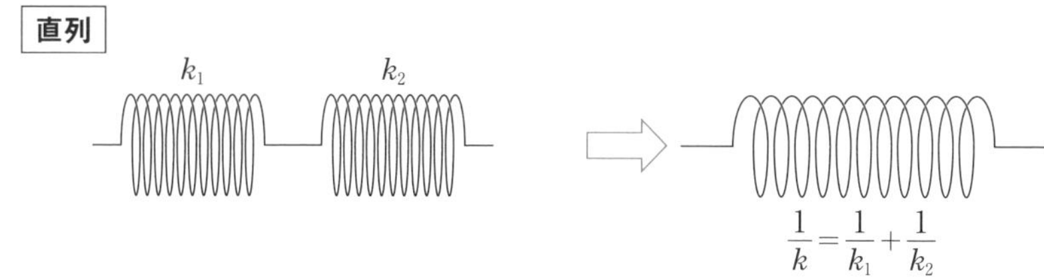

左の2つのばね k_1，k_2 は，いずれも右のばね定数 k の1つのばねに置き換えることができる。

(2)単振り子

振り子の長さを l，重力加速度を g とするとき，単振り子の周期 T は，次の式で表される。

$$T = 2\pi\sqrt{\frac{l}{g}}$$

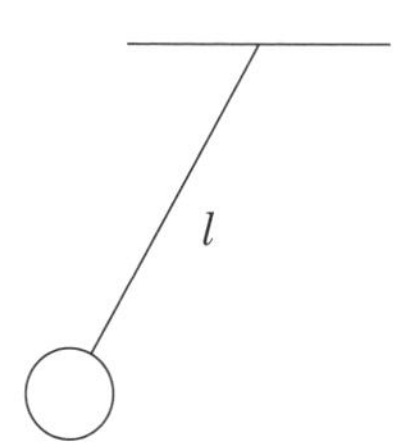

実戦問題

No.1 水平な床の上の点Aから床とのなす角 $\theta = 60°$ で投げられた小球が，最高点Bに達した。最高点Bの高さ H が床から10mであるとき，小球の初速 v_0 はおよそいくらか。

ただし，空気による抵抗は無視できるものとし，重力加速度の大きさを $10\mathrm{m/s^2}$ とする。　【労働基準監督B・平成22年度】

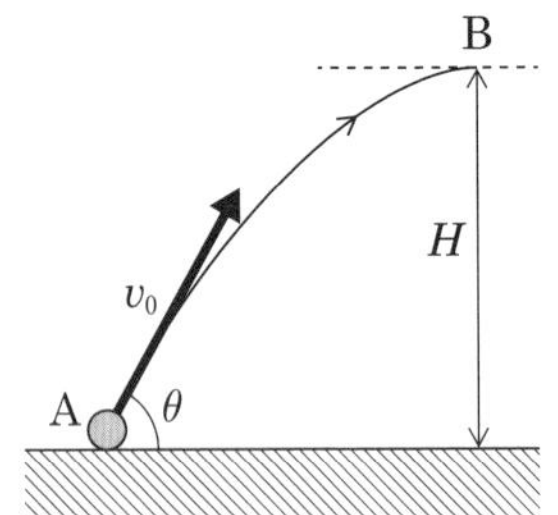

1 $\dfrac{17\sqrt{6}}{6}$ m/s

2 $\dfrac{25\sqrt{6}}{6}$ m/s

3 $\dfrac{17\sqrt{6}}{3}$ m/s

4 $\dfrac{20\sqrt{6}}{3}$ m/s

5 $\dfrac{25\sqrt{6}}{3}$ m/s

No.2 図のように，長さ L の糸の一端を点Oに固定し，他端に小球を付け，糸がたるまないように点Oと同じ高さの点Aまで小球を持ち上げて静かに放した。その後小球が円運動の最下点Bを通り点Cの位置に来たときに糸が切れ，小球は放物運動をした。

糸が切れた後の小球の放物運動の最高点は，円運動の最下点Bからいくらの高さか。

ただし，糸の質量は無視できるものとする。　【国家Ⅱ種・平成18年度】

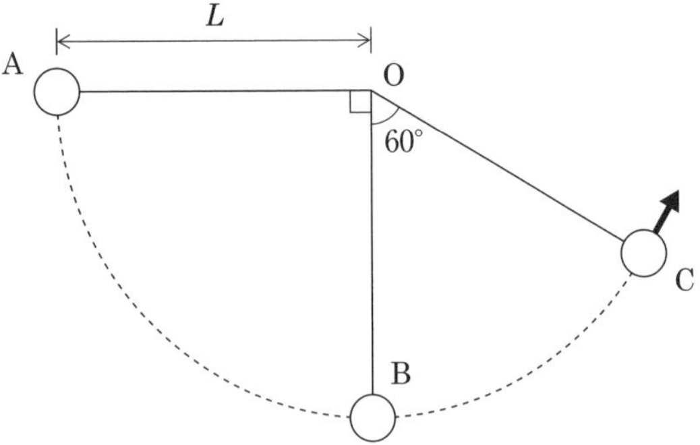

1 $\dfrac{3}{4}L$

2 $\dfrac{5}{6}L$

3 $\dfrac{7}{8}L$

4 $\dfrac{11}{12}L$

5 L

No.3 図のように滑らかな斜面に，水平な地面から高さ h_1 の地点Aから滑り出した小球が，高さ h_2 の地点Bから斜め上向きに30°の角度で飛び出した。飛び出した後に小球に達し得る地面からの最高の高さとして最も妥当なのはどれか。

ただし，$h_1 > h_2$ とする。　　【労働基準監督B・平成22年度】

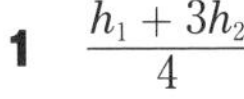

1　$\dfrac{h_1 + 3h_2}{4}$

2　$\dfrac{5}{4}(h_1 - h_2)$

3　$\dfrac{3\sqrt{5}}{4}(h_1 - h_2)$

4　$\dfrac{h_1 + 5h_2}{6}$

5　$\dfrac{h_1 + 3\sqrt{5}h_2}{6}$

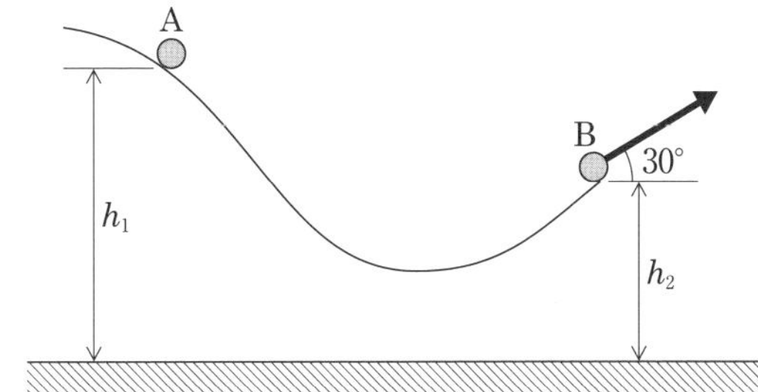

No.4 図のように，滑らかな斜面が円筒面を介して摩擦のある水平な床と滑らかにつながっている。床からの高さが h である斜面上のA点から，小物体を静かに放して斜面を滑らせたところ，水平な床のB点の位置まで滑って止まった。次に，同じ小物体をB点から斜面に向かってある速さで放し，A点まで届かせたい。そのときの放す速さはどれか。

ただし，重力加速度を g とする。　　【労働基準監督B・平成13年度】

1　$\dfrac{\sqrt{2gh}}{4}$

2　$\dfrac{\sqrt{gh}}{2}$

3　$\sqrt{gh}$

4　$\sqrt{2gh}$

5　$2\sqrt{gh}$

No.5 図のように，AB 間が滑らかで BC 間は粗い斜面上の点 A から小物体を静かに放したところ，小物体は斜面を滑り出した。小物体が点 B に到達するときの速さを v_B とし，小物体が点 C に到達するときの速さを v_C としたとき，$\dfrac{v_C}{v_B}$ の値として最も妥当なのはどれか。

ただし，小物体と斜面 BC の間の動摩擦係数を $\dfrac{\sqrt{3}}{3}$，重力加速度の大きさを 10m/s^2 とする。　　【国家一般職・平成29年度】

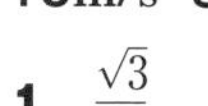

1 $\dfrac{\sqrt{3}}{3}$

2 $\dfrac{\sqrt{2}}{2}$

3 1

4 $\sqrt{2}$

5 $\sqrt{3}$

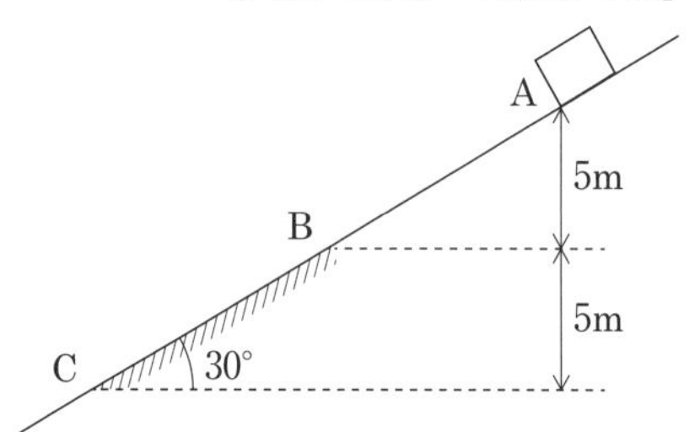

No.6 図のように，2 つの曲面と水平面で構成される滑らかな面上において，水平面から高さ h の曲面上の点より質量 m の小球 A を静かに放したところ，A は，曲面を滑り，水平面上で静止している質量 $2m$ の小球 B に衝突して一体となって運動した。このとき，一体となった A と B が達する水平面からの高さの最大値として最も妥当なのはどれか。　　【国家一般職・令和元年度】

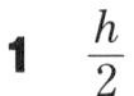

1 $\dfrac{h}{2}$

2 $\dfrac{h}{3}$

3 $\dfrac{h}{4}$

4 $\dfrac{h}{6}$

5 $\dfrac{h}{9}$

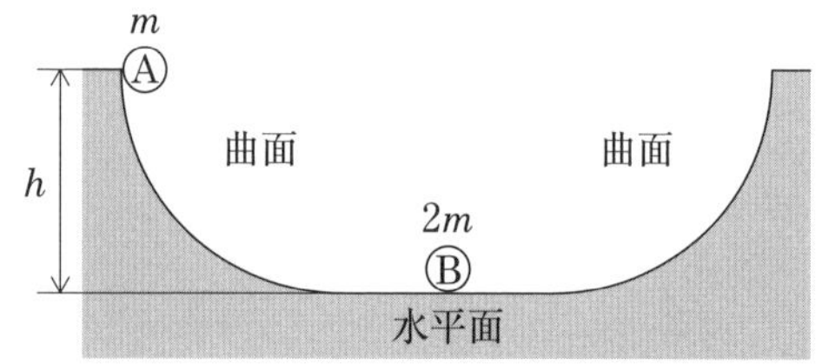

No.7 図Ⅰのように，水平かつ滑らかな床の上に置かれた質量 9kg の物体 A に質量 1kg の小物体 B を速さ v〔m/s〕で打ち込んだところ，図Ⅱのように，B は A に距離 L〔m〕だけ侵入し，侵入後はそのまま A とともに運動した。このとき，L として最も妥当なのはどれか。

ただし，B が A に侵入し続けている間は大きさおよび向きが一定の摩擦力 F〔N〕が作用し，A と B は水平方向の一直線上を運動するものとする。また，空気抵抗は無視できるものとする。

なお，B が A に侵入するときに減少する運動エネルギーは，摩擦力がする仕事に等しい。【国家一般職・平成26年度】

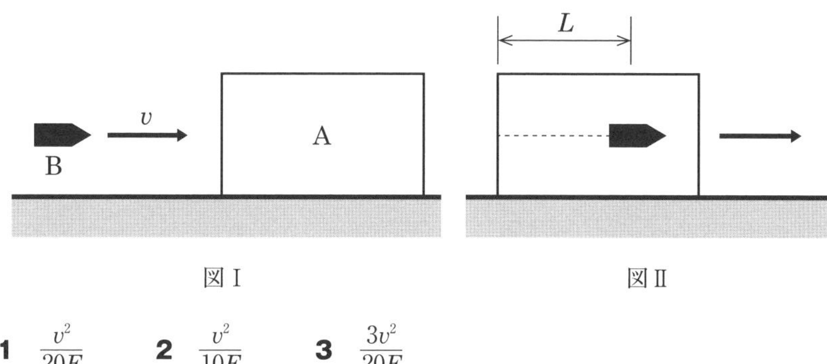

図Ⅰ　　図Ⅱ

1　$\dfrac{v^2}{20F}$　　2　$\dfrac{v^2}{10F}$　　3　$\dfrac{3v^2}{20F}$

4　$\dfrac{3v^2}{10F}$　　5　$\dfrac{9v^2}{20F}$

No.8 図のように，水平な円板の中心を通る鉛直な回転軸を持つ円板の上に質量 6kg の物体が回転軸から 1.5m 離れた位置に置かれている。物体と円板の間の静止摩擦係数は 0.3 である。円板を回転軸を中心に回転させ，次第に回転速度を上げたところ，物体は動き始めた。このときの円板の角速度はおよそいくらか。

ただし，重力加速度は 10m/s² とする。【労働基準監督 B・平成18年度】

1　1.4rad/s
2　1.7rad/s
3　2.0rad/s
4　2.2rad/s
5　3.0rad/s

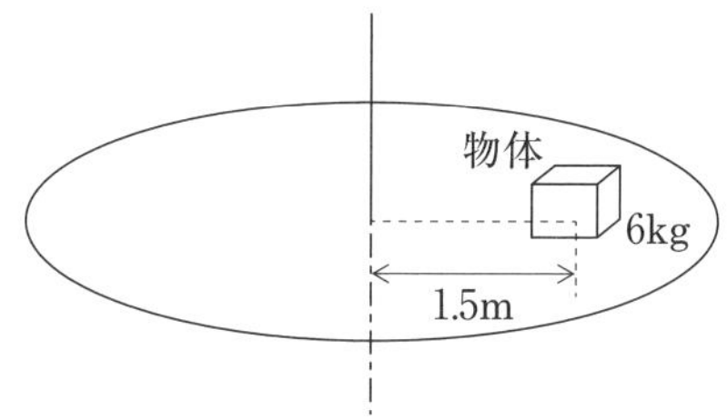

No.9 図のように，滑らかな水平板の上方の高さ H $(H < L)$ の点から長さ L の糸で質量 m の質点をつるし，板上を角速度 ω で等速円運動させるとき，質点が板面を離れる条件として最も妥当なのはどれか。

ただし，重力加速度を g とする。 【労働基準監督B・平成21年度】

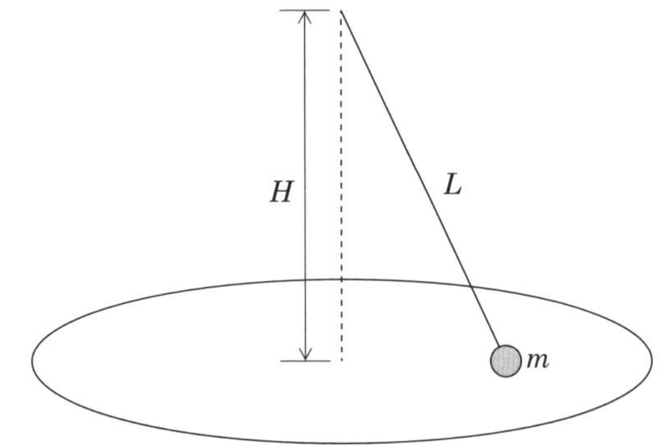

1 $\omega > \frac{1}{2\pi}\sqrt{\frac{g}{2H}}$

2 $\omega > \frac{1}{2\pi}\sqrt{\frac{2g}{H}}$

3 $\omega > \sqrt{\frac{g}{2H}}$

4 $\omega > \sqrt{\frac{g}{H}}$

5 $\omega > \sqrt{\frac{2g}{H}}$

No.10 自然長 L の軽いばねの一端を天井に固定し，他端に小球をつるして静止させたところ，ばねの長さは $\frac{3}{2}L$ になった。次に，同じ小球とばねを用いて，図のように，ばねが常に鉛直線と角 θ をなすように小球を水平面内で等速円運動させたとき，ばねの長さは $2L$ であった。このとき，小球の速さとして最も妥当なのはどれか。

ただし，重力加速度の大きさを g とする。 【国家一般職・平成28年度】

1 $\sqrt{gL}$

2 $\sqrt{2gL}$

3 $\sqrt{3gL}$

4 $2\sqrt{gL}$

5 $\sqrt{5gL}$

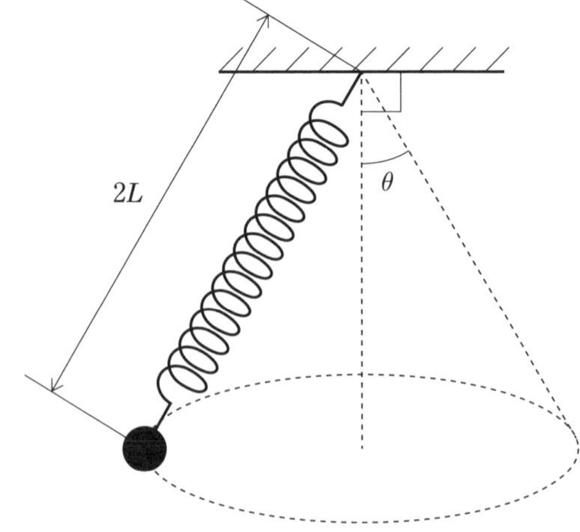

No.11 地球が太陽を中心とする半径 R の円上を公転しているものとする。太陽の質量を M，地球の質量を m とし，地球が速さ v で公転しているとする。v と公転周期 T を正しく組み合わせたものはどれか。

ただし，万有引力定数を G とする。【地方上級・平成25年度】

	v	T
1	$\sqrt{\frac{GM}{R}}$	$2\pi\sqrt{\frac{R}{GM}}$
2	$\sqrt{\frac{GM}{R}}$	$2\pi\sqrt{\frac{R^3}{GM}}$
3	$\sqrt{\frac{Gm}{R}}$	$2\pi\sqrt{\frac{R}{Gm}}$
4	$\sqrt{\frac{Gm}{R}}$	$2\pi\sqrt{\frac{R^3}{Gm}}$
5	$\sqrt{\frac{Gm}{R}}$	$2\pi\sqrt{\frac{R^3}{Gm}}$

No.12 長さ l の糸に，質量 m のおもりをつけ，他端を固定した。この振り子を，糸がたるまないように鉛直方向から糸が60°の角度をなす高さまで持ち上げ，静かに離した。おもりが最下端に来たときの糸の張力を求めよ。

ただし，重力加速度を g とする。

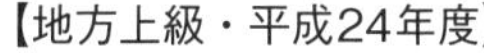

【地方上級・平成24年度】

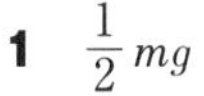

1 $\frac{1}{2}mg$

2 mg

3 $\frac{3}{2}mg$

4 $2mg$

5 $\frac{5}{2}mg$

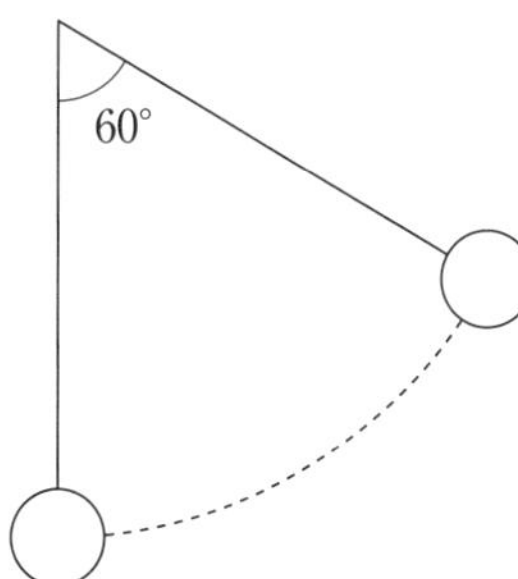

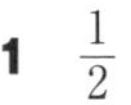

No.13 図のように，表面が滑らかな半径 r の円筒が水平面上に固定されている。いま，円筒面の最高点に極めて近い点 A に小球を置き，静かに手を離したところ，小球は円筒面上を滑り，点 B で円筒面から離れた。A，B を含む円筒の鉛直断面の中心を点 O とし，$\angle AOB = \theta$ とするとき，$\cos\theta$ はおよそいくらか。

【国家総合職・令和２年度】

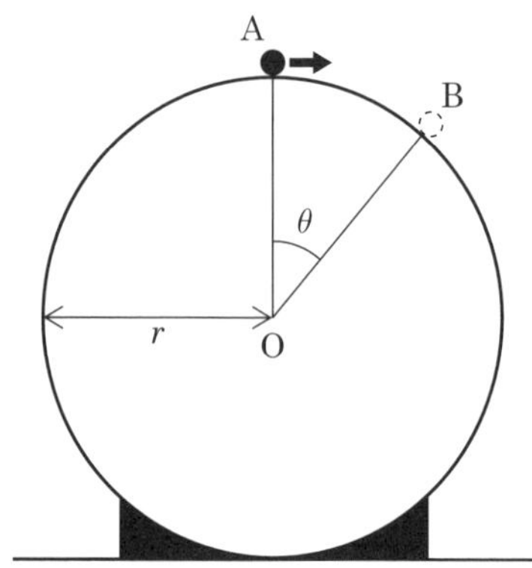

1 $\frac{1}{2}$

2 $\frac{2}{3}$

3 $\frac{\sqrt{2}}{2}$

4 $\frac{\sqrt{5}}{3}$

5 $\frac{\sqrt{3}}{2}$

No.14 図のように，水平で滑らかな床の上に置かれた質量 m の小物体に，ばね定数 k，$3k$ の２つの軽いばねの一端を取り付け，それぞれのばねの他端を壁に固定した。この小物体が単振動しているとき，単振動の周期として最も妥当なのはどれか。

ただし，２つのばねの振動方向は常に同一直線上にあるものとする。

【国家一般職・令和元年度】

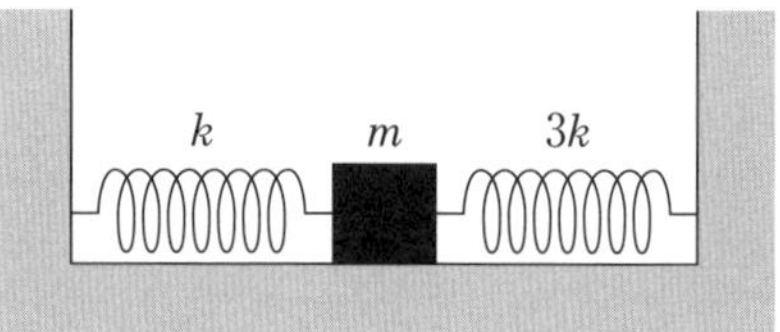

1 $\pi\sqrt{\frac{3k}{m}}$

2 $2\pi\sqrt{\frac{k}{m}}$

3 $\pi\sqrt{\frac{m}{k}}$

4 $2\pi\sqrt{\frac{m}{2k}}$

5 $4\pi\sqrt{\frac{m}{3k}}$

No.15 図Iのように，おもりの質量 m，糸の長さ l の単振り子が周期 T で振動している。

この単振り子を，他の条件は変えず，以下の（i）～（iv）の条件で振動させた場合の周期をそれぞれ T_{i} ～ T_{iv} とする。T_{i} ～ T_{iv} のうち T より大きくなるもののみをすべて選び出しているのはどれか。

ただし，糸の重さは無視できるものとする。

（i） おもりの質量を $\frac{m}{2}$ にした場合。

（ii） 糸の長さを $\frac{l}{2}$ にした場合。

（iii） 図IIのように，加速度 a で鉛直下向きに運動している箱の中で振動している場合。ただし，a は重力加速度よりも小さい。

（iv） 図IIIのように，水平となす角 ϕ の斜面上で振動する場合。

ただし，$\phi < 90°$ とする。また，斜面とこの単振り子との摩擦は無視でき，糸はたるまないものとする。 【国家II種・平成17年度】

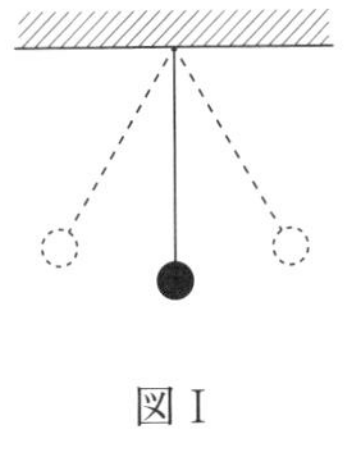
図I

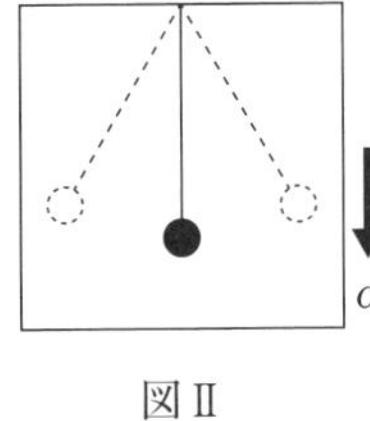

図II

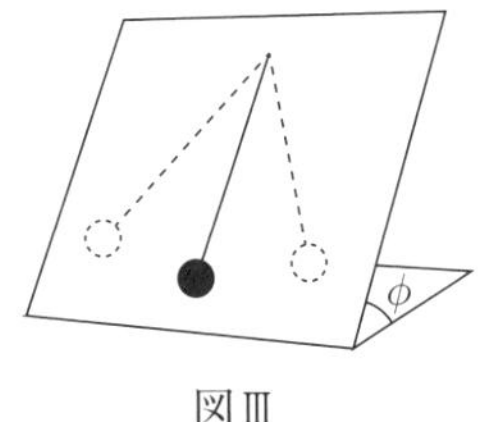

図III

1 T_{i}，T_{ii}

2 T_{i}，T_{iv}

3 T_{ii}

4 T_{iii}

5 T_{iii}，T_{iv}

No.16 図のように，ばね定数 k のばねを天井からつるし，その下に質量 m のおもりをつるし，自然長の位置で静かに手を離したところ，おもりは振動した。自然長の位置を原点 O とし，鉛直下向きに x 軸をとる。このときの x の最大値 L と，振動の周期を T，手を離してからの時間を t としたときの $x(t)$ として正しいのはどれか。

【地方上級・平成30年度】

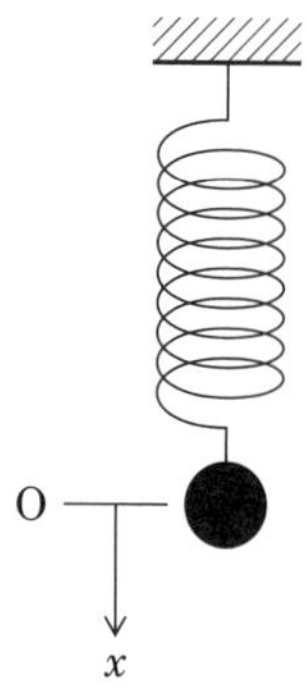

	x の最大値	$x(t)$
1	$\dfrac{mg}{k}$	$L-L\cos\left(2\pi\dfrac{t}{T}\right)$
2	$\dfrac{mg}{k}$	$\dfrac{L}{2}-\dfrac{L}{2}\cos\left(2\pi\dfrac{t}{T}\right)$
3	$\dfrac{2mg}{k}$	$L\sin\left(2\pi\dfrac{t}{T}\right)$
4	$\dfrac{2mg}{k}$	$L-L\cos\left(2\pi\dfrac{t}{T}\right)$
5	$\dfrac{2mg}{k}$	$\dfrac{L}{2}-\dfrac{L}{2}\cos\left(2\pi\dfrac{t}{T}\right)$

No.17 図のように高さ 10h まで水が張られた貯水タンクに開けられた小さい穴 a，b から水が放出されている。穴 a，b がそれぞれ床面から高さ 4h，7h の位置にあるとき穴 a，b から放出される水の速さ V_a と V_b の比 $V_a:V_b$ として最も妥当なのはどれか。

ただし，水位の変化はないものとし，水の流れの摩擦によるエネルギー損失は無視できるものとする。【労働基準監督 B・平成24年度】

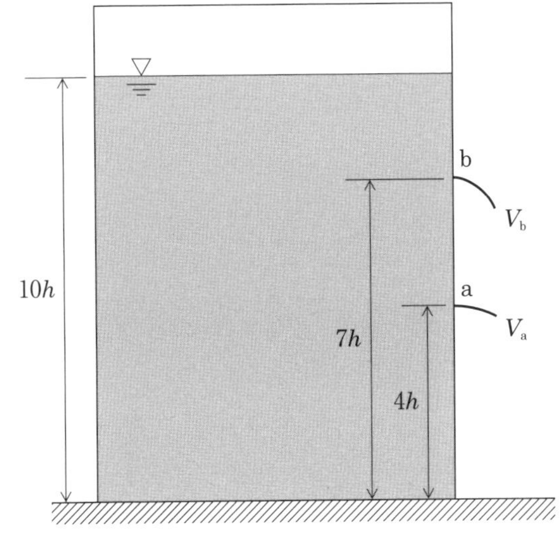

	V_a	:	V_b
1	1	:	$\sqrt{2}$
2	$\sqrt{2}$	:	1
3	$\sqrt{7}$	:	2
4	4	:	7
5	7	:	4

実戦問題の解説

No.1 の解説　エネルギー保存

→問題は P.274

AとBについて運動の様子を図に表すと次のようになる。

Bでは水平方向に速さを持っているが，AB間で水平方向に力は加わっていないため，この間水平方向の速さは変わっていない。したがって，エネルギー保存則より，

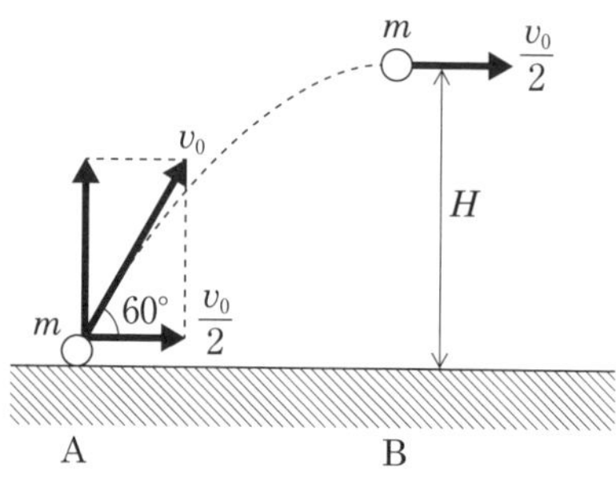

$$\frac{1}{2}mv_0^2 = \frac{1}{2}m\left(\frac{v_0}{2}\right)^2 + mgH$$

$$\therefore \quad v_0 = \sqrt{\frac{8gH}{3}} = \frac{20\sqrt{6}}{3}\ \mathrm{m/s}$$

以上より，正答は **4** となる。

No.2 の解説　エネルギー保存

→問題は P.274

A，C，および最高点について図を描く。

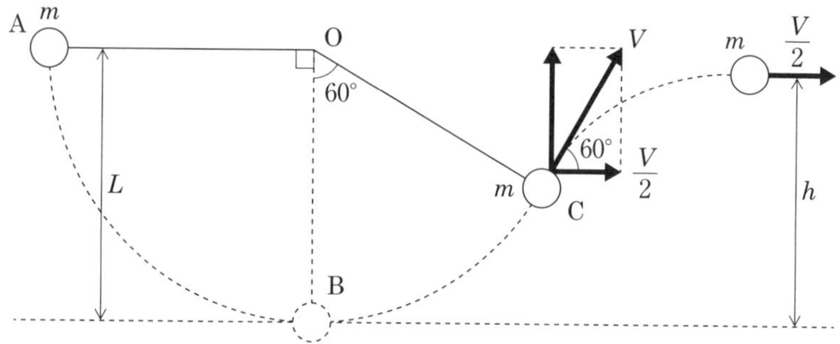

Cにおける速さをVとして，AC間でエネルギー保存則を使うと，

$$mgL = \frac{1}{2}mgL + \frac{1}{2}mV^2 \qquad \therefore \quad V = \sqrt{gL}$$

この水平成分は $\frac{\sqrt{gL}}{2}$ であり，最高点でもこれは変わらないので，Aと最高点に置いてエネルギー保存則を立てると，最高点のBからの高さをhとして，

$$mgL = mgh + \frac{1}{2}m\left(\frac{\sqrt{gL}}{2}\right)^2 \qquad \therefore \quad h = \frac{7}{8}L$$

以上より，正答は **3** となる。

No.3 の解説　エネルギー保存

→問題は P.275

A，B，最高点の 3 か所について図を描く。

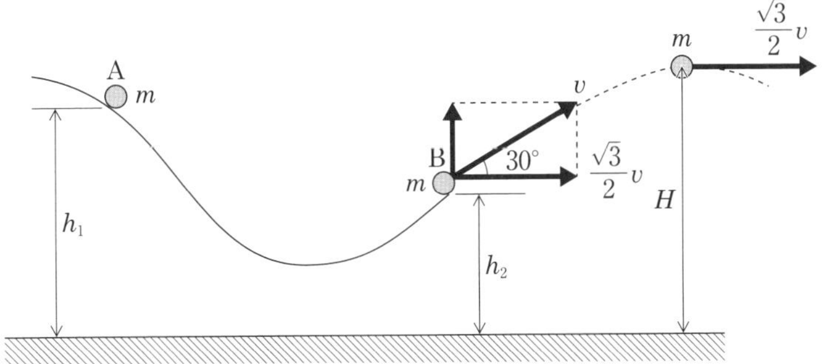

B での速さを v とする。A，B 間でエネルギー保存則を立てると，

$$mgh_1 = mgh_2 + \frac{1}{2}mv^2$$

したがって，

$$v = \sqrt{2g(h_1 - h_2)}$$

次に，最高点での高さを H とする。B と最高点の間では水平方向には力が働かず，等速なので，最高点での速度の水平成分は，B での速度の水平成分と等しく，

$$\frac{\sqrt{3}}{2} \times v = \frac{\sqrt{6g(h_1 - h_2)}}{2}$$

A と最高点の間でのエネルギー保存則より，

$$mgh_1 = mgH + \frac{1}{2}m\left\{\frac{\sqrt{6g(h_1 - h_2)}}{2}\right\}^2$$

$$= mgH + \frac{3mg(h_1 - h_2)}{4}$$

したがって，

$$H = \frac{h_1 + 3h_2}{4}$$

以上より，正答は **1** となる。

No.4 の解説　エネルギー保存

→問題は P.275

A と B について図を描く。左が A → B，右が B → A である。

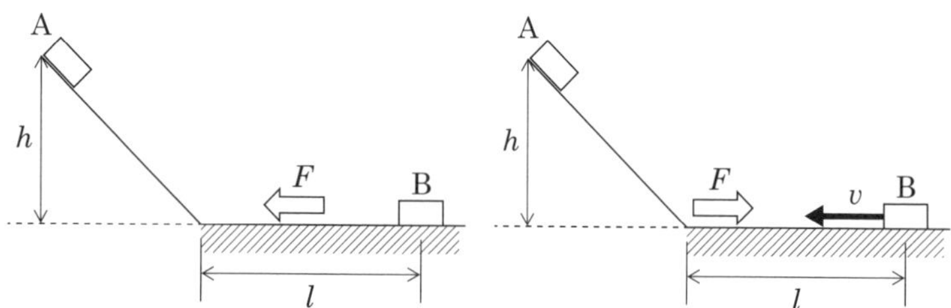

質量を m とし，水平面の摩擦力を F，水平面の距離を l と置くと，A から B に下りる場合について，エネルギー保存則より，

$$mgh - Fl = 0$$

次に，B での速さを v として，B から A に上がる場合についてエネルギー保存則を立てると，

$$\frac{1}{2}mv^2 - Fl = mgh \qquad \therefore \quad v = \sqrt{2gh + 2gh} = 2\sqrt{gh}$$

以上より，正答は **5** となる。

No.5 の解説　エネルギー保存

→問題は P.276

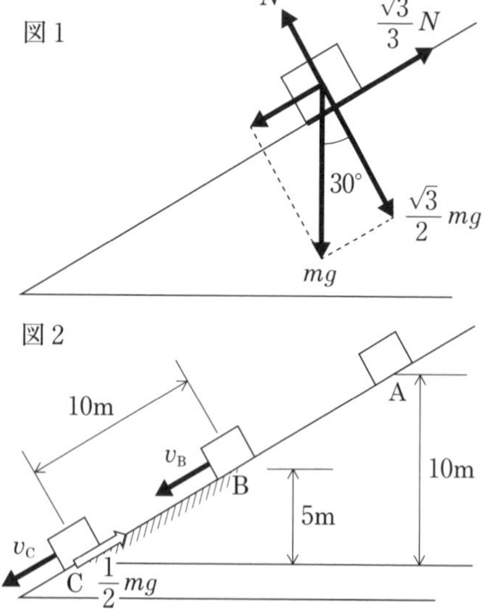

まず，小物体に働く摩擦力を求める。図 1 の斜面垂直方向成分の力のつりあいより，小物体と斜面との間の垂直抗力 N は，重力加速度を g として，

$$N = \frac{\sqrt{3}}{2}mg$$

したがって，小物体に働く動摩擦力の大きさは

$$\frac{\sqrt{3}}{3} \times \frac{\sqrt{3}}{2}mg = \frac{1}{2}mg$$

である。

次に，図 2 を参考に，エネルギー保存則を立てる。小物体の質量は m とする。A，B の間では，位置エネルギーの

基準をBにして，

$$m \times 10 \times 5 = \frac{1}{2} m v_B^2$$

$$\therefore \quad v_B = 10\text{m/s}$$

次に，A，Cの間で，位置エネルギーの基準をCにすると，

$$m \times 10 \times 10 - \frac{1}{2} \times m \times 10 \times 10 = \frac{1}{2} m v_C^2$$

$$\therefore \quad v_C = 10\text{m/s}$$

したがって，

$$\frac{v_C}{v_B} = 1$$

以上より，正答は**3**となる。

No.6 の解説　運動量・エネルギーの保存

→問題は P.276

図のように①，②，③の3つに分けて計算する。

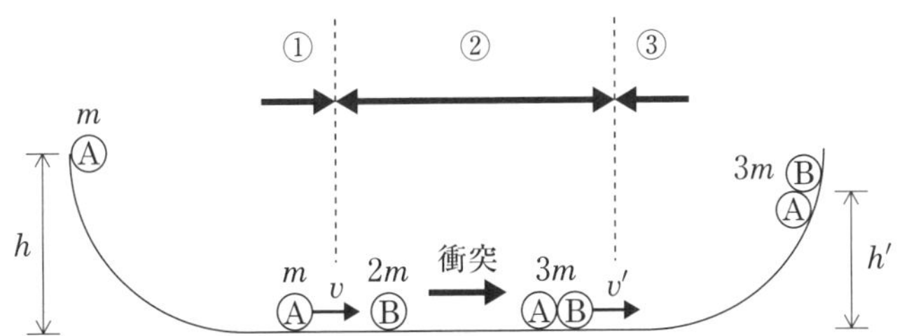

①運動を始めてから水平面まで

エネルギー保存則を使う。水平面での速さを v とすると，

$$mgh = \frac{1}{2} m v^2 \qquad \therefore \quad v = \sqrt{2gh}$$

②衝突

運動量保存則を使う。衝突直後の速さを v' とする。衝突後はA，Bは一体となって運動するので，質量 $3m$ の一つの物体とみなせば，

$$mv + 2m \cdot 0 = 3mv' \qquad \therefore \quad v' = \frac{v}{3} = \frac{\sqrt{2gh}}{3}$$

③水平面から曲面で静止するまで

エネルギー保存則を使う。ここでもA，Bは質量 $3m$ の一つの物体とみなし，求める高さを h' とすると，

$$\frac{3m}{2}\left(\frac{\sqrt{2gh}}{3}\right)^2 = 3mg \cdot h' \qquad \therefore \quad h' = \frac{h}{9}$$

以上より，正答は**5**となる。

No.7 の解説　運動量・エネルギー保存

→問題は P.277

一体となって運動した後の速さを V と置くと，運動量保存則より，

$$1 \times v = (1+9) \times V$$

$$\therefore \quad V = \frac{v}{10}$$

このときに失われたエネルギーは，

$$\frac{1}{2} \times 1 \times v^2 - \frac{1}{2} \times (1+9) \times \left(\frac{v}{10}\right)^2 = \frac{9}{20}v^2$$

これが，摩擦力がする仕事 FL に等しいので，

$$\frac{9}{20}v^2 = FL$$

$$\therefore \quad L = \frac{9v^2}{20F}$$

以上より，正答は **5** となる。

No.8 の解説　等速円運動

→問題は P.277

遠心力を加えた力のつりあいを考える。

角速度を ω，垂直抗力を N とする。

遠心力は，$6 \times 1.5 \times \omega^2$ となり，力は図のようになる。

鉛直方向のつりあいより，

$$N = 60$$

水平方向のつりあいより，

$$0.3N = 18 = 6 \times 1.5 \times \omega^2 = 9\omega^2$$

$$\therefore \quad \omega = \sqrt{2} = 1.4\text{rad/s}$$

以上より，正答は **1** となる。

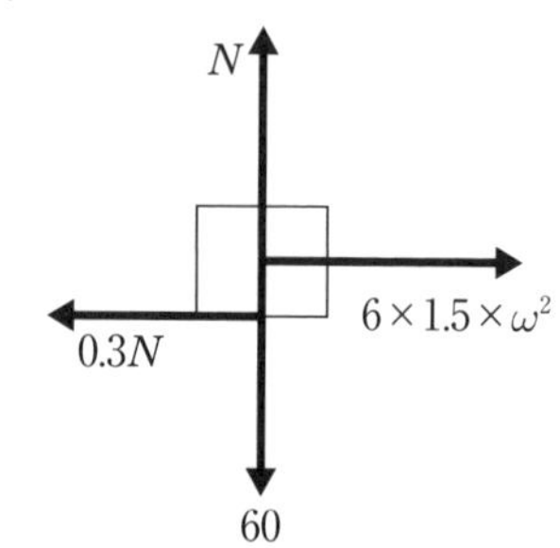

No.9 の解説　等速円運動

→問題は P.278

円運動の半径を r，糸の張力を T，垂直抗力を N とする。また，糸の鉛直方向からなす角度を θ，角速度を ω とする。ここで，等速円運動では，遠心力 $mr\omega^2$ を加えると，物体に働く力がつりあうので，力を図示すると，次のようになる。

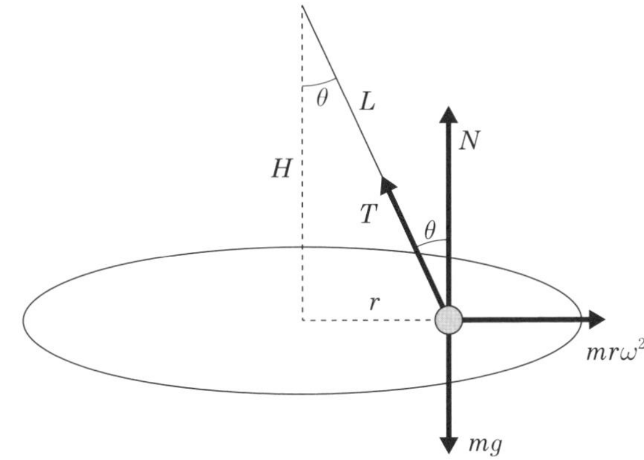

ここで，鉛直方向の力のつりあいより，

$$N + T\cos\theta = mg$$

水平方向の力のつりあいより，

$$mr\omega^2 = T\sin\theta$$

この 2 式から張力を消去すると，

$$N = mg - T\cos\theta = mg - \frac{mr\omega^2\cos\theta}{\sin\theta}$$

ここで，$\cos\theta = \dfrac{H}{L}$，$\sin\theta = \dfrac{r}{L}$ を代入すると，

$$N = mg - \frac{mr\omega^2\cos\theta}{\sin\theta} = mg - mH\omega^2$$

離れるためには，$N < 0$ とならなければいけないので，

$$\omega > \sqrt{\frac{g}{H}}$$

以上より，正答は **4** となる。

No.10 の解説　円すい振り子

→問題は P.278

解法❶　ばねの力を分けて力のつりあいを立てる

小球をつるしたときののびが $\frac{3L}{2}-L=\frac{L}{2}$ であり，等速円運動をしたときののびが $2L-L=L$ なので，小球の質量を m とすると，等速円運動をしているときのばねの力は $2mg$ である。

したがって，小球に加わる力を図示すると次のようになる。

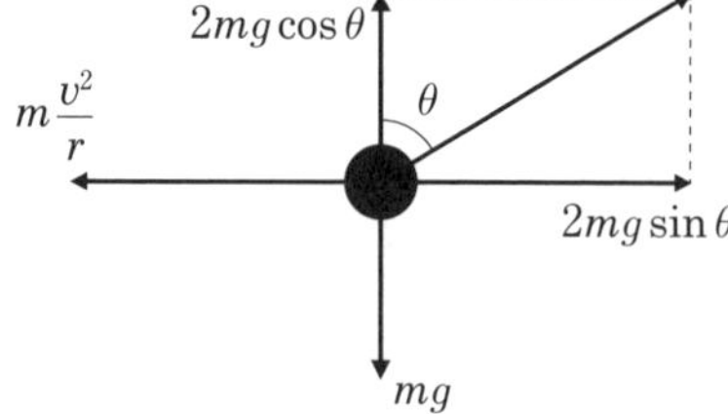

ただし，円運動の半径を $r=2L\sin\theta$，求める速さを v とした。このとき，鉛直方向の力のつりあいより，

$$2mg\cos\theta=mg$$

$$\therefore\quad \cos\theta=\frac{1}{2}$$

水平方向の力のつりあいより，

$$2mg\sin\theta=m\frac{v^2}{r}$$

$$\therefore\quad v=\sqrt{2gr\sin\theta}$$

ここで，$\cos\theta=\frac{1}{2}$ より $\sin\theta=\frac{\sqrt{3}}{2}$，$r=2L\sin\theta=\sqrt{3}L$ であるので，

$$v=\sqrt{3gL}$$

解法❷　重力と遠心力の合力を考える

小球に働く重力と遠心力の合力は，ばねの張力とつりあう。したがって，力は次のようになる。

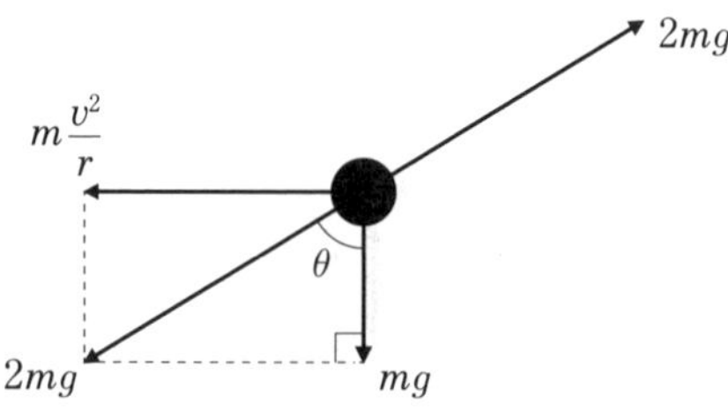

ここで，角度 θ を含む力の直角三角形は $1:2:\sqrt{3}$ の比の形となっているので，$\theta=60^\circ$ で，

$$m\frac{v^2}{r}=\sqrt{3}mg$$

となる（以下，解法❶と同じ）。

以上より，正答は **3** となる。

No.11 の解説　万有引力

→問題は P.279

地球が太陽から受ける万有引力 $G\dfrac{Mm}{R^2}$ と遠心力 $m\dfrac{v^2}{R}$ がつりあって等速円運動をするので，

$$G\frac{Mm}{R^2} = m\frac{v^2}{R}$$

$$\therefore\quad v = \sqrt{\frac{GM}{R}}$$

この速さで $2\pi R$ だけ運動する時間が1周の時間 T となるので，

$$T = \frac{2\pi R}{v} = 2\pi\sqrt{\frac{R^3}{GM}}$$

以上より，正答は **2** となる。

No.12 の解説　非等速円運動

→問題は P.279

最下端における速さを v として，最初と最下端について図を描くと次のようになる。また，最下端での糸の張力が知りたいので，最下端での糸の張力を T として力も図示した。このとき，おもりは半径 l の非等速円運動をするため，遠心力 $m\dfrac{v^2}{l}$ も加えている。

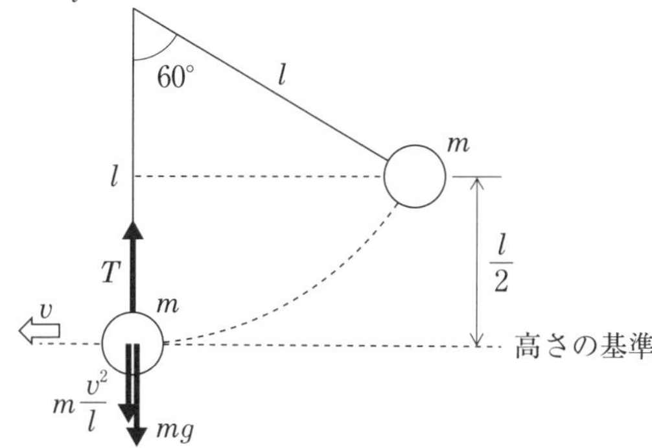

最初と最下端においてエネルギー保存則より，

$$\frac{1}{2}mgl = \frac{1}{2}mv^2$$

$$\therefore\quad v = \sqrt{gl}$$

最下端において，鉛直方向の力のつりあいを立てると，

$$T = mg + m\frac{v^2}{l} = 2mg$$

以上より，正答は **4** となる。

No.13 の解説　非等速円運動

→問題は P.280

離れるときの小球の速さを v として，離れるときの力を，遠心力 $m\dfrac{v^2}{r}$ を含めて図示すると次のようになる。ただ，円筒と小球の間の垂直抗力を N とする。

Aと離れる点におけるエネルギー保存則より（Oの高さを基準とする），

$$mgr = mgr\cos\theta + \frac{1}{2}mv^2$$

離れる点における，半径方向の遠心力を含めた力のつりあいより，

$$mg\cos\theta = N + m\frac{v^2}{r}$$

離れるときには $N = 0$ なので，

$$mg\cos\theta = m\frac{v^2}{r}$$

$$\therefore \quad v^2 = gr\cos\theta$$

これをエネルギー保存の式に代入して，

$$mgr = mgr\cos\theta + \frac{1}{2}mgr\cos\theta$$

$$\therefore \quad \cos\theta = \frac{2}{3}$$

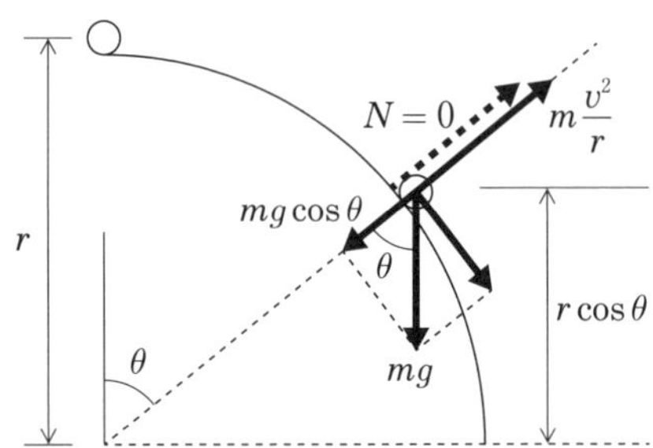

以上より，正答は**2**となる。

No.14 の解説　ばね振り子

→問題は P.280

設問の図の2つのばねは並列の関係にある。したがって，全体のばね定数は並列の合成公式より $k+3k=4k$ となる。ばね振り子の周期の公式に代入すると，求める周期 T は，

$$T=2\pi\sqrt{\frac{m}{4k}}=\pi\sqrt{\frac{m}{k}}$$

以上より，正答は **3** となる。

No.15 の解説　単振り子

→問題は P.281

単振り子の周期は，

$$T=2\pi\sqrt{\frac{l}{g}}$$

で与えられる。これは m とは無関係なので，T_{i} は T と等しい。さらに T_{ii} は T より小さくなる。

次に，下向きに加速する場合は，慣性力の考え方を使う。慣性力は加速度とは逆向きの，上向きに加わるので，見かけの重力が減少する。これは上の公式の重力加速度 g が小さくなったことと同じなので周期は大きくなる。

斜面上で振らせた場合には，振り子を元に戻そうとする力が，重力のうち斜面方向成分の $mg\sin\phi$ のみとなる。これは上の公式の重力加速度 g が $g\sin\phi$ になったことと同じであり，g よりも小さくなるため，周期は大きくなる。

以上から，周期が T より大きくなるのは T_{iii} と T_{iv} である。

以上より，正答は **5** となる。

No.16 の解説　単振動

→問題は P.282

解法❶　x の最大値について，単振動の中心を考える

おもりとばねの張力のつりあう x を求めると，おもりの重力とばねの張力がつりあうので，

$$mg = kx$$

$$\therefore \quad x = \frac{mg}{k}$$

おもりはつりあい位置である $x = \frac{mg}{k}$ を中心として単振動し，$x = 0$ で手を離したことから，その振幅は $\frac{mg}{k}$ である。以上から，x の最大値は $x = \frac{2mg}{k}$ となる。

ここで，この x の最大値を L と置くと，x は 0 から L の範囲であり，さらに振動の振幅が $\frac{L}{2}$ である。また，振動の中心は $x = \frac{L}{2}$ である。選択肢の中でこれを表しているのは $\frac{L}{2} - \frac{L}{2}\cos\left(2\pi\frac{t}{T}\right)$ しかない。

なお，おもりの時間変化をグラフにすると，初速が 0 であることも合わせて，下の図のようになる。

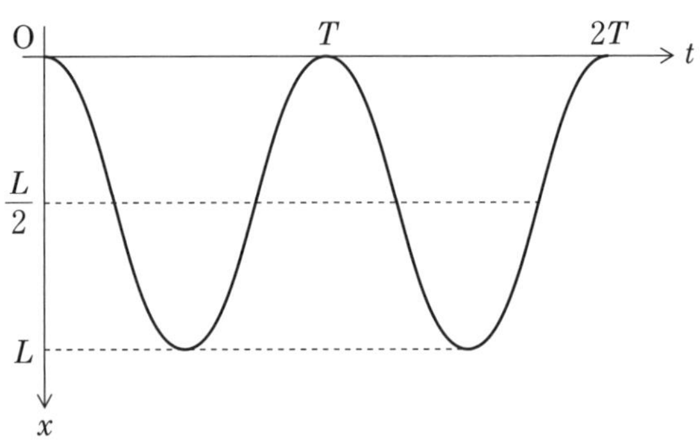

（x は設問の図に合わせて下向きにとった）

解法❷　x の最大値についてエネルギー保存を立てる

最初の位置を基準としてエネルギー保存則を立てると，

$$0 = \frac{1}{2}kL^2 - mgL$$

$$\therefore \quad L = \frac{2mg}{k}$$

以上より，正答は **5** となる。

No.17 の解説　ベルヌーイの定理

→問題は P.283

水面と穴の間でベルヌーイの定理を立てる。仮に穴の高さを z，大気圧を P_0，水の密度を ρ，重力加速度を g，穴での水の速さを V とする。水位変化がないので，水面の水は動いていないとすると，

$$\rho g \times 10h + P_0 = \frac{1}{2}\rho V^2 + \rho g z + P_0$$

$$\therefore \quad v = \sqrt{2g(10h - z)}$$

ここに a と b の高さを代入すれば，

$$V_a = \sqrt{2g(10h - 4h)} = \sqrt{12gh}$$

$$V_b = \sqrt{2g(10h - 7h)} = \sqrt{6gh}$$

となるので，

$$V_a : V_b = \sqrt{12gh} : \sqrt{6gh} = \sqrt{2} : 1$$

となる。

なお，ここでベルヌーイの定理とは，流線に沿って，水の圧力 p，速度 v，高さ z，密度 ρ の間に

$$\frac{1}{2}\rho v^2 + \rho g z + p = \text{Const.} \quad (\text{Const.} は一定の意味)$$

が成立するというものである。本問のように水面の移動がない場合には，水面と穴の高さを差を h として，水の流出速度は $v = \sqrt{2gh}$ となる。これはトリチェリの定理と呼ばれている。

なお，貯水タンク内の圧力について設問に言及がないため，ここでは大気圧を仮定した。

以上より，正答は **2** となる。

正答						
	No.1=**4**	No.2=**3**	No.3=**1**	No.4=**5**	No.5=**3**	No.6=**5**
	No.7=**5**	No.8=**1**	No.9=**4**	No.10=**3**	No.11=**2**	No.12=**4**
	No.13=**2**	No.14=**3**	No.15=**5**	No.16=**5**	No.17=**2**	

熱力学

必修問題

容器の中に20℃の水が400g入っている。ここに98℃の水を200g入れてよくかき混ぜたところ，全体が44℃になった。容器の熱容量はいくらか。

ただし，熱は容器の外には逃げないものとし，容器と容器内の水の温度は常に等しいとする。また，水の比熱を4.2kJ/(kg·℃)とする。

【地方上級・平成26年度】

1　0.21kJ/℃
2　0.42kJ/℃
3　0.63kJ/℃
4　0.84kJ/℃
5　1.1kJ/℃

必修問題の解説

熱量の保存の問題である。単位に気をつけて計算しよう。エネルギー保存の考え方と，熱量の考え方の２つがあるが，どちらを使っても構わない。

解法❶　エネルギー保存の考え方を使う

容器の熱容量を C〔kJ/℃〕とする。最初に，水，お湯，容器が持っていた全エネルギーは，0℃を基準として，

$$0.4\times4.2\times20+0.2\times4.2\times98+C\times20=115.92+20C\text{〔kJ〕}$$

となる。また，かき混ぜた後は，44℃で600gのお湯と，同じ温度の容器が残っているので，そのエネルギーは，

$$0.6\times4.2\times44+C\times44=110.88+44C\text{〔kJ〕}$$

熱が外に逃げないので，エネルギーは保存される。したがって，

$$115.92+20C=110.88+44C$$

$$\therefore\quad C=0.21\text{〔kJ/℃〕}$$

解法❷　熱の移動を考える

98℃のお湯が失った熱量を，水と容器が受け取ったと考えると，お湯が失った熱量が，水と容器が受け取った熱量の和になるので，

$$0.2\times4.2\times(98-44)=0.4\times4.2\times(44-20)+C\times(44-20)$$

$$\therefore\quad C=0.21\text{〔kJ/℃〕}$$

正答　1

必修問題

図のように，体積の等しい２つの容器 A，B が，コックの付いた細い管で連結されている。A の温度は T_0, B の温度は $2T_0$ で一定に保たれている。

コックが閉じた状態で，A に圧力 P_0，B に圧力 $\frac{1}{2}P_0$ の理想気体が入っていた。コックが開いて左右の容器内の圧力が等しくなったとき，圧力はいくらか。

【国家Ⅱ種・平成15年度】

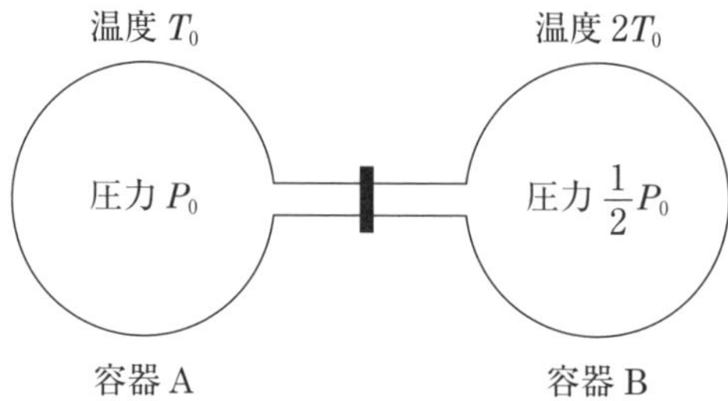

1 $\frac{5}{6}P_0$

2 P_0

3 $\frac{6}{5}P_0$

4 $\frac{5}{4}P_0$

5 $\frac{4}{3}P_0$

必修問題の解説

気体の混合の問題である。状態方程式を立てることはわかるだろうが，その後で困ってしまう人が多いようだ。気体の混合の問題では，物質量の変化に注目してみよう。

コックを開く前の容器Aについて，物質量を n_A として状態方程式を立てると，気体定数を R，体積を V として，

$$P_0V = n_ART_0$$

$$\therefore \quad n_A = \frac{P_0V}{RT_0}$$

容器Bについて同様に物質量を n_B として，

$$\frac{1}{2}P_0V = n_BR\cdot 2T_0$$

$$\therefore \quad n_B = \frac{P_0V}{4RT_0}$$

次に，コックを開いた後の容器Aについて，圧力を P，物質量を n_A' として状態方程式を立てる。温度は開く前と同じに保たれていることに注意して，

$$PV = n_A'RT_0$$

$$\therefore \quad n_A' = \frac{PV}{RT_0}$$

容器Bについても，圧力が P でAと等しいことに気をつけて，物質量を n_B' とすると，

$$PV = n_B'R\cdot 2T_0$$

$$\therefore \quad n_B' = \frac{PV}{2RT_0}$$

気体は2つの容器の外に出たり，外から入ったりしないため，物質量の総量はコックを開いても変わらない。したがって，

$$n_A + n_B = n_A' + n_B'$$

$$\therefore \quad \frac{P_0V}{RT_0} + \frac{P_0V}{4RT_0} = \frac{PV}{RT_0} + \frac{PV}{2RT_0}$$

これを解く。

全体に RT_0 を掛けて V で割ると，

$$P_0 + \frac{P_0}{4} = P + \frac{P}{2}$$

整理して，

$$\frac{3}{2}P = \frac{5}{4}P_0 \qquad \therefore \quad P = \frac{5}{6}P_0$$

正答 1

必修問題

図は，ある理想気体 1mol が行う２つのサイクル A，B の圧力 P と体積 V の関係を示したもの（PV 線図）である。これに関する次の記述㋐，㋑に当てはまるものの組合せとして最も妥当なのはどれか。

ただし，図の番号 １ ～ ５ は両サイクルを表す三角形の各頂点を示している。

【国家Ⅱ種・平成18年度】

「番号 2 ～ 5 の各状態におけるこの理想気体の温度をそれぞれ T_2 ～ T_5 と置くと，[㋐]である。また，両サイクルとも時計回りの場合，サイクル A，B の中にこの理想気体が外部に行う仕事をそれぞれ W_A，W_B とすると，[㋑]である」

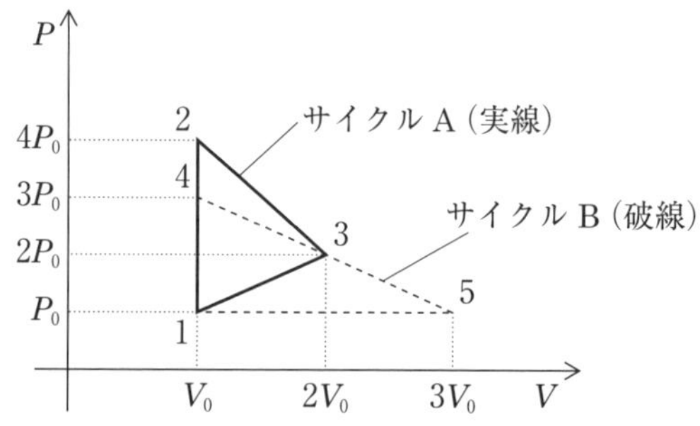

	㋐	㋑
1	$T_4 < T_2 = T_3 = T_5$	$W_A > W_B$
2	$T_4 < T_2 = T_3 = T_5$	$W_A < W_B$
3	$T_4 < T_5 < T_3 < T_2$	$W_A < W_B$
4	$T_4 = T_5 < T_2 = T_3$	$W_A > W_B$
5	$T_4 = T_5 < T_2 = T_3$	$W_A < W_B$

必修問題の解説

気体の問題では PV 線図の読み取りが大切である。本問では温度と仕事が問われているが，熱量の正負も読み取れるようにしたい。

温度は圧力と体積の積 PV の大小で判断する。

状態 2：$4P_0 \times V_0 = 4P_0V_0$

状態 3：$2P_0 \times 2V_0 = 4P_0V_0$

状態 4：$3P_0 \times V_0 = 3P_0V_0$

状態 5：$P_0 \times 3V_0 = 3P_0V_0$

したがって，$T_4 = T_5 < T_2 = T_3$

1 サイクルで行う正味の仕事は，サイクルの囲む面積に等しい。

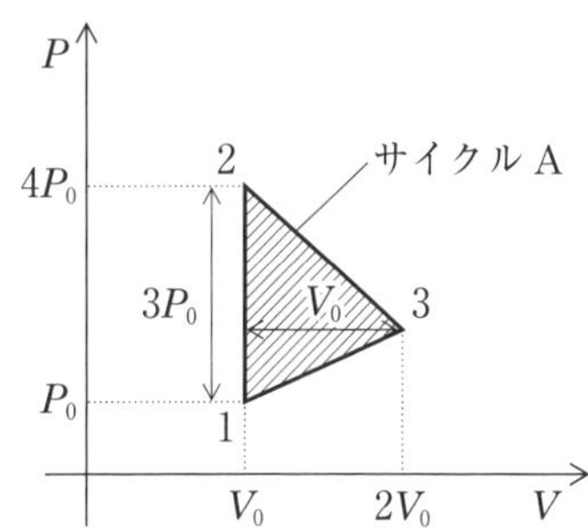

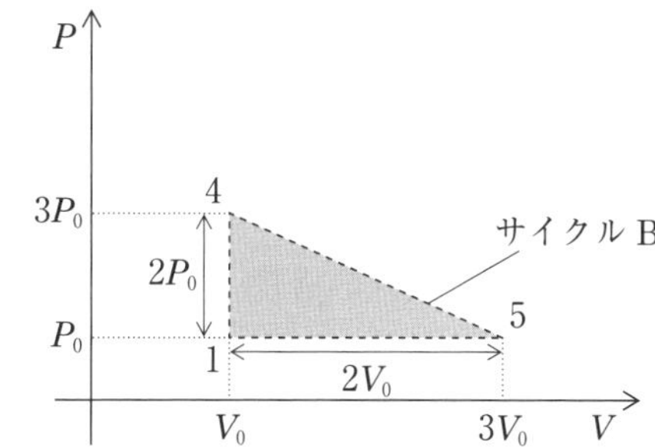

図で，サイクル A は斜線の三角形，サイクル B は破線の三角形の面積が仕事となるので，

$$W_A = \frac{1}{2} \times 3P_0 \times V_0 = \frac{3}{2}P_0V_0$$

$$W_B = \frac{1}{2} \times 2P_0 \times 2V_0 = 2P_0V_0$$

これより，$W_A < W_B$ とわかる。

正答 5

POINT

重要ポイント 1　熱量の保存

温度の異なる物体を接触させると，温度の高い物体から低い物体にエネルギーが移動する。このエネルギーの移動量を熱といい，Qで表す。

熱は，比熱 c，質量 m，温度差 $\triangle T$ を使って次のように表される。

$Q = mc\triangle T$

なお，$C = mc$ で定義される熱容量が使われる場合もある。

重要ポイント 2　状態方程式

理想気体では，次の**状態方程式**が成り立つ。

$PV = nRT$

（P：圧力〔Pa〕，V：体積〔m^3〕，n：物質量〔mol〕，T：絶対温度〔K〕，R：気体定数〔J/(mol・K)〕）

絶対温度は，通常使われるセルシウス度〔℃〕と次の関係にある。

T〔K〕$= t$〔℃〕$+ 273$

重要ポイント 3　*PV* 線図

閉じた容器内で気体を変化させる場合に，変化をわかりやすく理解するために，縦軸に圧力，横軸に体積をとった図が使われる。これを ***PV* 線図**という。ここからは圧力と体積を直接読み取ることができるが，それ以外の量も読み取ることができる。

(1)変化の種類

PV 線図上で気体の変化を読み取ることができる。下の図で A ～ D は次のような変化となる。

A：定積変化，定容変化（体積 V が一定）
B：定圧変化（圧力 P が一定）
C：等温変化（温度 T が一定）
D：断熱変化（熱量 Q が 0）

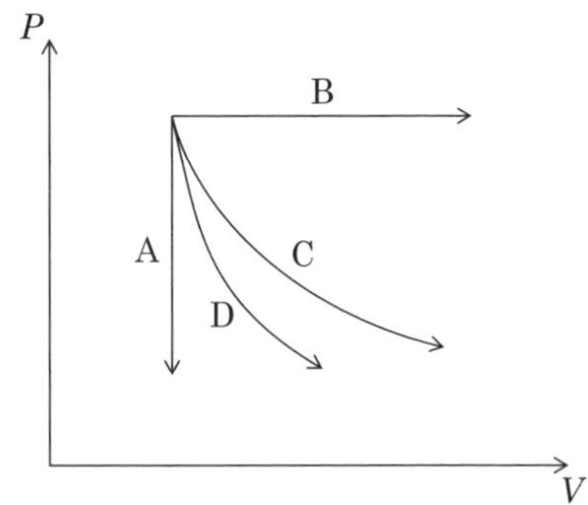

(2)温度

状態方程式から，$PV = nRT$ となる。そこで，PV の値によって，温度の大小を比較することができる。*PV* 線図上では，図のような温度が等しい線である等温線を描くとわかりやすいだろう。

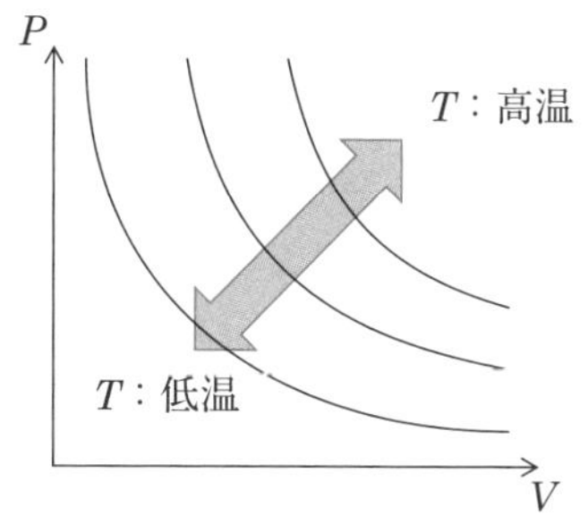

(3)仕事

気体が外部に対して行う仕事 W は次の式で計算できる。

$$W=\int PdV$$

これは，PV 線図では，図のような部分の面積を表す。ただし，もともとは積分なので，図のように変化させる方向によって正負が変わることには注意が必要である。

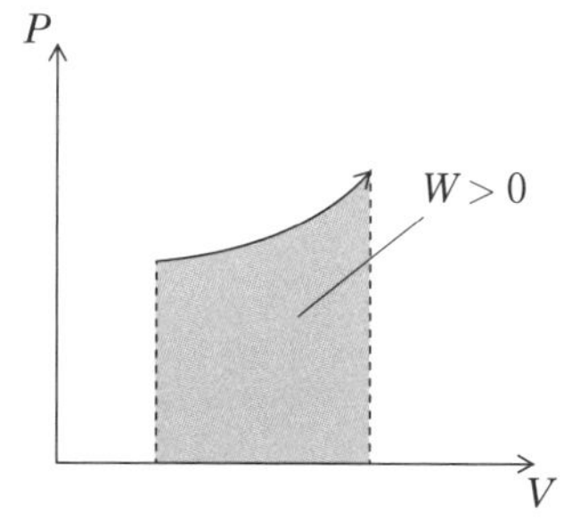

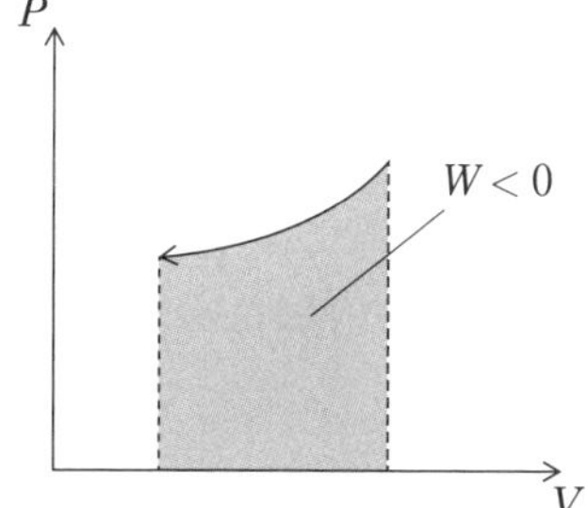

(4)熱量

気体に加わる熱量 Q は，熱容量を C，温度変化を $\varDelta T$ とすると，次の式で表される。

$$Q=C\varDelta T$$

モル比熱 c，物質量 n が与えられた場合は，次の式で表される。

$$Q=nc\varDelta T$$

Q の値は PV 線図から直接求めることは難しいが，Q の正負は PV 線図から求めることができる。つまり，正負の境界となる断熱変化の線を描き，この線より右側に変化する場合には吸熱過程（熱を吸収する），左側に変化する場合には排熱過程（熱を排出する）となる。

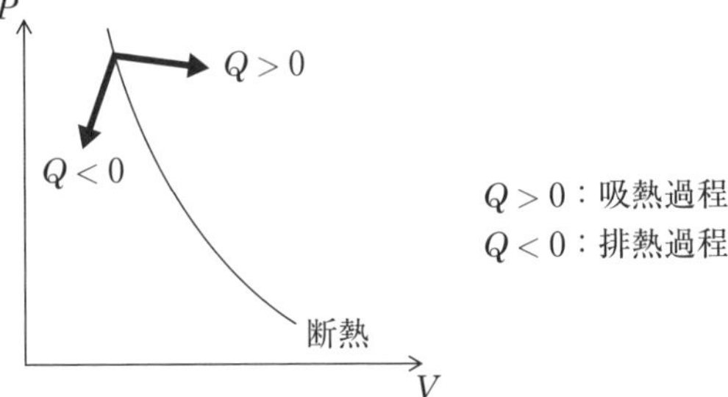

重要ポイント4 熱力学第 1 法則

気体についてエネルギーのやり取りを考えてみよう。気体の持っているエネルギーは**内部エネルギー**という。最初，内部エネルギーを U_1 だけ持っていたとしよう。気体のエネルギーが変化する要因は 2 つある。

①熱 Q：熱をもらえば，その分だけエネルギーが増加する（気体が受け取る熱量を Q とする）。

②仕事 W：気体が行った仕事を W とすると，その分エネルギーが減少する。

これを加えた結果，エネルギーが U_2 になったとすると，次の式が成り立つ。

$$U_1 + Q - W = U_2$$

または

$$\varDelta U = U_2 - U_1 = Q - W$$

これを**熱力学第 1 法則**という。

実戦問題

No.1 20℃の水が500gある。その中に98℃の金属200gを入れてしばらく経ったところ温度が平衡に達した。このときの全体の温度は何℃か。

ただし，熱は外に逃げないものとし，比熱は水が4.2J/(g·K)，金属が0.42J/(g·K)とする。 【地方上級・平成30年度】

1 22℃
2 23℃
3 24℃
4 25℃
5 26℃

No.2 図のように，あらかじめ18℃，150lの水が入っている浴槽に，90℃の湯と16℃の水を足して，42℃で410lの湯を作りたい。いま，湯は1分間当たり最大10l，水は15l注入することができるとすると，少なくとも何分かかるか。

ただし，熱は浴槽の外へ逃げないものとする。また，湯と水は同時に注入できるものとする。 【国家Ⅱ種・平成12年度】

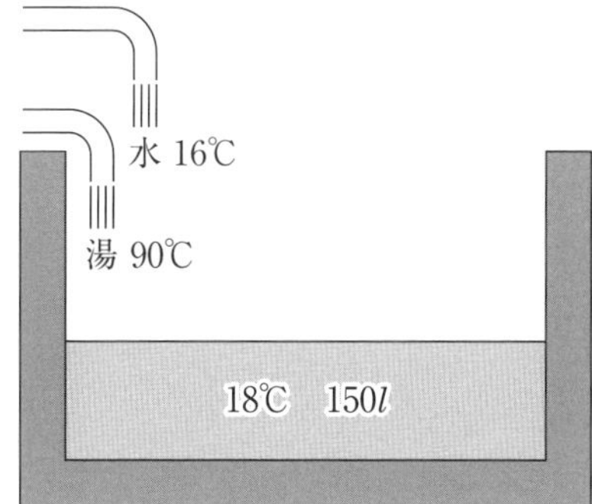

1 6分
2 8分
3 10分
4 12分
5 14分

No.3 断熱容器に48℃の水1.0kgを入れた後，−10℃の氷を加えて十分な時間が経過すると，氷がすべて解けて，25℃の水となった。加えた氷の質量はおよそいくらか。

ただし，水の比熱を4.2J/(g·K)，氷の比熱を2.1J/(g·K)，氷の融解熱を334J/gとする。また，熱の出入りは水と氷の間においてのみ考えるものとする。

【国家Ⅱ種・平成21年度】

1 420g

2 350g

3 280g

4 210g

5 140g

No.4 図のように容積4.00lのAと，容積1.00lのBが体積のできる細管でつながっている。この中には理想気体が入っており，A，B両方を27℃に保ったところ，中の圧力は1.00気圧になった。

この状態からAを127℃に，Bを27℃に保ったときの気圧はいくらになるか。

【地方上級・平成29年度】

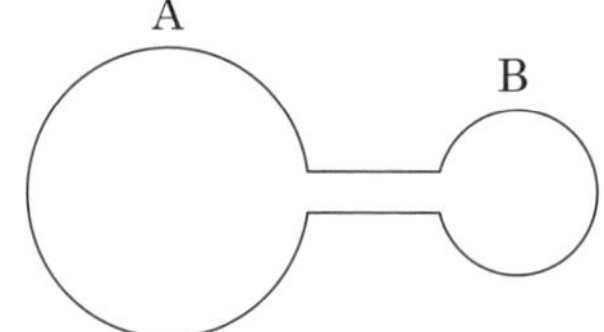

1 1.00気圧

2 1.25気圧

3 1.50気圧

4 1.75気圧

5 2.00気圧

No.5 **シリンダーと軽く滑らかに動くピストンによって閉じ込められた理想気体が次の可逆サイクルを行うとき，1 サイクルの間に理想気体が外部にする仕事 W を，圧力 P および体積 V を直交座標の両軸にとった PV 線図上に表したものとして最も妥当なのは次のうちではどれか。** 【国家Ⅰ種・平成17年度】

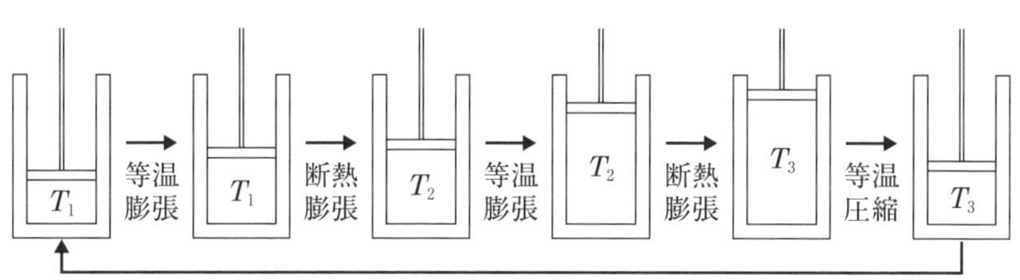

1

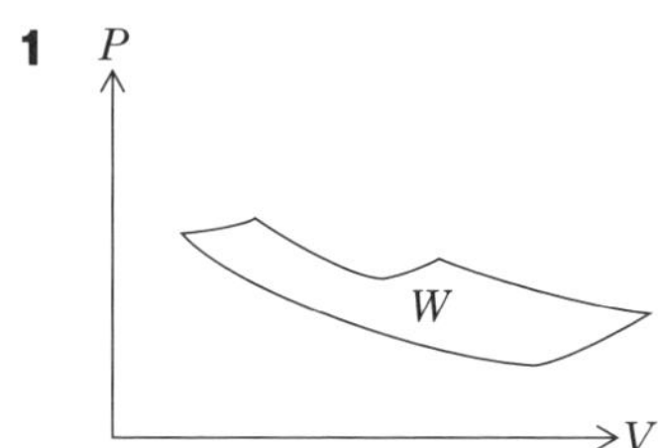

2

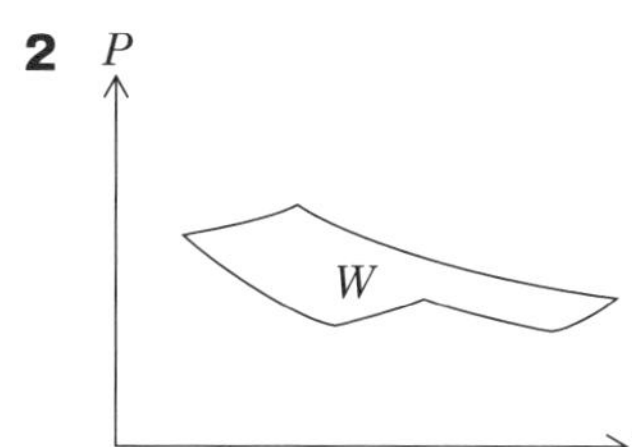

3

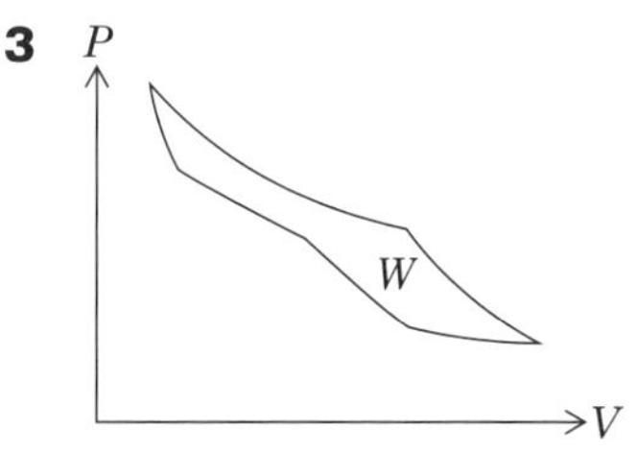

4

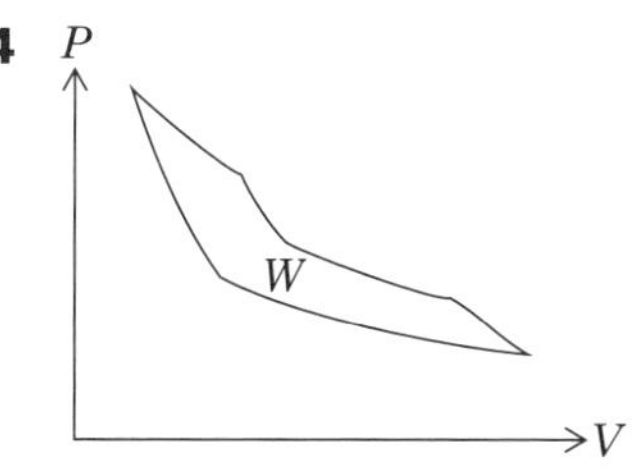

5

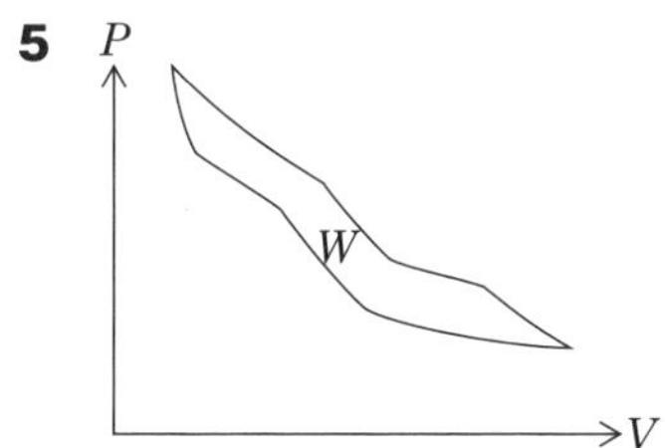

No.6 一定量の理想気体を，図のように，A → B，B → C，C → A と変化させた。この３つの変化㋐，㋑，㋒のうちから，この理想気体の温度が上昇するもののみをすべて選び出しているのはどれか。

【国家一般職・平成25年度】

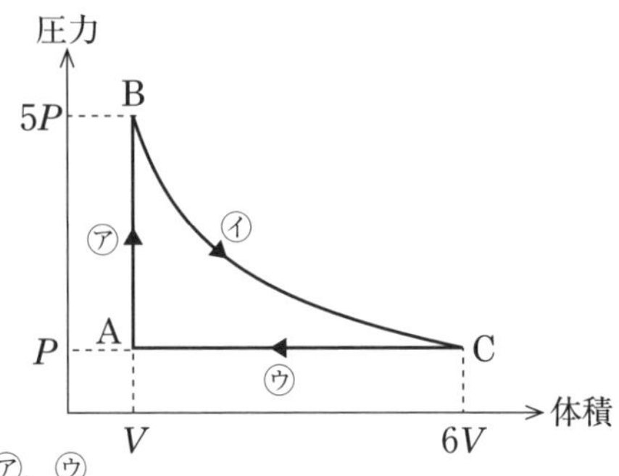

1 ㋐　**2** ㋐，㋑　**3** ㋐，㋒
4 ㋑，㋒　**5** ㋒

No.7 ある理想気体が，図のような PV 線図上を A から B へと，直線的に変化する。このとき，この気体の体積に対する温度変化を表すグラフとして正しいのはどれか。

【国家Ⅱ種・平成10年度】

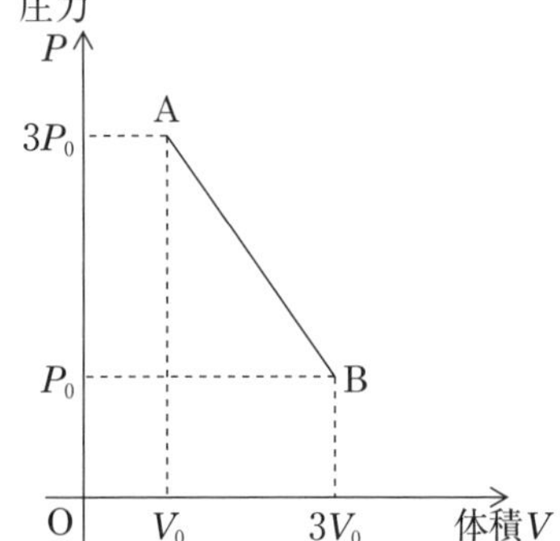

1
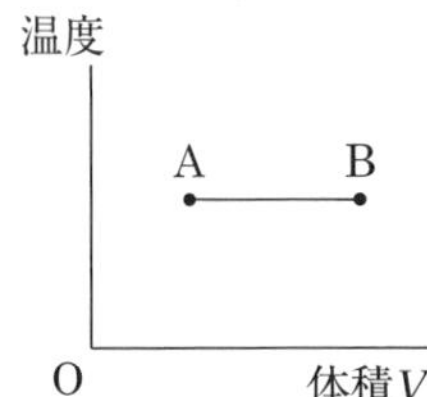

2
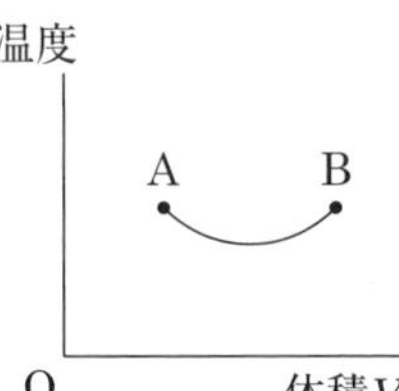

3
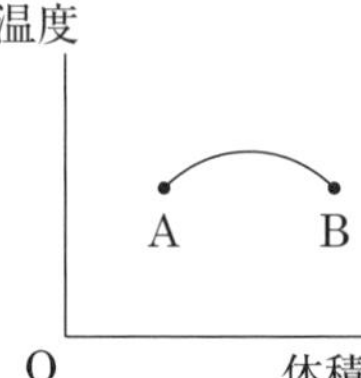

4
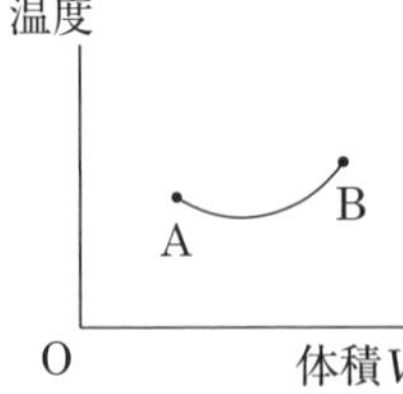

5
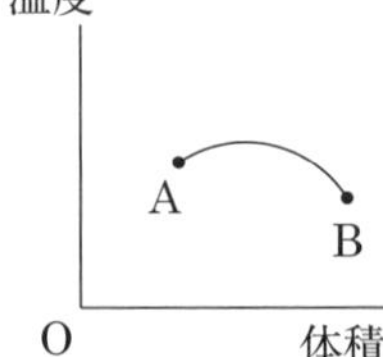

No.8 **理想気体をピストンが滑らかに動くシリンダーの中に入れて，外部から熱を出入りさせることにより，図のように状態Aから状態Bを経て状態Cまで変化させた。A→B→Cの過程で気体が外部にした仕事はいくらか。**

ただし，図中のP，Vはそれぞれ気体の圧力，体積を表している。

【労働基準監督B・平成13年度】

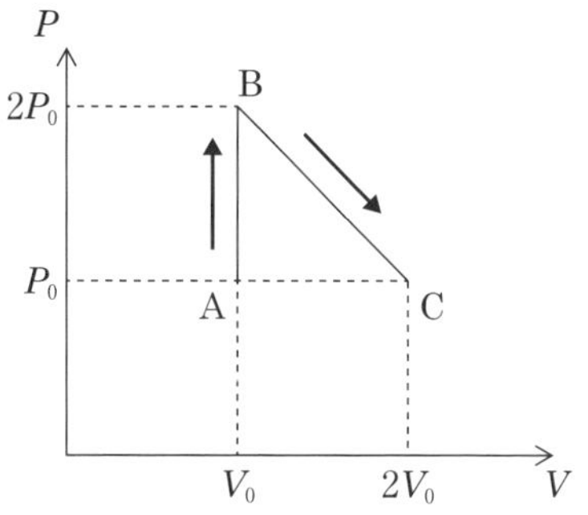

1 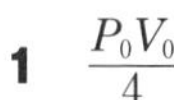 $\frac{P_0V_0}{4}$　**2** $\frac{P_0V_0}{2}$　**3** P_0V_0

4 $\frac{3P_0V_0}{2}$　**5** $2P_0V_0$

No.9 **理想気体の仕事と内部エネルギーの変化に関する次の記述の㋐，㋑に当てはまるものの組合せとして最も妥当なのはどれか。** 【国家一般職・令和元年度】

「図のようなPV線図上の線分ABに沿って，一定量の理想気体が状態Aから状態Bへゆっくりと変化したとき，この気体が外部にした仕事Wは，

$W=$ ［㋐］

となる。また，このとき，この気体の内部エネルギーは［㋑］」

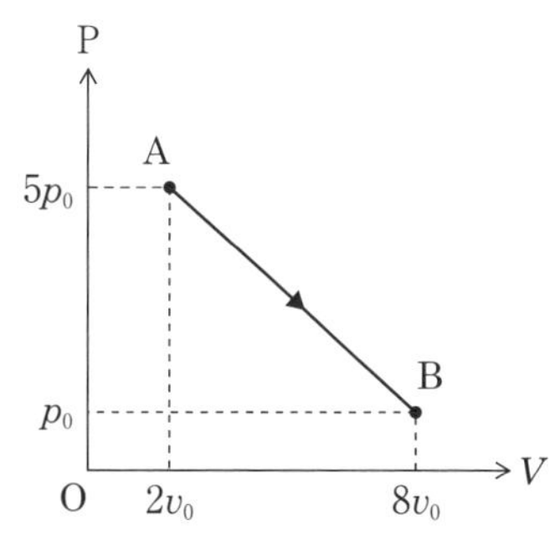

	㋐	㋑
1	$12p_0v_0$	減少する
2	$12p_0v_0$	変わらない
3	$18p_0v_0$	減少する
4	$18p_0v_0$	増加する
5	$24p_0v_0$	変わらない

No.10 **温度T〔K〕の理想気体n〔mol〕を最初の体積の2倍になるまでゆっくりと等温膨張させたとき，気体がした仕事として最も妥当なのはどれか。**

ただし，気体定数をR〔J/(mol·K)〕とする。 【国家一般職・平成24年度】

1 $\frac{1}{2}nRT$　**2** $nRT\ln 2$　**3** nRT

4 $\frac{3}{2}nRT$　**5** $2nRT$

No.11 **滑らかなピストンの付いたシリンダーの中に，一定量の理想気体を封じ込め，図のように，その圧力 p と体積 V を A → B → C → A の順にゆっくりと変化させた。B → C を等温過程とすると，**

㋐ 気体が外部に対して正の仕事をする過程

㋑ 気体が外部から熱を吸収する過程

の組合せとして最も妥当なのはどれか。 【労働基準監督 B・平成25年度】

	㋐	㋑
1	A → B	B → C
2	B → C	C → A
3	C → A	B → C
4	A → B	A → B，B → C
5	B → C	A → B，B → C

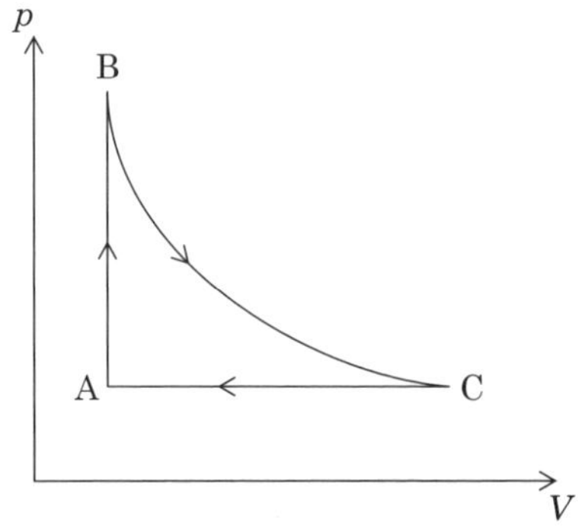

No.12 **定圧膨張に関する次の文章中の㋐，㋑に当てはまるものとして正しいのはどれか。** 【地方上級・令和元年度】

「断面積が 60cm^2 の円筒形のシリンダにピストンで理想気体を閉じ込めた。圧力 1.0×10^5Pa が加わった状態で，気体に 45J の熱を与えたところ，気体が膨張してピストンがゆっくりと 2.5cm 動いた。

このとき，気体が外部に対して行った仕事の大きさは［　㋐　］である。また，摩擦がなく，容器の外に熱が逃げていかないとすると，気体の内部エネルギーは［　㋑　］」

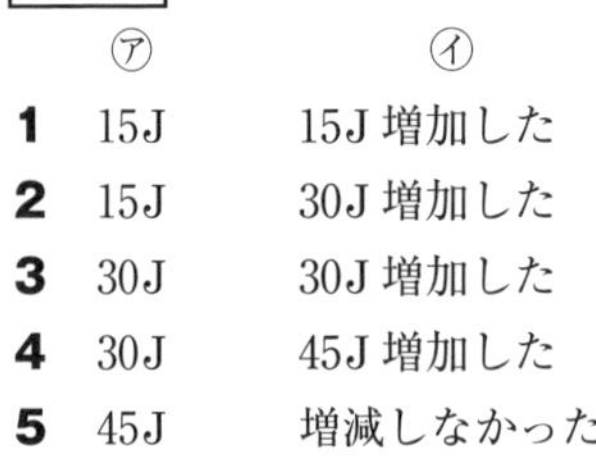

	㋐	㋑
1	15J	15J 増加した
2	15J	30J 増加した
3	30J	30J 増加した
4	30J	45J 増加した
5	45J	増減しなかった

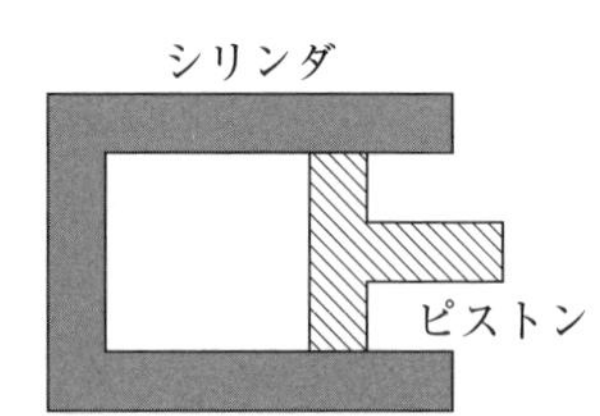

実戦問題の解説

No.1 の解説　熱量の保存

→問題は P.305

求める温度を t℃とする。水は温度が $(t-20)$℃上昇し，金属は $(98-t)$℃温度が下降する。水が受け取った熱量と，金属が失った熱量は等しいので，

$$4.2 \times 500 \times (t-20) = 0.42 \times 200 \times (98-t)$$

$$\therefore \quad t = \frac{598}{26} = 23℃$$

以上より，正答は **2** となる。

No.2 の解説　熱量の保存

→問題は P.305

水を x〔l〕，お湯を y〔l〕注入するものとする。全部で 410l にしなければならないので，

$$x + y = 260$$

比熱をすべて 1 として計算して，エネルギーの保存則を立てると，

$$18 \times 150 + 16 \times x + 90 \times y = 42 \times 410$$

$$\therefore \quad 16x + 90y = 14520$$

これを解いて，

$$x = 120, \ y = 140$$

したがって，最短で，水は 1 分で 15l 入れられるので，$120 \div 15 = 8$ 分，お湯は 1 分で 10l 入れられるので $140 \div 10 = 14$ 分かかる。お湯と水は同時に入れられるので，結局 14 分かかることになる。

以上より，正答は **5** となる。

No.3 の解説　熱量の保存

→問題は P.306

水が失った熱量は，

$$(48-25) \times 4.2 \times 1000 = 96600\text{J}$$

である。次に，-10℃の氷 1g が 25℃の水になる熱量は，まず，-10℃の氷が 0℃まで上昇し（$10 \times 2.1 = 21$J），融解して水になり（334J），0℃から 25℃まで上昇する（$25 \times 4.2 = 105$J）ので，

$$21 + 334 + 105 = 460\text{J}$$

である。したがって，求める氷の量を x〔g〕とすると，

$$460 \times x = 96600$$

$$\therefore \quad x = 96600 \div 460 = 210\text{g}$$

以上より，正答は **4** となる。

No.4 の解説　状態方程式

→問題は P.306

最初，A，B の温度も圧力も等しいので，物質量の比は体積の比と同じで 4 : 1 である。そこで，B の物質量を n とし，B について状態方程式を立てる。気体定数（圧力の単位を気圧，体積を〔l〕で表したものとする）を R とすると，

$$1 \times 1 = nR \times (27 + 273)$$

$$\therefore \quad n = \frac{1}{300R}$$

A，B の容器内全体の物質量は，

$$4n + n = 5n = \frac{5}{300R} = \frac{1}{60R}$$

次に，温度を上げた後の A の物質量を n_A，B の物質量を n_B とすると，A の状態方程式は，圧力を p 気圧として，

$$p \times 4 = n_A R \times (127 + 273)$$

$$\therefore \quad n_A = \frac{p}{100R}$$

B についての状態方程式は，

$$p \times 1 = n_B R \times (27 + 273)$$

$$\therefore \quad n_B = \frac{p}{300R}$$

ここで容器内の物質量は全体として変わらないので，

$$n_A + n_B = 5n$$

これより，

$$\frac{p}{100R} + \frac{p}{300R} = \frac{1}{60R}$$

$$\therefore \quad p = \frac{5}{4} = 1.25 \text{ 気圧}$$

以上より，正答は **2** となる。

No.5 の解説　*PV* 線図

→問題は P.307

選択肢**1**，**2**は *PV* 線図が右上がりになっている。断熱変化，等温変化いずれも右下がりである。

5は過程の数が 8 と多すぎる。

圧縮過程は，等温，断熱の 2 つがこの順に行われるが，**3**はサイクルが左回りだと見ても順番が逆になっている（下図）。

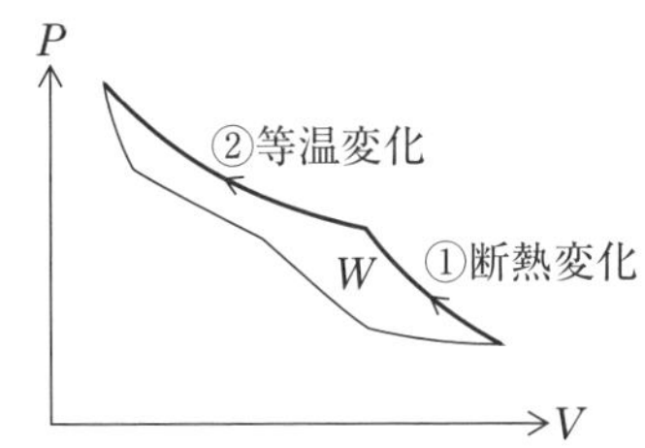

なお，解説では間違っている選択肢 4 つを説明したが，実際には，選択肢から選ぶよりは，与えられたサイクルの変化を自分で図示して，それを比較して**4**を選ぶほうが易しい。

No.6 の解説　*PV* 線図と温度

→問題は P.308

温度は *PV* の大きさで判断できる。それぞれの変化についてこれを比べると，

㋐ A(PV) → B($5PV$)：上昇

㋑ B($5PV$) → C($6PV$)：上昇

㋒ C($6PV$) → A(PV)：下降

したがって，温度が上昇するのは㋐と㋑である。

以上より，正答は **2** となる。

No.7 の解説　PV 線図と温度

→問題は P.308

まず，A と B の温度の大小関係を確認する。温度の大小は，状態方程式から，$T = \dfrac{PV}{nR}$ の分子の PV の大小関係と一致するが，これは A でも B でも $3P_0V_0$ となり一致する。つまり，温度は A と B で等しい。

次に，中間の温度の大小関係を求めるために，等温線を描く。等温線は，直角双曲線（反比例）のグラフになるので，これをいくつか描くと次の図のようになる。

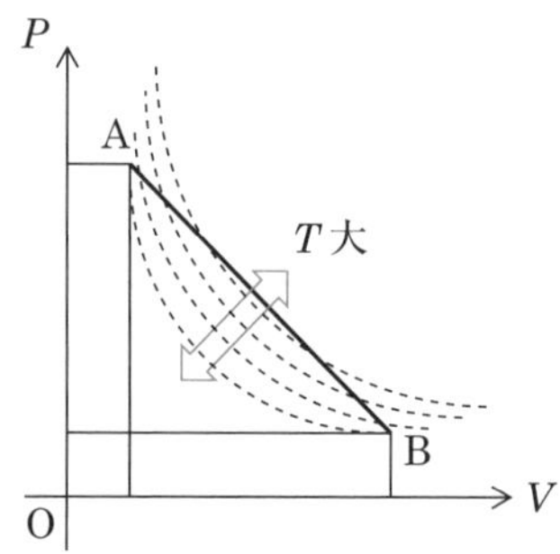

破線が温度の等しい線である。これを見ると，線分 AB の中間は，いずれも端よりは温度が高いことがわかる。これに合うのは選択肢 **3** である。

No.8 の解説　仕事

→問題は P.309

求める仕事は，PV 線図の下側の面積なので，この問題では図の色の付いた部分の台形の面積である。

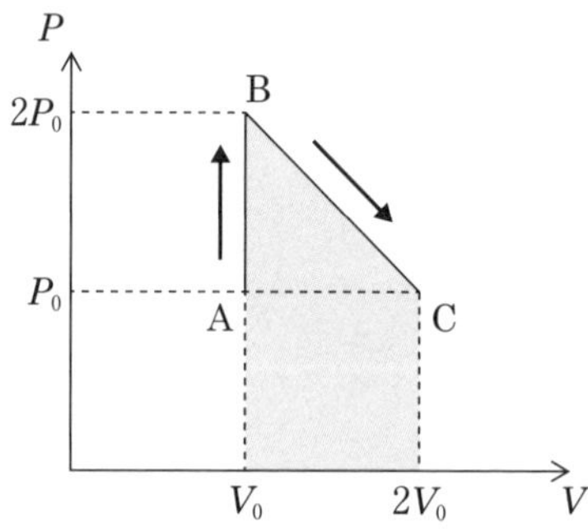

したがって，

$$\frac{1}{2}(P_0 + 2P_0)V_0 = \frac{3P_0V_0}{2}$$

以上より，正答は **4** となる。

No.9 の解説 PV 線図と仕事，内部エネルギー

→問題は P.309

㋐について

気体が外部に行った仕事は，PV 線図の下側の面積で表される。

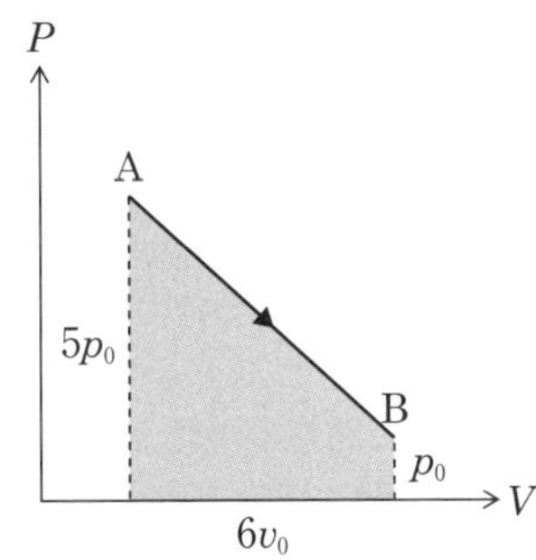

本問の場合，下図の色の付いた部分の台形の面積で，

$$W = \frac{1}{2}(5p_0 + p_0) \times 6v_0 = 18p_0v_0$$

となる。

㋑について

気体の内部エネルギーは，理想気体の温度 T に比例する。T の大小は PV の大小で判断できる。この値は点Aでは $5p_0 \times 2v_0 = 10p_0v_0$，点Bでは $p_0 \times 8v_0 = 8p_0v_0$ となるので，点Aのほうが大きい。したがって，A → B へと気体が変化すると，内部エネルギーは減少する。したがって，㋑には「減少する」が入る。

以上より，正答は **3** となる。

No.10 の解説 等温変化

→問題は P.309

等温変化では，常に

$$PV = nRT$$

である。これを使って，仕事を計算する。最初の体積を V_0 とすると，最後の体積は $2V_0$ となる。したがって，

$$W = \int PdV = \int_{V_0}^{2V_0} \frac{nRT}{V} dV = nRT\int_{V_0}^{2V_0} \frac{1}{V} dV$$

$$= nRT[\ln V]_{V_0}^{2V_0} = nRT \ln 2$$

以上より，正答は **2** となる。

No.11 の解説　*PV* 線図と熱量

→問題は P.310

解法❶　熱のやり取りを熱力学第 1 法則から考える

㋐について，気体が外部に対して正の仕事をするときには，気体の体積が増加する（膨張する）。これは B → C が該当する。

㋑について，A → B では，気体が外部に対して仕事をせず，しかも温度が上昇しているので，外部から熱を吸収している。また，B → C も，気体が等温変化をして内部エネルギーが変化していないにもかかわらず外部に仕事をしているので，そのぶん外部から熱を吸収したことがわかる。一方，C → A では，外部から仕事を受けてもなお温度が減少しているので，気体が外部に熱を捨てている。したがって，A → B と B → C が該当する。

解法❷　*PV* 線図から，熱量の正負を判別する

㋐については，解法❶と同じである。

㋑について，過程が吸熱か排熱かは，その境界である断熱変化の線を描いて，その線のどちら側に向かう過程なのかで判断できる。たとえば，まずは過程 B → C を考える。このときには過程の出発点である B を通る断熱変化の線を描く。次の図では破線の「断熱線 B」で示している。

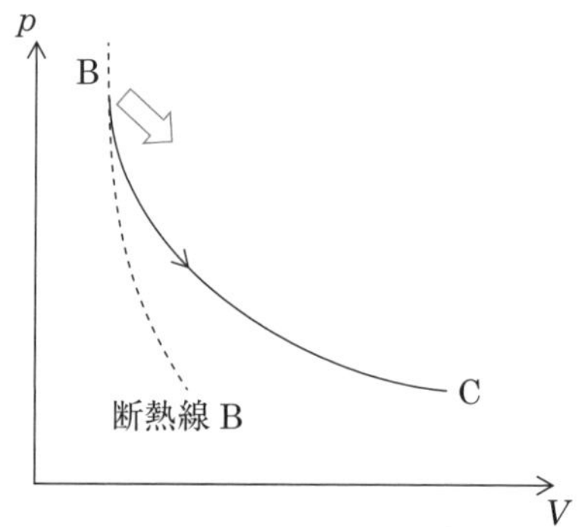

B → C は，この断熱線よりも右側に進んでいるが，断熱線よりも右側に進む場合には，その過程は吸熱過程とわかる。つまり熱を吸収している。

C → A，A → B についても，同様に次図に示した。

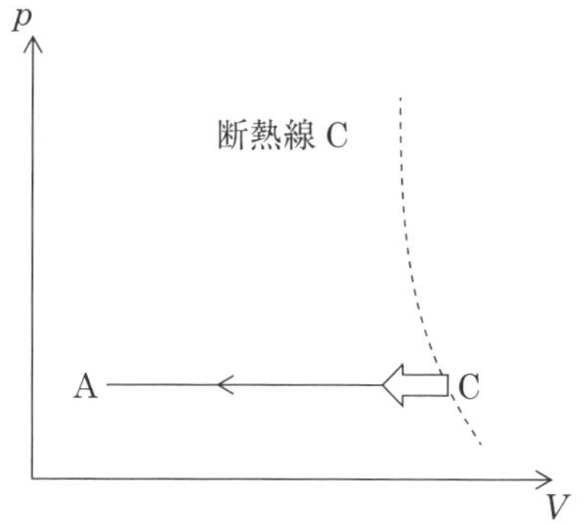

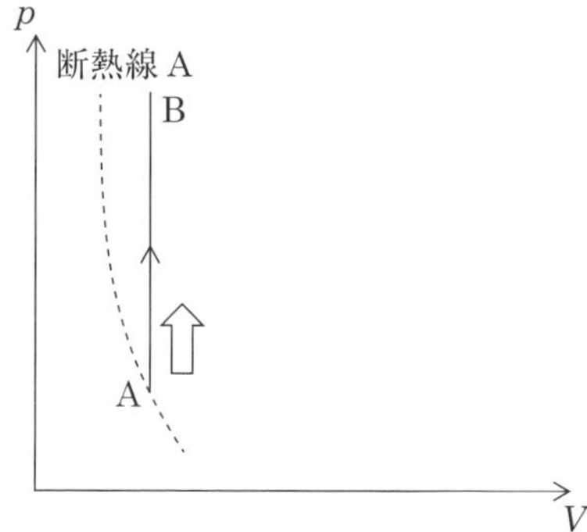

すると，過程 C → A は断熱線の左側に進んでいるので，熱を捨てている過程（排熱過程），A → B は断熱線の右に進む過程なので熱を吸収している過程（吸熱過程）とわかる。

以上より，正答は **5** となる。

No.12 の解説　熱力学第 1 法則

→問題は P.310

気体が外部に行った仕事は，圧力に体積変化分を掛ければよいので，

$1.0 \times 10^5 \times (60 \times 10^{-4} \times 2.5 \times 10^{-2}) = 15\mathrm{J}$

これが㋐に入る。

次に熱力学第一法則を考える。気体に与えられた熱量 45J のうち 15J を仕事で消費したので，内部エネルギーは残りの 30J だけ増加する。つまり，㋑には「30J 増加した」が入る。

以上より，正答は **2** となる。

正答						
	No.1＝2	**No.2＝5**	**No.3＝4**	**No.4＝2**	**No.5＝4**	**No.6＝2**
	No.7＝3	**No.8＝4**	**No.9＝3**	**No.10＝2**	**No.11＝5**	**No.12＝2**

波動

必修問題

図は，x 軸の正の向きに伝わる横波について，ある時刻における媒質の変位を表したものである。この時刻での，図中の点 A ～ D における媒質の y 軸方向の運動に関する記述の組合せとして最も妥当なのはどれか。

【国家Ⅰ種・平成23年度】

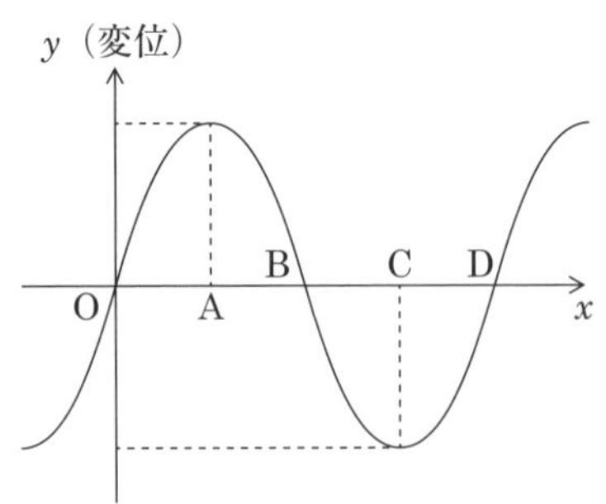

	A	B	C	D
1	運動していない	運動していない	運動していない	運動していない
2	運動していない	正方向に運動	運動していない	負方向に運動
3	運動していない	負方向に運動	運動していない	正方向に運動
4	正方向に運動	運動していない	負方向に運動	運動していない
5	負方向に運動	運動していない	正方向に運動	運動していない

〈必修問題〉の解説

横波のグラフを題材にした問題を1つ解いてみよう。ほとんど知識問題に近いが，グラフの使い方を学んでおこう。

Aは正で最も変位の大きい箇所，Cは負で最も変位の大きい箇所である。したがってこの瞬間は運動していない。残りはBとDであるが，これを調べるために，ほんの少しだけ波が進行した様子を破線で重ねて図示すると，次のようになる。

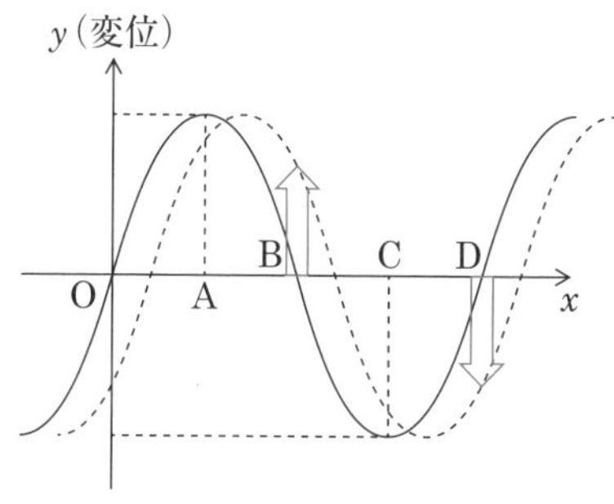

これより，Bは正方向に，Dは負方向に運動している。

正答 2

必修問題

x 軸の正方向に伝わる波の位置 x〔m〕，時間 t〔s〕における変位 y〔m〕が

$$y = 2\sin\pi\left(4t - \frac{x}{6}\right)$$

で表されるとき，この波の波長 λ〔m〕と振動数 f〔Hz〕として正しいのはどれか。

【地方上級・平成25年度】

	λ	f
1	6	2
2	6	4
3	12	2
4	12	4
5	12	8

必修問題の解説

波の式の問題を練習しよう。式の形は複雑だが，波長や振動数，周期の定義を考えながら選択肢を絞っていこう。式の形だけを見て惑わされてはいけない。

$t=x=0$ を代入してみると，$y=2\sin 0$ となる。これを基準に考える。まず，波長を求めるために，$t=0$，$x=\lambda$ を代入すると，

$$y=2\sin\left(-\frac{\lambda\pi}{6}\right)$$

λ が波長だとすると，ちょうど上の式が1周期経ったところを表すことになるが，三角関数の周期が 2π なので，

$$\frac{\lambda\pi}{6}=2\pi$$

$$\therefore\quad \lambda=12$$

次に周期 T を求めるために，$t=T$，$x=0$ を代入すると，

$$y=2\sin(4\pi T)$$

T が周期だとすると，同じく三角関数の周期が 2π であることから，

$$4\pi T=2\pi$$

$$\therefore\quad T=\frac{1}{2}$$

したがって，振動数 f は，

$$f=\frac{1}{T}=2\,〔\mathrm{Hz}〕$$

正答 3

必修問題

図Ⅰのように，線密度 ρ の弦の片方を音叉と平行に取り付け，もう片方を L だけ離れた位置にある滑車を介して質量 M のおもりとつなぎ，音叉を振動させたところ，腹が８個ある定常波が観測された。

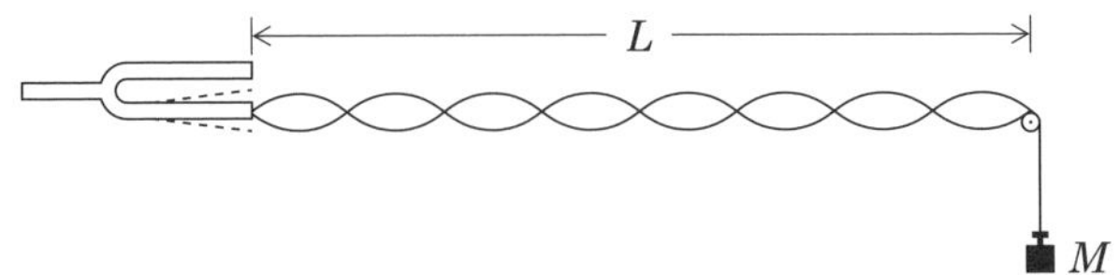

図Ⅰ

いま，図Ⅱのように，音叉と滑車の距離を $\frac{L}{2}$，おもりの質量を $4M$ として音叉を振動させたところ定常波が観測されたが，その腹の数はいくらか。

ただし，弦の質量はおもりの質量と比べて十分小さいものとし，音叉の振動数は図Ⅰと図Ⅱとで変わらず一定であるとする。

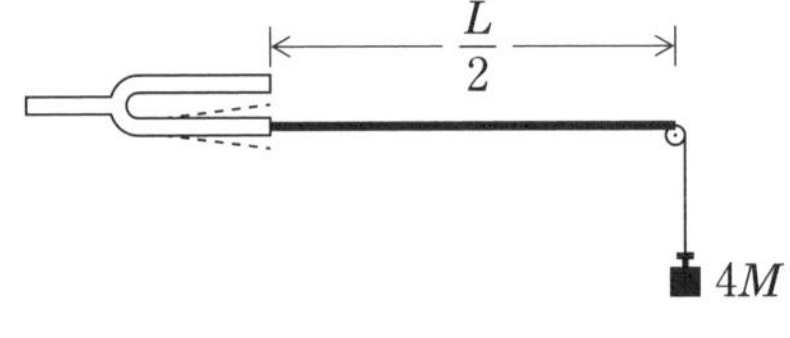

図Ⅱ

なお，弦の線密度を ρ，弦の張力を T とすると，弦を伝わる波の速さ v は，

$$v = \sqrt{\frac{T}{\rho}}$$

となる。 【国家Ⅰ種改題・平成15年度】

1　1個
2　2個
3　4個
4　8個
5　16個

必修問題の解説

弦の固有振動の基本問題を扱う。まず，定常波の振幅の形と波長の関係を覚えてもらいたい。波長が読み取れれば，公式 $v = f\lambda$ の公式を使えばよい。

図Ⅰから，この定常波の波長 λ は $\lambda = \dfrac{L}{4}$ であることがわかる（下図の太線のように見るとよい）。

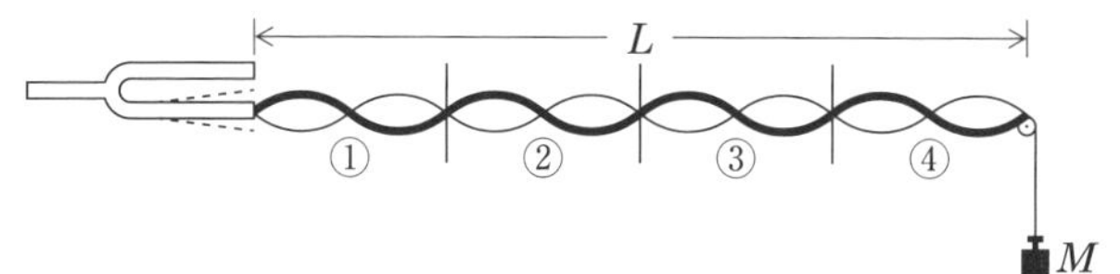

与えられた公式から，重力加速度を g とすると弦を伝わる波の速さ v は，

$$v = \sqrt{\frac{Mg}{\rho}}$$

したがって，この音叉の振動数を f とすると $v = f\lambda$ の公式から，

$$f = \frac{v}{\lambda} = \frac{4}{L}\sqrt{\frac{Mg}{\rho}}$$

次に，図Ⅱについて，弦を伝わる波の速さを v' とすると，

$$v' = \sqrt{\frac{4Mg}{\rho}} = 2\sqrt{\frac{Mg}{\rho}}$$

できる定常波の波長を λ' とすると，音叉の振動数は変わらないので，

$$f = \frac{v'}{\lambda'} = \frac{2}{\lambda'}\sqrt{\frac{Mg}{\rho}} = \frac{4}{L}\sqrt{\frac{Mg}{\rho}}$$

$$\therefore \quad \lambda' = \frac{L}{2}$$

定常波の1波長と弦の長さが等しく，1波長の中に腹が2つできることから，求める腹の数は2である。

正答 2

第2章 物理 テーマ5 波動

必修問題

振動数 700Hz の音を出している音源が東西軸上を一定の速さで運動している。このとき，同じ東西軸上で，音源より東にいる観測者が観測した音の振動数は 680Hz であった。この音源の速さと運動の向きの組合せとして最も妥当なのはどれか。

ただし，音速を 340m/s とする。 【国家Ⅰ種・平成21年度】

	速さ	向き
1	6.0m/s	東
2	6.0m/s	西
3	8.0m/s	東
4	8.0m/s	西
5	10m/s	西

必修問題の解説

ドップラー効果の問題は，基本的なものであれば，公式に代入すれば確実に解くことができる。その「確実に解く」ために，きちんと図を描く癖をつけておこう。

設問の状況を図に表すと次のようになる。ただし，音源の速さを西向きに v_R とする。

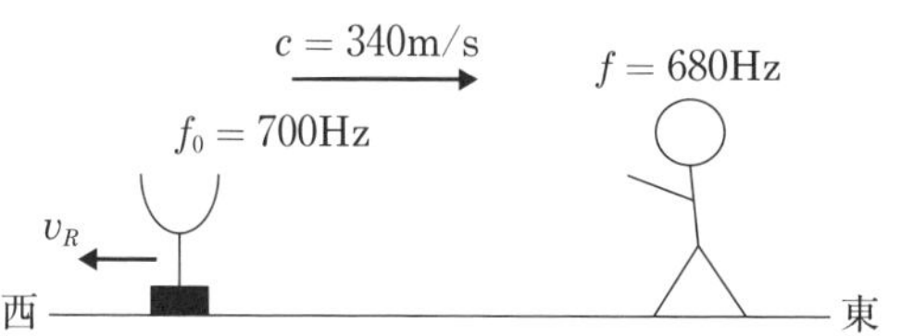

ドップラー効果の公式より，

$$680 = 700 \times \frac{340}{340 + v_R}$$

$$\therefore \quad \frac{680}{700} = \frac{340}{350} = \frac{340}{340 + v_R}$$

これより，$v_R = 10$m/s となり，方向も西とわかる。

正答 5

必修問題

図Ⅰのように，均質なプリズムに光を入射させると，光は矢印の方向に進んだ。図Ⅱのように，このプリズムに光を入射させたとき，この光が進む方向として妥当なもののみを，㋐～㋓のうちからすべて選び出しているのはどれか。 【国家総合職・平成26年度】

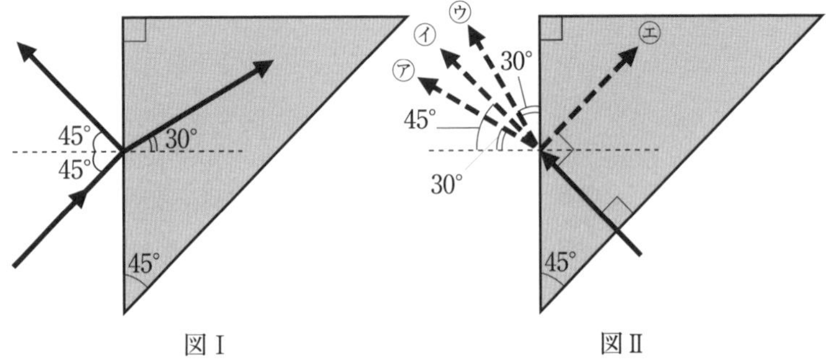

図Ⅰ　　図Ⅱ

1　㋐，㋓
2　㋑
3　㋑，㋓
4　㋒
5　㋓

〈必修問題〉の解説

全反射の公式，およびスネルの法則を使う練習である。法則自体は簡単だが，分母・分子を混同しないなど実際に使う場合には注意が必要である。

プリズムの外の媒質の屈折率を1，プリズムの屈折率を n とする。図Ⅰについてスネルの法則を考えると，

$$n = \frac{\sin 45^\circ}{\sin 30^\circ} = \sqrt{2}$$

次に図Ⅱについて考える。境界面で屈折と反射を起こす。反射は必ず起こるため，㋓に進む光が存在する。次に，全反射を起こすかどうかを考える。全反射を起こす場合の入射角を θ とすると，全反射の公式より，

$$\sin\theta \geqq \frac{1}{n} = \frac{1}{\sqrt{2}}$$

したがって，$\theta \geqq 45^\circ$ となる。入射する角度が 45° なので，ちょうど全反射を起こす角度である。これより，㋐，㋑，㋒の角度へは光は進行しない。

なお，プリズムから空気への屈折では，入射角（プリズム側）と比べて屈折角（空気側）は大きくなる。したがって㋐，㋑は不適となる。また，反射は必ず起こるため，㋓は必ず含まれる。ここで選択肢を見ると，㋒，㋓の両方が含まれる選択肢がないため，㋓のみの**5**が正答とわかり，同時に全反射が起きたこともわかる。

正答 5

重要ポイント 1 波のグラフ

まずは，波をグラフで表すことを考えよう。この段階では海の波を連想するとわかりやすいかもしれない。波には最も高いところ（山）と低いところ（谷）がある。そこで，ある瞬間の様子を見ると次のようになる。

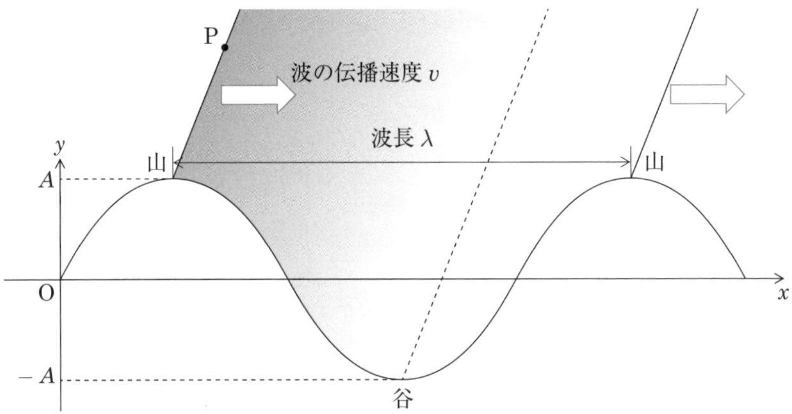

これがある瞬間の波の断面図（$x-y$ グラフ）と，対応する波の様子を図にしたものである。この波は，正弦関数のグラフの形と一致しているため，**正弦波**と呼ばれている。波の最も高いところを山とすると，1つの山から次の山までが1つの波になる。この長さを**波長**といい，ここでは λ で表す。また，山と谷の中間の高さを原点として，そこからの山の高さが**振幅**と呼ばれている。グラフでは A で表されている。

一方で，ある固定された観測場所における時間変化のグラフを考えることもできる。上のグラフの点Pは，今は山になっているが，やがて谷となり，その後再び山になる。この様子をグラフに表すと，次のようにやはり正弦関数のグラフとなる。

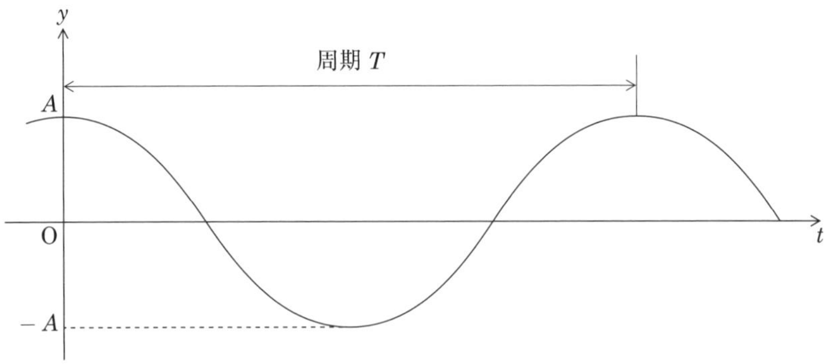

このことは，固定点Pが単振動と同じ運動をすることを意味する。山が来てから，

次の山が来るまでの波１個分の時間間隔を**周期**といい，Tで表す。また，単振動と同様に，１秒当たりの波の個数を**振動数**といい，fで表す。周期と振動数の間には，

$$f=\frac{1}{T}$$

の関係があることも単振動と同じである。

最後に，波の伝播速度を考える。１つの山から次の山が来るT秒の間に，波はちょうど１個分，つまり距離にして波長λだけ進んでいるので，伝播速度は次の式で表される。

$$v=\frac{\lambda}{T}=f\lambda$$

重要ポイント２ 波の式

xの正方向に伝播する，振幅A，周期T，波長λ，初期位相θ_0の波の変位yを表す式は次のように表される。

$$y=A\sin\left\{2\pi\left(\frac{x}{\lambda}-\frac{t}{T}\right)+\theta_0\right\}$$

重要ポイント３ 波の反射

波が反射するときの条件には，主に次の２つがある。

(1)固定端反射

反射する位置で，常に振幅が０となる場合。

入射した波を打ち消すように反射波が発生するため，入射波と逆の形の波が現れる。

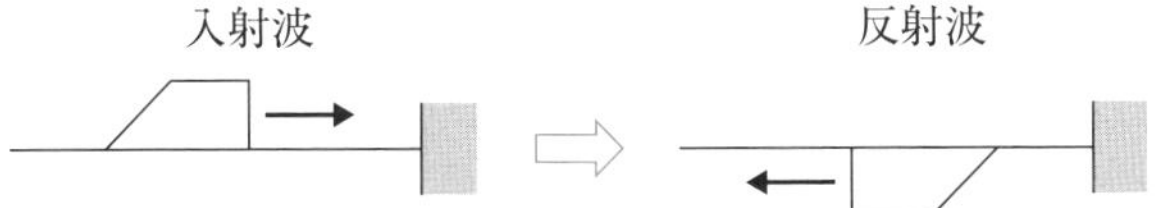

(2)自由端反射

反射する位置で，媒質が（進行方向に）力がかからずに運動できる場合。

入射した波がそのまま反射し，結果的に線対称となる。

重要ポイント4 定常波

入射波と反射波が重なって観測される波を**定常波**という。定常波はどちらにも進行しない。ある瞬間に，一斉にすべての場所で大きな波が現れたかと思うと，また一斉にすべての場所で波が消える，という様子が繰り返される。

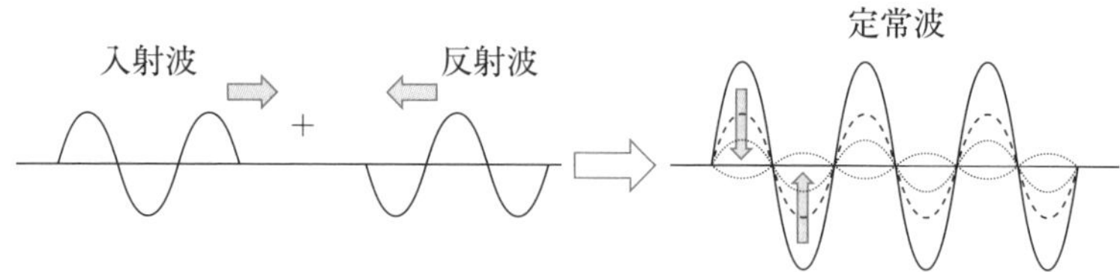

定常波は通常，次の図のような図で描かれる。

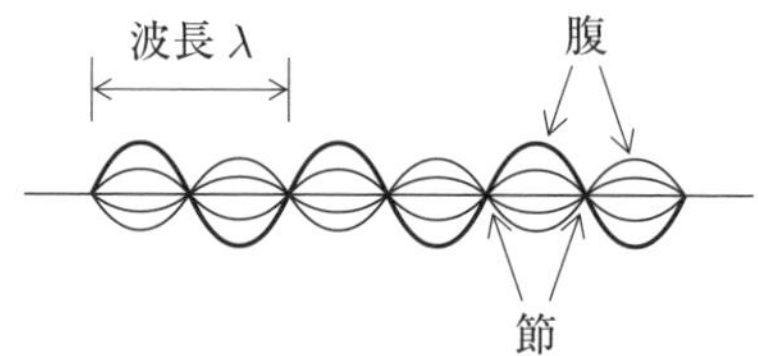

よく振動する部分を**腹**，まったく振動しない部分を**節**という。太い線をなぞっていくとわかるが，腹2つ分の距離が，定常波の波長 λ になる。

重要ポイント5 弦の固有振動

定常波の例として，弦の固有振動がある。弦を振動させると，両端が固定されているので，両端を節とする振動をする。ここから波長 λ を読むことができる。

また，弦を伝わる波の速さ v は，次の式で計算できる。

$$v = \sqrt{\frac{F}{\sigma}}$$

F は弦の張力，σ は線密度（長さ1m当たりの質量で，密度を ρ，断面積を S とすると，$\sigma = \rho S$）になる。この2つから，弦の音の振動数が計算できる。

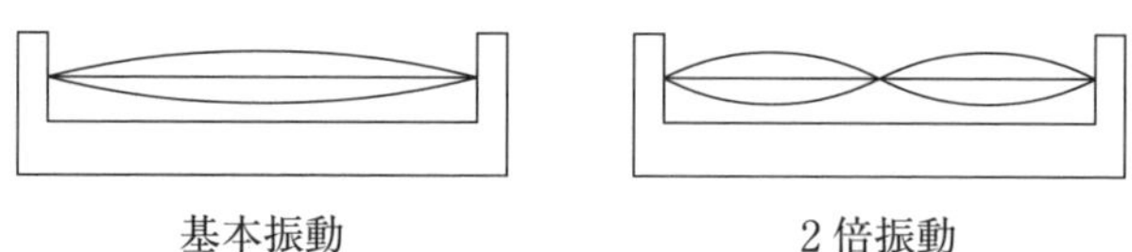

重要ポイント 6 ドップラー効果

音を出している音源や，それを観測する観測者が運動をしていると，観測者が観測する音の高さが，音源が出しているもともとの音の高さと異なって観測される。これを**ドップラー効果**という。

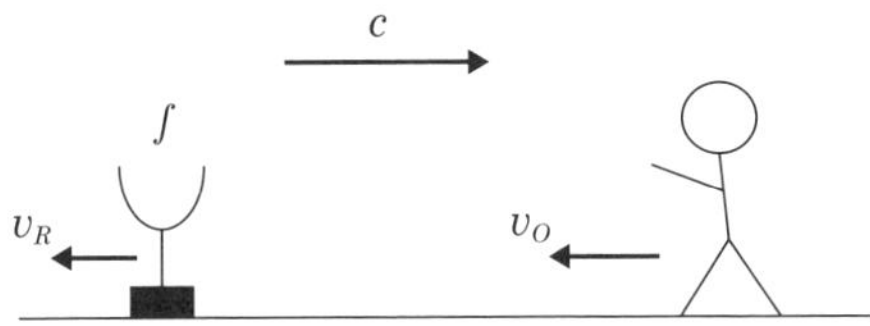

図のように，観測者の移動速度を v_O，音源の移動速度を v_R，音源の音の周波数を f，音波の速度を c とした場合，観測者が観測する音の周波数 f' は，次の式で表される。

$$f' = f\frac{c + v_O}{c + v_R}$$

ただし，観測者や音源の速度は，音速の方向に対し，図のように**音速と逆向きの場合に正**とする。

ドップラー効果の問題を解く場合に，次のケースには注意が必要である。

①うなり

周波数 f_1 の音と，周波数 f_2 の音が重なって聞こえるとき，音の大きさが大小する現象が聞こえる。これを**うなり**という。その単位時間当たりの回数 n は，次の式で与えられる。

$$n = |f_1 - f_2|$$

②反射

壁に反射する場合，一度，壁で聞こえる音を計算し，この音を壁が発するものとして再びドップラー効果の計算を行う。

重要ポイント 7 スネルの法則

波が異なる媒質に進入するときに方向を変える現象を**屈折**という。屈折については，次の**スネルの法則**が成立する。

$$\frac{n_1}{n_2} = \frac{\sin\theta_2}{\sin\theta_1} = \frac{v_2}{v_1} = \frac{\lambda_2}{\lambda_1}$$

ここで n は**屈折率**である。屈折率が大きな物質中を伝播すると，伝播速度は小さくなる。結果的に，屈折率は，速さの逆比を表していることになる。θ_1，θ_2 は次の図に表されているように入射角と屈折角である。

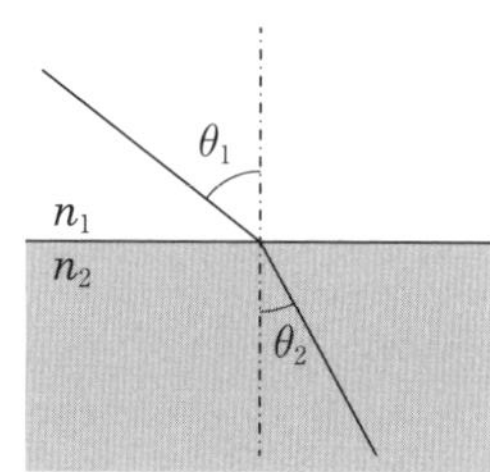

重要ポイント8 全反射

屈折率の大きい媒質から小さい媒質へ出ようとするとき，場合によってはスネルの法則を満たす屈折角が存在しないことがある。この場合，波は，屈折率の小さな媒質へ進入することはできず，すべて反射する。これを**全反射**という。

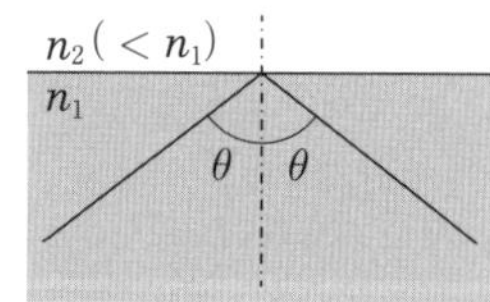

全反射の条件は次のようになる。

$$\sin\theta \geqq \frac{n_2}{n_1}$$

特に n_2 の屈折率が 1 の場合には次のようになる。

$$\sin\theta \geqq \frac{1}{n_1}$$

重要ポイント9 波の干渉

(1)波の干渉

波長，振動数，振幅などがまったく同じで，位相のみが異なる 2 つの波が重なる場合，その重なり方によって，波が強め合う場合と弱め合う場合がある。これを**波の干渉**という。

正弦波の場合，ちょうど半波長分，位相がずれている波は，もとの波に対して上下反対になる。このような波ともとの波が重なれば，ちょうど打ち消して弱め合うことになる。一方，まったく位相がずれていないなら，山と山，谷と谷が重なるため強め合うことになる。つまり，2 つの波が重なる場合，

位相が同じ　→　強め合う

位相が逆　→　弱め合う

関係となる。ところで，2 つの，位相まで含めてまったく同じ波が発生し，異なる経路を通って重なる場合，2 つの経路の差がそのまま波の位相の差になる。したが

って，2つの波の伝播距離が図のように L_1，L_2 と書かれたとき，

$$|L_1 - L_2| = \begin{cases} m\lambda & \text{強め合う} \\ \left(m + \dfrac{1}{2}\right)\lambda & \text{弱め合う} \end{cases}$$

となる。

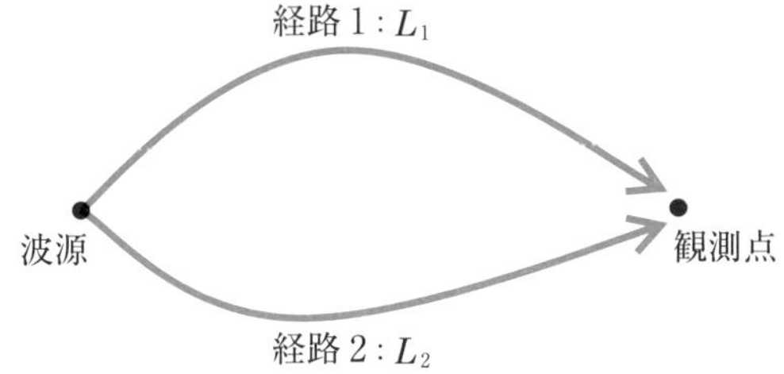

⑵干渉の問題の注意点

干渉の問題では，次の点に注意が必要である。

①光学的距離

屈折率 n の媒質中を伝播する場合，距離を n 倍して計算する。これを**光学的距離**という。これは，屈折率の大きい媒質中では，波長が小さくなることを補正する目的がある。

②固定端反射

屈折率の小さい媒質を伝播している波が，屈折率の大きい媒質との境界で反射する場合，固定端反射としてふるまうため，波の位相が逆になる。この点を考慮して計算する必要がある。

実戦問題

No.1 **図は，x 軸の正の向きに伝わる縦波（疎密波）について，ある時刻での波による媒質の x 軸の正の向きの変位を y 軸の正の向きの変位に，x 軸の負の向きの変位を y 軸の負の向きの変位にとった模式図である。図中の点A～Dのうちから，媒質が最も密な点のみをすべて選び出したものとして最も妥当なのはどれか。**

【国家一般職・平成24年度】

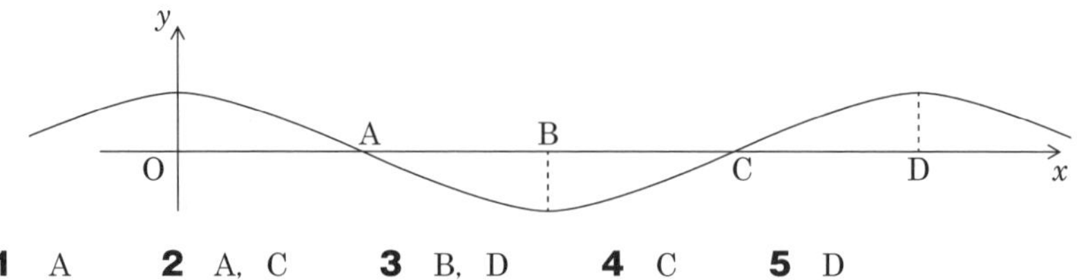

1 A　**2** A，C　**3** B，D　**4** C　**5** D

No.2 **図のような波形のパルス波が，x 軸の正の向きに速さ 1m/s で進み，$x = 10$m の点 P で固定端反射する。図の波形が観察された時刻から 5 秒後の波形として最も妥当なのはどれか。**

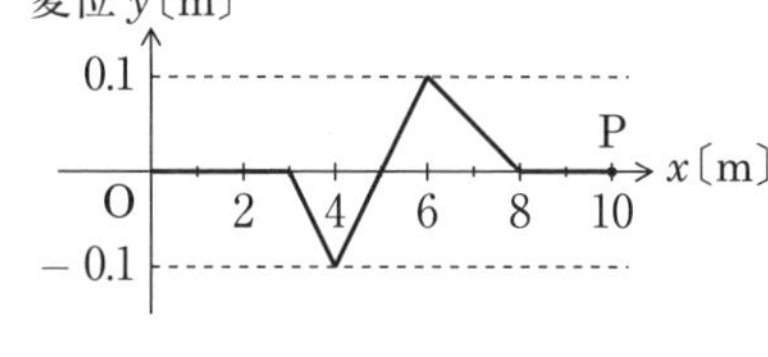

【国家総合職・平成30年度】

1

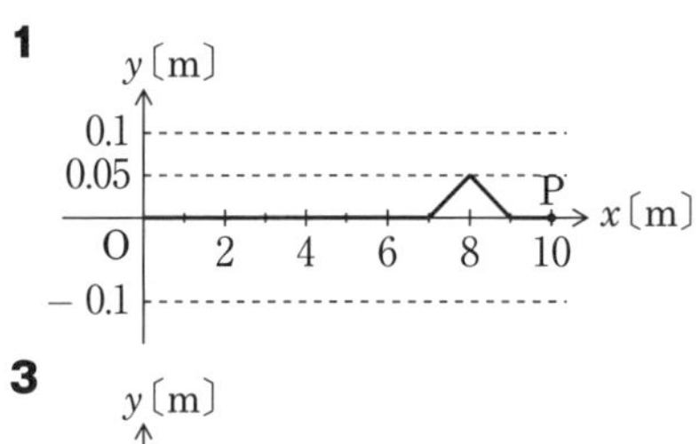

2

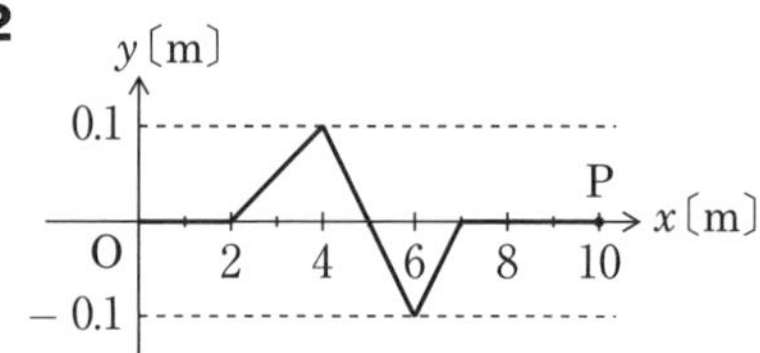

3

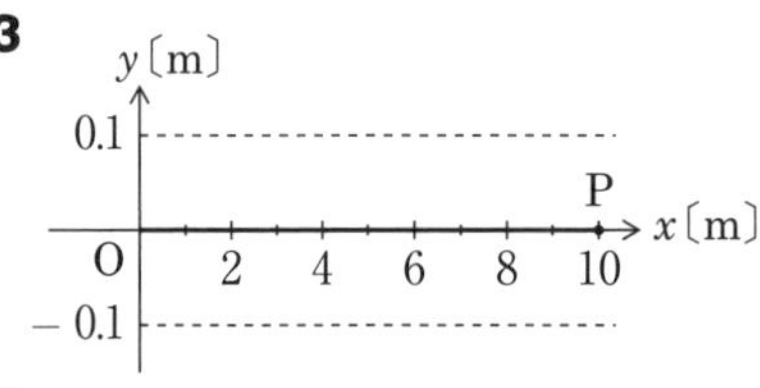

4

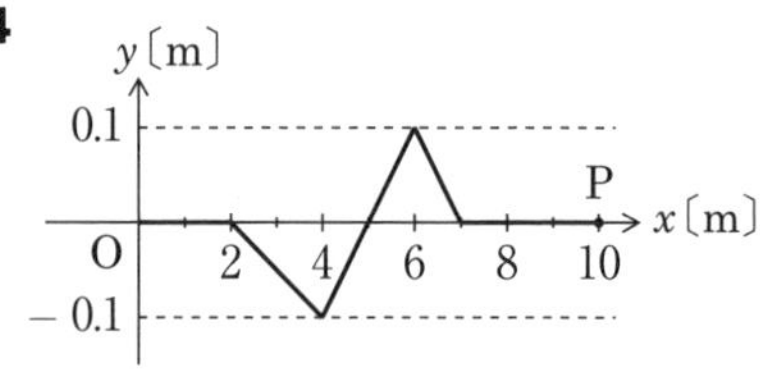

5

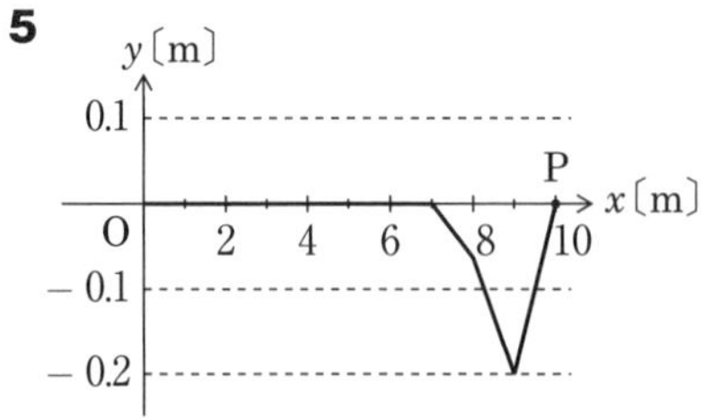

No.3 波源 O から 12m 離れた点 P に向けて正弦波を伝播させる。正弦波を発生させた時刻を 0 秒とすると，点 P における正弦波の変位 y〔m〕と時刻 t〔秒〕の関係は図のように表される。正弦波を発生させてから 42 秒後における波源 O から 8m 離れた点 Q の変位 y〔m〕はおよそいくらか。

ただし，点 O，P，Q は一直線上にあり，正弦波は減衰や反射をせずに伝播するものとする。 【国家総合職・平成28年度】

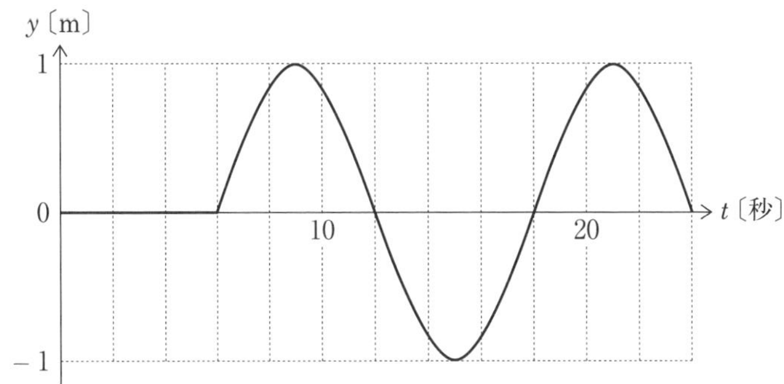

1 $\frac{\sqrt{3}}{2}$

2 $\frac{\sqrt{2}}{2}$

3 0

4 $-\frac{\sqrt{2}}{2}$

5 $-\frac{\sqrt{3}}{2}$

No.4 携帯電話の電波には，700MHz から 900MHz の間の電磁波が使われる。900MHz の周波数の電磁波の波長はおよそいくらか。

【地方上級・平成26年度】

1 3.3×10^{2}m

2 3.0×10m

3 3.3×10^{-1}m

4 3.3×10^{-2}m

5 3.0×10^{-3}m

No.5 x 軸上を進む正弦波がある。図Ⅰは，時刻 $t = 0$s におけるこの波の波形を，図Ⅱは位置 $x = 0$cm におけるこの波の変位の時間変化を表している。$t = 10$s におけるこの波の波形として最も妥当なのはどれか。

【国家総合職・平成25年度】

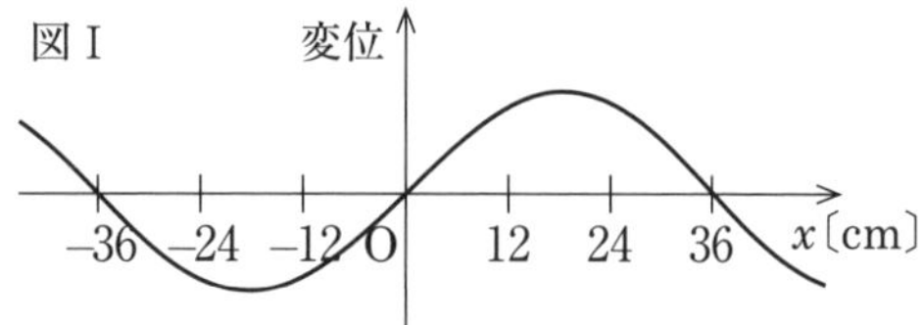

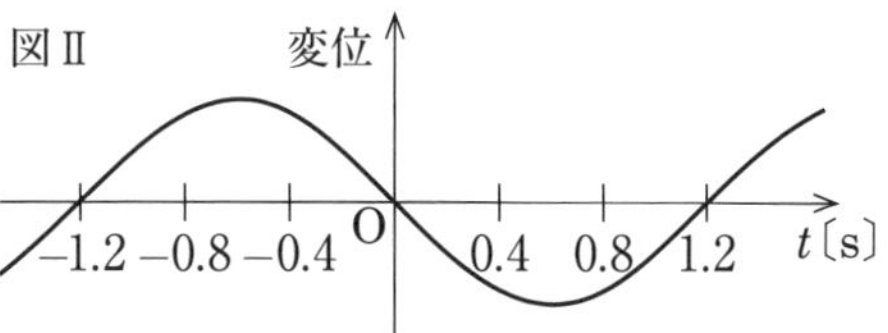

1

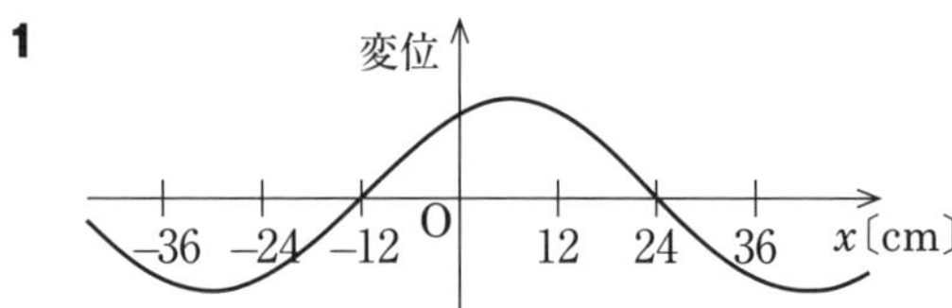

2

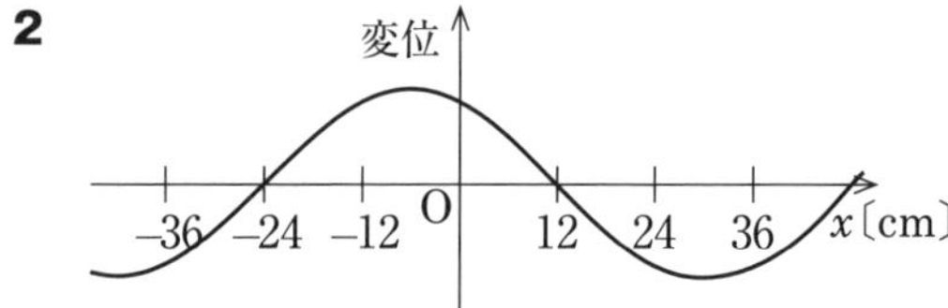

3

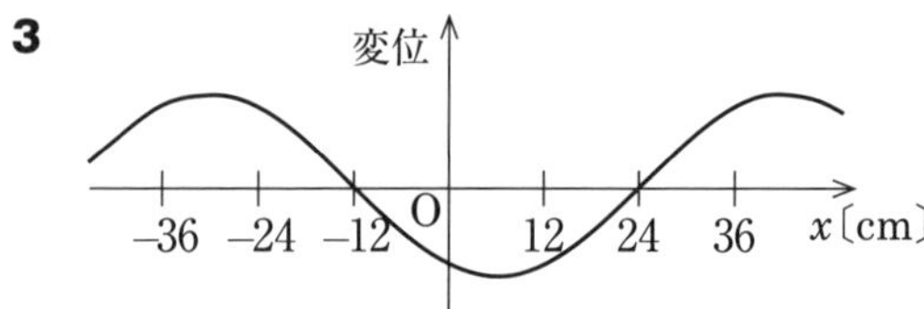

4

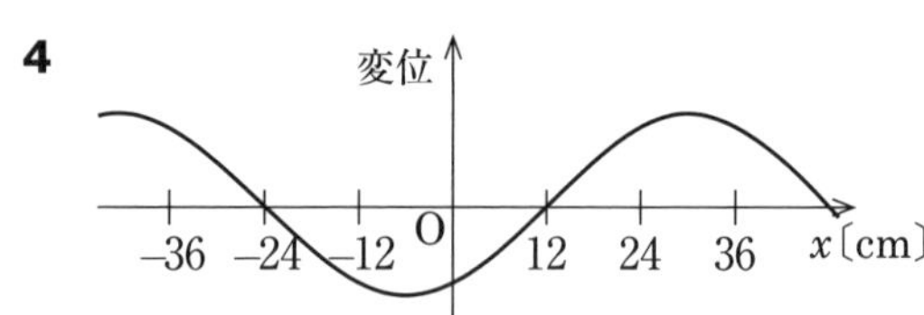

5

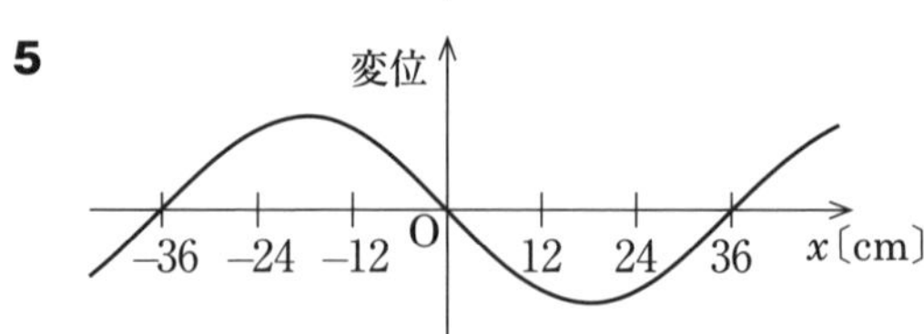

No.6 ある正弦波が x 軸上を正の向きに進んでいる。この波の時刻 t〔s〕，位置 x〔m〕における変位 y〔m〕は，

$$y = 2\sin\left\{2\pi\left(\frac{t}{8} - \frac{x}{4}\right)\right\}$$

で表される。この波の速さはおよそいくらか。 【国家一般職・令和元年度】

1 8m/s

2 4m/s

3 2m/s

4 0.5m/s

5 0.25m/s

No.7 同じ材質からなる長さ L_A と L_B の２つの糸A，Bがあり，糸Bの直径は糸Aの直径の２倍である。いま，糸Aに張力 S を，糸Bに張力 $2S$ を加え，両端を固定して基本振動させたところ，音の高さが同じになった。このときの糸の長さの比 L_B/L_A はいくらか。

ただし，糸の張力を T，糸の単位長さ当たりの質量を ρ とすると，糸を伝わる横波の速さ v は，以下の式で表される。

$$v = \sqrt{\frac{T}{\rho}}$$

【国家Ⅱ種・平成12年度】

1 $\frac{1}{2}$

2 $\frac{\sqrt{2}}{2}$

3 1

4 $\sqrt{2}$

5 2

No.8 一端が閉じた，ある長さの管がある。空気中に置いて，振動数を連続的に変更できる音源を使い，音の振動数を0Hzから次第に大きくしながら，この管の開口端付近で音を鳴らしたところ，3.00×10^2Hzのときに初めて共鳴した。

ヘリウム中に置いて同様の操作を行い，音の振動数を0Hzから次第に大きくするとき，初めて共鳴する振動数はおよそいくらか。

ただし，空気中の音速を3.40×10^2m/s，ヘリウム中の音速を1.02×10^3m/sとする。また，開口端補正は無視する。【国家一般職・平成26年度】

1 1.00×10^2Hz

2 1.50×10^2Hz

3 3.00×10^2Hz

4 6.00×10^2Hz

5 9.00×10^2Hz

No.9 ある速度で走る車の後方の点Aから，車に垂直に120kHzの音波を当て，はね返ってくる音を観測する。車は遠ざかりながら音を受け取り，遠ざかりながら音を放出することとなり，ドップラー効果によって元と異なった周波数の音を返すこととなる。点Aで放出した音と反射してきた音のうなりを測定したところ，その周波数は12kHzであった。音速を340ms^{-1}とすると，車の速度はいくらであったか。【国家Ⅱ種（化学）・平成14年度】

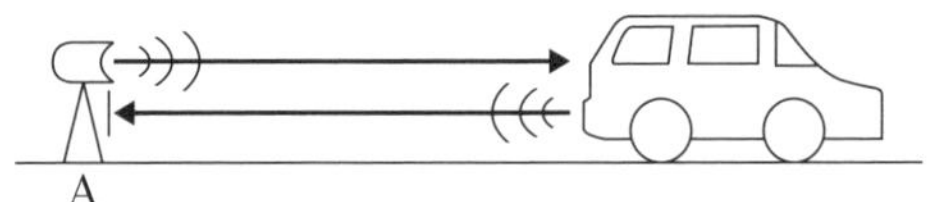

1 15ms^{-1}

2 18ms^{-1}

3 25ms^{-1}

4 31ms^{-1}

5 38ms^{-1}

No.10 図のように，直線軌道上を速さ v で列車が走行している。静止した観測者が，列車の進行方向に対して角 θ をなす直線上にいるときに，列車が振動数 f_0 の音を発した。この音を観測者が観測するとき，その振動数として最も妥当なのはどれか。

ただし，音速を V とし，$v < V$ とする。　【労働基準監督Ｂ・平成29年度】

1 $\dfrac{V+v\cos\theta}{V-v\cos\theta}f_0$

2 $\dfrac{V+v\cos\theta}{V}f_0$

3 $\dfrac{V-v\cos\theta}{V}f_0$

4 $\dfrac{V}{V+v\cos\theta}f_0$

5 $\dfrac{V}{V-v\cos\theta}f_0$

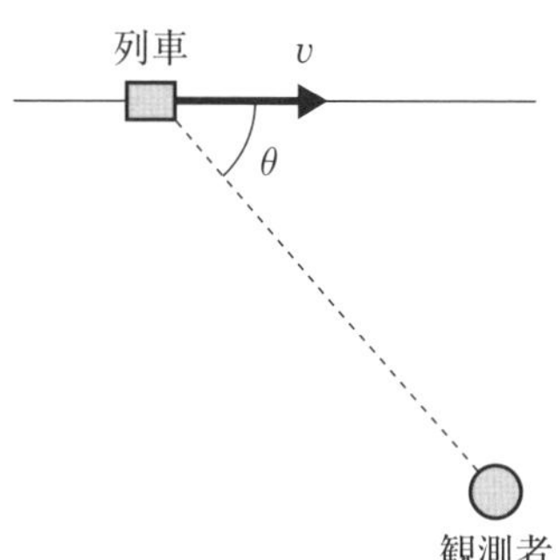

No.11 図のように，深さ60cmの水槽の底に小さな物体があり，水槽には屈折率 $\dfrac{5}{4}$ の液体が満たされている。いま，液面に半径 r の円形板を浮かべて，空気中のどの方向から見てもこの物体がまったく見えないようにする。このとき，円形板の半径 r の最小値はいくらか。　【国家Ⅱ種・平成10年度】

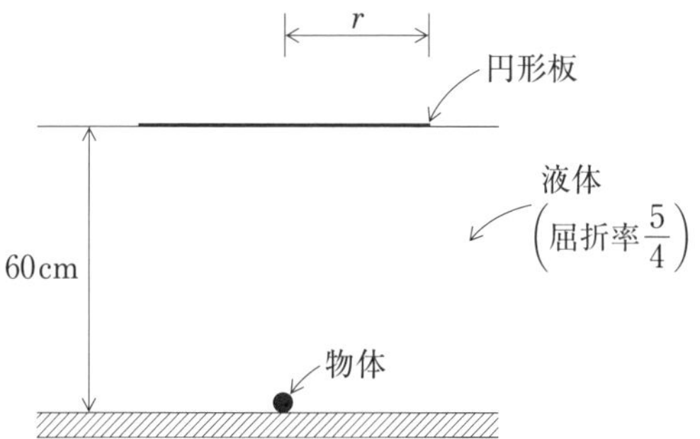

1 45cm
2 60cm
3 75cm
4 80cm
5 90cm

No.12 **水面を伝わる波に関する次の記述の㋐，㋑に当てはまるものの組合せとして最も妥当なのはどれか。**

ただし，波の速さは水深の $\frac{1}{2}$ 乗に比例するものとする。

【国家総合職・令和元年度】

「図Ⅰのように，ある鉛直面を境として，深さ0.6mの領域Aと深さ0.4mの領域Bの2つの領域に分かれた大きな水槽がある。この水槽の水面に直線波を発生させて真上から見たところ，領域Aと領域Bの境界付近で ㋐ のような波面が観測された。ここで，L_1，L_2 は，それぞれ領域A，Bにおける直線波の隣り合う山と山との間隔である。また，㋐ における $\frac{L_1}{L_2}$ はおよそ ㋑ である」

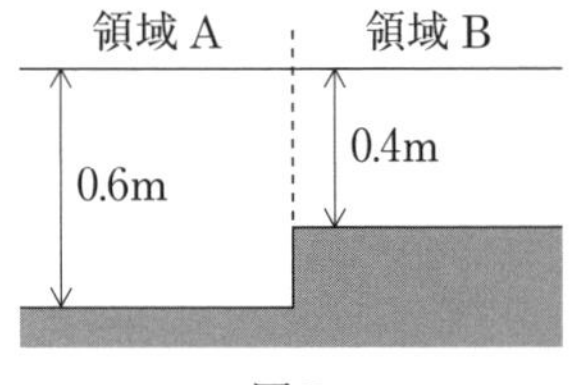

図Ⅰ

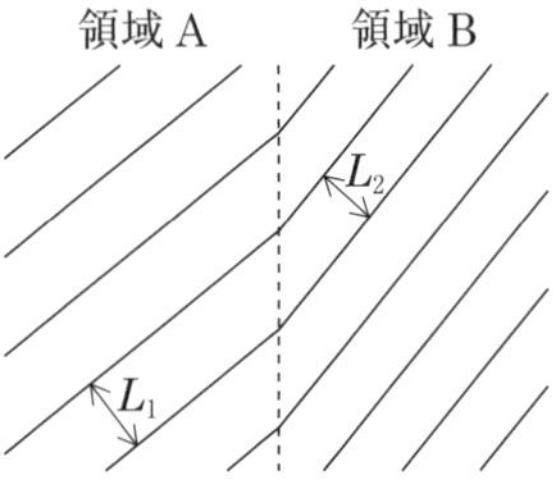

図Ⅱ

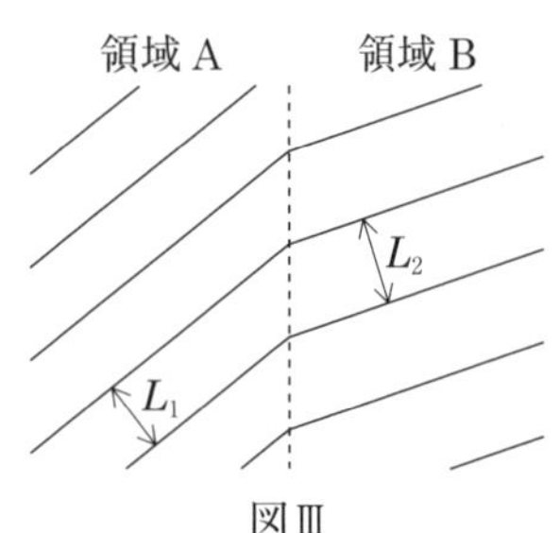

図Ⅲ

	㋐	㋑
1	図Ⅱ	$\frac{\sqrt{6}}{2}$
2	図Ⅱ	$\frac{3}{2}$
3	図Ⅲ	$\frac{4}{9}$
4	図Ⅲ	$\frac{2}{3}$
5	図Ⅲ	$\frac{\sqrt{6}}{3}$

No.13 空気に対する相対屈折率が n_A および n_B の透明な素材A，Bで図Ⅰ，Ⅱのような光ファイバーを作った。図Ⅰは中心軸を含む断面，図Ⅱは中心軸を含む断面に垂直な断面を表している。

いま，空気中にあるこの光ファイバーの一端から，図Ⅰ，Ⅱのように，単色光線を入射角 θ で中心に入射した。単色光線は図Ⅰのように進み，AからBへの入射角は ϕ で，AとBの境界面での屈折角は90°であった。このとき，$\sin\theta$ として最も妥当なのはどれか。 【国家Ⅰ種・平成21年度】

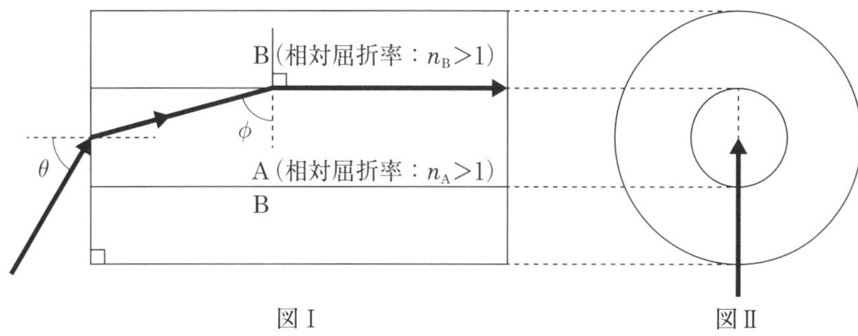

図Ⅰ　　図Ⅱ

1 $\sqrt{1-\left(\frac{n_A}{n_B}\right)^2}$

2 $\sqrt{1-\left(\frac{n_B}{n_A}\right)^2}$

3 $\sqrt{\frac{1}{n_A^2}+\frac{1}{n_B^2}}$

4 $\sqrt{\frac{1}{n_A^2}-\frac{1}{n_B^2}}$

5 $\sqrt{n_A^2-n_B^2}$

No.14 **波の干渉について，次の［　　］に当てはまる式を求めよ。**

【地方上級・平成20年度】

「10cm 離れた2点A，Bから，同じ波長 4cm の波を同じ位相で発生させた。このとき，Aとの距離を x cm，Bとの距離を y cm として，$|x-y|=$ ［　　］ $(m=0,$ $1,\ 2,\ \cdots)$ となる点ではまったく振動しなかった」

1　$2m+1$

2　$2m$

3　$4m+2$

4　$4m+1$

5　$4m$

No.15 **図Ⅰのように，距離 l だけ離れた2点AB間を光が通過するのにかかる時間を T_1 とする。また，図Ⅱのように，AB間に屈折率 n，厚さ d の平行平板ガラスを，光の道筋に面が垂直になるように入れた場合に，AB間を光が通過するのにかかる時間を T_2 とする。このとき $\dfrac{T_2}{T_1}$ として正しいのはどれか。**

【地方上級・平成24年度】

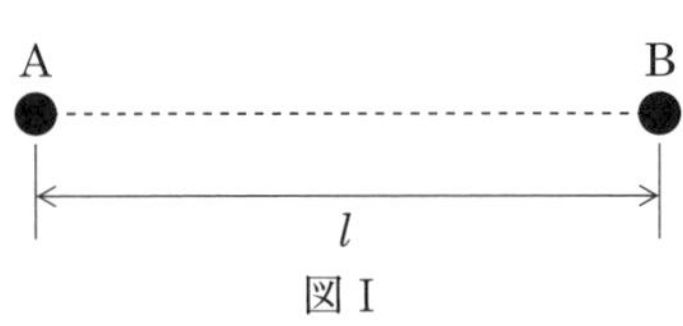

図Ⅰ

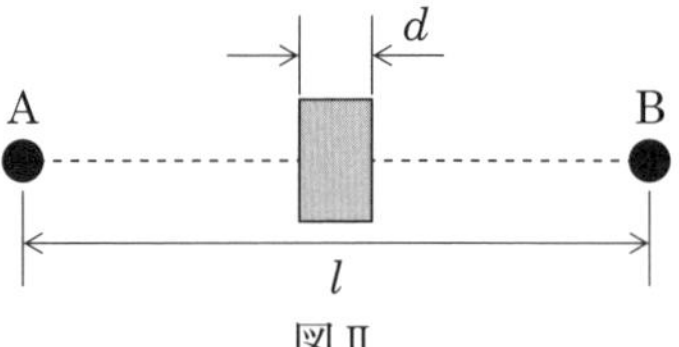

図Ⅱ

1　$1+n\dfrac{d}{l}$

2　$1+(n-1)\dfrac{d}{l}$

3　$1+(1-n)\dfrac{d}{l}$

4　$1+\left(1-\dfrac{1}{n}\right)\dfrac{d}{l}$

5　$1+\left(\dfrac{1}{n}-1\right)\dfrac{d}{l}$

No.16 **定常波に関する次の記述の㋐，㋑に当てはまるものの組合せとして最も妥当なのはどれか。** 【国家一般職・平成29年度】

「水面上に2つの波源A，Bがある。AB間の距離は7.0cmであり，波源A，Bからは波長4.0cmで同じ振幅の波が広がっている。波源Aと波源Bの振動が同位相であるとき，線分AB上に定常波の腹は［㋐］個でき，波源Aと波源Bの振動が逆位相であるとき，線分AB上に定常波の腹は［㋑］個できる」

	㋐	㋑
1	1	1
2	3	3
3	3	4
4	4	3
5	4	4

実戦問題の解説

No.1 の解説　縦波のグラフ

→問題は P.334

縦波とは，媒質が波の進行方向と同じ方向に運動する波のことである。各媒質が進行方向に変位した場合を上側に，進行方向と逆方向に変位した場合を下側にとったのが与えられたグラフである。したがって，グラフに媒質が移動している方向を矢印で示すと次のようになる。

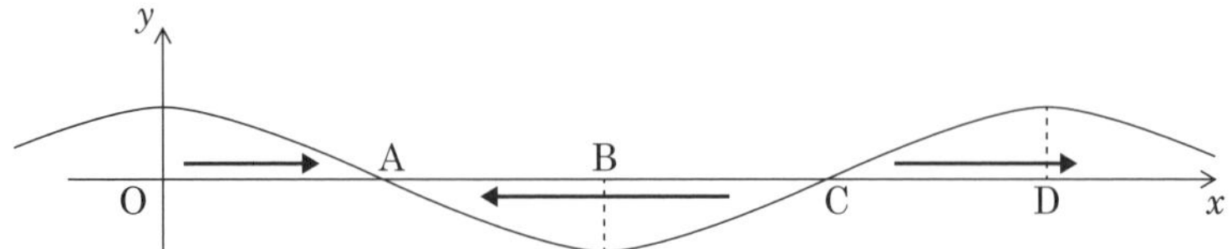

この図より，媒質が集まって密なのはAである。なお，Cが疎の点である。

以上より，正答は **1** となる。

No.2 の解説　波の反射と重ね合わせ

→問題は P.334

5秒後の反射波（破線）と入射波の進行した様子を図示すると，左下図となる。ただし，固定端反射では上下が逆になることに注意すること。これを単純に足し算すると右下図のようになる。これは選択肢 **5** である。

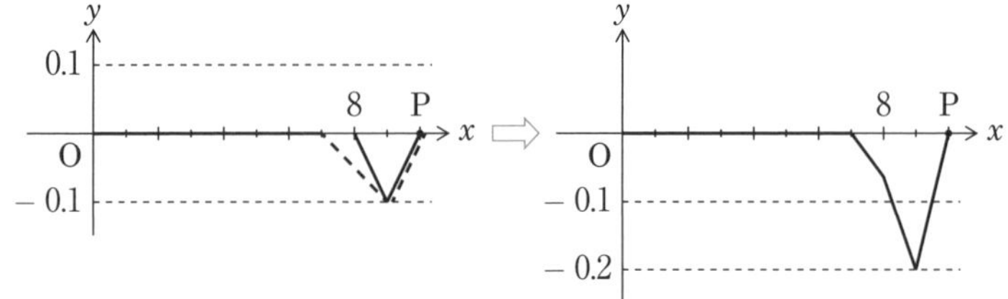

No.3 の解説　波のグラフ

→問題は P.335

波源から12m離れた点Pに6秒で波が伝わっているので，8m離れた点Qには4秒で伝わっている。求める変位は，点Qに波が伝わってから $42-4=38$ 秒後の変位であるが，グラフから，波の周期 T は，$T=12\text{s}$ とわかるので，

$$38=12\times3+2=3T+\frac{T}{6}$$

から，結局，波が伝わってから3周期と $\frac{1}{6}$ 周期後の変位を見ればよい。与えられたグラフでは，それは $t=8$ における変位と等しいので，求める変位

は $\sin\frac{2\pi}{6} = \frac{\sqrt{3}}{2}$ である。

以上より，正答は **1** となる。

No.4 の解説　波の速さ

→問題は P.335

光の速度はおよそ 3.0×10^8m/s である。したがって，求める波長 λ は，

$$\lambda = \frac{3.0 \times 10^8}{900 \times 10^6} = 3.3 \times 10^{-1}〔\mathrm{m}〕$$

以上より，正答は **3** となる。

No.5 の解説　波のグラフ

→問題は P.336

図 I から，波長は $36 \times 2 = 72$cm，周期は $1.2 \times 2 = 2.4$ 秒とわかる。

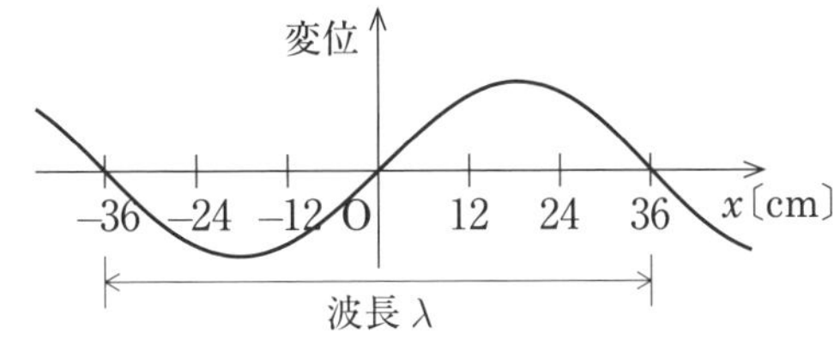

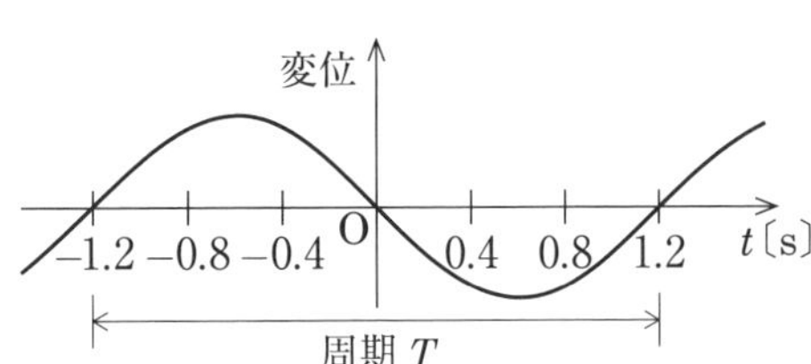

これより，波の速さは

$$v = \frac{72}{2.4} = 30\mathrm{cm/s}$$

とわかる。

このことから 10s の間に，波は $30 \times 10 = 300$cm 進んでいることになるが，波長が 72cm なので，

$$300 = 72 \times 4 + 12 = 4\lambda + 12$$

であることから，4 波長と 12cm 進んでいることになる。

最後に，波の進行方向について考えると，図 II から，$x = 0$ では，$t = 0$ の後，原点より低い谷の部分が進んでくることになる。つまり，波は正方向に伝播していることになる（次図参照）。このことから，図 I と比べ，波が正方向に 12cm 移動したグラフを選べばよいことになるが，それは選択肢 **4**

である。

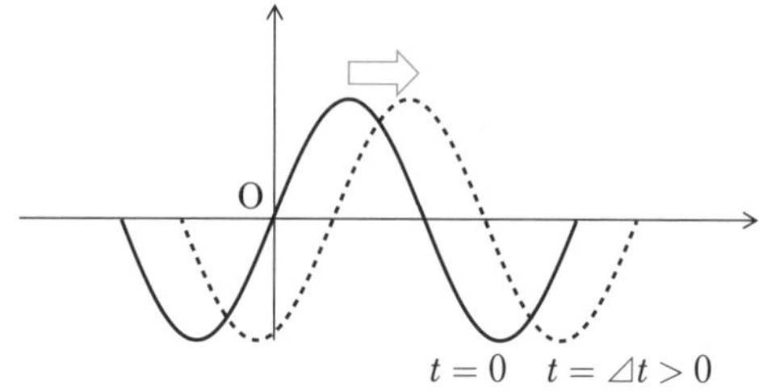

No.6 の解説　波の式

→問題は P.337

解法❶　周期 T と波長 λ を求める

$t=x=0$ を基準とする。

$$y=2\sin 0$$

今度は $t=T$, $x=0$ を代入すると，ちょうど1周期なので位相が $\pm 2\pi$ ずれているはずである。したがって，

$$\frac{\pi T}{4}=2\pi$$

$$\therefore\quad T=8\text{s}$$

周波数に直すと $f=\dfrac{1}{T}=0.125\text{Hz}$ である。

次に $t=0$, $x=\lambda$ を代入すると，ちょうど1波長なので，位相は $\pm 2\pi$ ずれているはずである。したがって，

$$\frac{\pi\lambda}{2}=2\pi$$

$$\therefore\quad \lambda=4\text{m}$$

以上から，求める速さ v は，

$$v=f\lambda=0.125\times 4=0.5\text{m/s}$$

解法❷　微分して求める

正弦波の速さは，波の山の速さと考えてよい。ここで山とは sin の値が1となる場合で，そのうちの一つが位相が $\dfrac{\pi}{2}$ となる場合である。つまり，

$$\frac{t}{8}-\frac{x}{4}=\frac{1}{4}$$

これを時間で微分して，

$$\frac{1}{8}-\frac{v}{4}=0$$

$$\therefore\quad v=0.5\text{m/s}$$

以上より，正答は **4** となる。

No.7 の解説　弦の固有振動

→問題は P.337

2つの場合について，振動数を計算していく。まず，長さが L_{A} の糸について，糸を伝わる波の速さを v_{A} とする。密度を σ，断面積を A とすると，単位長さ当たりの質量は σA となるので，与えられた公式より，

$$v_{\mathrm{A}} = \sqrt{\frac{S}{\sigma A}}$$

また，基本振動をしているので，波の波長 λ は糸の長さの2倍である $2L_{\mathrm{A}}$ となる。したがって，音の周波数を f とすると，$v = f\lambda$ の公式より，

$$f = \frac{1}{2L_{\mathrm{A}}}\sqrt{\frac{S}{\sigma A}}$$

次に長さが L_{B} の糸を振動させるときの，波が糸を伝わる速さを v_{B} とすると，直径がAの2倍なので，断面積は4倍の $4A$ となる。材質は変わらないので，密度は同じ σ となることから，

$$v_{\mathrm{B}} = \sqrt{\frac{2S}{4\sigma A}} = \sqrt{\frac{S}{2\sigma A}}$$

波長は，基本振動をさせているので糸の長さの2倍である $2L_{\mathrm{B}}$ となる。したがって，振動数は，

$$f = \frac{1}{2L_{\mathrm{B}}}\sqrt{\frac{S}{2\sigma A}}$$

音の高さが同じということは，振動数が同じということである。したがって，

$$f = \frac{1}{2L_{\mathrm{A}}}\sqrt{\frac{S}{\sigma A}} = \frac{1}{2L_{\mathrm{B}}}\sqrt{\frac{S}{2\sigma A}}$$

$$\therefore \quad \frac{L_{\mathrm{B}}}{L_{\mathrm{A}}} = \frac{1}{\sqrt{2}} = \frac{\sqrt{2}}{2}$$

以上より，正答は **2** となる。

No.8 の解説　管の固有振動

→問題は P.338

管が共鳴する場合，閉じた端が節，開いた端が腹となるような定常波を生じる。その中で，最も振動数が低い音は，音速が一定であれば，波長が長い音波を生じる。つまり基本振動となる。本問の場合，次のような形となる。

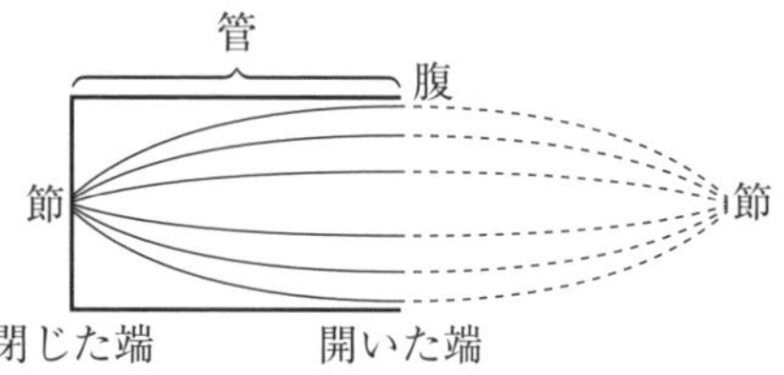

したがって，生じる定常波の波長は，管の4倍の長さとなる。これはヘリウムでも空気でも同じなので，結局いずれの場合も，生じる音波の波長は等しいことになる。そこでこれを λ とする。

まず，空気中の場合を考える。音速が 3.40×10^2m/s，振動数が 3.00×10^2Hz なので，

$$3.40\times10^2=3.00\times10^2\times\lambda$$

$$\therefore\quad \lambda=\frac{3.4}{3}$$

次に，ヘリウム中の場合を考える。このときに生じる音の振動数を f とすると，波長が λ で，音速が 1.02×10^3m/s なので，

$$1.02\times10^3=f\lambda$$

$$\therefore\quad f=\frac{1.02\times10^3}{\lambda}=\frac{1.02\times10^3\times3}{3.4}=9.00\times10^2\text{Hz}$$

以上より，正答は **5** となる。

No.9 の解説　ドップラー効果

→問題は P.338

車の速さを v と置く。A で放出した音を車が受け取り，それと同じ音を車が出したと考えて解く。まず，A で放出した音を車が受け取るときの周波数を f_1 と置くと，次の図のようになる。

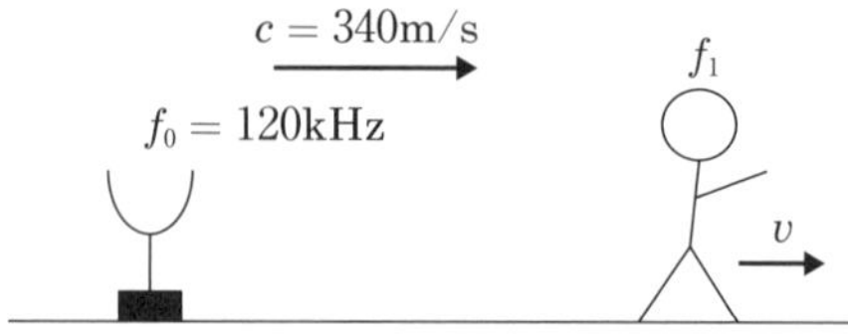

ドップラー効果の公式より，

$$f_1 = \frac{340 - v}{340} \times 120〔\mathrm{kHz}〕$$

さらに，この音を車が反射し，それをAが受け取るときの周波数を f_2 と置く。今度は，車が音源の立場となるので，図を描くと次のようになる。

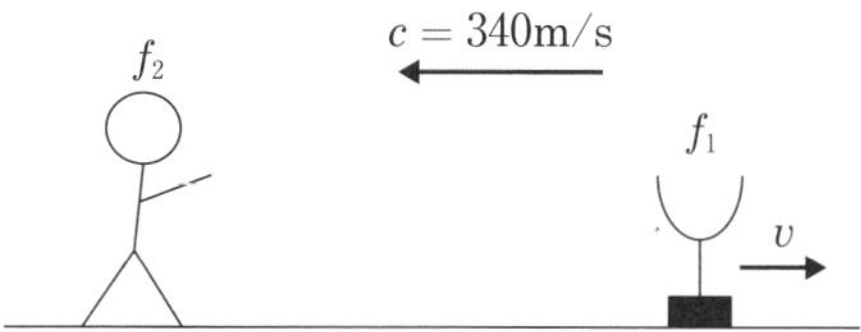

ドップラー効果の公式より，

$$f_2 = \frac{340}{340 + v} f_1 = \frac{340 - v}{340 + v} \times 120〔\mathrm{kHz}〕$$

うなりが12kHzということは，元の音の周波数との周波数の差が12kHzということである。したがって，

$$120 - f_2 = \frac{2v}{340 + v} \times 120 = 12\mathrm{kHz}$$

$$\therefore \quad \frac{340}{19} = 17.9\mathrm{m/s}$$

以上より，正答は**2**となる。

No.10 の解説　ドップラー効果

→問題は P.339

列車の速度のうち，音波の進行方向成分は，下の図から $v\cos\theta$ となる。

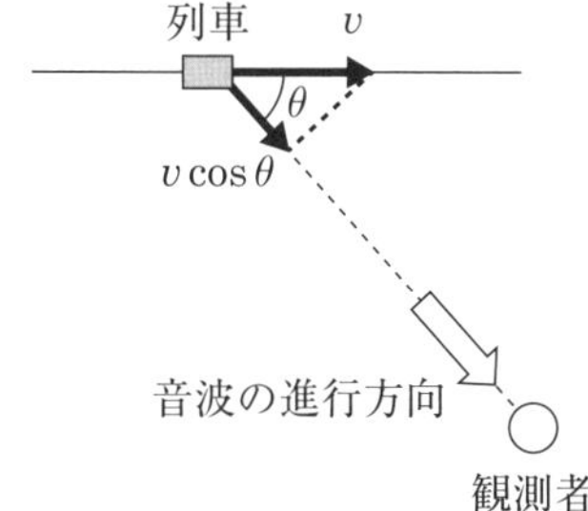

したがって，ドップラー効果の公式より，求める振動数 f は，

$$f = f_0 \frac{V}{V - v\cos\theta}$$

以上より，正答は**5**となる。

No.11 の解説　全反射

→問題は P.339

板の端に向けて発せられた光の経路を図示すると，次のようになる。

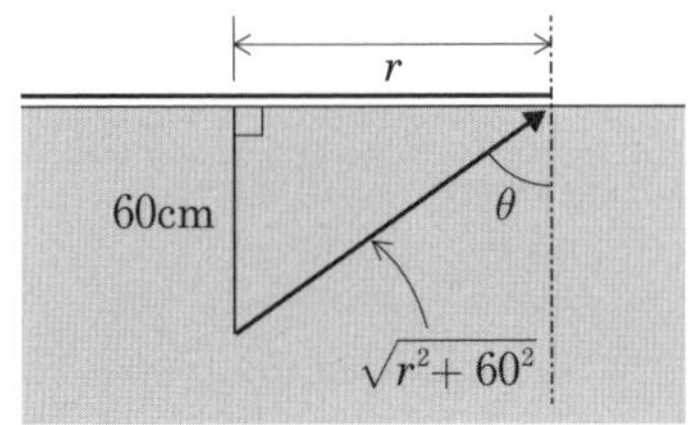

この板の端を通る光が全反射すれば，それよりも外側では入射角が大きくなることから，外へは光は出ないことになる。そこでこの光について全反射の公式より，

$$\sin\theta = \frac{r}{\sqrt{3600+r^2}} = \frac{4}{5}$$

$$\therefore\quad 5r = 4\sqrt{3600+r^2}$$

2 乗して，

$$25r^2 = 16(3600+r^2)$$

$$\therefore\quad 9r^2 = 16\times 3600$$

よって，

$$r = \sqrt{6400} = 80$$

以上より，正答は **4** となる。

No.12 の解説　波の屈折

→問題は P.340

図の L_1，L_2 は波の山と山の間隔を表しているが，これは波長そのものである。波長 λ，振動数 f，波の速さ v の間には

$$v = f\lambda$$

の関係がある。振動数は波の山が伝わってきた時間間隔の逆数なので，どちらの媒質も同じことから，$\lambda = L$ は速さ v に比例することがわかる。いま，設問の記述から，速さは水深の 2 乗に比例するので，

$$\frac{L_1}{L_2} = \sqrt{\frac{0.6}{0.4}} = \frac{\sqrt{6}}{2}$$

これが㋑に入り，これだけで選択肢 **1** が正答とわかる。なお，図を見ると，$L_1 > L_2$ となっているのは図Ⅱなので，㋐には「図Ⅱ」が入る。

No.13 の解説　屈折

→問題は P.341

全反射をするときの光の道筋は次のようになる。

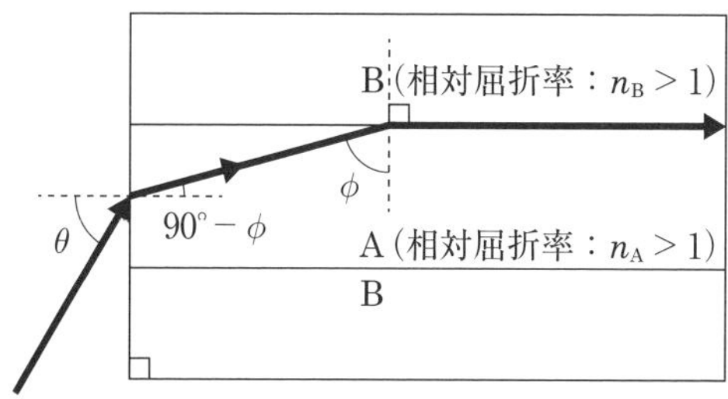

Aに入るときについて，スネルの法則から，

$$n_A = \frac{\sin\theta}{\sin(90° - \phi)} = \frac{\sin\theta}{\cos\phi}$$

次に，Bに対するAの屈折率 n は，

$$n = \frac{n_A}{n_B}$$

となるので，全反射の公式より，

$$\sin\phi = \frac{1}{n} = \frac{n_B}{n_A}$$

ここで，

$$\sin^2\phi + \cos^2\phi = 1$$

なので，

$$\frac{n_B^2}{n_A^2} + \frac{\sin^2\theta}{n_A^2} = 1$$

$$\therefore \quad \sin\theta = \sqrt{n_A^2 - n_B^2}$$

以上より，正答は **5** となる。

No.14 の解説　干渉

→問題は P.342

まったく振動しないのは，ちょうど逆位相の波が重なる場合である。つまり，波長の半分の 2cm のずれがあれば，逆位相の波が重なるため，まったく振動しないことになる。ただし，この場合でもさらに波長の整数倍分（1 波長，2 波長）ずれる場合はまったく影響を与えない。そこで，結局のところ，

$$|x-y|=4m+2$$

以上より，正答は **3** となる。

No.15 の解説　干渉

→問題は P.342

解法❶　光学的距離を使う

求める時間の比は，光学的距離の比に等しい。

図Ⅰの光学的距離は l になる。図Ⅱでは，屈折率 n のガラスの距離のみ n 倍して，

$$(l-d)+n\times d=l+(n-1)d$$

したがって，

$$\frac{T_2}{T_1}=\frac{l+(n-1)d}{l}=1+(n-1)\frac{d}{l}$$

解法❷　時間を直接計算する

光速を c とする。図Ⅰの場合には，

$$T_1=\frac{l}{c}$$

次に，図Ⅱについては，ガラスの中を通るときの速さが $\frac{1}{n}$ 倍となるので，

$$T_2=\frac{l-d}{c}+\frac{d}{c/n}=\frac{l-d+nd}{c}=\frac{l+(n-1)d}{c}$$

これより，

$$\frac{T_2}{T_1}=\frac{l+(n-1)d}{l}=1+(n-1)\frac{d}{l}$$

以上より，正答は **2** となる。

No.16 の解説　干渉

→問題は P.343

場合 1：振動が同位相のとき

線分 AB 上で A から距離 x〔cm〕の点 P では，B からの距離は $7-x$〔cm〕である。2 つの波の距離の差が，波長の整数倍に等しければ，重なる波が同位相となり，定常波の腹となる。これを式で表すと，

$$|x-(7-x)|=|2x-7|=4m \quad (m \text{ は 0 以上の整数})$$

となるが，$0 \leqq x \leqq 7$ では，$-7 \leqq 2x-7 \leqq 7$ であるので，これを満たすのは，

$$2x-7=-4,\ 0,\ 4$$

の 3 箇所である。

場合 2：振動が逆位相のとき

同位相のときと同様に考えるが，発生時点で位相が逆になっているので，距離の差が波長の整数倍に，逆位相の分半波長を加える必要がある。つまり，

$$|2x-7|=4m+2$$

となればよい。$-7 \leqq 2x-7 \leqq 7$ であるので，これを満たすのは，

$$2x-7=-6,\ -2,\ 2,\ 6$$

の 4 箇所である。

以上より，正答は **3** となる。

正答						
	No.1=1	No.2=5	No.3=1	No.4=3	No.5=4	No.6=4
	No.7=2	No.8=5	No.9=2	No.10=5	No.11=4	No.12=1
	No.13=5	No.14=3	No.15=2	No.16=3		

電磁気学

必修問題

2枚の距離が d で平行な金属板があり，下側の電位を0，上側の電位を V_0 とすると，金属板の間には，一様な電界ができる。この中に電荷 q（>0）を入れたとき，電荷が受ける力の向きと大きさとして正しいのはどれか。

【地方上級・平成23年度】

V_0 ―――――――――

○$+q$

0 ―――――――――

	向き	大きさ
1	上向き	qV_0d
2	上向き	$q\dfrac{V_0}{d}$
3	下向き	qV_0d
4	下向き	$q\dfrac{V_0}{d}$
5	下向き	qV_0d^2

必修問題の解説

電位と電界の関係式を確認しておこう。意味を丁寧におさえてあれば易しい問題である。なお，同様の問題が労働基準監督Bなどでも出題されている。

正の電荷には，電位の高いほうから低いほうへ力が働く。したがって，力の向きは下向きである。

次に，金属板の間の電界は一様なので，この中の電界の大きさ E と電位差 V_0 との間には次の関係式がある。

$$V_0 = Ed$$

$$\therefore \quad E = \frac{V_0}{d}$$

したがって，働く力の大きさ F は次のようになる。

$$F = qE = \frac{qV_0}{d}$$

正答 4

必修問題

図のような平行平板コンデンサにおいて，スイッチSを開いてから電極間距離を２倍にしたときの値が，スイッチSを開く前の値の２倍となるものを，次の㋐～㋓のうちからすべて挙げているのはどれか。

【国家Ⅱ種・平成９年度】

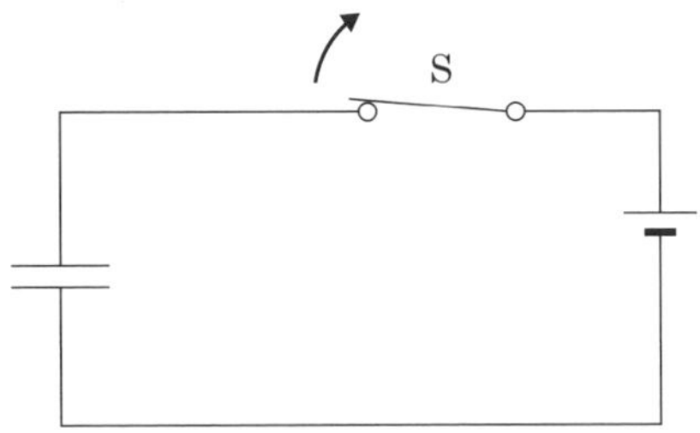

㋐　極板間の電界の強さ

㋑　極板間の電位差

㋒　コンデンサの静電容量

㋓　コンデンサに蓄えられるエネルギー

1　㋐，㋑

2　㋐，㋒

3　㋐，㋓

4　㋑，㋒

5　㋑，㋓

必修問題の解説

コンデンサの問題では，まずはコンデンサの基本公式を覚えてもらいたい。そのうえで，設問を読むに当たって，「スイッチを切っているのか」「スイッチを入れているのか」に注目してほしい。どちらなのかで条件が変わるからである。

設問から，電極間距離を2倍にする前にスイッチSを開いている。この場合，電荷がスイッチを通って移動できないため，コンデンサの電荷 Q は変化しない。

このうえで，コンデンサの公式に代入する。

平行平板コンデンサの静電容量 C の公式

$$C = \varepsilon \frac{S}{d} \quad (\varepsilon：誘電率，S：断面積，d：極板間隔)$$

から，静電容量 C は d が2倍になると $\frac{1}{2}$ 倍になる。

次に，電荷と電圧 V の関係式

$$Q = CV$$

において，C が $\frac{1}{2}$ 倍で Q が一定なので，V は2倍になる。

さらに，静電エネルギー U の公式

$$U = \frac{Q^2}{2C}$$

において，Q が一定で C が $\frac{1}{2}$ 倍なので，U は2倍となる。

最後に，平行平板コンデンサの電極間では電界 E は一様であり，

$$V = Ed$$

の関係が成立する。ここで，V は2倍，d も2倍なので，E は一定である。

したがって，2倍になるのは極板間の電位差 V とコンデンサに蓄えられるエネルギー U である。

正答 5

必修問題

図のように，十分に長い直線導線 A，B を，東西方向に距離 $2r$ を隔てて鉛直に張り，A，B ともに上向きにそれぞれ I，$2I$ の大きさの電流を流した。このとき，点 P において，電流によって生じる磁界の向きと大きさの組合せとして最も妥当なのはどれか。 【国家総合職・平成26年度】

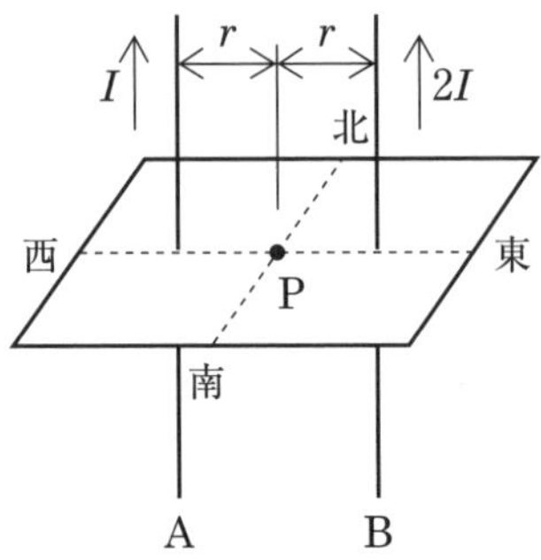

	磁界の向き	磁界の大きさ
1	東	$\dfrac{I}{4\pi r}$
2	南	$\dfrac{I}{2\pi r}$
3	南	$\dfrac{I}{4\pi r}$
4	北	$\dfrac{I}{2\pi r}$
5	北	$\dfrac{I}{4\pi r}$

必修問題 の 解説

アンペールの法則の練習問題である。まず，磁界の向きを右ねじの法則で求められるようにしよう。大きさはあまり出題されないが，公式を覚えていれば，すぐに答えることができる。

真上から見た様子は図のようになる。
それぞれの電流のつくる磁界はアンペールの法則より，図のようになる。

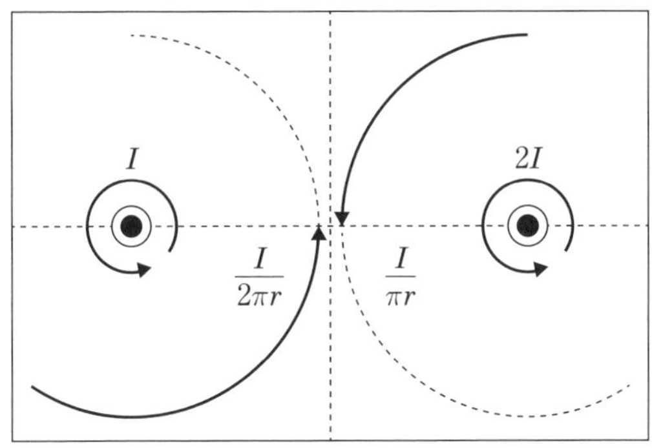

したがって，この2つを合わせると，南向きに大きさ

$$\frac{I}{\pi r} - \frac{I}{2\pi r} = \frac{I}{2\pi r}$$

の磁界ができることがわかる。

正答 2

第2章 物理 テーマ6 電磁気学

必修問題

図のように，磁束密度 $B = 3.0\text{Wb/m}^2$ の鉛直上向きの一様な磁界中に，導線をコの字形になるよう水平に置き，その上に載せた導線 PQ を速度 $v = 4.0\text{m/s}$ で動かしたとき，導線 PQ に生じる誘導起電力の大きさ E と導線 PQ に流れる電流の向きの組合せとして最も妥当なのはどれか。

【労働基準監督B・平成26年度】

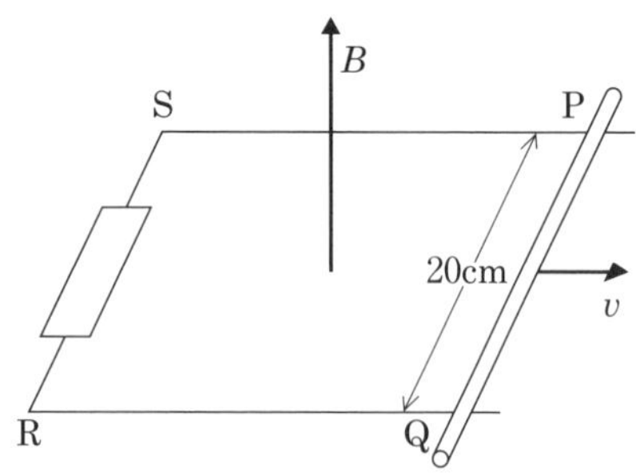

	E	電流の向き
1	2.4V	P から Q の向き
2	4.8V	P から Q の向き
3	7.2V	P から Q の向き
4	4.8V	Q から P の向き
5	7.2V	Q から P の向き

〈必修問題〉の解説

電磁誘導の典型問題を見てみる。特に重要なのは向きで，いろいろな考え方がある。ここでも複数の考え方を紹介することにする。実際には，問題に応じて考えやすいものを選ぶとよいだろう。

解法❶　向きについて，右ねじの法則を考える

回路の囲む面積の単位時間当たりの増加量 $\dfrac{dS}{dt}$ は，

$$\frac{dS}{dt}=0.2v=0.8\mathrm{m^2/s}$$

したがって，ファラデーの法則より，誘導起電力の大きさは，

$$E=B\times\frac{dS}{dt}=3.0\times0.8=2.4\mathrm{V}$$

方向について，上向きの磁束 $\Phi=BS$ は面積が増えているので増加している。したがって，レンツの法則から，この増加を妨げるよう電流が発生する。右ねじの法則から，P から Q の方向に電流が流れれば，PQRS の中に下向きの磁束が増えるように磁界が発生するので，この方向に電流は流れる。

解法❷　向きについて，フレミングの左手の法則を考える

向きのみを考える（大きさは解法❶と同じ）。結果的に，磁束の変化を妨げるように回路に力が働く。つまり，PQ には図の左方向に力が働くはずである。このとき，磁界が上向き，力が左向きになるようにフレミングの左手の法則をつくると，電流の向きは P から Q とわかる。

解法❸　向きについて，フレミングの左手の法則を考える

PQ が右向きに動く，ということは，PQ に含まれている正の電荷も一緒に動くということだが，正の電荷の動きは電流とみなすことができる。そこで，電流を右向きに，磁界を上向きに合わせてフレミングの左手の法則を使うと，P から Q の向きに正の電荷に力が働くことがわかる。この力こそが誘導起電力で，電流も P から Q の向きに流れる。

正答　1

重要ポイント 1 電界と電位

電荷 $+q$〔C〕が置かれた場合に，この電荷が受ける力を F，電荷の持つ電気的エネルギーを U とするとき，これらは電荷量に比例する。そこで，これを次のように書く。

$$F = qE$$

$$U = qV$$

このときの E を電界，V を電位という。電界はベクトル，電位はスカラーになることに注意が必要である。具体的には，次の場合を覚えておく必要がある。

(1)一様な電界中の電位

力が一様な場合，力と距離の積が仕事になる。したがって，次の図のように AB 間に一様な電界 E が加わっている場合，AB の電位差を V とすると，次の式が成り立つ。

$$V = Ed$$

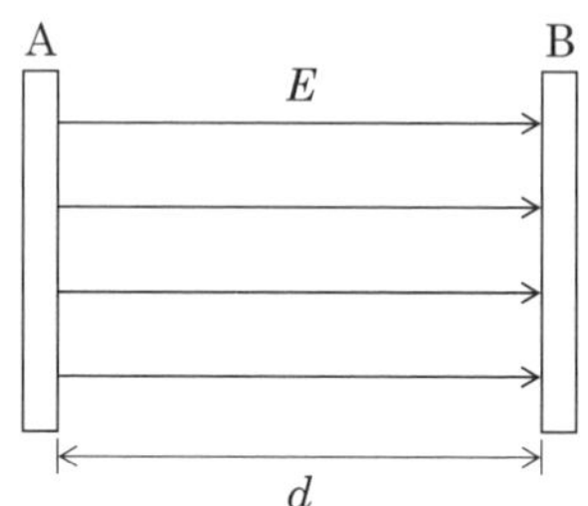

(2)クーロンの法則

電荷 $+q_1$ と $+q_2$ が距離 r だけ離れている場合に，お互いの間に次の大きさの力 F が働く。

$$F = \frac{1}{4\pi\varepsilon_0} \cdot \frac{q_1 q_2}{r^2}$$

ε_0 は**真空の誘電率**と呼ばれる定数である。これを**クーロンの法則**という。

ところで，この法則は見方を変えることもできる。つまり，2つの電荷の間に直接力が働くのではなく，たとえば，q_2 が q_1 から受ける力を考える場合，まず，q_1 が電界 E をつくり，この電界から q_2 が力 F を受けると考える。このとき，クーロンの法則は次のように変わる。

$$E = \frac{1}{4\pi\varepsilon_0} \cdot \frac{q_1}{r^2}$$

$$F = q_2 E$$

なお，このように考える場合，電荷 q_1 が距離 r の位置につくる電位 V は次の式で表される。

$$V = \frac{1}{4\pi\varepsilon_0} \cdot \frac{q_1}{r}$$

ただし，無限遠点を基準にとっている。

重要ポイント 2 平行平板コンデンサ

(1)平行平板コンデンサの公式

平行平板コンデンサは，2枚の平行な金属板を1組としてできたものである。ここに電圧 V の電源を接続すると，片方には $+Q$ の，他方には $-Q$ の電荷が充電される。この状態が電荷 Q で充電された状態である。

平行平板コンデンサに関する公式として次のものがある。

①充電される電荷

静電容量 C のコンデンサに，電圧 V の電源で充電をすると，十分時間が経った後に充電される電荷量 Q は次の式になる。

$$Q = CV$$

②静電容量

断面積が S，極板間の距離が d，誘電率が ε_0 の平行平板コンデンサの静電容量 C は，次のようになる。

$$C = \varepsilon_0 \frac{S}{d}$$

③静電エネルギー

静電容量 C のコンデンサに電圧 V で充電した場合に，コンデンサに蓄えられる静電エネルギー U は次の式で表される。

$$U = \frac{1}{2}QV = \frac{1}{2}CV^2 = \frac{Q^2}{2C}$$

④電界

平行平板コンデンサの内部には一様な電界 E が発生している。したがって，電圧との間には次の関係が成り立つ。

$$V = Ed$$

(2)コンデンサの合成公式

①並列合成

静電容量 C_1 と静電容量 C_2 の2つのコンデンサを並列に接続すると，全体としては，次の式で表される静電容量の1つのコンデンサと置き換えることができる。

$$C_1 + C_2 = C$$

第2章 物理 テーマ6 電磁気学

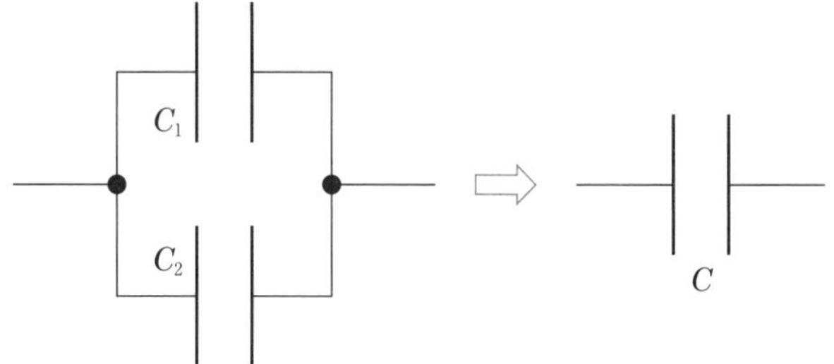

②直列合成

静電容量 C_1 と静電容量 C_2 の2つのコンデンサを直列に接続すると，全体としては，次の式で表される静電容量の1つのコンデンサと置き換えることができる。

$$\frac{1}{C_1} + \frac{1}{C_2} = \frac{1}{C}$$

C1　C2　C

重要ポイント3　右ねじの法則（アンペールの法則）

直線電流 I の周りには円形の磁界が発生する。

このときの発生する磁界の向きは下図のようになる。

具体的には，電流の方向に右手親指を合わせたときに，残りの4本の指を握ったときの，4本の指の回る向きがその方向になる（**右ねじの法則**）。

このときの磁束密度 B の大きさは次の式で表される。

$$B = \frac{\mu I}{2\pi r}$$　（μ：透磁率，I：電流，r：電流からの距離）

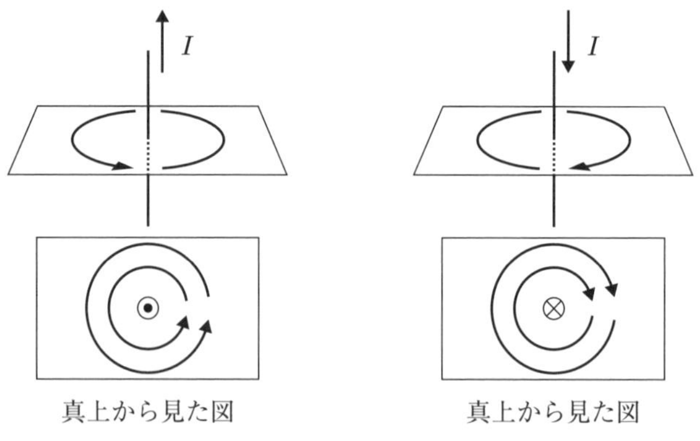

⊙は手前に向かう方向を表す　⊗は奥に向かう方向を表す

なお，透磁率を掛けなければ磁界の強さ H となる。

$$H = \frac{I}{2\pi r}$$

重要ポイント 4 フレミングの左手の法則

磁束密度 B の磁界中に，B に直角に電流 I が置かれているとき，この電流に力が働く。この方向は，左手中指を電流，人差し指を磁界の向きに合わせ，中指を前，人差し指を上，親指を横に向かせたときの左手親指の方向になる（**フレミングの左手の法則**）。導線の長さを l とすると，この力の大きさは次の式で表される。

$$F = IBl$$

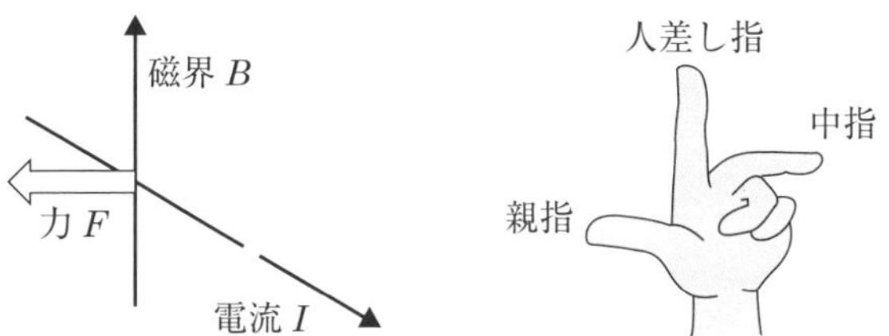

運動する電荷は電流とみることができるので，この電荷にも力が働く。磁束密度 B の磁界中を，速さ v で運動する電荷 q には，次の大きさの力が働くことになる。

$$F = qvB$$

この力を**ローレンツ力**という。ローレンツ力の方向は，電荷の動きを電流とみなして，フレミングの左手の法則と同じようにして求められる。

重要ポイント 5 電磁誘導

磁界が変化すると，この変化を妨げるように誘導起電力（回路が閉じていれば電流）が発生する（**レンツの法則**）。これを**電磁誘導**という。電磁誘導の誘導起電力を求めるためには，まずは磁束を求める。磁束密度 B の磁界に垂直な面積 S の部分を貫く磁束 Φ は，次のように表される。

$$\Phi = BS$$

このとき n 回巻きのコイルを貫く磁束を Φ とし，誘導起電力を V とすると，次の式が成り立つ（**ファラデーの法則**）。

$$V = -n\frac{d\Phi}{dt}$$

実戦問題

No.1 **真空中に一様な電界があり，図のように，点Pに -2.0×10^{-6}C の点電荷を置いたところ，この点電荷には①の向きに 4.0×10^{-2}N のクーロン力が働いた。点 P における電界の向きと大きさの組合せとして最も妥当なのはどれか。**

【国家一般職・平成29年度】

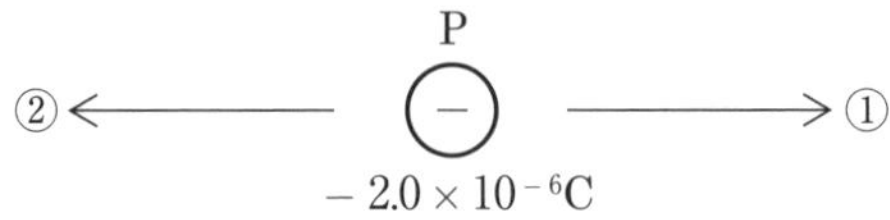

	向き	大きさ
1	①	8.0×10^{-8}V/m
2	①	5.0×10^{-5}V/m
3	①	2.0×10^{4}V/m
4	②	8.0×10^{-8}V/m
5	②	2.0×10^{4}V/m

No.2 **図のように，真空中に一辺の長さが d の正三角形 ABC があり，この頂点 A，B に電荷 $+q$ および $-q$ がそれぞれ置かれている。頂点 C における電界の強さとして最も妥当なのはどれか。**

ただし，真空の誘電率を ε_0 とする。

【国家総合職・平成28年度】

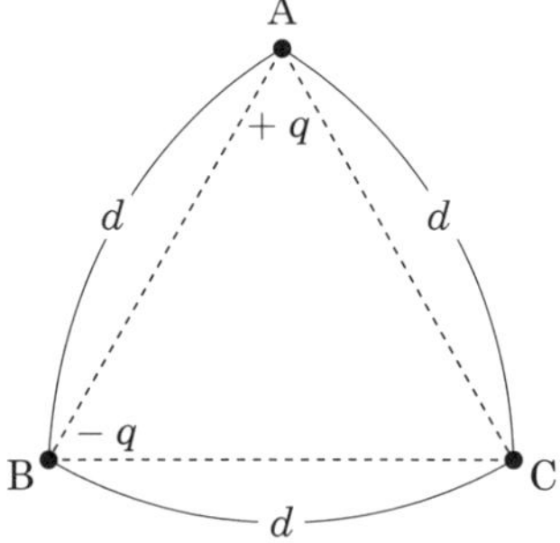

1 $\dfrac{q}{8\pi\varepsilon_0 d^2}$

2 $\dfrac{q}{4\pi\varepsilon_0 d^2}$

3 $\dfrac{q}{2\pi\varepsilon_0 d^2}$

4 $\dfrac{\sqrt{3}q}{8\varepsilon_0 d^2}$

5 $\dfrac{\sqrt{3}q}{2\varepsilon_0 d^2}$

No.3 図のように，xy 平面上に電気量 $-Q$ の点電荷 A，電気量 $2Q$ の点電荷 B，電気量 $-Q$ の点電荷 C が，それぞれ (0，1)，(1，1)，(1，0) の位置に固定されている。原点 O に電気量 Q の点電荷を置いたとき，この点電荷が受けるクーロン力の合力に関する記述として最も妥当なのはどれか。【国家一般職・平成26年度】

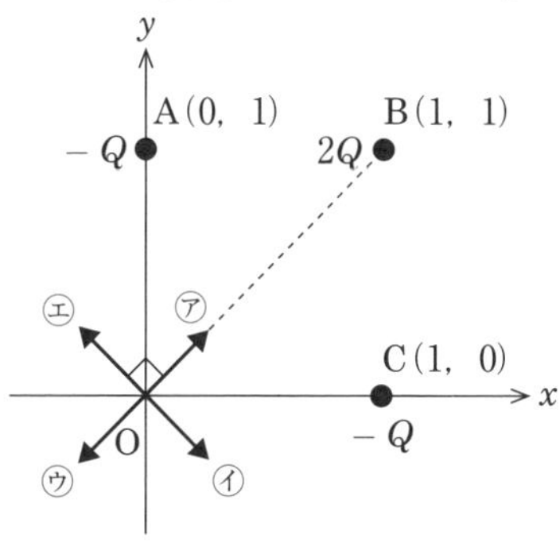

1　合力の向きは㋐である。
2　合力の向きは㋑である。
3　合力の向きは㋒である。
4　合力の向きは㋓である。
5　合力の大きさは0である。

No.4 空気中で質量 1.0×10^{-3}kg の小球 A を軽い絶縁体の糸でつるし，-3.0×10^{-7}C の電荷を与えた。正の電荷を与えて固定した小球 B から，水平方向に 1.0m 離れた位置に小球 A を近づけたところ，図のように，A はつりあって静止した。このとき，小球 B の電荷はおよそいくらか。

ただし，重力加速度の大きさを 10m/s²，空気の誘電率を ε とし，$\dfrac{1}{4\pi\varepsilon}=9.0\times10^{9}$N·m²/C² とする。【国家一般職・平成25年度】

1　7.0×10^{-7}C
2　1.7×10^{-6}C
3　2.7×10^{-6}C
4　3.7×10^{-6}C
5　4.7×10^{-6}C

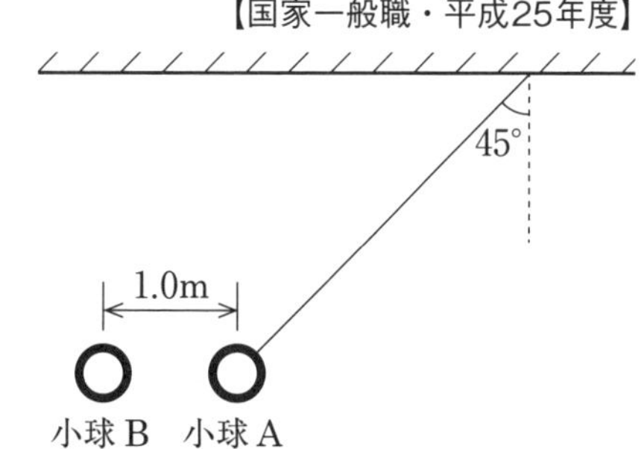

No.5 図に示すように，真空中に置かれた極板面積 S，極板間隔 d の平行平板コンデンサに，面積 $\frac{S}{2}$，厚さ $\frac{d}{2}$，誘電率 $3\varepsilon_0$ の誘電体が挿入されている。このコンデンサの静電容量として最も妥当なのはどれか。

ただし，真空中の誘電率を ε_0 とする。　【国家Ⅱ種・平成18年度】

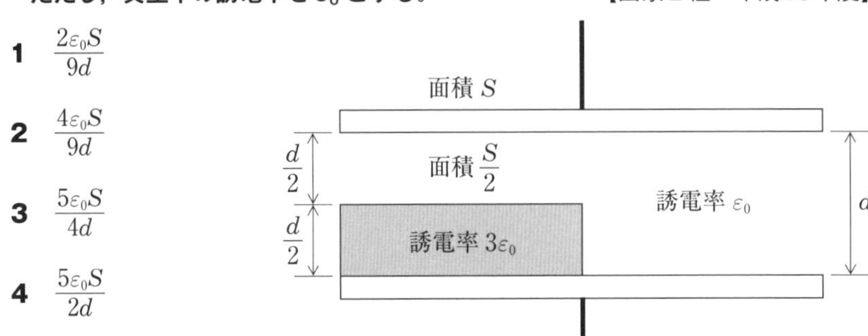

1 $\frac{2\varepsilon_0 S}{9d}$

2 $\frac{4\varepsilon_0 S}{9d}$

3 $\frac{5\varepsilon_0 S}{4d}$

4 $\frac{5\varepsilon_0 S}{2d}$

5 $\frac{9\varepsilon_0 S}{2d}$

No.6 真空中に面積 S の同じ形をした２枚の薄い導体板を平行に置き，その間隔を変化させることができるコンデンサを作製した。はじめに，このコンデンサの極板間隔を d に固定し，電位差 V で充電した。

このコンデンサに蓄えられている電荷が変化しないようにしながら，図のように，コンデンサの極板をゆっくり移動させて間隔を x だけ広げた。間隔を広げる前と後のコンデンサの静電エネルギーをそれぞれ E_1，E_2 と置くとき，静電エネルギーの変化量 $E_2 - E_1$ として最も妥当なのはどれか。

ただし，コンデンサの極板は十分に広く，極板間隔は常に十分に狭いものとし，真空の誘電率を ε_0 とする。　【労働基準監督Ｂ・平成30年度】

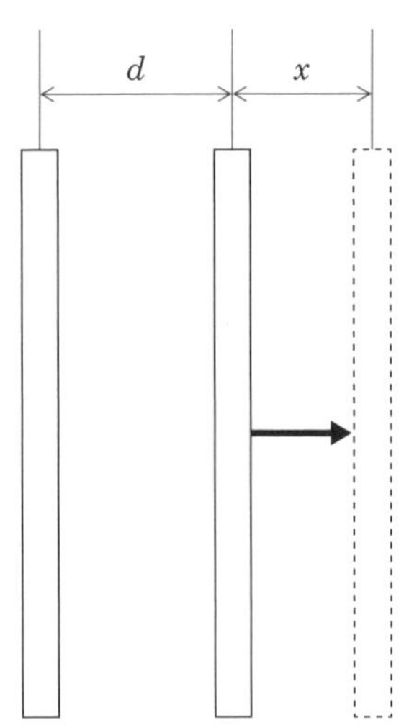

1 $\frac{\varepsilon_0 SV^2}{d^2}x$　　**2** $\frac{\varepsilon_0 SV^2}{2d^2}x$

3 $\frac{\varepsilon_0 SV^2}{4d^2}x$　　**4** $-\frac{\varepsilon_0 SV^2}{4d^2}x$

5 $-\frac{\varepsilon_0 SV^2}{2d^2}x$

No.7 図Ⅰのように，断面積 S，厚さ d，誘電率 ε_1 の誘電体を，誘電体の断面と同形の極板で挟んだ平行平板コンデンサが真空中に置かれている。この平行平板コンデンサを充電し，電源を取り外したところ，極板間の電圧は V_0 であった。

次に図Ⅱのように，このコンデンサの上側の極板を $2d$ だけ上に持ち上げた。このときの極板間の電圧 V を表しているのはどれか。

ただし，誘電体の形状は変形しないものとする。また，電界は極板間にのみ一様に存在し，真空の誘電率を ε_0 とする。　　【国家Ⅰ種・平成17年度】

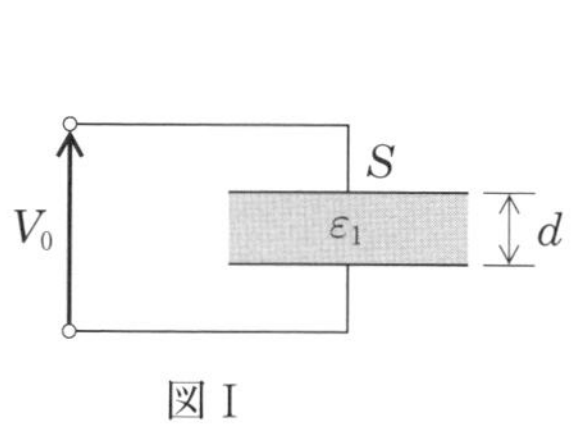

図Ⅰ

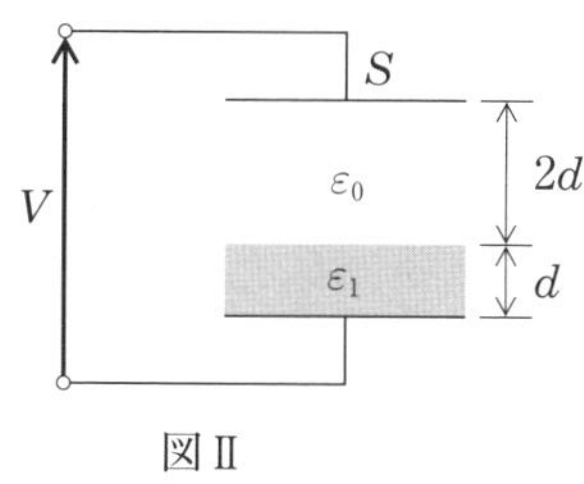

図Ⅱ

1 $\dfrac{\varepsilon_0+2\varepsilon_1}{\varepsilon_0}V_0$

2 $\dfrac{2\varepsilon_0+\varepsilon_1}{\varepsilon_0}V_0$

3 $\dfrac{2\varepsilon_0+\varepsilon_1}{\varepsilon_1}V_0$

4 $\dfrac{\varepsilon_0+2\varepsilon_1}{2\varepsilon_1}V_0$

5 $\dfrac{2\varepsilon_0+\varepsilon_1}{2\varepsilon_0}V_0$

No.8 図のように，ある平面に垂直な２本の平行導線に互いに逆向きで，大きさがそれぞれ $2I$，I の電流が流れている。

平行導線に流れる電流によって平面上の点 A ～ D に生ずる磁界 H_A ～ H_D の大きさの大小関係として最も妥当なのはどれか。 【国家Ⅰ種・平成17年度】

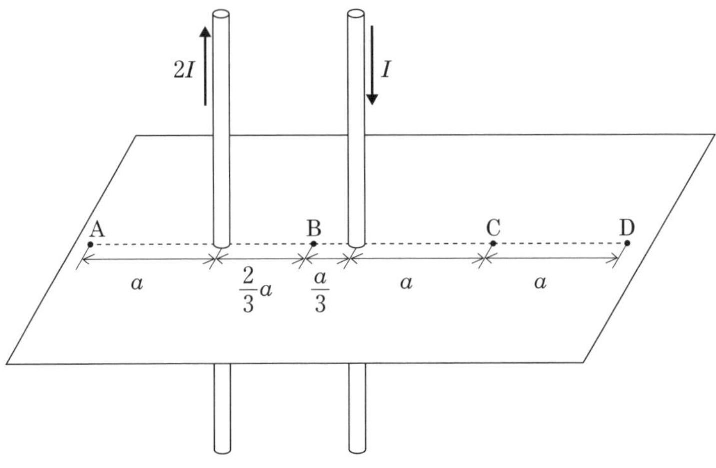

1 $|H_B| < |H_D| < |H_C| < |H_A|$

2 $|H_C| < |H_D| < |H_A| < |H_B|$

3 $|H_C| < |H_A| < |H_D| < |H_B|$

4 $|H_D| < |H_A| < |H_C| < |H_B|$

5 $|H_D| < |H_C| < |H_A| < |H_B|$

No.9 図Ⅰのように，小さな方位磁針を水平な床の上に置き，十分に長い導線を，磁針と平行に，かつ，磁針の真上を通るように張った。この導線に6Aの電流を流したところ，図Ⅱのように，図Ⅰの状態からN極が左に60°振れた。

いま，この導線に流す電流を変えたところ，図Ⅲのように，図Ⅰの状態からN極が右に30°振れた。このときの電流の向きと大きさの組合せとして最も妥当なのはどれか。

なお，直線電流がつくる磁界の強さは，電流の大きさに比例する。

【国家一般職・平成30年度】

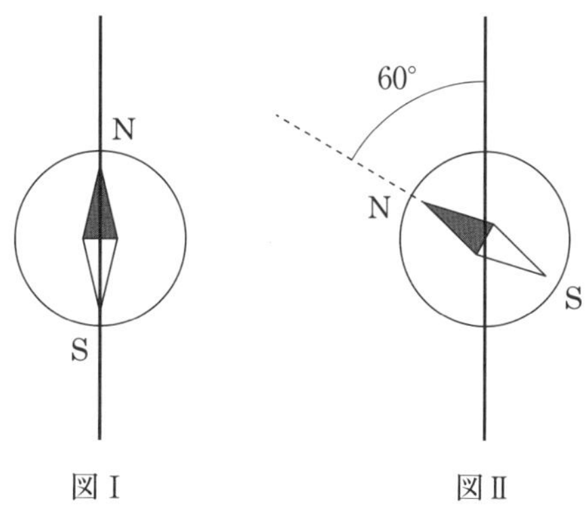

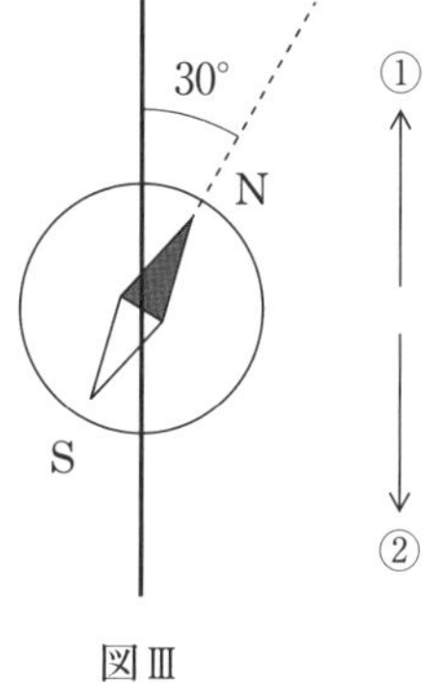

図Ⅰ　　図Ⅱ　　図Ⅲ

	向き	大きさ
1	①	$2\sqrt{3}$A
2	①	2A
3	②	9A
4	②	$2\sqrt{3}$A
5	②	2A

No.10 図Ⅰのように，十分長い３本の導線 A，B，C を，等しい間隔 a で平面 P に垂直に置き，各導線に $2I$，I，$4I$ の大きさの電流を流した。図Ⅱが，図Ⅰにおいて X の方向から見た平面図であるとき，導線 B を流れる電流に作用する電磁力の合力に関する記述として最も妥当なのはどれか。

【国家Ⅰ種・平成22年度】

1 ㋐の向きに作用する
2 ㋑の向きに作用する
3 ㋒の向きに作用する
4 ㋓の向きに作用する
5 導線 B には作用しない

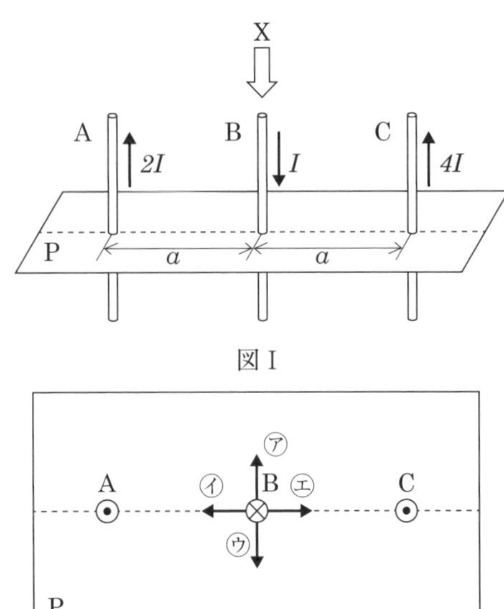

図Ⅱ

No.11 図のように，十分に長い３本の直線導線 A，B，C が同一直線上に等しい間隔で平行に設置されており，導線 A および B には電流 I，導線 C には電流 $4I$ が図に示す向きに流れている。

このとき，導線 A，B，C のそれぞれに作用する力 F_A，F_B，F_C の向きの組合せとして正しいのはどれか。 【国家Ⅱ種・平成14年度】

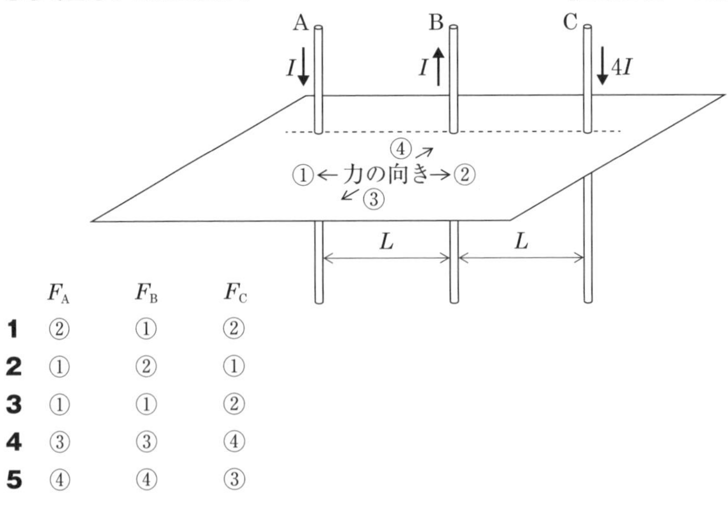

	F_A	F_B	F_C
1	②	①	②
2	①	②	①
3	①	①	②
4	③	③	④
5	④	④	③

No.12 図のように，正方形 PQRS の３つの頂点 Q，R，S に，３本の十分に長い直線導線を正方形に対して垂直に配置し，Q，S を通る導線に，紙面の表から裏の向きにそれぞれ大きさ I，$2I$ の電流を，R を通る導線に，紙面の裏から表の向きに大きさ $2I$ の電流を流した。このとき，図中の矢印㋐～㋔のうち，３本の導線に流れる電流によって P に生じる磁界の向きを表すものとして最も妥当なのはどれか。

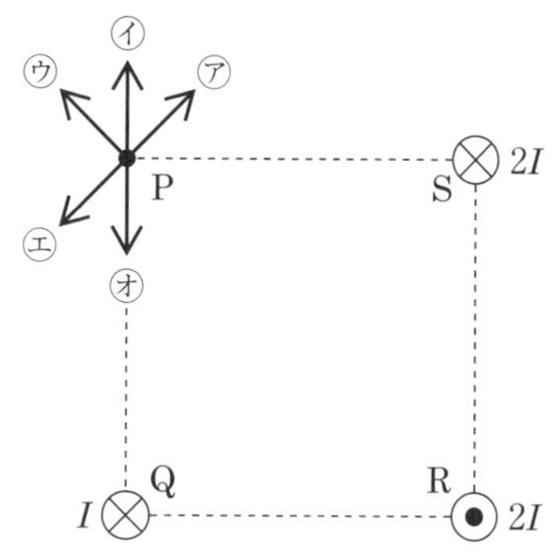

【国家総合職・令和２年度】

1 ㋐　**2** ㋑
3 ㋒　**4** ㋓
5 ㋔

No.13 図のように，磁束密度の大きさが B の一様な磁界中に，質量 m，電気量 q の荷電粒子を点 X から速さ v で入射させたところ，半円形の軌跡を描いて点 Y に達した。この荷電粒子が有する電気量の正負および XY 間の距離 d の組合せとして最も妥当なのはどれか。

ただし，磁界の向きは紙面の裏側から表側の向きで，かつ，紙面に対して垂直であるものとする。また，重力の影響は考えないものとする。

【国家一般職・平成27年度】

	電気量の正負	d
1	正	$\dfrac{2mv^2B}{q}$
2	正	$\dfrac{2mv}{qB}$
3	負	$-\dfrac{2mv^2B}{q}$
4	負	$-\dfrac{2mv^2}{qB}$
5	負	$-\dfrac{2mv}{qB}$

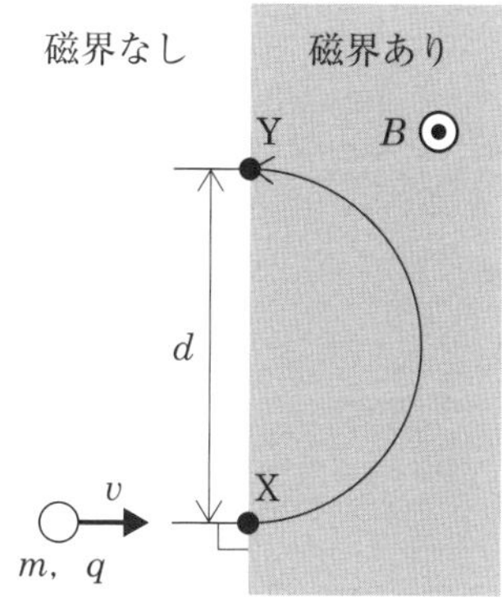

No.14 **水平面に固定された導線ABCDがあり，この上に自由に滑り動ける導体の棒EFが置かれている。これらによってつくられる面BCHGに向かって，図のように棒磁石がN極を向けて近づいてきたとき，導体棒EFに働く力に関する次の記述の㋐，㋑に入る語句を正しく組み合わせているのはどれか。**

【国家Ⅱ種（化学）・平成12年度】

「N極を下にした棒磁石が近づくと，BCHG間に電流が生じる。このとき電流は ㋐ 流れる。それに伴って導体棒EFには電磁力が生じ，その力の働く方向は ㋑ である」

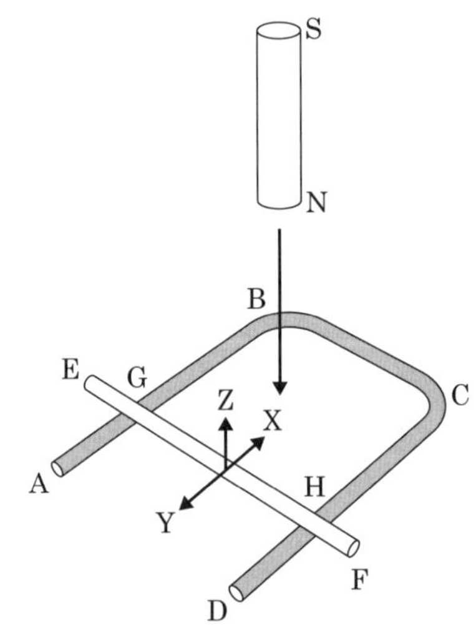

	㋐	㋑
1	EからFに向かって	X方向
2	EからFに向かって	Y方向
3	EからFに向かって	Z方向
4	FからEに向かって	X方向
5	FからEに向かって	Y方向

No.15 **電磁誘導に関する次の記述の㋐，㋑，㋒に当てはまるものの組合せとして最も妥当なのはどれか。** 【国家一般職・令和元年度】

「図のように，紙面に対して垂直に表から裏へ向かう，磁束密度の大きさが B の一様な磁界中において，長さ l の細い導体棒 OP と，点 O を中心とする半径 l の円形導線 ab が磁界と垂直に置かれ，抵抗と接続されている。いま，OP が O を中心に円形導線の円周に沿って，大きさ ω の一定の角速度で時計回りに回転している。このとき，OP に流れる電流の向きは ［ ㋐ ］ である。また，OP が単位時間当たりに磁界を横切る面積は ［ ㋑ ］ であるため，OP に生じる誘導起電力の大きさは ［ ㋒ ］ である。

ただし，誘導電流がつくる磁界は無視するものとする」

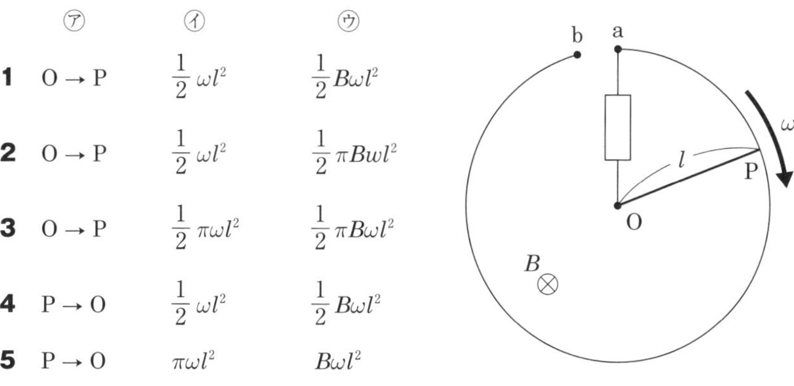

	㋐	㋑	㋒
1	O → P	$\frac{1}{2}\omega l^2$	$\frac{1}{2}B\omega l^2$
2	O → P	$\frac{1}{2}\omega l^2$	$\frac{1}{2}\pi Bwl^2$
3	O → P	$\frac{1}{2}\pi\omega l^2$	$\frac{1}{2}\pi B\omega l^2$
4	P → O	$\frac{1}{2}\omega l^2$	$\frac{1}{2}B\omega l^2$
5	P → O	$\pi\omega l^2$	$B\omega l^2$

No.16 **図Ⅰのように，2つのコイルを並べて巻き，一次コイルの電流 I_1 を図Ⅱのように変化させると，二次コイルに誘導起電力が生じた。次のうち，二次コイルに生じた誘導起電力 V_2 の絶対値が最大であった時刻はどれか。**

【国家Ⅱ種・平成22年度】

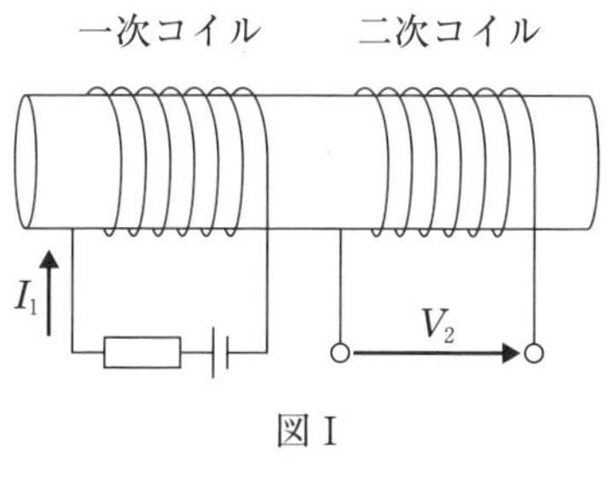

図Ⅰ

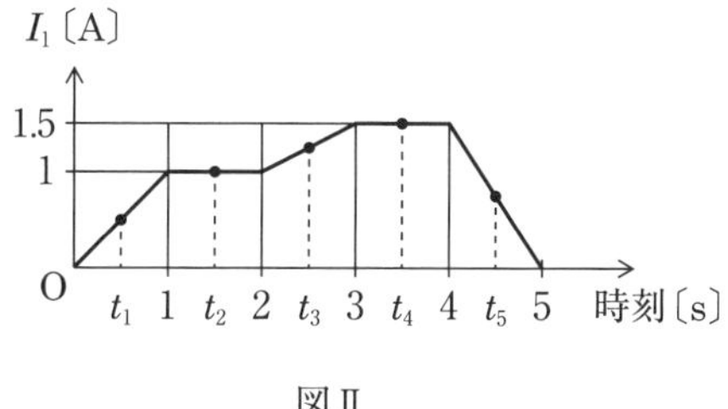

図Ⅱ

1 t_1 **2** t_2 **3** t_3
4 t_4 **5** t_5

実戦問題の解説

No.1 の解説　電界

→問題は P.366

一般に，電荷 q が，電界 E の中に置かれると $F=qE$ の力を受ける。今回は，$q=-2.0\times10^{-6}$ であるので，ここに代入して整理すると，

$$E=-5.0\times10^{5}F$$

となる。

したがって，電界の方向は力 F の逆向きの②であり，その大きさ $|E|$ は，

$$|E|=5.0\times10^{5}\times4.0\times10^{-2}=2.0\times10^{4}\mathrm{V/m}$$

以上より，正答は **5** となる。

No.2 の解説　クーロンの法則

→問題は P.366

A が C につくる電界と B が C につくる電界の強さは等しく，

$$E=\frac{1}{4\pi\varepsilon_0}\cdot\frac{q}{d^2}$$

であり，A がつくる電界は A とは反対の向き，B がつくる電界は B の向きになる。これをベクトルとして合成すると，図のようになり（正三角形ができることに注意する），結局，求める合成された電界の強さも，

$$E=\frac{1}{4\pi\varepsilon_0}\cdot\frac{q}{d^2}$$

となる。

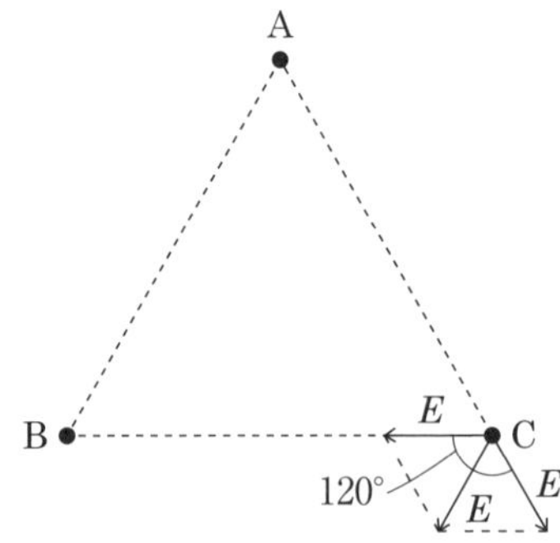

以上より，正答は **2** となる。

No.3 の解説　クーロンの法則

→問題は P.367

点Oには正の電荷を置いている。この電荷には，負の電荷からは引き寄せる方向の力が，正の電荷からはしりぞける方向の力が加わる。つまり，下の図のようになる。その大きさは，クーロンの法則より，比例定数を $\frac{1}{4\pi\varepsilon}=k$ として，

Aからの力：$F_{\mathrm{A}}=k\frac{Q^2}{1^2}=kQ^2$

Bからの力：$F_{\mathrm{B}}=k\frac{2Q\cdot Q}{(\sqrt{2})^2}=kQ^2$

Cからの力：$F_{\mathrm{C}}=k\frac{Q^2}{1^2}=kQ^2$

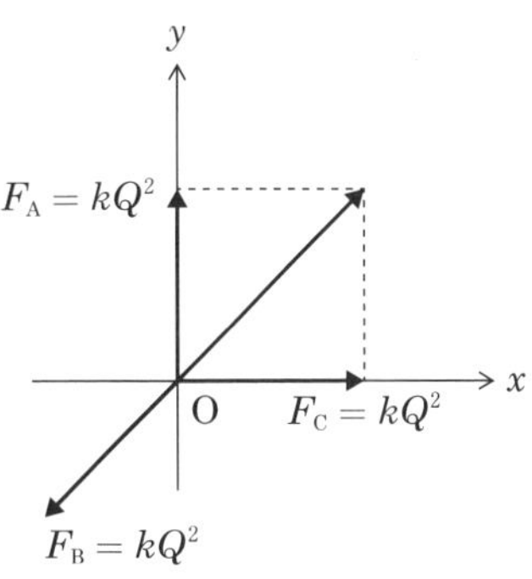

F_{A} と F_{C} の合力は，

$\sqrt{(kQ^2)^2+(kQ^2)^2}=\sqrt{2}kQ^2$

$\sqrt{2}kQ^2>kQ^2$ なので，求める合力は㋐の方向になる。

以上より，正答は **1** となる。

No.4 の解説　クーロンの法則

→問題は P.367

小球Aには重力，クーロン力，糸の張力の3つの力が加わってつりあっている。これを図にすると右のようになる。

縦，横のつりあいより，

$F=mg=\frac{T}{\sqrt{2}}$

ただし，F はクーロン力，mg は重力，T は張力である。

クーロンの法則より，B の電気量を Q_{B}〔C〕とすると，

$F=\frac{1}{4\pi\varepsilon}\cdot\frac{3.0\times10^{-7}\times Q_{\mathrm{B}}}{1^2}=27\times10^2Q_{\mathrm{B}}$〔N〕

重力は，

$mg=1.0\times10^{-3}\times10=1.0\times10^{-2}\mathrm{N}$

したがって，

$27\times10^2Q_{\mathrm{B}}=1.0\times10^{-2}$

$\therefore\quad Q_{\mathrm{B}}=3.7\times10^{-6}\mathrm{C}$

以上より，正答は **4** となる。

No.5 の解説　コンデンサの公式

→問題は P.368

コンデンサを次のように分けて考える。

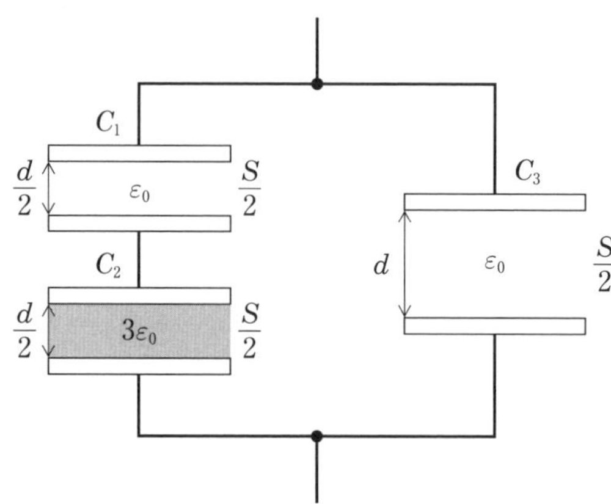

静電容量の公式より，それぞれのコンデンサの静電容量は次のようになる。

$$C_1 = \varepsilon_0 \frac{S/2}{d/2} = \frac{\varepsilon_0 S}{d}$$

$$C_2 = 3\varepsilon_0 \frac{S/2}{d/2} = \frac{3\varepsilon_0 S}{d}$$

$$C_3 = \varepsilon_0 \frac{S/2}{d} = \frac{\varepsilon_0 S}{2d}$$

C_1 と C_2 を直列合成したコンデンサの容量を C_4 とすると，直列の合成公式より，

$$\frac{1}{C_4} = \frac{1}{C_1} + \frac{1}{C_2} = \frac{d}{\varepsilon_0 S} + \frac{d}{3\varepsilon_0 S} = \frac{4d}{3\varepsilon_0 S}$$

$$\therefore \quad C_4 = \frac{3\varepsilon_0 S}{4d}$$

これと C_3 を並列合成すると，全体の静電容量となる。これを C とすると，並列の合成公式より，

$$C = C_3 + C_4 = \frac{3\varepsilon_0 S}{4d} + \frac{\varepsilon_0 S}{2d} = \frac{5\varepsilon_0 S}{4d}$$

以上より，正答は **3** となる。

No.6 の解説　コンデンサの公式

→問題は P.368

設問から電荷 Q は変わらないとあるので，この Q を使って計算していく。

最初の極板間隔 d のときの静電容量 C_1 は，静電容量の公式から，

$$C_1 = \varepsilon_0 \frac{S}{d}$$

であり，公式 $Q = CV$ から，

$$Q = C_1 V = \varepsilon_0 \frac{SV}{d}$$

次に，間隔を広げた後の静電容量を C_2 とすると，

$$C_2 = \varepsilon_0 \frac{S}{d + x}$$

である。ここで，求める静電エネルギーの変化量は，

$$E_2 - E_1 = \frac{Q^2}{2C_2} - \frac{Q^2}{2C_1} = \frac{Q^2(d + x)}{2\varepsilon_0 S} - \frac{Q^2 d}{2\varepsilon_0 S} = \frac{Q^2 x}{2\varepsilon_0 S}$$

ここに電荷の式を代入すると，

$$E_2 - E_1 = \frac{x}{2\varepsilon_0 S}\left(\varepsilon_0 \frac{SV}{d}\right)^2 = \frac{\varepsilon_0 S V^2}{2d^2} x$$

以上より，正答は **2** となる。

No.7 の解説　コンデンサの公式

→問題は P.369

まず，静電容量を計算する。図Ⅰの静電容量は，

$$C_1 = \varepsilon_1 \frac{S}{d}$$

次に図Ⅱの静電容量を計算する。これは，真空部分との直列合成として計算する。真空部分の静電容量は，

$$C = \varepsilon_0 \frac{S}{2d}$$

これより，合成静電容量は，

$$C_2 = \frac{1}{\dfrac{1}{C_1} + \dfrac{1}{C}} = \frac{1}{\dfrac{d}{\varepsilon_1 S} + \dfrac{2d}{\varepsilon_0 S}} = \frac{S\varepsilon_0\varepsilon_1}{d(\varepsilon_0 + 2\varepsilon_1)}$$

ここで，この場合では電源を取り外しているので，電荷は移動しない。したがって，この電荷を公式 $Q = CV$ から図Ⅰ，図Ⅱの両方で計算すると等しくなる。これより，

$$\varepsilon_1 \frac{S}{d} V_0 = \frac{S\varepsilon_0\varepsilon_1}{d(\varepsilon_0 + 2\varepsilon_1)} V \qquad \therefore \quad V = \frac{\varepsilon_0 + 2\varepsilon_1}{\varepsilon_0} V_0$$

以上より，正答は **1** となる。

No.8 の解説 アンペールの法則

→問題は P.370

設問の状況を磁力線を描いて真上から見た図に示すと，次のようになる。

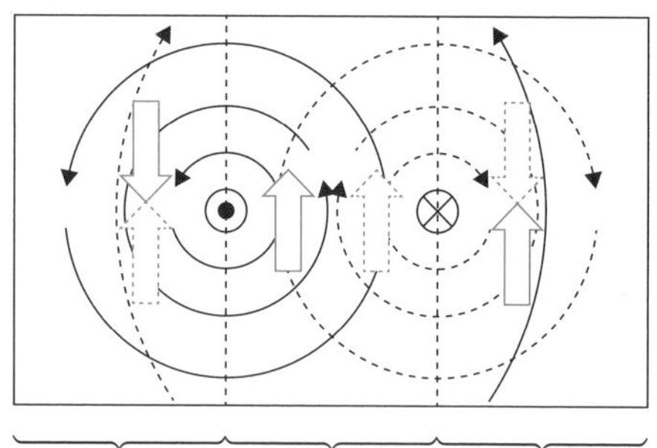

したがって，A，C，Dでは2つの電流による磁界は弱め合うが，Bでは強め合う。それぞれの大きさはアンペールの法則より，

$$H_A = \frac{2I}{2\pi a} - \frac{I}{2\pi \cdot 2a} = \frac{3I}{4\pi a}$$

$$H_B = \frac{2I}{2\pi \cdot 2a/3} + \frac{I}{2\pi \cdot a/3} = \frac{3I}{\pi a}$$

$$H_C = \frac{2I}{2\pi \cdot 2a} - \frac{I}{2\pi \cdot a} = 0$$

$$H_D = \frac{2I}{2\pi \cdot 3a} - \frac{I}{2\pi \cdot 2a} = \frac{I}{12\pi a}$$

よって，$H_C < H_D < H_A < H_B$

以上より，正答は**2**となる。

No.9 の解説 アンペールの法則

→問題は P.371

地磁気による磁界は図Ⅰのように N の方向である。この地磁気による磁界の強さを H_1 とする。

次に，電流による磁界を考える。まず方向については右ねじの法則を考える。電流の向きと，電流の下に発生する磁界の向きの関係は次の図のとおりである。

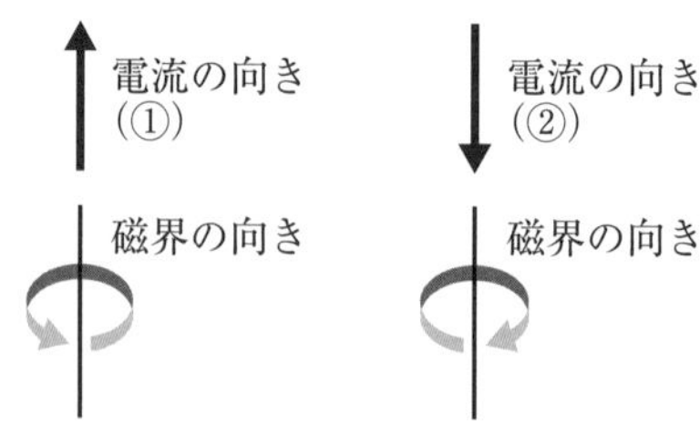

方位磁針の向きは，地磁気による磁界と電流による磁界を合成した向きである。図Ⅲは北から右（東）寄りの磁界なので，②の向きとなる。

次に，図Ⅱのように導線に6Aの電流を流した場合の磁界の強さをH_2とする。左下の図を参考にすると，

$$H_2 = \sqrt{3}H_1$$

次に図Ⅲの場合について，電流がつくる磁界の強さをH_3として磁界を図示すると，右下の図のようになるので，

$$H_3 = \frac{H_1}{\sqrt{3}}$$

したがって，

$$H_2 : H_3 = \sqrt{3}H_1 : \frac{H_1}{\sqrt{3}} = 1 : \frac{1}{3}$$

アンペールの法則より，磁界の強さと電流の強さは比例するので，図Ⅲの場合の電流は，6Aの$\frac{1}{3}$の2Aである。

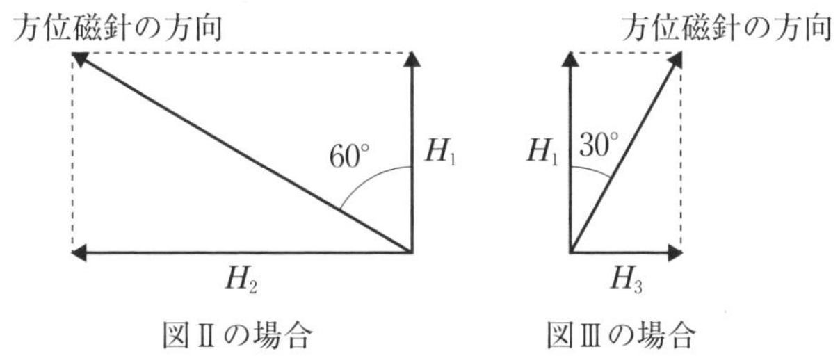

図Ⅱの場合　　図Ⅲの場合

以上より，正答は**5**となる。

No.10 の解説　フレミングの法則

→問題は P.372

BはAとCから力を受けるが，AとCは距離が同じで，電流の大きさはCのほうが大きい。したがって（強め合うにしても，弱め合うにしても）Cからの力の向きだけを考えればよい。

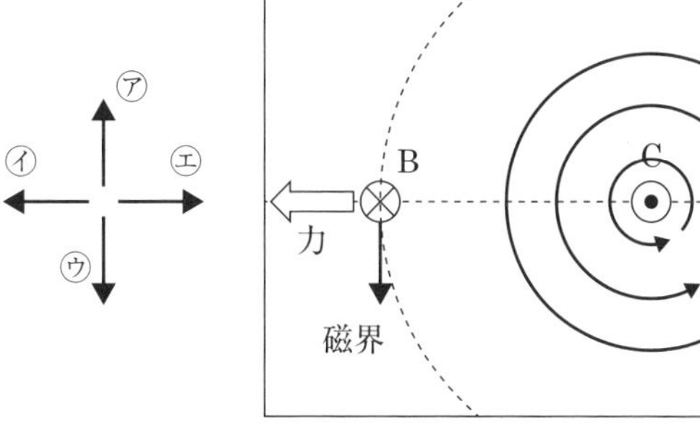

CがBの位置につくる磁界は，右ねじの法則により㋒の向きである。したがって，フレミングの左手の法則より，Bに働く力は㋑の向きとなる。

以上より，正答は**2**となる。

No.11 の解説　フレミングの法則

→問題は P.372

F_A の向きを考える。A は B と C から力を受ける。C は B と比べ距離が 2 倍だが，電流は 4 倍なので，結果的に C から受ける力は B から受ける力の 2 倍になる。したがって，C から受ける力のみを求めればよい。真上から見た図を下に示す。C が A のある位置につくる磁界の向きは④の方向である。したがって，フレミングの左手の法則から，力の方向は②の方向となる。

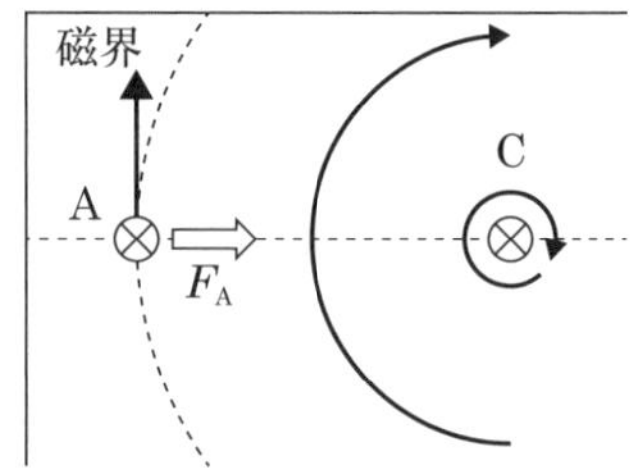

次に，F_B の向きを考える。B は A と C から力を受けるが，A と C は距離が同じで，電流は C のほうが大きいため，C から受ける力の方向のみを考える。しかし B, C の関係は，A, C の関係と比べ A, B の電流の向きが異なるだけなので，力の方向も逆となる。つまり，F_B は①の方向である。

最後に F_C は距離の近い B から受ける力を考えればよいが，これは B が C から受ける力の反作用となるので，②の方向となる。

以上より，正答は **1** となる。

No.12 の解説　フレミングの法則

→問題は P.373

アンペール（右ねじ）の法則をそれぞれの電流について考える。S，Q，R のつくる磁界をそれぞれ H_S，H_Q，H_R とすると，磁界の強さは電流に比例し，距離に反比例するため，

$$H_S : H_R : H_Q = \frac{2I}{1} : \frac{2I}{\sqrt{2}} : \frac{I}{1} = 2 : \sqrt{2} : 1$$

となり，その方向は下図に示したとおりである。H_R を縦横に分ければ，横方向には H_Q と打ち消し，縦方向は H_S が残ることがわかる。したがって，求める磁界の方向は㋑である。

以上より，正答は **2** となる。

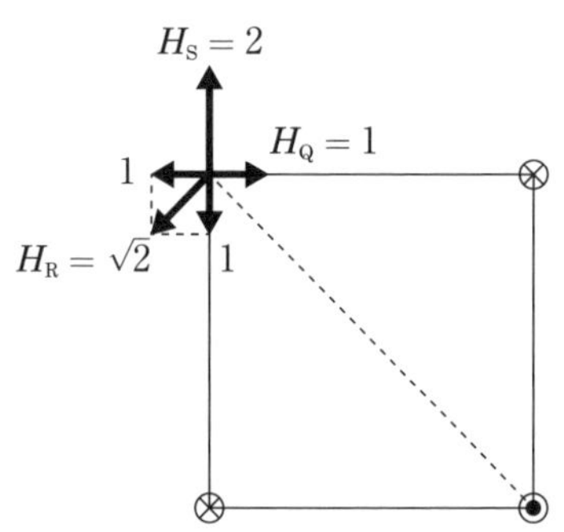

No.13 の解説　ローレンツ力と等速円運動

→問題は P.373

電気量の正負について

仮に電気量を正とすると，電荷の移動方向を電流とみなせるので，電荷はフレミングの左手の法則に従う電磁力を受けることになる。この場合，進行方向に対して右向きに力を受けることとなり，円運動する方向が逆となるので，電気量は負であることがわかる。

直径について

電荷は，電荷に加わるローレンツ力 $|q|vB$ と遠心力 $m\dfrac{v^2}{d/2}=\dfrac{2mv^2}{d}$ がつりあって等速円運動するので，

$$|q|vB=\frac{2mv^2}{d} \qquad \therefore \quad d=\frac{2mv}{|q|B}$$

ただし，$q<0$ であるので，

$$d=-\frac{2mv}{qB}$$

以上より，正答は **5** となる。

No.14 の解説　電磁誘導

→問題は P.374

解法❶　磁束の変化を考える

磁石のN極が近づくと，N極から出る下向きの磁界が増加する。したがって，増加する下向きの磁界を減少させるように，電磁誘導が起こる。仮にEからFに向かって電流が流れると仮定すると，右ねじの法則より，回路となっているGHCB部分に上向きの磁界が発生するので（下左図），下向きの磁界が減少する。つまり，EからFに向かって電流が発生する。

またこのとき，電流には棒磁石から下向きの磁界から力を受けるので，フレミングの左手の法則より，Xの方向に力が働く（下右図）。

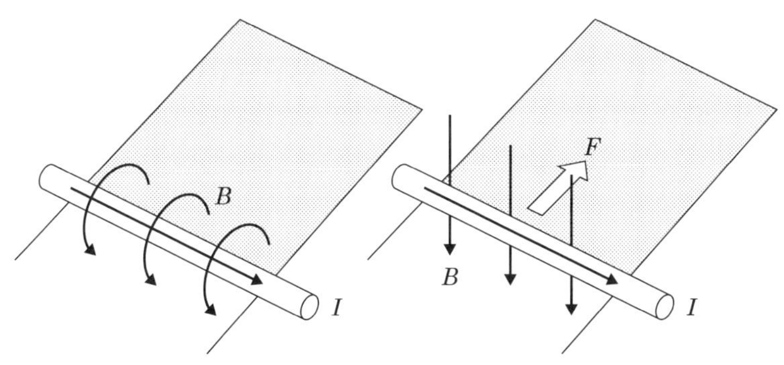

解法❷　導体棒の動きを考える

下向きの磁束 $\Phi = BS$（B：磁束密度，S：面積）が増加するのを妨げるように導体棒が移動する。そのためには，導体棒が動くことで面積 S が減少すればよい。したがって，導体棒は X 方向に運動する。

また，導体棒を X 方向に運動させる力は，電磁力となるので，フレミングの左手の法則で，X 方向に力が働くような電流の向きを考えると，E から F の方向とわかる（上右図を参考のこと）。

以上より，正答は **1** となる。

No.15 の解説　電磁誘導

→問題は P.375

解法❶　電流の方向について，右ねじの法則を考える

回路がつくられている扇形 OaP の内部には次図の青太矢印のように下向きに（設問の図の紙面の表から裏）磁界が加えられている。辺 OP の移動の向きから，扇形の面積が増加しているので，結果的に，下向きの磁束 $\Phi = BS$（S は断面積）は増加している。

したがって，レンツの法則より，紙面の奥へ向かう磁束の増加という変化を妨げるため，扇形の内部に紙面の手前へ向かう磁界が発生するように，誘導起電力が発生する（発生する磁界の向きが白太矢印）。

右ねじの法則を考えると，O → P の向きに電流が発生することになる。したがって，㋐には「O → P」が入る。

次に，一般に，右次図のような半径 r，中心角 θ[rad] の扇形の面積 S は，

$$S = \frac{1}{2}r^2\theta$$

で与えられる。

本問では，半径は OP $= l$ で，1 秒で ω[rad] 回転するので，OP が単位時間（1 秒）に横切る面積は，

$$S = \frac{1}{2}l^2\omega$$

となる。これが㋑に入る。

最後に，ファラデーの法則より，求める誘導起電力の大きさは，磁束密度が一定のとき，

$$V = \frac{d\Phi}{dt} = B\frac{dS}{dt}$$

であり，$\frac{dS}{dt}$ は㋑の磁界を横切った面積を表しているので，

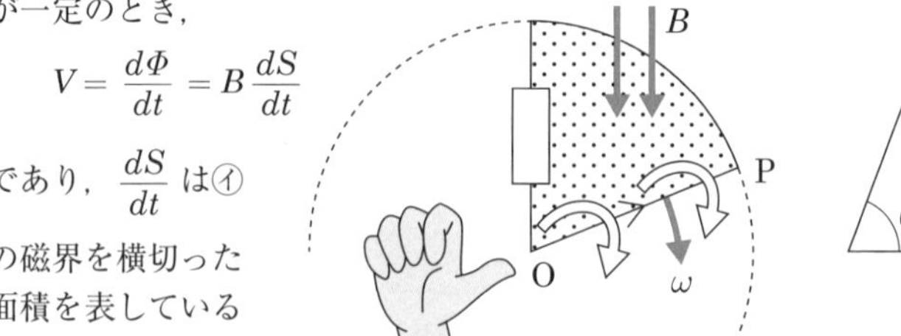

$$V = \frac{1}{2}B\omega l^2$$

となり，これが㋒に入る。

解法❷　㋐について，フレミングの左手の法則を考える

㋐について，導体 OP には，回転する方向とは逆，つまり磁束の増加を妨げる方向にフレミングの力が働くはずである。

磁界が下向きで，力が OP を戻す方向（下図の白太矢印）なので，フレミングの左手の法則を考えると，O → P の方向に電流が流れる。

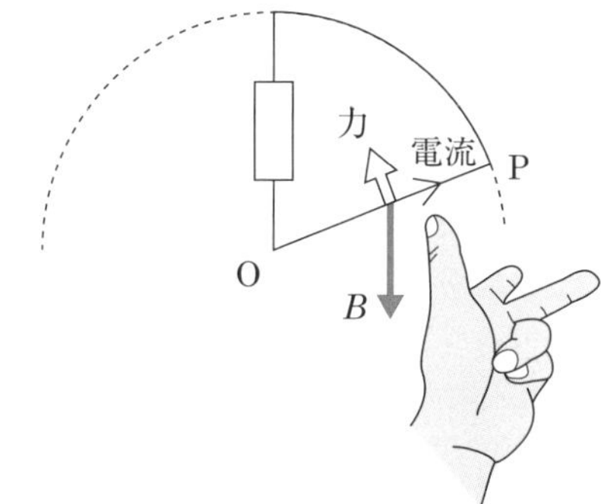

以上より，正答は **1** となる。

No.16 の解説　電磁誘導

→問題は P.375

電磁誘導の誘導起電力は，ファラデーの法則によって，磁束の変化に比例する。今回は，面積は変わらないため，

$$\frac{d\Phi}{dt} = S\frac{dB}{dt}$$

となる。そこで，磁束密度の傾きの絶対値が最大となる時間を求めればよい。傾きの絶対値は，

$0 \leqq t \leqq 1$ で 1，$2 \leqq t \leqq 3$ で 0.5，$4 \leqq t \leqq 5$ で 1.5 であり，ほかは 0 である。したがって，傾きの絶対値が最大なのは $t = t_5$ となる。このとき，誘導起電力も最大となる。

以上より，正答は **5** となる。

正答					
No.1=**5**	No.2=**2**	No.3=**1**	No.4=**4**	No.5=**3**	No.6=**2**
No.7=**1**	No.8=**2**	No.9=**5**	No.10=**2**	No.11=**1**	No.12=**2**
No.13=**5**	No.14=**1**	No.15=**1**	No.16=**5**		

電気回路・原子物理

必修問題

図のような電気回路において，回路を流れる電流 I はいくらか。

【労働基準監督B・平成19年度】

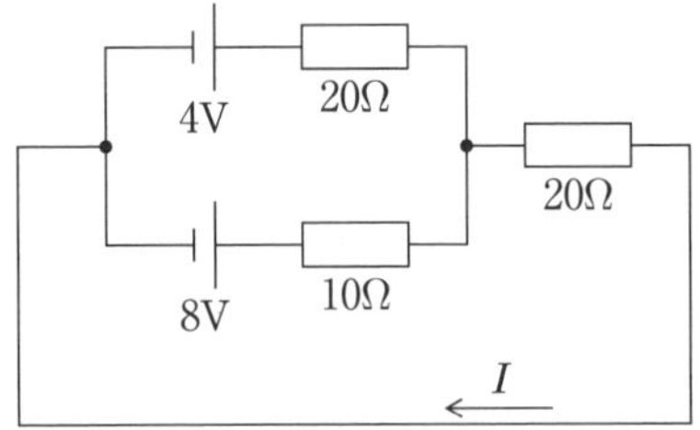

1 $\frac{3}{20}$ A

2 $\frac{6}{25}$ A

3 $\frac{1}{4}$ A

4 $\frac{4}{15}$ A

5 $\frac{3}{8}$ A

必修問題の解説

キルヒホッフの法則の練習である。電流を文字で置き，ループを決めて電流の立場で電圧を計算していこう。

図のように，4V の電池を流れる電流を I_1，8V の電池を流れる電流を I_2 と置く。このとき，$I = I_1 + I_2$ である。

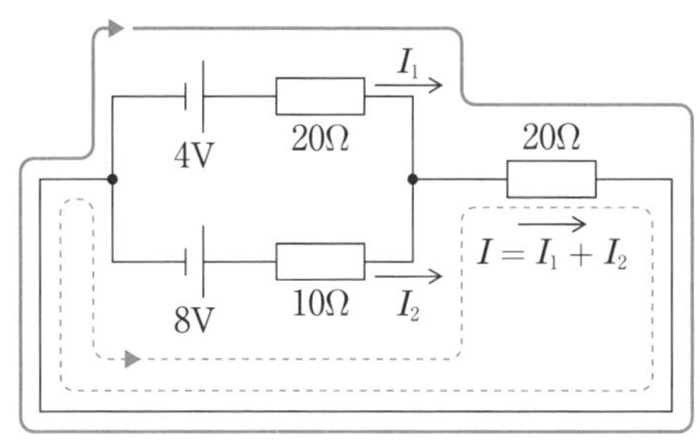

ここで，図の太い矢印に沿って，キルヒホッフの第 2 法則を立てると，

$4 = 20I_1 + 20(I_1 + I_2)$　……①

図の破線に沿って，キルヒホッフの第 2 法則を立てると，

$8 = 10I_2 + 20(I_1 + I_2)$　……②

以上を解く。

①式を整理して，

$10I_1 + 5I_2 = 1$　……③

②式を整理して，

$10I_1 + 15I_2 = 4$　……④

④－③より，

$10I_2 = 3$

$$\therefore \quad I_2 = \frac{3}{10}\,\mathrm{A}$$

③に代入して，

$$10I_1 + \frac{3}{2} = 1$$

$$\therefore \quad I_1 = -\frac{1}{20}\,\mathrm{A}$$

したがって，

$$I = I_1 + I_2 = -\frac{1}{20} + \frac{3}{10} = \frac{1}{4}\,\mathrm{A}$$

正答 3

必修問題

図のような回路において，端子 AB 間の抵抗値として最も妥当なのはどれか。

【国家Ⅰ種・平成16年度】

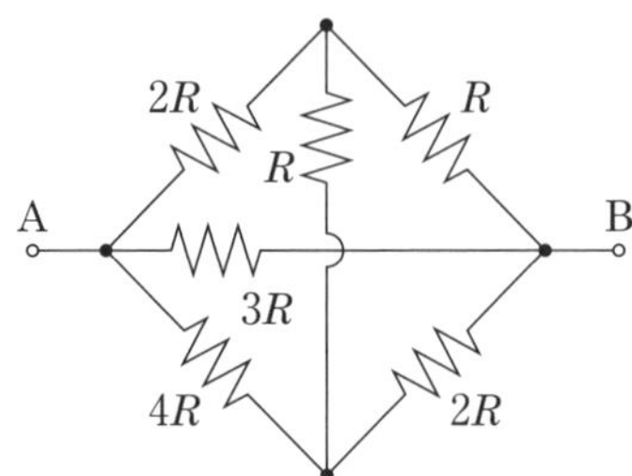

1 $\frac{2}{3}R$

2 $\frac{3}{4}R$

3 $\frac{6}{5}R$

4 $2R$

5 $\frac{9}{2}R$

〈必修問題〉の解説

ホイートストンブリッジの平衡条件を使った問題である。公式は単純だが，ホイートストンブリッジと気づかせないようなひねりの入った問題が多く見られる。多くのパターンに触れることが大切である。

設問の回路はホイートストンブリッジと似ているが，中央の抵抗 $3R$ のみが違っている。そこで，この $3R$ の抵抗を外側に回るように回路を書き直す（下左図）。するとホイートストンブリッジの形となり，しかも，

$$2R \times 2R = R \times 4R$$

となり平衡している。つまり，縦の R の抵抗には電流は流れない。したがって，この抵抗は取り外しても同じである（下右図）。このとき，直列部分を合成すると，上から順に, $3R(=2R+R)$, $6R(=4R+2R)$, $3R$ の抵抗が並列になっているので，これを合成して，

$$\frac{1}{3R}+\frac{1}{6R}+\frac{1}{3R}=\frac{5}{6R} \quad \rightarrow \quad \frac{6}{5}R$$

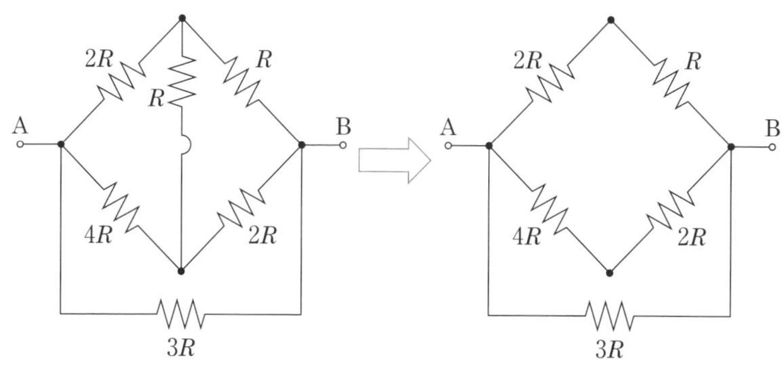

正答 3

第2章 物理 テーマ7 電気回路・原子物理

必修問題

図のような回路において，スイッチを端子 a に接続して十分に時間が経過した後，端子 b に切り替えた。b に接続されたスイッチを通って移動する電気量はいくらか。

ただし，スイッチを切り替える前，静電容量 2μF のコンデンサは充電されていなかったものとする。 【国家総合職・平成25年度】

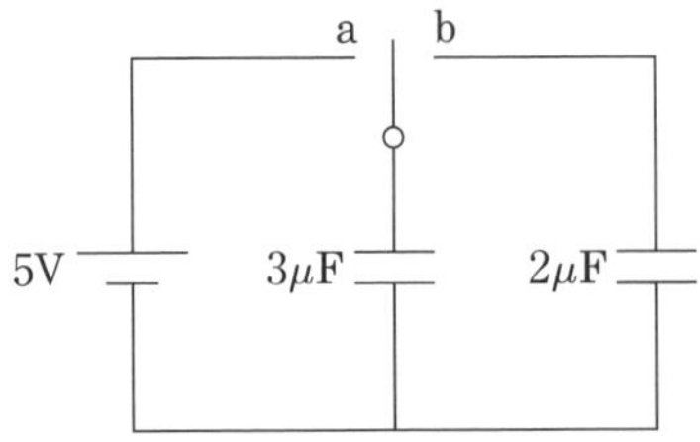

1 6μC
2 7μC
3 8μC
4 9μC
5 10μC

必修問題の解説

コンデンサ回路の問題では，複雑な操作を伴う問題はほとんど出題がない。出題頻度を考えると，この問題の場合を用意していれば十分に対応できると考えられる。

スイッチをaに接続すると，5Vの電源と3μFのコンデンサが接続される。このとき充電される電気量Qは，

$$Q = 3 \times 5 = 15\mu\text{C}$$

次に，スイッチをbに接続して十分時間が経過した後，3μFのコンデンサにQ_1，2μFのコンデンサにQ_2の電気量が充電されたとする。充電された電気量の合計は変わらないので，

$$Q_1 + Q_2 = 15$$

次に，上の極板同士，下の極板同士が導線でつながれているので，このコンデンサは電圧が等しい。したがって，電圧について，

$$\frac{Q_1}{3} = \frac{Q_2}{2}$$

$$\therefore \quad Q_1 = \frac{3Q_2}{2}$$

これより，

$$\frac{3}{2}Q_2 + Q_2 = \frac{5}{2}Q_2 = 15$$

$$\therefore \quad Q_2 = 6\mu\text{C}$$

2μFのコンデンサには最初充電されていなかったので，求める移動した電気量はQ_2に等しい。

正答 1

必修問題

交流回路に関する次の記述の㋐，㋑，㋒に当てはまるものの組合せとして最も妥当なのはどれか。 【国家Ⅱ種・平成15年度】

「図のような電圧 v，周波数 f の正弦波交流電圧源の周波数を少しずつ高くしていくと，抵抗 R のインピーダンスは［㋐］，コイル L のインピーダンスは［㋑］。すなわち，この回路に流れる電流 i の大きさは，周波数 f が高くなっていくにしたがって［㋒］なっていく」

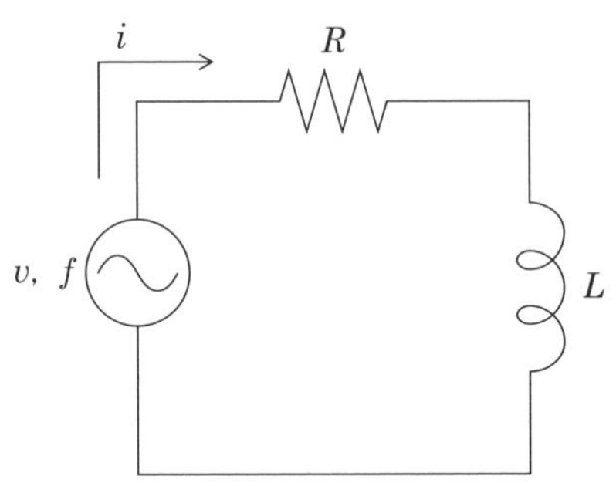

	㋐	㋑	㋒
1	大きくなり	大きくなる	小さく
2	大きくなり	小さくなる	大きく
3	小さくなり	大きくなる	大きく
4	変わらないが	小さくなる	大きく
5	変わらないが	大きくなる	小さく

必修問題の解説

交流回路の例題である。交流回路は難しい問題は出題されないが，そもそも公式を覚えにくいという難しさがある。どのように公式を思い出すか，ということを考えておこう。

インピーダンスとは，電圧と電流の大きさの比のことである。抵抗 R のインピーダンスは R で，周波数によって変化しない（㋐）。一方，コイルについては，

$$V = L\frac{dI}{dt}$$

の式が成立するが，仮に $I = I_0 \sin(2\pi ft)$ と置いてここに代入すると，

$$V = 2\pi fLI_0 \cos(2\pi ft)$$

となるため，電圧の大きさは $2\pi fLI_0$ となる。したがってインピーダンスは，

$$\frac{2\pi fLI_0}{I_0} = 2\pi fL$$

となる。したがって，f が大きくなるとインピーダンスも大きくなる（㋑）。インピーダンスが大きくなると，同じ電圧なら電流が小さくなる。したがって，f が大きくなると，電流の大きさは小さくなる（㋒）。

正答 5

必修問題

$^{238}_{92}U$ は不安定なため，α 崩壊と β 崩壊を繰り返して，最終的に安定な $^{206}_{82}Pb$ になる。このときの α 崩壊の回数 N_α と β 崩壊の回数 N_β として正しいのはどれか。

【地方上級・平成24年度】

	N_α	N_β
1	8	6
2	10	6
3	8	10
4	10	10
5	10	12

必修問題の解説

地方上級試験では，近年，数回原子物理が出題されたことがある。ほぼ知識問題に近いため，ノーヒントで解くのは難しいが，念のため確認しておきたい。

α 崩壊では α 線が放出されるが，これは He の原子核 ${}^{4}_{2}\mathrm{He}$ が放出されたことになる。したがって，1 回の α 崩壊で，原子番号が 2，質量数が 4 減少する。

一方，β 崩壊では β 線が放出されるが，これは中性子から飛び出した電子の流れである。これにより，原子核では中性子から電子が飛び出して変化した陽子が増加したことになるので，1 回の β 崩壊で質量数は変化しないが，原子番号は 1 増加する。

以上を踏まえて本問を解く。質量数が変化するのは α 崩壊だけなので，まずは質量数の変化から N_α を求める。設問の場合では質量数は 238 から 206 に $238 - 206 = 32$ だけ減っている。1 回の α 崩壊で質量数は 4 減少するので，

$$N_\alpha = 32 \div 4 = 8$$

このとき，1 回の α 崩壊で原子番号が 2 減少したので，$8 \times 2 = 16$ の原子番号が減少し，原子番号が $92 - 16 = 76$ にならないといけない。しかし実際の原子番号は 82 なので，β 崩壊が 6 回起きて，原子番号が 6 増加したことがわかる。したがって，

$$N_\beta = 6$$

正答 1

重要ポイント 1 オームの法則

抵抗の両端に加わる電圧 V〔V〕と，抵抗に流れる電流 I〔A〕は比例する。これを**オームの法則**といい，次の式で表される。

$V = RI$ （R：抵抗値〔Ω〕）

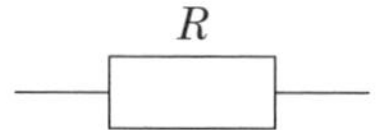

問題によっては，断面積，長さから抵抗を計算する場合がある。この場合には次の公式を使う。

$$R = \rho \frac{l}{S}$$ （抵抗率 ρ，断面積 S，長さ l）

重要ポイント 2 キルヒホッフの法則による回路の解法

回路を解く場合に使われるのが**キルヒホッフの法則**である。これには電流に関する第 1 法則と電圧に関する第 2 法則がある。

⑴第 1 法則

導線の接合点では，そこに入る電流の和とそこから出る電流の和は等しくなる。図において，

$I_1 + I_2 = I_3$

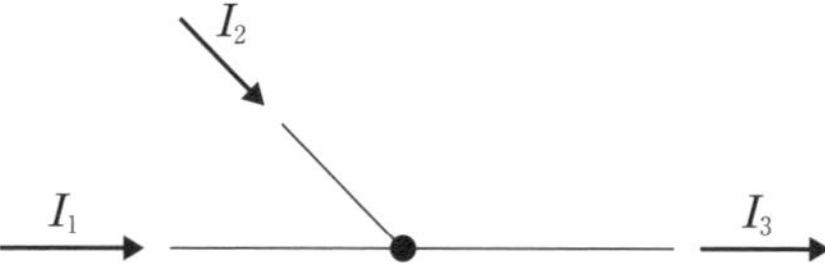

ということである。電流を流れている電気の個数とたとえるなら，図では接合点が合流点になっているので，当然に成り立つ関係式である。

⑵第 2 法則

任意の閉回路（ループ）において，電位の上昇分と，電位の下降分の総和をとると，この 2 つは等しくなる。電圧を，電気がやり取りするエネルギーとたとえると，回路を 1 周して戻ってくると，もとと同じ状態になる。したがって，その間に（電源で）もらえる電圧の合計と，（抵抗で）失う電圧の合計は等しくなる。言い換えれば，電流は回路を 1 周する間に，もらった電圧を，ちょうどすべて失って帰ってくるということである。

以上を考えると，直流回路の問題は，次のようにして解くことがわかる。

①回路の必要な場所の電流をすべて文字で置く。このときに，電流も大きさだけではなく，向きも決めておく。

②流れている電流の立場に立ち，回路の中から適当な周回路を決める。そして，

周回路に沿って，もらう電圧と失う電圧をそれぞれ合計して，キルヒホッフの第２法則を立てる。

③②を解く。

重要ポイント3　回路の公式

(1)合成公式

複数の抵抗を同じ働きをする１つの抵抗に直す公式が**合成公式**である。これには次の２つがある。

①並列

R_1，R_2 の抵抗を並列に接続すると，全体の抵抗は，次の式で表される。

$$\frac{1}{R} = \frac{1}{R_1} + \frac{1}{R_2}$$

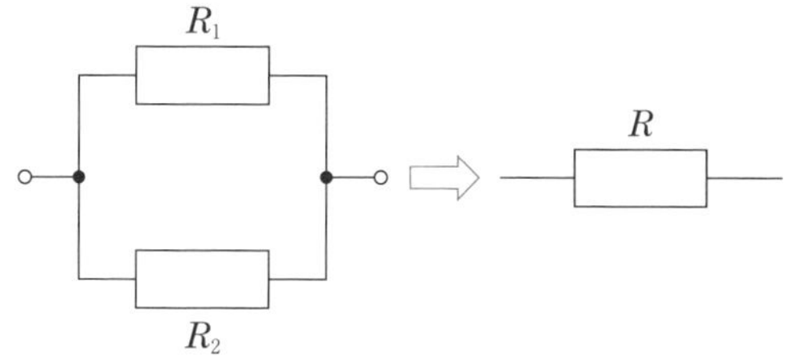

②直列

R_1，R_2 の抵抗を直列に接続すると，全体の抵抗は，次の式で表される。

$$R = R_1 + R_2$$

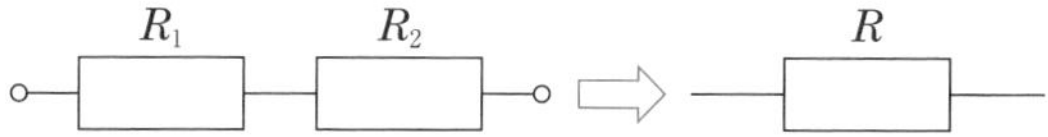

(2)電力

単位時間当たりに消費されるエネルギーのことを**電力**という。電流 I，電圧 V の抵抗で単位時間当たりに消費される電力 P〔W〕は，次の式で表される。

$$P = IV$$

(3)ホイートストンブリッジ

図のような５つの抵抗でできた回路を**ホイートストンブリッジ**という。AB 間に電圧を加えたときに，R_5 に電流が流れないとき，次の式が成り立つ。

$$R_1R_4 = R_2R_3$$

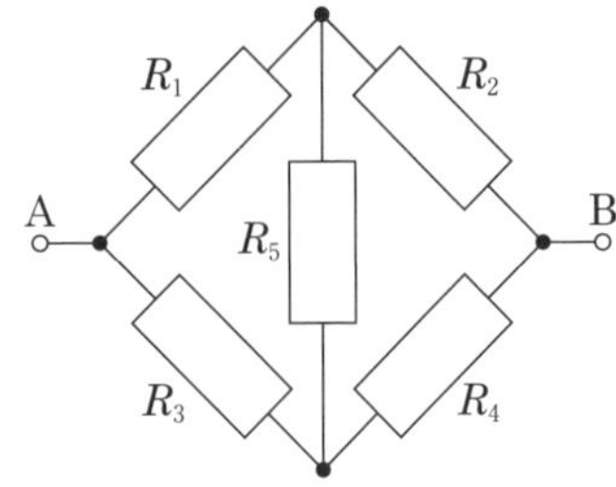

重要ポイント 4 コンデンサの並列回路

下の左図の状態で充電された状態からスイッチを閉じると，電荷が移動してつりあう。

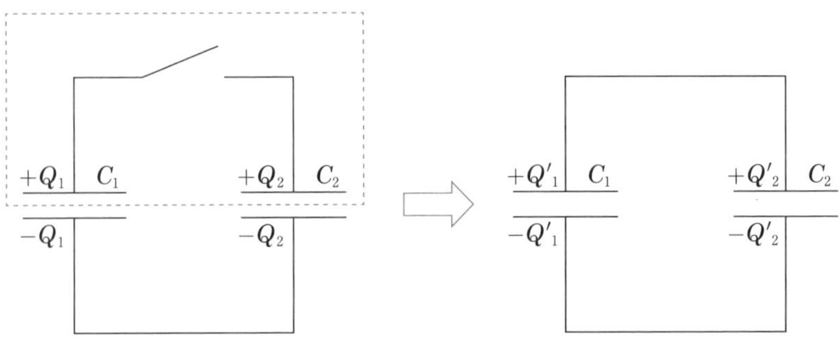

このとき，このコンデンサ全体に充電された電荷は，図の破線で囲まれた部分の電荷の合計で Q_1+Q_2 となる。スイッチを入れると，上の極板同士と，下の極板同士がつながるため，コンデンサの電位差 V が等しくなる。したがって，図において，

$$V=\frac{Q'_1}{C_1}=\frac{Q'_2}{C_2}$$

となる。これは言い換えれば，電荷が静電容量に比例するということである。

重要ポイント 5 交流回路

(1)交流回路基礎

交流回路とは，交流電源を使った回路である。キルヒホッフの法則は直流回路と同じように成り立つが，次のように直流回路には出てこない素子が出てくる。

①正弦波交流電源

交流電源は，起電力が正弦波的に変化する。周波数が f，振幅を V_0 とすると，起電力は次の式で表される。

$$V = V_0 \sin(2\pi ft)$$

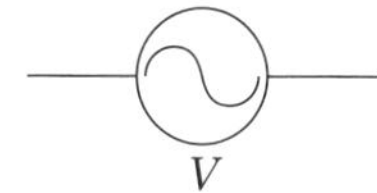

②コイル

コイルは自分自身に流れる電流 I によって電磁誘導を起こす。この誘導起電力がコイルの電圧となる。コイルには電流 I に比例する磁束 $\Phi = LI$ が発生する。この比例定数 L を **（自己）インダクタンス**という。ファラデーの法則によって，コイルにおける，電圧と電流の関係は以下のようになる。

$$V = L\frac{dI}{dt}$$

結果として，大きさは，

$$V = \omega LI$$

であり，電流が電圧に対して $\frac{\pi}{2}$ の位相だけ遅れることになる。

③コンデンサ

コンデンサには電荷が蓄えられる。電流を合計したものが電荷となるが，電流が時間変化するので，これは積分で計算できる。つまり，次のようになる。

$$V = \frac{Q}{C} = \frac{1}{C}\int Idt$$

結果として大きさは，

$$V = \frac{I}{\omega C}$$

であり，電流が電圧に対して $\frac{\pi}{2}$ の位相だけ進むことになる。

実戦問題

No.1 **図のような回路がある。$R_1 = 10\Omega$, $R_2 = 20\Omega$, $R_3 = 30\Omega$, $R_4 = 40\Omega$ であり，R_1 を流れる電流が 100mA であるとき，回路に流れる電流 I はいくらか。**

【労働基準監督B・平成24年度】

1 115mA
2 125mA
3 135mA
4 145mA
5 155mA

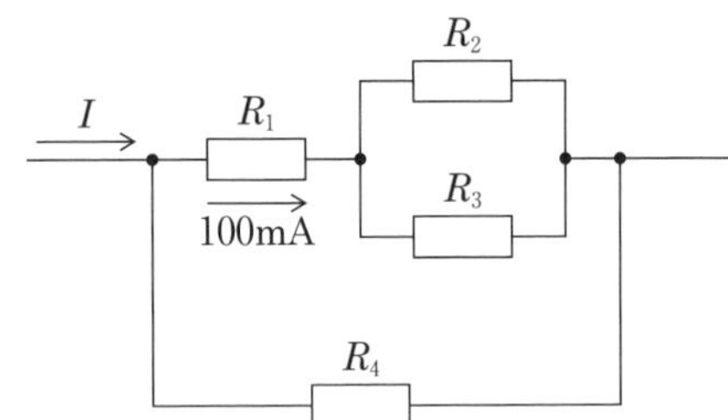

No.2 **図のような回路において，電流 I はおよそいくらか。**
ただし，電流は図の矢印に示す向きを正とする。 【国家総合職・平成29年度】

1 −0.8mA
2 −0.6mA
3 0mA
4 0.6mA
5 0.8mA

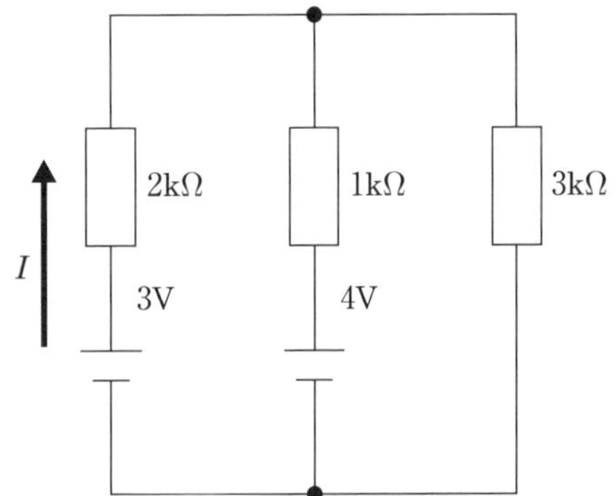

No.3 **図のような回路において，電流 I_1，I_2 の大きさの組合せとして最も妥当なのはどれか。** 【国家一般職・平成26年度】

	I_1	I_2
1	0A	2A
2	0A	5A
3	1A	2A
4	2A	2A
5	2A	5A

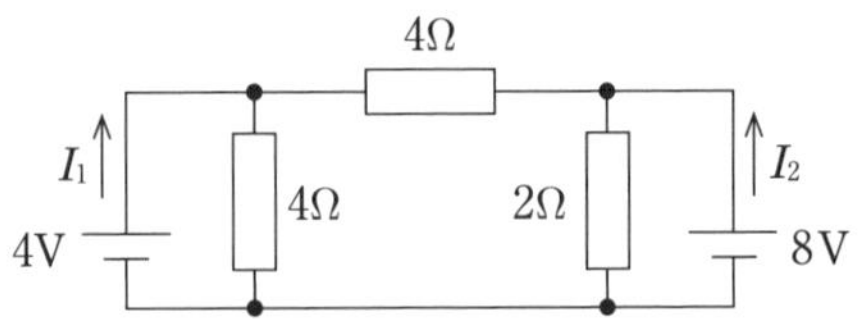

No.4 図に示す直流回路において，各枝路を流れる電流をそれぞれ I_1，I_2，I_3 とし，矢印の向きを電流の正の方向とするとき，I_1，I_2，I_3 の値として正しいのはどれか。

ただし，電池の内部抵抗は無視するものとする。【労働基準監督B・平成14年度】

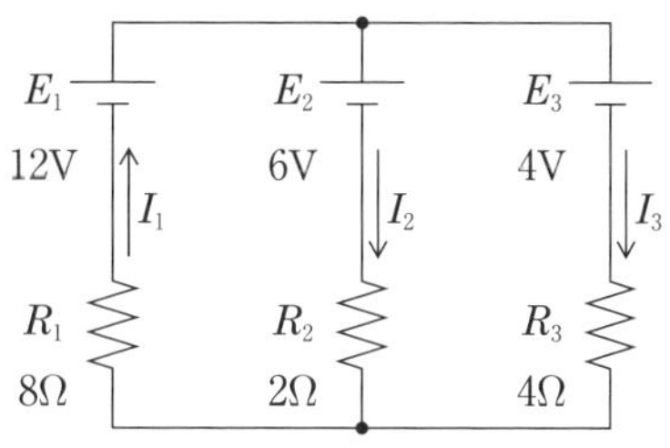

	I_1	I_2	I_3
1	$\frac{5}{7}$A	$\frac{1}{7}$A	$\frac{4}{7}$A
2	$\frac{4}{7}$A	$\frac{5}{7}$A	$\frac{1}{7}$A
3	$-\frac{4}{7}$A	$-\frac{5}{7}$A	$\frac{1}{7}$A
4	$-\frac{5}{7}$A	$\frac{1}{7}$A	$-\frac{4}{7}$A
5	$\frac{4}{7}$A	$-\frac{5}{7}$A	$-\frac{1}{7}$A

No.5 図のような回路において，4Ω の抵抗で消費される電力はおよそいくらか。

【国家一般職・令和元年度】

1 4W
2 8W
3 12W
4 16W
5 20W

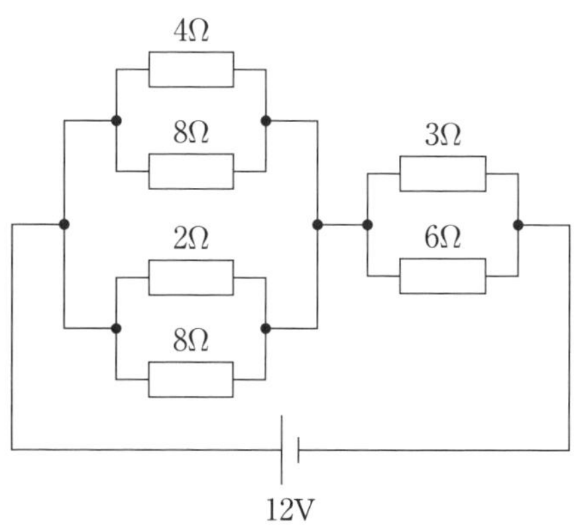

第2章 物理 テーマ7 電気回路・原子物理

No.6 図のような回路において，端子 AB 間の電位差はいくらか。

【国家Ⅱ種・平成15年度】

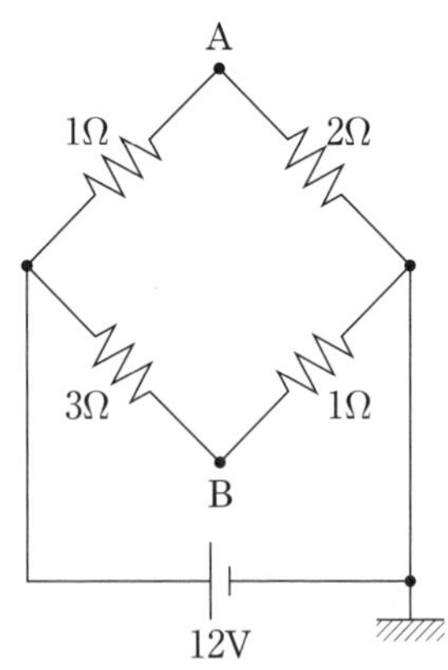

1 5V

2 4V

3 3V

4 2V

5 1V

No.7 図の回路で電流計 A を流れる電流が 0 のとき，抵抗値の比 $\frac{R_1}{R_2}$ はおよそいくらか。

【労働基準監督 B・平成23年度】

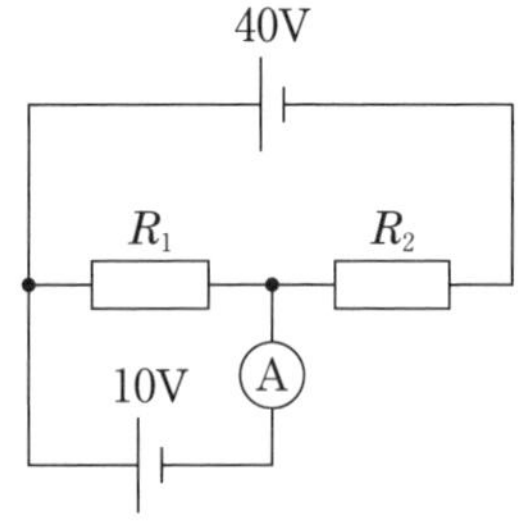

1 $\frac{1}{7}$

2 $\frac{1}{6}$

3 $\frac{1}{5}$

4 $\frac{1}{4}$

5 $\frac{1}{3}$

No.8 **電流計および電圧計に関する次の記述の㋐～㋓に当てはまるものの組合せとして最も妥当なのはどれか。** 【国家総合職・平成27年度】

「内部抵抗が 9.0Ω の電流計の測定範囲を 10 倍にするには，[㋐] Ω の抵抗を電流計に対して [㋑] に接続すればよい。また，内部抵抗が 2.0kΩ の電圧計の測定範囲を 5 倍にするには，[㋒] kΩ の抵抗を電圧計に対して [㋓] に接続すればよい」

	㋐	㋑	㋒	㋓
1	1.0	直列	0.50	並列
2	1.0	並列	8.0	直列
3	81	直列	0.50	並列
4	81	直列	8.0	並列
5	81	並列	0.50	直列

No.9 **図Ⅰのような電流と電圧の関係を示す白熱電球 L を用いて，図Ⅱのような回路を作成した。図Ⅱの白熱電球 L に流れる電流の大きさはおよそいくらか。**

【国家総合職・平成27年度】

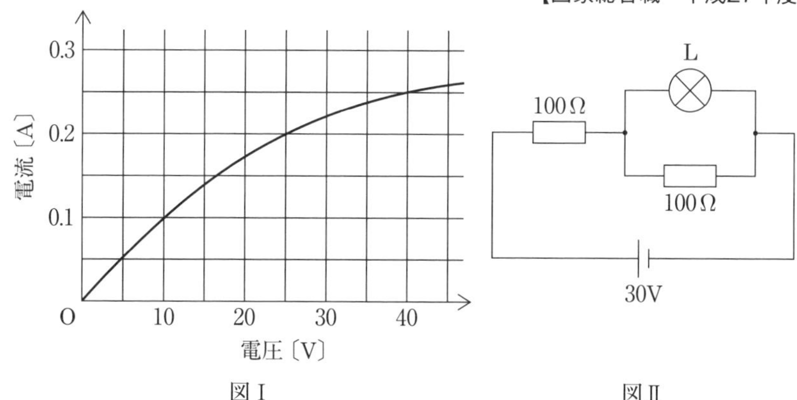

図Ⅰ　　図Ⅱ

1 0.05A
2 0.10A
3 0.15A
4 0.20A
5 0.25A

No.10 図の回路で，R_x を除く他の抵抗の抵抗値をそれぞれ 2Ω とすると，検流計 G に電流が流れなかった。R_x はいくらか。　【労働基準監督 B・平成25年度】

1　1Ω
2　2Ω
3　3Ω
4　4Ω
5　8Ω

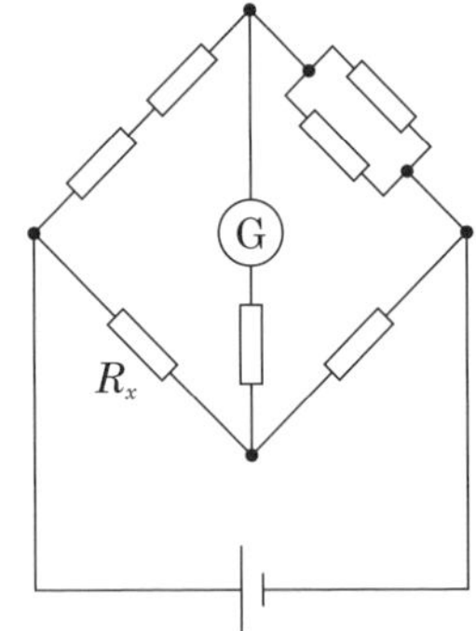

No.11 断面積が一定で均質な材料でできた長さ 15m の金属棒の両端に，電圧 E の直流電源を接続したところ，4A の電流が流れた。

いま，この金属棒を長さ 5m と 10m の 2 本に切断し，この 2 本の金属棒の両端を，導線を用いて並列接続して，電圧 E の直流電源に接続したとき，電源から流れ出る電流はいくらか。　【国家一般職・平成24年度】

1　10A　　**2**　12A
3　15A　　**4**　16A
5　18A

No.12 図のような，起電力 V の直流電源，抵抗値が R および $2R$ の抵抗，静電容量が C のコンデンサ，スイッチ S からなる回路がある。

この回路のスイッチ S を閉じて十分に時間が経過したとき，コンデンサに蓄えられている電気量として最も妥当なのはどれか。　【国家一般職・平成25年度】

1　$\frac{2}{5}CV$

2　$\frac{3}{4}CV$

3　$\frac{4}{5}CV$

4　$\frac{5}{4}CV$

5　$\frac{3}{2}CV$

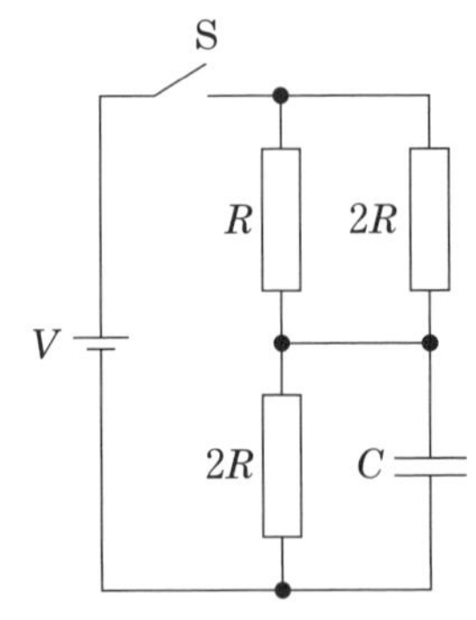

No.13 静電容量がそれぞれ C，$2C$，$4C$ のコンデンサがある。これらのコンデンサに蓄えられる電気量がそれぞれ $3Q$，$2Q$，$2Q$ となるように充電し，図のように接続した。スイッチ S_1 および S_2 を閉じてから十分に時間が経過したとき，静電容量が C のコンデンサに蓄えられている電気量として最も妥当なのはどれか。

【国家一般職・平成26年度】

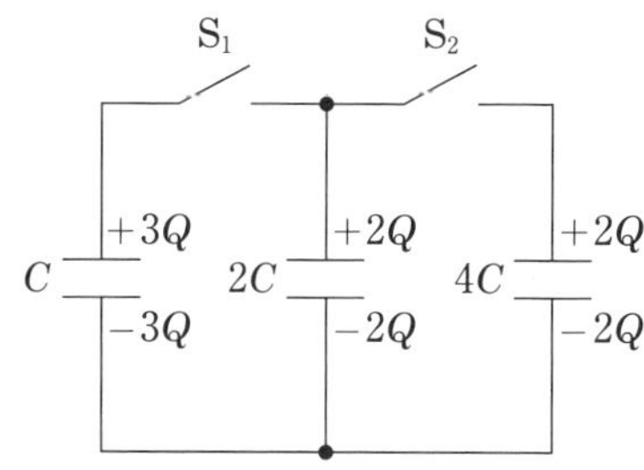

1 $\frac{1}{7}Q$

2 $\frac{3}{7}Q$

3 $\frac{6}{7}Q$

4 Q

5 $3Q$

No.14 コンデンサに流れる交流電流に関する次の記述のㇷ゚，㋑，㋒に当てはまるものの組合せとして最も妥当なのはどれか。

【国家一般職・平成24年度】

「図のように，静電容量 C のコンデンサに対して，角周波数 ω，振幅 V_0 の正弦波交流電圧 $V = V_0 \sin\omega t$ を加えた。このとき，コンデンサに蓄えられる電気量 Q は ［ ㋐ ］ であり，コンデンサに流れる電流 I は，［ ㋑ ］ であるから，電流を求めると $I =$ ［ ㋒ ］ となる」

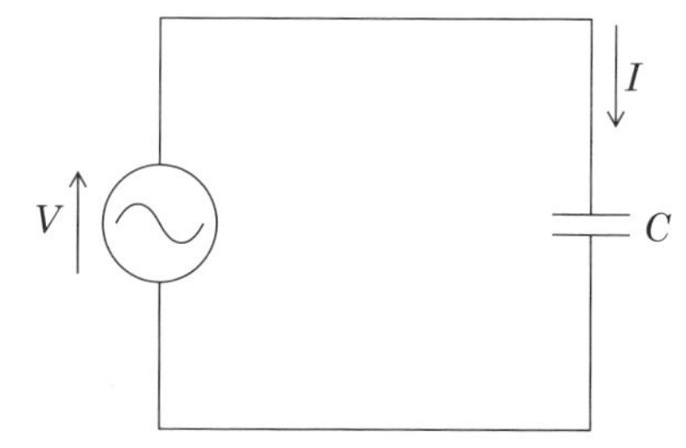

	㋐	㋑	㋒
1	$CV_0 \sin\omega t$	$\int_0^t Q dt$	$\frac{CV_0}{\omega}(1-\cos\omega t)$
2	$CV_0 \sin\omega t$	$\frac{dQ}{dt}$	$\omega CV_0 \cos\omega t$
3	$CV_0 \cos\omega t$	$\int_0^t Q dt$	$\frac{CV_0}{\omega}\sin\omega t$
4	$CV_0 \cos\omega t$	$\int_0^t Q dt$	$-\frac{CV_0}{\omega}\sin\omega t$
5	$CV_0 \cos\omega t$	$\frac{dQ}{dt}$	$-\omega CV_0 \sin\omega t$

No.15 **交流回路に関する次の記述の㋐，㋑に当てはまるものの組合せとして最も妥当なのはどれか。** 【国家Ⅰ種・平成22年度】

「図のように，抵抗値 R の抵抗と静電容量 C のコンデンサを並列に接続し，周波数 f の交流電圧を加えた。交流回路においては，リアクタンスは電流を妨げる一種の抵抗のような働きをするものであり，図のコンデンサのリアクタンスは［㋐］である。これより，交流電源の周波数 f が［㋑］ほどコンデンサに流れ込む電流が小さくなることがわかる」

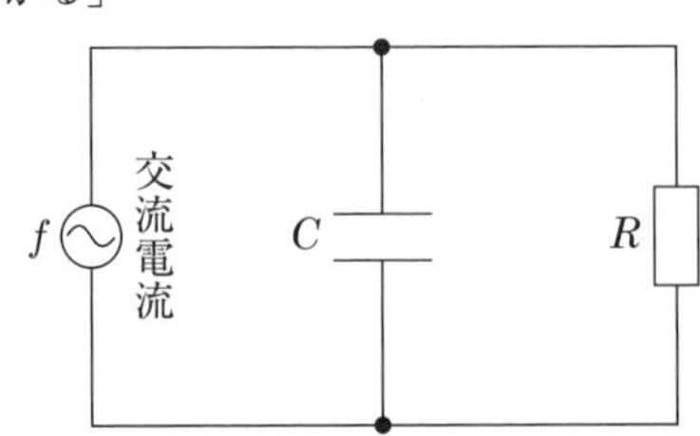

	㋐	㋑
1	$\frac{1}{2\pi fC}$	低い
2	$\frac{1}{2\pi fC}$	高い
3	$2\pi fC$	低い
4	$2\pi fC$	高い
5	$\frac{1}{2}\pi fC^2$	高い

No.16 **ある放射性元素の原子数は，1 年後になると約 $\frac{1}{1000}$ になった。この放射性元素の半減期として正しいのはどれか。** 【地方上級・平成28年度】

1 7日
2 17日
3 27日
4 37日
5 47日

No.17 **2種類の重水素原子核 $^{2}_{1}\mathrm{H}$ が，互いに等しい運動エネルギーで正面衝突して，**

$$2\,^{2}_{1}\mathrm{H} \rightarrow \,^{3}_{2}\mathrm{He} + \,^{1}_{0}\mathrm{n}$$

という核反応を起こした。この核反応に関する次の記述の㋐，㋑に当てはまるものの組合せとして最も妥当なのはどれか。

ただし，$^{2}_{1}\mathrm{H}$，$^{3}_{2}\mathrm{He}$ の原子核，中性子 $^{1}_{0}\mathrm{n}$ の質量は，それぞれ 3.3436×10^{-27}kg，5.0064×10^{-27}kg，1.6749×10^{-27}kg とし，真空中の光速度は 3.0×10^{8}m/s とする。また，この核反応では，$^{3}_{2}\mathrm{He}$ と $^{1}_{0}\mathrm{n}$ 以外でエネルギーを運び去る光子などの粒子はなかったものとする。 【国家一般職・平成26年度】

- この核反応で放出される核エネルギーは，およそ［ ㋐ ］$\times 10^{-13}$J である。
- 核反応後の $^{3}_{2}\mathrm{He}$ と $^{1}_{0}\mathrm{n}$ の運動エネルギーを，それぞれ K_1，K_2 とする。この衝突において運動量が保存されると仮定すると，K_1，K_2 はおよそ 1：［ ㋑ ］である。

	㋐	㋑
1	2.7	1
2	2.7	2
3	2.7	3
4	5.3	2
5	5.3	3

実戦問題の解説

No.1 の解説　直流回路

→問題は P.400

解法❶　電流を文字で置く

R_2 を流れる電流を I_2 とすると，R_3, R_4 を流れる電流は図のようになる（単位は A に直した）。

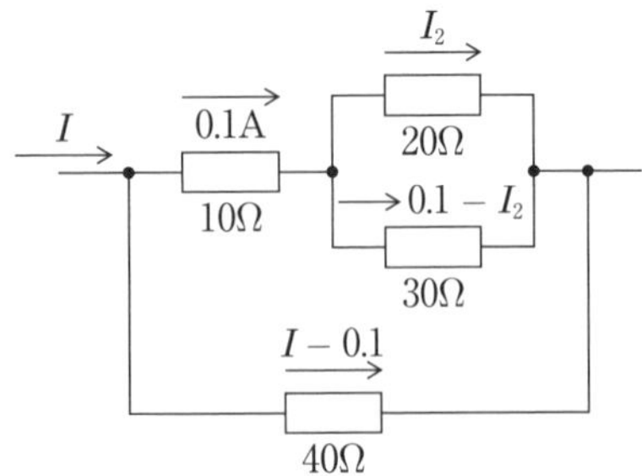

20Ω の抵抗と 30Ω の抵抗は並列の関係なので，電圧は等しい。したがって，

$$20I_2 = 30(0.1 - I_2)$$

$$\therefore\quad I_2 = 0.06$$

これより，10Ω → 20Ω と通って左から右まで行くと，

$$10 \times 0.1 + 20 \times 0.06 = 2.2\text{V}$$

だけ電圧降下がある。これは，40Ω の抵抗を通って左から右まで行っても同じことなので，

$$40(I - 0.1) = 2.2$$

$$\therefore\quad I = \frac{2.2}{40} + 0.1 = 0.155\text{A} = 155\text{mA}$$

解法❷　合成公式を使う

R_2 と R_3 は並列の関係にあるので，これを合成する。合成した抵抗を R_{23} とすると，合成公式から，

$$\frac{1}{R_{23}} = \frac{1}{R_2} + \frac{1}{R_3} = \frac{1}{20} + \frac{1}{30} = \frac{1}{12}$$

$$\therefore\quad R_{23} = 12\Omega$$

したがって，次の図のようになる。

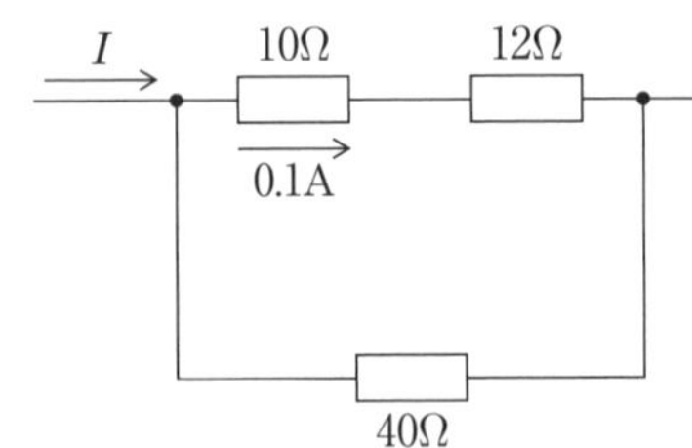

10Ω の R_1 と 12Ω の R_{23} は直列の関係で，合成抵抗は 22Ω であり，ここに 0.1A の電流が流れるので，左から右の電圧は

$$22 \times 0.1 = 2.2\text{V}$$

である。最後に，全体の合成抵抗を求めると，10Ω と 12Ω を直列合成した 22Ω の抵抗と，40Ω の抵抗は並列の関係にあるので，この合成抵抗を R とすると，

$$\frac{1}{R} = \frac{1}{22} + \frac{1}{40} = \frac{20}{440} + \frac{11}{440} + \frac{31}{440}$$

$$\therefore \quad R = \frac{440}{31}\Omega$$

ここに 2.2V の電圧がかかるので，求める電流は，

$$I = \frac{2.2}{R} = \frac{31}{200} = 0.155\text{A} = 155\text{mA}$$

以上より，正答は **5** となる。

No.2 の解説　直流回路

→問題は P.400

図のように電流を置いて，キルヒホッフの法則を立てる（電流の単位は mA である）。3V → 2kΩ → 3kΩ と回る経路について，

$$3 = 2I + 3(I + I_1) = 5I + 3I_1$$

4V → 1kΩ → 3kΩ と回る経路について，

$$4 = I_1 + 3(I + I_1) = 3I + 4I_1$$

この連立方程式を解いて

$$I = 0,\ I_1 = 1$$

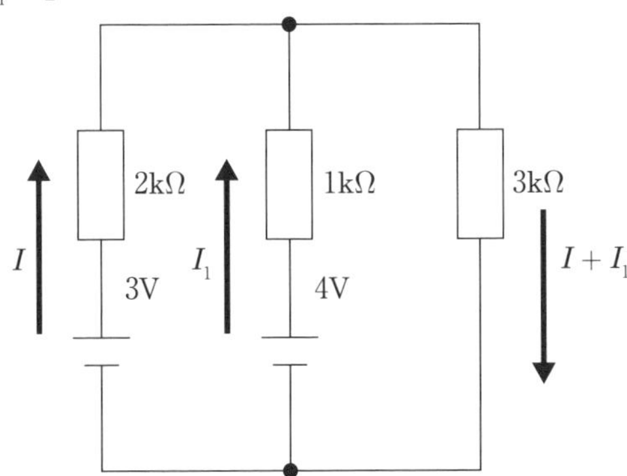

以上より，正答は **3** となる。

No.3 の解説　直流回路

→問題は P.400

下の回路図の破線 A の順に回って回路を見ると，左側の 4Ω の抵抗には 4V の電圧がかかっていることがわかる。したがって，4Ω の抵抗を流れる電流はオームの法則から 1A である。

同様に，破線 B の順に回って回路を見ると，2Ω の抵抗には 8V の電圧ががかかっていることがわかる。したがって，2Ω の抵抗を流れる電流は 4A である。

ここで，上の 4Ω を流れる電流を，点 Q に入る電流（I_2）と出る電流が等しくなるように，図のように左向きに $I_2 - 4$ と決めると，破線 C に沿って回って回路を見て，キルヒホッフの第二法則より，

$$8 = 4(I_2 - 4) + 4$$

$$\therefore \quad I_2 = 5\text{A}$$

したがって，点 P に入る電流と出る電流の関係より，

$$I_1 + (5 - 4) = 1$$

$$\therefore \quad I_1 = 0\text{A}$$

以上より，正答は **2** となる。

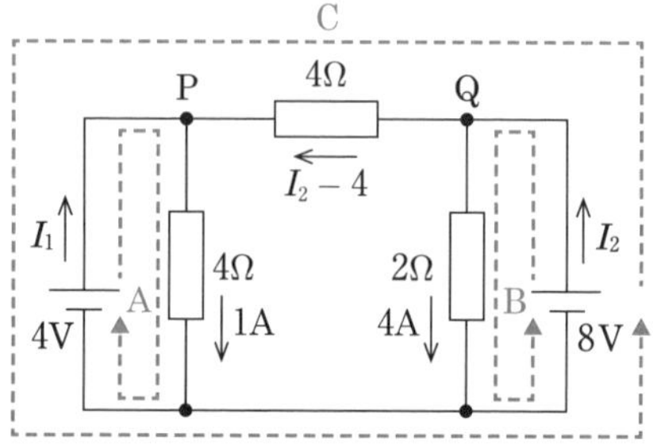

No.4 の解説　直流回路

→問題は P.401

図の接合点 P について考えると，$I_1 = I_2 + I_3$ となる。以下，I_2，I_3 のみを使って考える。

ループ A について回ってキルヒホッフの法則を立てると，

$$12 = 6 + 2I_2 + 8(I_2 + I_3)$$

$$\therefore \quad 5I_2 + 4I_3 = 3 \quad \cdots\cdots①$$

ループ B について回ってキルヒホッフの法則を立てると，

$$12 = 4 + 4I_3 + 8(I_2 + I_3)$$

$$\therefore \quad 2I_2 + 3I_3 = 2 \quad \cdots\cdots②$$

以上を解く。① ×3 − ② ×4 より，

$$15I_2 - 8I_2 = 7I_2 = 1$$

$$\therefore \quad I_2 = \frac{1}{7}\text{A}$$

これを①に代入して，

$$4I_3 = 3 - \frac{5}{7} = \frac{16}{7}$$

$$\therefore \quad I_3 = \frac{4}{7}\text{A}$$

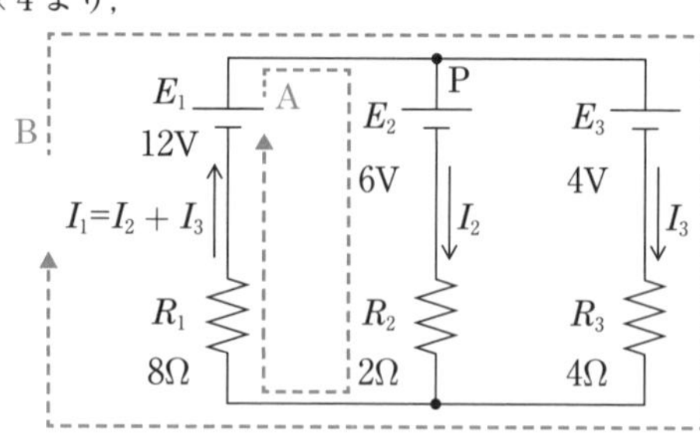

よって，

$$I_1 = I_2 + I_3 = \frac{5}{7}\text{A}$$

以上より，正答は **1** となる。

No.5 の解説　直流回路

→問題は P.401

回路図の左側 4 つの抵抗は並列の関係にある。右側の 2 つの抵抗も同じく並列の関係なので，下図のように，それぞれ合成して 2 つの回路の直列回路に直す。

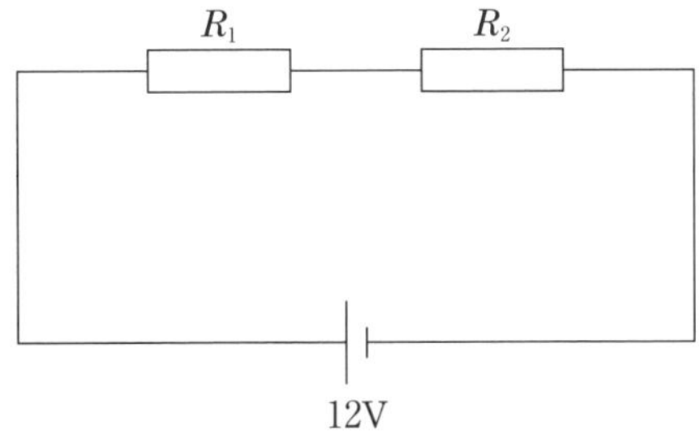

このとき，左側の 4 つの抵抗の合成抵抗は，

$$\frac{1}{R_1} = \frac{1}{4} + \frac{1}{8} + \frac{1}{2} + \frac{1}{8} = \frac{2+1+4+1}{8} = 1$$

$$\therefore \quad R_1 = 1\Omega$$

右側の 2 つの抵抗は，

$$\frac{1}{R_2} = \frac{1}{3} + \frac{1}{6} = \frac{1}{2}$$

$$\therefore \quad R_2 = 2\Omega$$

ここで，直列回路の電圧は抵抗に比例するので，R_1 と R_2 の電圧をそれぞれ V_1，V_2 とすると，

$$V_1 : V_2 = 1 : 2$$

$$\therefore \quad V_1 = \frac{1}{1+2} \times 12 = 4\text{V}$$

もとの回路の左側の 4 つの抵抗にも $V_1 = 4\text{V}$ の電圧が加わるので，求める電力 P は，電力が抵抗 R と電圧 V で $P = \frac{V^2}{R}$ と表されることから，

$$P = \frac{4^2}{4} = 4\text{W}$$

以上より，正答は **1** となる。

No.6 の解説　直流回路

→問題は P.402

A を通る電流を I_A とすると，この電流は，電源 → 1Ω → 2Ω → 電源と回ってくるので，キルヒホッフの法則から，

$$12 = 1 \times I_A + 2 \times I_A \qquad \therefore \quad I_A = 4A$$

B を通る電流を I_B とすると，この電流は，電源 → 3Ω → 1Ω → 電源と回ってくるので，キルヒホッフの法則から，

$$12 = 3 \times I_B + 1 \times I_B \qquad \therefore \quad I_B = 3A$$

したがって，接地されているところを電位の基準（0V）とすると，点 A の電位 V_A は，

$$V_A = 12 - 1 \times I_A = 8V$$

点 B の電位は，

$$V_B = 12 - 3 \times I_B = 3V$$

したがって，AB の電位差 V_{AB} は，

$$V_{AB} = 8 - 3 = 5V$$

以上より，正答は **1** となる。

No.7 の解説　直流回路

→問題は P.402

電流計を流れる電流が 0A なので，R_1，R_2 を流れる電流は等しい。したがって，R_1 と R_2 の比は，電圧の比に等しい。ところで，R_1 と 10V の電源は並列なので，R_1 の電圧は 10V である。したがって，R_2 の電圧は，キルヒホッフの法則より 30V である。よって，

$$\frac{R_1}{R_2} = \frac{1}{3}$$

以上より，正答は **5** となる。

No.8 の解説　電流計と電圧計

→問題は P.403

まず電流計について考える。もともとの電流計の電流の最大値を I とする。この測定範囲を 10 倍にするためには，$10I$ の電流が入ってきたときに，ほかの部分に $9I$ の電流が接続した抵抗に逃げるようにすればよい。つまり，下図のように抵抗 R を接続すればよい（もともとの電流計を破線で囲んだ）。

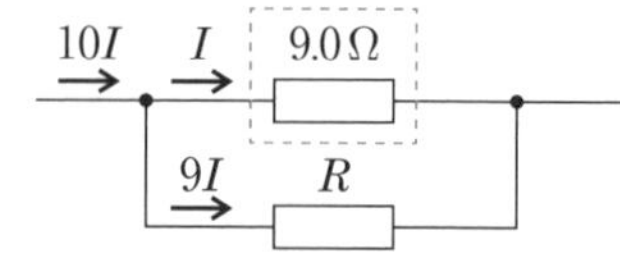

並列に接続した場合，電圧が等しいので，電流が 9 倍であれば，抵抗は $\frac{1}{9}$ である。すなわち $R = 1.0\Omega$ である。

次に電圧計について考える。もともとの電圧計の電圧の最大値を V とする。

測定範囲を5倍にするためには，$5V$の電圧が加わったときに，接続した抵抗に$4V$の電圧が加わるようにすればよい。つまり，下図のように抵抗rを接続すればよい（もともとの電圧計を破線で囲んだ）。

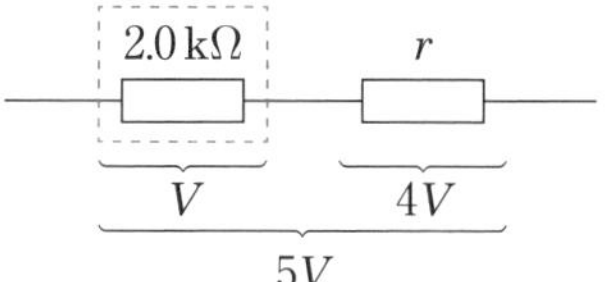

直列に接続した場合，電流が等しいので，電圧が4倍であれば，抵抗も4倍である。したがって$r = 8.0\text{k}\Omega$である。

以上より，正答は**2**となる。

No.9 の解説　非線形抵抗を含む直流回路

→問題は P.403

白熱電球Lを通る電流をI，Lの電圧をVとする。また，Lと並列に接続されている抵抗を流れる電流をI'とする。

このとき，Lの電圧について，100Ωの抵抗と並列であり，電圧は等しいので，

$$V = 100I'$$

電源，抵抗，Lと回る部分についてのキルヒホッフの法則より，

$$30 = 100(I + I') + V = 100I + 100I' + V = 100I + 2V$$

$$\therefore \quad I = -0.02V + 0.3$$

これを図Ⅰに記入すると次のようになる。

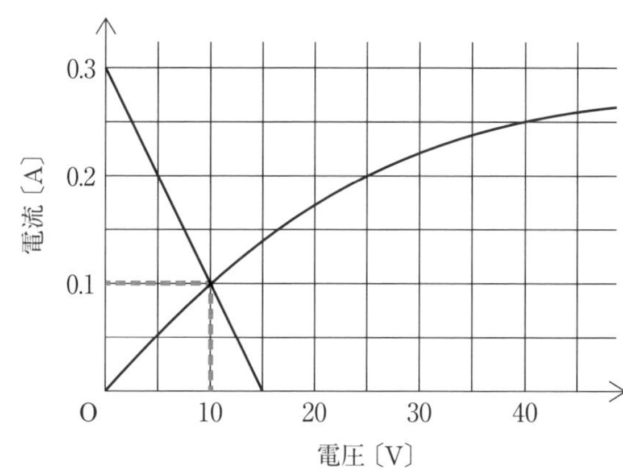

この交点が求めるLの電流と電圧を表している。したがって，求めるLの電流は0.10Aである。

以上より，正答は**2**となる。

No.10 の解説　ホイートストンブリッジ

→問題は P.404

等しい2つの抵抗を直列に接続すると，抵抗値は2倍となり，並列に接続すると $\frac{1}{2}$ 倍となる。したがって，下図のようになる。検流計Gに電流が流れないとき，ホイートストンブリッジの平衡条件より，

$$4 \times 2 = 1 \times R_x$$

$$\therefore \quad R_x = 8\Omega$$

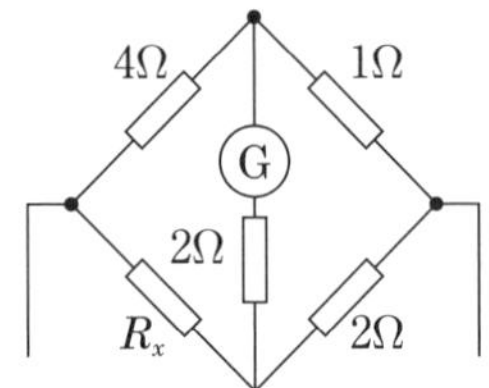

以上より，正答は **5** となる。

No.11 の解説　抵抗

→問題は P.404

抵抗率 ρ，長さ l，断面積 S の抵抗の抵抗値 R は次の式で与えられる。

$$R = \rho \frac{l}{S}$$

最初の15mの金属棒の抵抗を R と置くと，抵抗値は長さに比例するので，5mの抵抗は $\frac{R}{3}$，10mの抵抗は $\frac{2}{3}R$ となる。これを並列合成すると，

$$\frac{3}{R} + \frac{3}{2R} = \frac{9}{2R}$$

より $\frac{2}{9}R$ となる。つまり，もとの抵抗の $\frac{2}{9}$ 倍の抵抗となったので，電流は $\frac{9}{2}$ 倍の $4 \times \frac{9}{2} = 18\text{A}$ となる。

以上より，正答は **5** となる。

No.12 の解説　コンデンサ入りの回路

→問題は P.404

十分に時間が経つと，コンデンサには電流は流れないため，これを取り除いてもほかの部分には影響が出ない。つまり下図のようになる。

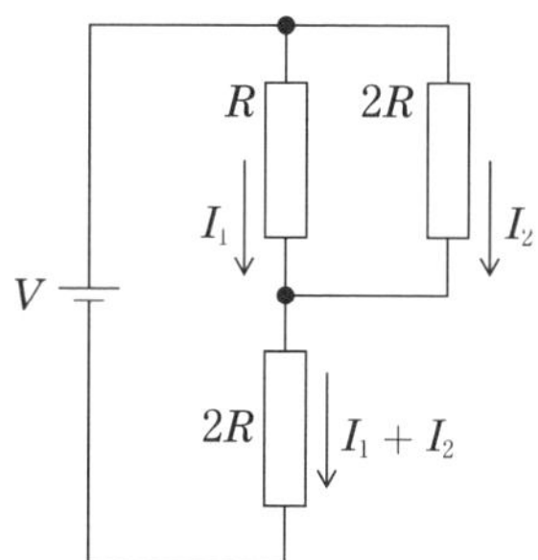

この右図のように電流を文字で置く。

R を通って回路を 1 周すると，

$$V = RI_1 + 2R(I_1 + I_2) = 3RI_1 + 2RI_2$$

$2R$ を通って回路を 1 周すると，

$$V = 2RI_2 + 2R(I_1 + I_2) = 2RI_1 + 4RI_2$$

以上を解く。上の式の 2 倍から下の式を引くと，

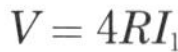

$$V = 4RI_1$$

$$\therefore \quad I_1 = \frac{V}{4R}$$

これを最初の式に代入すると，

$$V = \frac{3}{4}V + 2RI_2$$

$$\therefore \quad I_2 = \frac{V}{8R}$$

ここで，コンデンサは下側の $2R$ の抵抗と並列に接続されているので，この抵抗と電圧は等しく，

$$2R(I_1 + I_2) = \frac{3}{4}V$$

となる。したがって，求める充電量 Q は，

$$Q = \frac{3}{4}CV$$

以上より，正答は **2** となる。

No.13 の解説　コンデンサ回路

→問題は P.405

コンデンサの上側の電極板が接続されると，全部で

$$3Q + 2Q + 2Q = 7Q$$

の電気量の電荷が充電されている。スイッチ S_1，S_2 を閉じると並列接続されるので，充電される電気量は静電容量に比例する。したがって，C と $2C$ と $4C$ の静電容量には $1:2:4$ の電気量の電荷が充電される。これより，静電容量 C のコンデンサに充電される電気量は，

$$7Q \times \frac{1}{1 + 2 + 4} = Q$$

以上より，正答は **4** となる。

No.14 の解説 交流回路

→問題は P.405

コンデンサの電荷量は，

$$Q = CV = CV_0 \sin \omega t$$

ここで，電荷は電流が流れた分蓄えられるので，

$$Q = \int_0^t I dt$$

$$\therefore \quad \frac{dQ}{dt} = I$$

したがって，求める電流は，

$$I = \omega C V_0 \cos \omega t$$

以上より，正答は **2** となる。

No.15 の解説 交流回路

→問題は P.406

リアクタンスとは，コンデンサやコイルの場合に，電圧と電流の比率を表すものである。交流電源の電圧を $v(t) = V_0 \sin(2\pi ft)$ と置くと，コンデンサに電源が並列に接続されているので，

$$Q(t) = Cv(t) = CV_0 \sin(2\pi ft)$$

ここで，電流が入ってきた分だけ電荷が蓄えられるので，電流を I とすると，

$$Q = \int I dt$$

これを時間で微分して，

$$I = \frac{dQ}{dt} = 2\pi f C V_0 \cos(2\pi ft)$$

電流の大きさを $I_0 = 2\pi f C V_0$ と置くと，リアクタンスは，

$$\frac{V_0}{I_0} = \frac{1}{2\pi f C}$$

$I_0 = 2\pi f C V_0$ なので，f が小さくなるほど I_0 は小さくなる。

以上より，正答は **1** となる。

No.16 の解説　放射性元素の半減期

→問題は P.406

半減期を T とすると，原子個数は時間 T が経過するごとに $\frac{1}{2}$ となるので，nT だけ時間が経過すると，$\left(\frac{1}{2}\right)^n = \frac{1}{2^n}$ となる。

$\frac{1}{2^{10}} = \frac{1}{1024}$ であるので，半減期を 10 回経過すると大体 $\frac{1}{1000}$ となる。1 年は 365 日程度であるので，半減期は $\frac{365}{10} = 36.5$ で約 37 日となる。

以上より，正答は **4** となる。

No.17 の解説　原子物理

→問題は P.407

質量 m の物体が持つ核エネルギー E は，光速度を c として $E = mc^2$ で表される。いま，考えている核反応で質量は $2 \times 3.3436 \times 10^{-27} = 6.6872 \times 10^{-27}$kg から $5.0064 \times 10^{-27} + 1.6749 \times 10^{-27} = 6.6813 \times 10^{-27}$kg になっており，質量は，

$$(6.6872 - 6.6813) \times 10^{-27} = 0.0059 \times 10^{-27} = 5.9 \times 10^{-30}\text{kg}$$

だけ減少している。質量が減少したのは，その分核エネルギーが放出されたからである。その大きさは，

$$E = 5.9 \times 10^{-30} \times (3.0 \times 10^8)^2 = 53.1 \times 10^{-14} = 5.31 \times 10^{-13}\text{J} \quad \cdots\cdots ㋐$$

次に，重水素原子核は正面衝突をしており，逆方向に同じ速さで運動しているため，最初に持っている運動量は全体で 0 となる。したがって，ヘリウム原子核の質量と速さをそれぞれ m_1，V_1，中性子の質量と速さをそれぞれ m_2，V_2 とすると，

$$m_1V_1 = m_2V_2$$

$$\therefore \quad \frac{V_2}{V_1} = \frac{m_1}{m_2}$$

したがって，運動エネルギーの比は，

$$K_1 : K_2 = \frac{1}{2}m_1V_1^2 : \frac{1}{2}m_2V_2^2 = \frac{(m_1V_1)^2}{2m_1} : \frac{(m_2V_2)^2}{2m_2} = \frac{1}{m_1} : \frac{1}{m_2} = m_2 : m_1$$

$$= 1 : \frac{m_2}{m_1} \cdot \frac{V_2^2}{V_1^2} = 1 : \frac{m_2}{m_1} \cdot \frac{m_1^2}{m_2^2} = 1 : \frac{m_1}{m_2} = 1 : \frac{5.0064}{1.6749} \fallingdotseq 1 : 3$$

以上より，正答は **5** となる。

正答						
	No.1＝5	**No.2＝3**	**No.3＝2**	**No.4＝1**	**No.5＝1**	**No.6＝1**
	No.7＝5	**No.8＝2**	**No.9＝2**	**No.10＝5**	**No.11＝5**	**No.12＝2**
	No.13＝4	**No.14＝2**	**No.15＝1**	**No.16＝4**	**No.17＝5**	

索　引

■ 執筆者紹介

丸山 大介（まるやま・だいすけ）
1974年，長野県生まれ。東京大学工学系研究科社会基盤工学専攻修士課程修了。
技術系公務員試験受験指導歴16年のカリスマ講師。
自身も国家Ⅰ種１位合格２回（土木職，理工Ⅰで各１回）などの経歴を持つ。
主な著書に『めざせ技術系公務員　最優先30テーマの学び方』
『技術系〈最新〉過去問　工学に関する基礎（数学・物理）』『技術系〈最新〉過去問　土木』
『技術系公務員試験　工学の基礎［数学・物理］攻略問題集 新版』（実務教育出版）がある。
ホームページで，日々最新情報を発信中。

http://www.maru-will.com

編集協力　佐藤嘉宏

●本書の内容に関するお問合せについて

本書の内容に誤りと思われるところがありましたら，まずは小社ブックスサイト（jitsumu.hondana.jp）中の本書ページ内にある正誤表・訂正表をご確認ください。正誤表・訂正表がない場合や訂正表に該当箇所が掲載されていない場合は，書名，発行年月日，お客様の名前・連絡先，該当箇所のページ番号と具体的な誤りの内容・理由等をご記入のうえ，郵便，FAX，メールにてお問合せください。

〒163-8671　東京都新宿区新宿 1-1-12　実務教育出版　第２編集部問合せ窓口
FAX：03-5369-2237　　E-mail：jitsumu_2hen@jitsumu.co.jp

【ご注意】
※電話でのお問合せは，一切受け付けておりません。
※内容の正誤以外のお問合せ（詳しい解説・受験指導のご要望等）には対応できません。

公務員試験
技術系　新スーパー過去問ゼミ　**工学に関する基礎（数学・物理）**

2021年３月15日　初版第１刷発行　〈検印省略〉
2023年10月５日　初版第３刷発行

編　者　資格試験研究会
執筆者　丸山大介
発行者　小山隆之

発行所　株式会社 実務教育出版
〒163-8671　東京都新宿区新宿1-1-12
☎編集　03-3355-1812　　販売　03-3355-1951
振替　00160-0-78270

印　刷　精興社
製　本　ブックアート

ISBN 978-4-7889-3671-3 C0030　Printed in Japan